2026 丙午年農民曆

開運聖經

馬年行大運

U0540046

祝您萬事順心！

2026 丙午年農民曆

開運聖經

國家書館出版品預行編目資料

開運聖經. 2026丙午年 黃家騁、謝達輝、余正任/等著
初版.台北市 大元書局，2025.08
256面； 21╳14.7公分.----
ISBN 978-626-99282-6-2 (平裝)
1.CST: 命書 2.CST: 改運法

293.1 114010750

2026丙午年開運聖經

作者／黃家騁、謝達輝、余正任等
封面設計／林雲視覺設計坊
節氣曆設計／張涵婷
內頁美編／張涵婷
出版／大元書局
發行人／顏國民
地址／10851台北市萬華區南寧路35號1樓
電話／（02）23087171，傳真：(02)23080055
郵政劃撥帳號19634769大元書局
網址／www.life16888.com.tw
E-mail／aia.w168@msa.hinet.net
Line ID:aia.w16888 手機：0934008755
總經銷／旭昇圖書有限公司
地址／235新北市中和區中山路二段352號2樓
電話／(02)22451480 傳真／(02)22451479
定價／200元
初版／2025年8月

ISBN 978-626-99282-6-2 (平裝)

2026年居家廠辦各方位吉凶改運催旺佈局圖示

圖/文/陳國楨

(東南)巽　　離(南)　　坤(西南

巽	巳	丙午丁	未	坤
辰	9右弼星、喜慶星、當旺財星。 4巽宮位。 星受宮生，木火相生，星當旺，木火通明，四九聯星，吉。 催旺方法：除同艮宮外，併可擺放粉紅色、紫色或鮮紅色不帶刺的鮮花，擺放紅色或紫色的地氈、窗紗、大型裝飾品，玫瑰、橙花、胡椒或尤加利樹葉、粉晶或紅瑪瑙。	5廉貞星、五黃煞、災病星、關煞星 9離宮位 洩化方法 用金洩化 宜安置：洩化的風水用品，同中宮。 同中宮	7破軍星、劫盜星、爭門星、破耗星 2坤宮位。 二七先天火數 化解方法 宜置四方形、長方形陶瓷、陶瓷器，土多盆景（栽） 以洩火氣 或以安忍水制煞 另亦可擺設 1、七杯清水 2、黑白醋、肥皂水、鹽水、洗潔精水（多泡泡者） 3、「安忍水」 4、書法字帖 5、江河湖泊海景等靜水圖照 6、水缸（置缸儲水養黑、藍、灰色魚） 7、黑、藍、綠色飾品、桌布、窗簾、地毯。	申
乙卯甲	8左輔星、財帛星 3震宮位。 生化方法： 鬥牛煞，三八化木 以火轉化調和，或用金洩土尅木。 轉化方法：除同艮宮外，亦安置同中宮之金屬物件。 可擺放 1、宜佈置：火紅、紅色、粉紅色系列飾品（如彩球、花球、花帶、彩帶、桌布、窗簾、彩花、絲帶、、中國結、抱枕、畫布、地毯、紅紙、紅布、紅包、燈飾〈如：九顆燈飾組〉、照明、電子設備、紅色彩球、紅色中國結、紅色蠟燭。） 2、宜安置： 硃砂圖畫、火麒麟圖 、雞冠花、紅色蠟燭、牡丹（圖照）、小紅燈（桌燈、壁燈） 火材盒 、紅色印泥、旭日東昇圖照	1貪狼星、官貴星、生氣星、魁星、桃花星 5黃中宮位。 化解方法 宜以金行洩化強土，轉化生水，自能彰顯一白水的吉利能量 宜靜不宜動 宜安置： 1、用金色、藍色、黑色線繫銅鈴懸金（銅）鈴以化之 置銅鐘以鳴之 佩帶金屬板 置大悲咒水 放一六先天水。 2、以金色、藍色、黑色布墊，上安置銅製「密宗五輪化煞塔」、「九宮八卦圖騰」、銅製瑞獸瑞獸（如：　銅象、銅龍、銅麒麟等）、八卦銅錢、銅製鎏金六帝尺、銅葫蘆、銅尺、銅算盤、銅鈸。 3、以金色、藍色、黑色布墊，上置六個太歲錢、六個天地錢、六枚乾隆銅錢、六枚六帝銅錢、六個銅錢、六個銅片、六個（或八個）銅錢串、六個銅片、六個（或八個）銅鈴（金色風鈴）串。 4、以金色、藍色、黑色布墊，上安放銅葫蘆 5、宜擺圓形、銀、白、銅、藍、灰色、黑色之（金屬鐘、鬧鐘、擺鐘、響鐘、銅鐘，有時分秒針者，最佳）。 6、時常播放聽鐘磬法音（以金剛經最合適！）、聖誕樂、音樂盒、音樂鐘！ 7、安置安忍水，銅製法輪動轉。 8、掛置六層金色風鈴，1大6小銅製銅鈴（銅錢），4大9小銅製銅鈴（銅錢）。 9、放置（銀、白、銅、藍、黑色）金屬地毯。 10、藍色、黑色布墊，上安放龍銀元、金元寶。	3祿存星、蚩尤星、是非星 7兌宮位。 三七不宜尅制，否則其禍尤烈！ 轉化方法 宜以水火並用，洩化轉化為佳（以火洩三碧凶木，以水洩化金），則兩相不害！ 宜以紅色系列的塑膠布為底墊，在其上安置： 1、七杯清水 2、黑白醋、肥皂水、鹽水、洗潔精水（多泡泡者） 3、「安忍水」 4、水缸（置缸儲水養黑、藍、灰色魚） 5、黑、藍、綠色飾品、桌布、窗簾、地毯等。	庚酉辛
寅	4文昌星、文曲星 8艮宮位。 化解方法：以火轉化調和，兩不受傷！ 宜以火行洩木轉生八白 宜安置：火紅、紅色、粉紅色系列飾品（如彩球、花球、花帶、彩帶、桌布、窗簾、彩花、絲帶、、中國結、抱枕、畫布、地毯、紅 紙、紅布、紅包、燈飾〈如：九顆燈飾組〉、照明、電子設備、紅色彩球、紅色中國結、紅色蠟燭。）、硃砂圖畫、火麒麟圖、雞冠花、紅色蠟燭、牡丹（圖照）、小紅燈（桌燈、壁燈） 火材盒 、紅色印泥。	6武曲星、名位星、武財星 1坎宮位。 子為歲破，宜靜不宜動 六白金生一白水（貪狼星、官貴星、生氣星位、魁星、桃花星），得先天生成，印源充盈，文喜武貴，發甲出秀揚名如意。 催旺方法 宜安置： 1、六杯清水 2、水種植物、花草、樹木等盆栽。如：富貴竹（萬年青）等水種盆栽。 3、書法字帖 4、江河湖泊海景等圖照 5、水缸（置缸儲水養藍色或黑色魚） 6、黑、藍、綠色飾品、桌布、窗簾、地毯。	2巨門星、病符星 6乾宮位。 催旺方法 併用火土生旺！ 宜佈置、使用： 紫砂壺泡茶組具 太陽燈（黃色光） 陶瓷火麒麟 紅黃色蠟燭、 紅黃色陶瓷（水晶、寶石、珍珠）用飾品 紅黃色中國結、掛畫、窗簾、桌巾、地毯 陶瓷聚寶盆、佛音頌（誦）缽、花瓶、馬（複製唐三彩）、羊 泰山日出圖照 黃山日照圖照 日照高山圖照	戌
艮	丑	癸子壬	亥	乾

(東)震　　兌(西)

(東北)艮　　坎(北)　　乾(西北

二〇二六年太乙神數論斷世界局勢與台灣運勢吉凶

文／中華易經天書三式協會 創會會長 邱金漢

一：二〇二六年太乙入三宮第一年理天。丙午（三百四十三局）

太乙經曰：此局算得太乙三宮理天，地震，天內助主，變寵入宮、兵起。

第一年理天，使日月星辰，七曜無差，其度以明天道，所臨之分，承天道而行，祇畏天時，實窮修德，君治以道，臣輔克終，天氣順序，萬物咸通，則二曜光明循度，五緯經行不差，則得治天下之者也。

其若君違其道，小人在位，治化失常，乖戾之氣，隨感而應，則二曜薄蝕，五緯錯行，彗孛飛流，虹霓氣露光怪，變異生焉，此皆由治政之亂，而太乙考治亂行其賞罰。

太乙經曰：有德者昌，無德者殃，是以聖人克謹天威，以修其身。

人君奉天在于修德，夙夜競競，武謹于未行，上慮不致，必俟天有譴告，然後修德，此豈畏天之道哉。

太乙在三宮，太歲在午，當有掃星出東北助太歲，西南國前敗，東北國後敗，若掃星出西南方，反之皆東北，主流亡疾疫。

太乙在三宮來格午歲，此年煞氣，若有妖星出見午方凶，君王以修德禳之矣。

二：文昌（中宮武德）。

文昌六星在北斗魁前天乙之府，乃為天乙之目，故曰天目，屬土主人，為中宮鎮星之精，屬土，旺於四季，能知天地間無窮之事，為太乙之輔象，輔相掌斷天下吉凶，能預知也。

文昌申在外地可攻內。

三：主算十六，三才下和，將吏全，太乙助，可以大舉三軍，深入緩攻剋勝。主大將六宮發，主參將八宮內迫，可以帥兵深入敵境，緩攻。

主參將八宮內迫宗室，近臣攻外，不利有為。

四：始擊（艮宮和德）

始擊三宮掩，有掩襲劫奪事，又同類相謀。

三宮在艮，鬼門也，始擊臨之，主后妃寵孌，主閽（ㄏㄨㄣ）寺，孌寵進中宮，兵起。始擊臨二十八宿；尾宿：後宮有驚，后妃有災。箕宿：兵起，士卒流亡。

始擊者，熒惑之精，南方屬火，禮虧、視失、逆夏令、傷火氣，罰見熒惑行度無常，出則有兵，入則兵散，次舍命國為亂，為戰，為喪，為飢，為兵，為疾，所居國受殃，芒角動搖破色，乍前乍後，乍左乍右，其殃愈甚，南丈夫，北女人，周旋止息，為死喪寇亂，其分野之地，色赤而行速，兵聚其下，順之戰勝。

凡始擊經行次宮分野，皆主國將為亂，為賊、為疾、為兵喪、饑饉，人君宜修德行政。

2026 年太乙神數論斷世界局勢與台灣運勢吉凶

中華易經天書三式協會 創會會長 邱金漢

西元2026年 丙午年(343局)壬子元第6紀43年 太乙陽遁第55局 合神未 計神申

主算十六，長數，陰數，三才，下和
客算三，短數，陽數，無天（天變）◇無地
定算二十二，長數，陰數，純陰◇重陰◇陽中重陰◇雜重陽，無地（地變）

太乙在艮三宮理天
計神為申在武德
天目文昌將在申宮武德
主算十六
主大將六宮
主參將八宮內宮迫
客目始擊將在艮宮和德掩
客算三
客大將三宮囚
客參將九宮
定目在坤宮大武
定算二十二
定大將二宮
定參將六宮

䷇ 水地比 吉 親和之象
䷦ 水山蹇 兇 蹣躇艱難之象

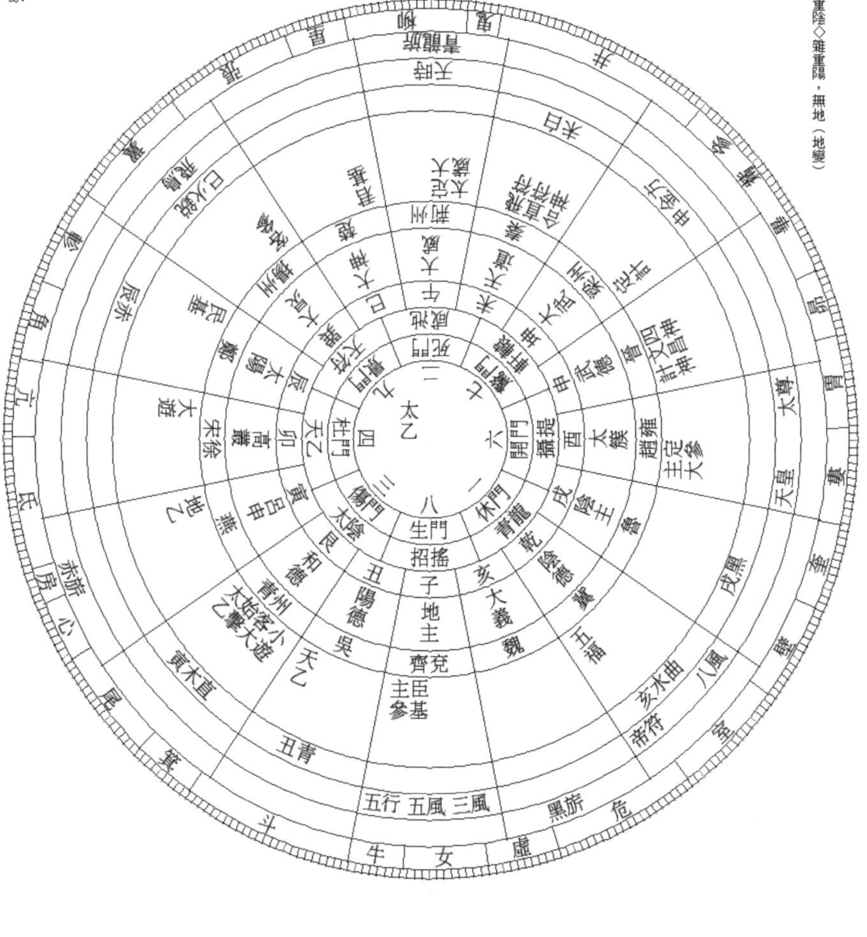

五：客算三，單陽不和，短而無將吏，雖太乙助，不宜大舉征伐。

太乙經曰：算中無十為無天，當此之時，天有變異，彗孛飛流，霜雹為患。

以算得一、二、三、四、五、六、七、八、九為無天之算，更遇囚有天變之厄。

遇午而下上不相連接，災變出現尤重，人君冢宰當之。

太乙經曰：算中無五者為無地，當此之時，地有變異，山崩地裂，地震水湧。以算得一、二、三、四為無地之算。

年憂地震預年知，蟲虎山河為變異。以上為無地之算，為算不及五，主地震山崩，海溢河竭，飛蝗竟天，人民相食之變，應司空之象也。

客大將三宮直囚，有拘執奔敗事，不利有為。

客參將九宮發、乘休氣，宜陳兵拒敵，不宜交戰，兵威不振故也。

六：定算二十二，長數、雜重陽數、無地數（地變）。

太乙經曰：算中無五者為無地，當此之時，地有變異，山崩地裂，地震水湧。以算得二十一、二十二、二十三、二十四為無地之算。

年憂地震預年知，蟲虎山河為變異。以上為無地之算，為算不及五，主地震山崩，海溢河竭，飛蝗竟天，人民相食之變，應司空之象也。

七：迫（主參將八宮地主內宮迫）。

經曰：迫者；逼迫、脅持之義，上下二目，主客大小四將，在太乙左右為迫，上不以道驗下，下不以忠事上，上下相迫，迫挾之象。

在太乙後一宮，為內宮迫，宮迫災微緩，內迫主同姓逆謀，內臣后妃懷貳，人君慎之。太歲在太乙前，陽年災深，遇迫，用兵主兵客兵俱敗，人君慎之，宜施德脩德。

八：掩（始擊將三宮和德）

經曰：掩者為始擊將臨太乙宮，謂之掩。歲計遇之，則王綱失序，臣強君弱，國破家亡，襲劫之患，不然外郡侵伐，盜賊蜂起，宜修德禳之。

掩者陰盛陽衰，陰掩陽也。君弱臣強，如太陽之蝕，猶王綱失序，君闇不任忠良，不能馭下，為上迫下侵，上替下凌之謂也。

客目太乙同為掩，客非利兮定遭邅，始擊掩主最為凶，筭不利兮殃此年。

凡太乙值始擊相掩之年，其凶最烈，夫有國者，不患貧而患不安；宜立綱陳紀，扶忠去奸，賞善罰惡，薄賦省刑，防微杜漸，何下之不服乎！

九：囚（客大將三宮和德）

囚者；物繫而執止之義，下犯上之謂也。

文昌、主客四將與太乙同宮，總名曰：囚。歲計遇之，主有奔亡篡弒之禍。

李淳風云：主客四將與太乙同宮為囚，囚者拘繫也，關因皆不利為主，歲計遇之，必有崩亡篡敗之遇，近大將，謀在同類，人君慎之。

二〇二六年太乙神數總斷世界與台灣運勢吉凶

（1）：二〇二六年太乙入三宮（艮宮）第一年理天，地震，嬖寵入宮、兵起。太乙落三宮（艮宮）與始擊、小遊、客大同宮。

始擊經行分野，皆主國將為亂、為賊、為疾、為兵喪、饑饉。小遊主饑饉兵革，水旱流亡。

因此二〇二六 年南北半球，無論是亞洲、歐洲、非洲、北美洲、南美洲、大洋洲、南極洲，嚴重的高溫、水災、旱災、地震、戰亂，無處不在。

二〇二六年台灣位處大陸東南方，逢君基入宮，對宮逢百六厄會之地。

寅宮地乙、卯宮大遊逢陽九之災，君臣當行正道，莫逆天道而行，否則失政之神，恃干戈恣侵伐，則兵喪、水旱、飢饉、流亡，以行其罰。

台灣東面、東北面，地震發生機率偏高，需防地震帶來的災害。全島水災、旱災，風災，五穀荒歉。

社會上槍擊、搶劫、販毒、偷竊，詐騙，無處不在。

（2）：天目文昌在中宮，計神、四神同宮。

四神太乙者水神也，其神所臨知分紀，有道之代即昌，無道之代即亡，若臨克戰之鄉，兼君無道，則水旱兵荒，饑寒為患，盜賊侵掠，若臨有氣有道之邦，其殃自息。

因此二〇二六年南北半球西南面，水旱兵荒，饑寒為患，盜賊侵掠，各國經濟狀況低瀰。

二〇二六年台灣雖然得天獨厚，但受外在因素及天候干擾，影響經濟也影響民生。

（3）：二〇二六年太乙主算 16，為下和，主參將八宮內宮迫。主參將八宮內迫宗室，近臣攻外，不利有為。

主大將六宮發，可以帥兵深入敵境，緩攻。

二〇二六年逢選舉的國家，執政黨受自己黨內掣肘，想繼續順利執政，難上加難。

二〇二六年台灣是選舉年，執政黨內部提名黨同伐異，各出奇招，刀刀見骨。

（4）：始擊落艮宮（三宮）東北之位與太乙、客大、小遊同宮掩、囚。

始擊三宮掩，有掩襲劫奪事，又同類相謀，主后妃寵嬖，主閹（ㄏㄨㄢ）寺，嬖寵進中宮，兵起。

始擊者，熒惑之精，禮虧、視失、逆夏令、傷火氣，罰見熒惑行度無常，出則有兵，入則兵散，次舍命國為亂，為戰，為喪，為飢，為兵，為疾，所居國受殃，芒角動搖破色，乍前乍後，乍左乍右，其殃愈甚，南丈夫，北女人，周旋止息，為死喪寇亂，其分野之地，色赤而行速，兵聚其下，順之戰勝。

始擊臨二十八宿：尾宿；後宮有驚，后妃有災。箕宿；兵起，士卒流亡。

凡始擊經行次宮分野，皆主國將為亂、為賊、為疾、為兵喪、饑饉，人君宜修德行政。

二〇二六年南北半球糧食危機、水資源缺乏更勝於二〇二五年。各種動亂、流行病、傳染病又在肆虐全球。

二〇二六年各國領導人若嬖寵進宮，不進用忠良，定然招來禍患。

二〇二六年台灣想安然度過危機，執政者定要進忠良，任賢臣，否則易招致民意反噬。

（5）：客算三，短數，陽數，無天數（天變），無地數（地變）。

經曰：算中無十為無天，當此之時，天有變異，彗孛飛流，霜雹為患，更遇囚有天變之厄。遇午而下上不相連接，災變出現尤重，人君冢宰當之。

經曰：算中無五者為無地，當此之時，地有變異，山崩地裂，地震水湧。

年憂地震預年知，蟲虎山河為變異。以上為無地之算，為算不及五，主地震山崩，海溢河竭，飛蝗竟天，人民相食之變。

二〇二六年南北半球，戰亂、水災、旱災，地震的肆虐，無所不在。

二〇二六年台灣身處地震帶，能源匱乏，又係外銷導向國家，防災應變是二〇二六年台灣領導人必修的功課。

（6）：定算二十二，長數、陰數、雜重陽數、無地數（地變）。

經曰：算中無五者為無地，當此之時，地有變異，山崩地裂，地震水湧。

年憂地震預年知，蟲虎山河為變異。以上為無地之算，為算不及五，主地震山崩，海溢河竭，飛蝗竟天，人民相食之變。

二〇二六年縱觀全世界包含台灣，寒暑失節，氣候變遷、戰亂危機、天災不斷。

總結

經濟方面：

因客算、定算無天、無地數，世界經濟受到地震、天災、人禍、戰爭及保護主義影響，自由貿易已盪然無存，直接影響全世界所有國家的 GDP，台灣的經濟成長亦受影響。

政治方面：

美國與中國的對抗沒有停歇的跡象。以色列及中東各國矛盾難解。菲律賓與中國南海爭端延續下去。

各國領導人因戰爭影響必須選邊站，造成各國經濟狀況低瀰，政治不安定。

軍事方面：

受到俄烏戰爭，以色列與哈瑪斯、伊朗的戰鬥及俄羅斯與北韓結盟，讓全世界進入緊綳狀態。

社會方面：

二〇二六年全世界已進入極端氣候，天然災害高峰期，人心浮動，社會秩序變調。位處於南半球及南方國家，社會動盪，領導階層不得民心。

台灣社會年輕人不務正業人口快速增加，詐騙、偷竊、販毒事件，層出不窮。

邱金漢老師服務電話：〇九三三一〇三一三八九

男女配婚吉凶

※配婚為人生最重大事，家的成功失敗均在此。諸君、小姐、謹慎為幸※若本命八字中有三奇二德及吉星扶助，能逢凶化吉。（八字配合者不拘）

鼠人	宜配肖龍、猴、牛大吉。其他生肖次吉。	情投意合，天賦吉祥之象徵，繁榮發達，一門興隆，具有領導地位建立大業必可昌隆享福終世。	忌配肖羊、馬、兔、雞	一盛一衰勞而無功，波瀾起伏千變萬化，災害並至、凶煞重重，甚至骨肉分離，破敗家財之苦。
牛人	宜配肖鼠、蛇、雞大吉。其他生肖次吉。	天賜良緣，德望兼備萬寶雲集家勢盛大，平步青雲，順利發展富榮，復興安穩成功美德終世。	忌配肖龍、馬、羊、狗	吉凶參半，有吉亦有凶，得失相伴，名雖可得，利則難獲，非有毅力難望可功，一生暗淡之不幸
虎人	宜配肖馬、狗、大吉肖豬吉凶相半其他生肖次吉	夫唱婦隨，于歸大吉，名利雙收終成大業，成就非凡，圓滿無缺之大吉祥成功興家之大吉。	忌配肖蛇、猴	瓦解離散，夫妻相剋，陰沉死寂，凶上加凶，易生失敗，遭難孤獨、短命等不幸之苦。
兔人	宜配肖羊、狗、豬大吉。其他生肖次吉。	鳳卜歸昌，草木逢春雨過天晴，綠葉發枝，宜修養德慎行，名利兼具光宗耀祖之大吉。	忌配肖鼠、馬、龍、雞	家庭浮沉不定，難得幸福，節外生枝、橫生枝節，以致將成猶敗，常受挫折之嫌。
龍人	宜配肖鼠、猴、雞大吉。其他生肖次吉。	佳偶天成，天降良緣，外合內祥，有獲得他人之助也，老景倍加昌盛，一躍上天成功可望有餘。	忌配肖牛、兔、狗、龍	波浪不息災厄接踵而來，事業不成不得時運，敗家之兆，招致沉淪苦境未得心安。
蛇人	宜配肖牛、雞、大吉。其他生肖次吉。	楊柳遇春，萬物化育繁榮之象徵，腳踏實地名利俱全，自給自足，光耀門楣一生幸福富貴也。	忌配肖虎、猴、豬	吉去凶來，窮途難行，家境困苦，夫妻不能合和無蜜語，子息不多晚景更加淒涼無依。
馬人	宜配肖虎、羊、狗大吉。其他生肖次吉。	陰陽和合，相敬如賓，否去泰來，集富貴、長壽、權威之象，穩健著實必得人望。	忌配肖鼠、牛、兔、馬	表面靜穩，內具爆發之氣氛，凶氣重重，中年後因大意受到意外打擊，喪失配偶，子女別離。
羊人	宜配肖兔、馬、豬大吉。其他生肖次吉。	福祿鴛鴦，性情溫和天賜之福，外得人和大事成就，宜室宜家，福壽興家能成大業大吉。	忌配肖鼠、牛、狗	夫妻家庭一世難得幸福，烏雲遮月暗淡無光，一生多辛苦，家族緣薄，親人分離，事業失敗不幸
猴人	宜配肖鼠、龍、大吉牛其他生肖次吉。	心心相印，珠聯璧合，享受天倫幸福、繁榮、一帆風順、謙恭做事、明月當空、子孫興旺、名利雙收。	忌配肖虎、蛇、豬	福盡禍至，顛覆之象，凡事多阻而難成就，中年因災禍頻臨，家門衰退，破財、病弱、孤苦無倚
雞人	宜配肖牛、龍、蛇大吉。其他生肖次吉。	締結良緣、美花豐實、鶴立雞群、智高志大智通雙全、能克服苦難環境、富貴家勢盛大、家室亨通。	忌配肖鼠、兔、雞、狗	雲深月有光，失而復得有不測之災，家屬無緣，子息不多，運途閉塞不通，災禍臨身不祥之配也
狗人	宜配肖虎、兔、馬大吉。其他生肖次吉。	百年好合、如龍得魚、青雲直上、事事成功、步步得利、安享富貴、家運隆昌、四海名揚、福壽綿長之貴	忌配肖牛、龍、羊、雞	勞勞碌碌，以致內外不和，飄浮不定遭受阻礙，屢受艱難，災害接踵而來，終身不遇之配也。
豬人	宜配肖羊、兔、大吉肖虎吉凶肖半其他生肖次吉	鳳凰于飛、五世其昌、終得幸福、脫殼而出、作事財星必重臨、霜雪梅花、春來怒放子孫興旺終世。	忌配肖蛇、猴、豬	吉中有凶，傀儡無靈，孤意獨行以致易生不和，遭受攻擊，一生遭遇困苦到老，沉淪不幸之境遇。

神傳二十四種香譜密示吉凶

南無阿彌陀佛　廿四香譜
男女侍佛堂　虔誠禱上蒼
欲知禍福事　香譜細參詳
右二十四種香譜應用法　凡聖佛仙神慶典　或消災求安　不論凶吉事時　必用長壽香三炷　選並大枝焚之　先祈祝後　平排插於爐中　祭祀畢視三炷香長短　對照香譜說明　吉凶必現譜中奇驗靈應如神　由北京　萬國道德學院　一位周咸熙先生　贈送斗姥九皇真經　連此香譜　密藏四十餘年　今奉聖命編入救度真經　公開道友珍重救世事幸

平安香
平安無事

孝服香
七日內主家中有孝服穿

壽
左搭右增　右搭左減

祿
左搭右減　右搭左減

小天真
神仙臨壇　急焚香火
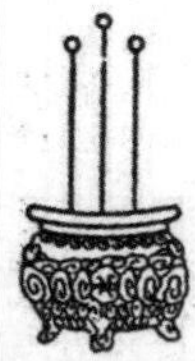

大天真
佛祖臨壇　急焚香火

催命香
月內有命終之人或半年傷小口

增財香
十日內有進財之兆

小蓮花香
三日內必有人來吉事相望

大蓮花香
七日內來財喜

獻瑞香
三日內有吉祥之兆

口舌香
七日內有凶人來爭是非

長生香
三日內有人來相邀請

惡事香
七日內有人來爭打是非

疾病香
七日之內有疾病人

消災香
消災圓滿百福並生

賊盜香
早有土寇晚有賊盜

極樂香
修仙自有金丹成庶人終有喜慶成

功德香
功行全備神靈默佑

天地香
天地採香急焚香火

成林香
行功立德自有護法創作喜事自有天相

催供香
三日內有祖師來收香煙急獻供

增福香
十日內有吉祥如意

催丹香
道家生丹身輕體壯庶人長智發福生財

一一五丙午年百歲年齡生肖對照表

中國年號	日治紀元	西曆公元	六十甲子	生肖	年齡
民國十六	昭和二年	1927	丁卯	兔	100歲
民國十七	昭和三年	1928	戊辰	龍	99歲
民國十八	昭和四年	1929	己巳	蛇	98歲
民國十九	昭和五年	1930	庚午	馬	97歲
民國二十	昭和六年	1931	辛未	羊	96歲
民國廿一	昭和七年	1932	壬申	猴	95歲
民國廿二	昭和八年	1933	癸酉	雞	94歲
民國廿三	昭和九年	1934	甲戌	狗	93歲
民國廿四	昭和十年	1935	乙亥	豬	92歲
民國廿五	昭和十一年	1936	丙子	鼠	91歲
民國廿六	昭和十二年	1937	丁丑	牛	90歲
民國廿七	昭和十三年	1938	戊寅	虎	89歲
民國廿八	昭和十四年	1939	己卯	兔	88歲
民國廿九	昭和十五年	1940	庚辰	龍	87歲
民國三十	昭和十六年	1941	辛巳	蛇	86歲
民國卅一	昭和十七年	1942	壬午	馬	85歲
民國卅二	昭和十八年	1943	癸未	羊	84歲
民國卅三	昭和十九年	1944	甲申	猴	83歲
民國卅四	昭和二十年	1945	乙酉	雞	82歲
民國卅五	昭和廿一年	1946	丙戌	狗	81歲
民國卅六	昭和廿二年	1947	丁亥	豬	80歲
民國卅七		1948	戊子	鼠	79歲
民國卅八		1949	己丑	牛	78歲
民國卅九		1950	庚寅	虎	77歲
民國四十		1951	辛卯	兔	76歲
民國四一		1952	壬辰	龍	75歲
民國四二		1953	癸巳	蛇	74歲
民國四三		1954	甲午	馬	73歲
民國四四		1955	乙未	羊	72歲
民國四五		1956	丙申	猴	71歲
民國四六		1957	丁酉	雞	70歲
民國四七		1958	戊戌	狗	69歲
民國四八		1959	己亥	豬	68歲
民國四九		1960	庚子	鼠	67歲
民國五十		1961	辛丑	牛	66歲
民國五一		1962	壬寅	虎	65歲
民國五二		1963	癸卯	兔	64歲
民國五三		1964	甲辰	龍	63歲
民國五四		1965	乙巳	蛇	62歲
民國五五		1966	丙午	馬	61歲
民國五六		1967	丁未	羊	60歲
民國五七		1968	戊申	猴	59歲
民國五八		1969	己酉	雞	58歲
民國五九		1970	庚戌	狗	57歲
民國六十		1971	辛亥	豬	56歲
民國六一		1972	壬子	鼠	55歲
民國六二		1973	癸丑	牛	54歲
民國六三		1974	甲寅	虎	53歲
民國六四		1975	乙卯	兔	52歲
民國六五		1976	丙辰	龍	51歲
民國六六		1977	丁巳	蛇	50歲
民國六七		1978	戊午	馬	49歲
民國六八		1979	己未	羊	48歲
民國六九		1980	庚申	猴	47歲
民國七十		1981	辛酉	雞	46歲
民國七一		1982	壬戌	狗	45歲
民國七二		1983	癸亥	豬	44歲
民國七三		1984	甲子	鼠	43歲
民國七四		1985	乙丑	牛	42歲
民國七五		1986	丙寅	虎	41歲
民國七六		1987	丁卯	兔	40歲
民國七七		1988	戊辰	龍	39歲
民國七八		1989	己巳	蛇	38歲
民國七九		1990	庚午	馬	37歲
民國八十		1991	辛未	羊	36歲
民國八一		1992	壬申	猴	35歲
民國八二		1993	癸酉	雞	34歲
民國八三		1994	甲戌	狗	33歲
民國八四		1995	乙亥	豬	32歲
民國八五		1996	丙子	鼠	31歲
民國八六		1997	丁丑	牛	30歲
民國八七		1998	戊寅	虎	29歲
民國八八		1999	己卯	兔	28歲
民國八九		2000	庚辰	龍	27歲
民國九十		2001	辛巳	蛇	26歲
民國九一		2002	壬午	馬	25歲
民國九二		2003	癸未	羊	24歲
民國九三		2004	甲申	猴	23歲
民國九四		2005	乙酉	雞	22歲
民國九五		2006	丙戌	狗	21歲
民國九六		2007	丁亥	豬	20歲
民國九七		2008	戊子	鼠	19歲
民國九八		2009	己丑	牛	18歲
民國九九		2010	庚寅	虎	17歲
民國一〇〇		2011	辛卯	兔	16歲
民國一〇一		2012	壬辰	龍	15歲
民國一〇二		2013	癸巳	蛇	14歲
民國一〇三		2014	甲午	馬	13歲
民國一〇四		2015	乙未	羊	12歲
民國一〇五		2016	丙申	猴	11歲
民國一〇六		2017	丁酉	雞	10歲
民國一〇七		2018	戊戌	狗	9歲
民國一〇八		2019	己亥	豬	8歲
民國一〇九		2020	庚子	鼠	7歲
民國一一〇		2021	辛丑	牛	6歲
民國一一一		2022	壬寅	虎	5歲
民國一一二		2023	癸卯	兔	4歲
民國一一三		2024	甲辰	龍	3歲
民國一一四		2025	乙巳	蛇	2歲
民國一一五		2026	丙午	馬	1歲

【祭祀禮儀】

祭祀，乃為人神相接之具體表示，用意固在敬神，而亦重在求神。所謂敬神，即敬天尊祖，崇德報功是也。個人方面，所祈禱者，在消災降福，富貴長命；集體方面，所祈禱者，則在風調雨順，合境平安。

祭祀、必有其禮儀。禮儀，必有其方式。其內容與方法，大致如下：

◎神前擺列牲饌祭品。
◎燃點神案蠟燭。
◎神前獻茶三杯。
◎焚香迎神。
◎敬酌第一次酒。
◎擲杯茭以問神明之降臨。
◎神明既降，敬第二次酒。
◎有祈禱於神明者，擲杯茭以問神明之諾否。
◎雙手捧持冥紙與爆竹，拜供神明察看。
◎焚燒冥紙，燃放爆竹。
◎敬第三次酒。
◎擲杯茭，問神明已否餐畢。
◎持酒潑灑冥紙灰燼，以防紙灰飛散。

禮儀，中有五項需略加說明：

一、牲饌　牲禮有三牲、五牲之分。

三牲：為豬、雞、魚三品。

五牲：為豬、雞、鴨（鵝）、魚、卵（或他物。）三牲五牲之外更有羅列山珍海饈之屬者。

二、茶酒　祀神必獻茶、酒，尤以酒為不可缺。俗云：「拜神無酒擲無茭。」意味非酒不得神之滿意也。偏僻地方，一時買不到酒，則以生米泡水代之，稱做「米酒」。

三、香燭　俗謂：「燒香點燭。」可見香與燭，為拜神所必需之供物。

四、冥紙　俗以紙製各種錢幣焚化之，以供神明及死亡者應用，謂之冥紙。冥紙種類繁多，可分為「金紙」「銀紙」兩類。

①**金紙**

盆金：玉皇大帝、三官大帝

頂極：分大極小極二種，用於諸神。

天金：分頂極天金、大天金、中天金、小天金四種拜獻玉皇大帝、三官大帝。

壽金：諸神。

福金：福德正神等。

中金：中壇元帥、玉皇大帝、三官大帝。

②**銀紙**，

銀紙：分大、小銀兩種，大銀用於祭祀祖靈，小銀用於鬼差。

高錢：謝神祭祀時燒用。

白高錢：行喪時懸掛門戶。

庫錢：納入棺內，供死者冥界使用。

外庫錢：放逐小鬼時，給與零用。

燈坐：謝神祭祀時，裝入六甲。

經衣：作為鬼衣。

金白紙：諸神部屬零星費用。

替身：白虎、黑虎、天狗、五鬼。

婆姐衣：註生娘娘及其部屬十二婆姐。

五、擲杯茭　茭以竹木斲削，如彎月形，有兩具，外突內平，外稱陽，內稱陰。占時，則擲於地，一陰一陽為聖茭，表示神明許諾之意；兩陽為笑茭，表示神明微笑，吉凶未明；兩陰為怒茭，表示神明不悅，凶多吉少。禱者有所祈求，先示答謝條件，擲杯茭以問神及至如願獲償，備禮告祭，謂謝神。

奉安太歲星君儀式

一一五歲次丙午太歲文哲

肖馬人　1　13　25　37　49　61　73　85　97歲

肖鼠人　7　19　31　43　55　67　79　91　103歲

為該當年歲者，為本年元辰太歲
（詩曰：太歲當頭座，無喜恐有禍）

為該當年歲者，為本年太歲相沖
（詩曰：太歲出現來，無病恐破財）

無事，工商利興，五穀豐收，六畜興旺，萬事如意，福運亨通。

◎奉安太歲星君，可安奉在廳堂，神佛同位，灶君神位或其他清淨之處。

◎民間多在年初正月中或擇於農曆正月初九日乃是玉皇上帝萬壽辰，是時宜用清茶、四果、紅圓、麵線、香燭、太極金、天金、尺金、壽金、敬奉大吉、焚香禮拜，請太歲星君到此，安鎮合家平安。（或是工商倍利、五穀豐收、六畜興旺、萬事如意、財運亨通等，可按己意，予以祈求）禱畢，燒金紙，燃放爆竹、儀式即完成。

◎謝太歲於農曆十二月廿四日早，宜用香、花、果品、清茶、壽金、拜謝太歲星君。即萬事大吉。

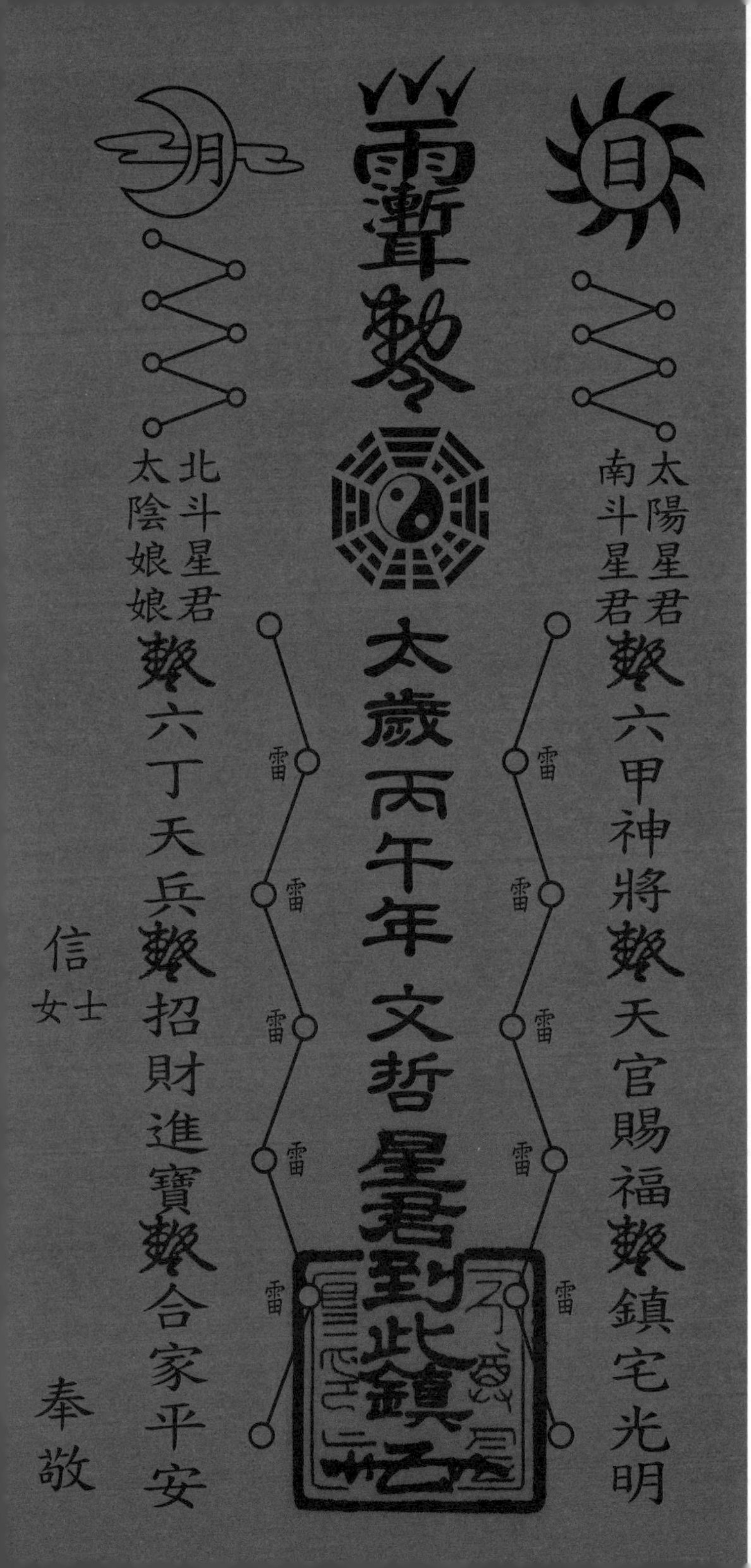

日
月
太陽星君
南斗星君
六甲神將
天官賜福
鎮宅光明
太歲丙午年
文哲星君
到此鎮宅
北斗星君
太陰娘娘
六丁天兵
招財進寶
合家平安
雷
信士
信女
奉敬

屬鼠的守護神：觀世音菩薩；本命財神：黑財神，祛除病苦

心誠則靈感　農曆節慶及神佛聖誕表　敬神如神在

正月令

正月初一日	元始天尊萬壽
正月初一日	彌勒尊佛佛辰
正月初一日	道教節・春節
正月初二日	回娘家
正月初三日	孫真人聖誕
正月初四日	接神日
正月初六日	定光佛聖誕
正月初六日	清水祖師爺聖誕
正月初八日	五殿閻羅天子聖誕
正月初九日	玉皇上帝萬壽
正月十三日	關聖帝君飛昇
正月十五日	門神戶尉千秋
正月十五日	上元天官大帝聖誕・元宵節
正月十五日	臨水夫人陳靖姑聖誕
正月十六日	八卦祖師爺（伏羲）聖誕
正月十九日	長春真人聖誕
正月廿四日	雷都光耀大帝聖誕

二月令

二月初一日	一殿閻羅秦廣王聖誕
二月初二日	濟公菩薩佛辰
二月初二日	福德正神千秋
二月初三日	文昌帝君聖誕
二月初六日	道教東華帝君聖誕
二月初八日	三殿閻羅宋帝王聖誕
二月十五日	九天玄女娘娘聖誕
二月十五日	太上老君萬壽
二月十五日	精忠岳王聖誕

二月令

二月十五日	三山國王聖誕
二月十六日	開漳聖王聖誕
二月十八日	四殿閻羅五官王聖誕
二月十九日	觀世音菩薩佛誕
二月廿一日	普賢菩薩佛誕
二月廿六日	鸞門趙恩師聖誕

三月令

三月初一日	閻羅三殿楚江王聖誕
三月初一日	長春祖師王重陽聖誕
三月初三日	玄天上帝萬壽
三月初八日	六殿閻羅卞城王聖誕
三月初八日	堪輿祖師楊救貧聖誕
三月十五日	保生大帝聖誕
三月十五日	武財神趙玄壇聖誕
三月十六日	準提菩薩佛誕
三月十九日	太陽星君聖誕
三月二十日	註生娘娘聖誕
三月廿三日	天上聖母聖誕
三月廿六日	鬼谷先師聖誕
三月廿七日	七殿閻羅泰山王聖誕
三月廿八日	東嶽大帝聖誕
三月廿八日	倉頡先師聖誕

四月令

四月初一日	八殿閻羅都市王聖誕
四月初四日	文殊菩薩聖誕
四月初八日	釋迦牟尼佛萬壽
四月初八日	九殿閻羅平等王聖誕
四月十二日	隨駕王爺李勇千秋

四月令

四月十八日	華陀先師聖誕
四月十四日	孚佑帝君聖誕
四月十五日	鍾離帝君聖誕
四月十七日	十殿閻羅輪轉王聖誕
四月十八日	紫微帝君萬壽
四月十八日	碧霞元君聖誕
四月十九日	托塔天王李靖聖誕
四月二十日	眼光聖母娘娘聖誕
四月廿四日	代天巡狩李大王爺聖誕
四月廿五日	武安尊王千秋
四月廿六日	南鯤鯓李王爺千秋
四月廿七日	代天府范五王爺聖誕
四月廿八日	藥王扁鵲聖誕
四月廿八日	神農先帝萬壽

五月令

五月初一日	南極長生大帝聖誕
五月初二日	文天祥夫子聖誕
五月初三日	定遠帝君班超聖誕
五月初五日	端午節
五月初七日	巧聖先師魯班聖誕
五月初八日	南方五道聖誕
五月十一日	天下都城隍爺聖誕
五月十三日	霞海城隍聖誕
五月十三日	關平帝君聖誕
五月十七日	蕭府王爺千秋
五月十八日	道教祖師張天師聖誕
五月二十日	丹珠馬真人聖誕
五月廿九日	許威顯王聖誕

屬牛的守護神：虛空藏菩薩；本命財神：黃財神，廣結善緣

心誠則靈感　農曆節慶及神佛聖誕表　敬神如神在

六月令

六月初三日	韋馱尊神佛誕
六月初十日	劉海蟾祖師聖誕
六月十一日	田都元帥聖誕
六月十五日	六月半吃湯圓
六月十五日	靈官王天君聖誕
六月十五日	劉伯溫聖誕
六月十八日	池府千歲聖誕
六月十九日	觀音菩薩得道紀念
六月廿四日	關聖帝君聖誕
六月廿四日	南極大帝聖誕
六月廿六日	二郎真君聖誕

七月令

七月初一日	開鬼門
七月初七日	七星娘娘聖誕
七月初七日	文曲魁星聖誕
七月十三日	大勢至菩薩聖誕
七月十五日	中元地官大帝聖誕
七月十五日	中元節
七月十八日	王母娘娘聖誕
七月十九日	值年太歲聖誕
七月廿一日	希夷真人成仙日
七月廿三日	法主公聖誕
七月廿三日	諸葛武侯聖誕
七月廿四日	鄭延平郡王聖誕
七月廿四日	龍樹菩薩佛誕
七月三十日	地藏王菩薩佛誕
七月廿九或三十日	關鬼門

八月令

八月初三日	北斗星君聖誕
八月初三日	司命灶君聖誕
八月初五日	雷聲普化天尊聖誕
八月初八日	瑤池大會
八月十五日	中秋節
八月十五日	太陰星君聖誕
八月十五日	朱府王爺聖誕
八月十八日	酒仙李白聖誕
八月廿二日	燃燈古佛萬壽
八月廿二日	廣澤尊王聖誕
八月廿三日	邢王爺千秋
八月廿七日	至聖先師孔子聖誕

九月令

九月初一日	南斗星君聖誕
九月初九日	重陽節
九月初九日	中壇元帥哪吒聖誕
九月初九日	酆都大帝聖誕
九月十二日	軒轅黃帝聖誕
九月十三日	孟婆尊神聖誕
九月十四日	包青天神誕日
九月十五日	女媧娘娘聖誕
九月十五日	吳府王爺聖誕
九月十五日	紫陽朱夫子聖誕
九月十八日	葛仙師聖誕
九月十九日	觀世音菩薩出家日
九月廿八日	五顯靈官聖誕
九月三十日	藥師如來佛誕

十月令

十月初三日	三茅應化真君聖誕
十月十二日	齊天大聖佛誕
十月十五日	下元水官大帝聖誕
十月十六日	盤古公萬壽
十月十八日	虛空地母娘娘聖誕
十月廿二日	青山王聖誕
十月廿三日	周倉將軍爺千秋
十月廿五日	感天大帝許真人千秋

十一月令

十一月初四日	安南尊王千秋
十一月初六日	西嶽大帝聖誕
十一月十一日	太乙救苦天尊聖誕
十一月十九日	九蓮菩薩佛誕
十一月十一日	太乙救苦天尊聖誕
十一月十七日	阿彌陀佛佛誕
十一月廿三日	張仙大帝聖誕
十一月廿七日	董公真仙聖誕
十一月廿七日	普菴祖師誕辰

十二月令

十二月初四日	三代祖師聖誕
十二月初八日	臘八節
十二月十六日	尾牙
十二月十六日	南嶽大帝聖誕
十二月廿四日	送神
十二月廿四日	謝太歲
十二月廿四日	司命灶君上天庭
十二月廿五日	天神下降
十二月廿九日	南斗北斗星君下降

◎相鼠（子）年生的人歲運參考

（宜安太歲吉）

7 庚子　19 戊子　31 丙子　43 甲子　55 壬子　67 庚子　79 戊子　91 丙子　103 甲子 歲

●衰退運△注意運○平平運⊙良好運

今年運勢如左：（如需詳明每日用事，請參閱信發堂廖淵用通書便覽）

一：歲破逢天哭，出外行車，凡事謹慎小心，多行善積陰德。

二：災殺又大耗，宜修身養性，閒事勿管，勿投資作擔保。

三：宜安太歲吉，可祈求保平安，事事順心，諸事如意。

○正月運	是月宜努力奔走，財利可得順利，勿送喪可保平安，注意夫妻感情防不睦。
△二月運	逢刑之月令，交友小心以免受害，勿擔保及強出頭，凡事以和為貴，免日後憂。
⊙三月運	華蓋高照財源廣進，名利雙收，能至福德廟拜拜更佳，慎防官符纏身。
○四月運	月德吉星照臨，逢凶化吉，貴人相助，諸事亨通，注意身體健康，勿遠行及夜行。
●五月運	月破又逢耗，諸事小心防範，注意色情風波損財，有喜可破災，無喜百事來。
⊙六月運	紫微龍德吉星伴照，多行善德，財喜臨門，諸事如意，逢凶化吉，凡事無憂。
○七月運	金星值宮，常至福德廟拜拜，祈求平安順事，三合吉星臨門，自可逢凶化吉。
⊙八月運	多位吉星喜照臨，諸事多吉慶，婚姻也可望，多行善德，自有財貴喜臨門。
△九月運	逢天狗凶星，適時捐血可破災，多做公益行善之事，自然福報臨門。
△十月運	逢病符凶星入宮，注意身體健康，勿貪不義之財，得意須防失意時。
○十一月運	伏吟又劍鋒，處處小心留意，不要自以為是，幸有將星臨，財利通達。
○十二月運	月逢六合玉堂高照，逢凶化吉宜守本分，向善而行，注意身體健康，可得安泰。

◎相牛（丑）年生的人歲運參考

6 辛丑　18 己丑　30 丁丑　42 乙丑　54 癸丑　66 辛丑　78 己丑　90 丁丑　102 乙丑 歲

●衰退運△注意運○平平運⊙良好運

今年運勢如左：（如需詳明每日用事，請參閱信發堂廖淵用通書便覽）

一：妙有紫微龍德吉星至，逢凶化吉，有偏財運，取之有道。

二：天殺照臨，同事之間應和氣相處，可至福德廟內求保平安。

三：吞陷天厄凶星臨，恐有多災厄，多行善積德，以保平安。

○正月運	謹防劫財或事業不順之憂，恐有美夢成空，妙有太陽高照，吉慶盈門。
△二月運	勿送喪及食喪物，諸事宜節守，腳踏實地，謹防朋友連累，以免引來牢獄之災。
△三月運	是月女人大吉，男人恐有身體欠安，必須注意，宜防血光及災殺。
○四月運	月逢三合星照臨，但處事宜保守，最好常至福德宮拜，可祈保平安順景。
△五月運	吉凶參半，逢德解化，未婚者緣份甚佳，經商者注意財利受損。
●六月運	逢破大耗勿輕視，須防禍厄臨身，凡事常受阻礙，善道宜行，安分守己。
△七月運	是吉非真，已婚男女防婚外情，引來牢獄之災，未婚男女婚姻可期。
○八月運	多行福德廟拜拜祈平安，注意色情血光，妙有三合及吉星至必有財福。
⊙九月運	喜逢貴人，德星化解，漸入佳境，勿管他人事，免得是非多。
△十月運	出外開車宜謹慎，恐易受損財之災，勿送喪及食喪物，多行善德自可安泰。
○十一月運	謹防身體健康，喜逢六合吉星照臨，逢凶化吉，善心好德，諸事順暢。
△十二月運	伏吟劍鋒必須知，凡事注意交友應慎防，出外小心防損傷之災。

◎相虎（寅）年生的人歲運參考

5 壬寅　17 庚寅　29 戊寅　41 丙寅　53 甲寅　65 壬寅　77 庚寅　89 戊寅　101 丙寅　歲

●衰退運△注意運○平平運⊙良好運

今年運勢如左：（如需詳明每日用事，請參閱信發堂廖淵用通書便覽）

一：地煞白虎星照宮，至福德廟拜拜，請求土地公解化保平安。

二：指背飛廉凶星至，交友宜慎選，以免受騙，損財官非。

三：喜三合吉星照臨，如多積德布施，自可大事化小，小事化無。

△正月運	劍鋒至臨，出外行車宜小心，處處注意防血光，交友須防小人害。
○二月運	太陽高照，貴人扶持，但天空入宮，勿管閒事，以免是非破財，防家庭風波。
△三月運	注意身邊親人，多祈合家安泰，以免有傷害或孝服之災，忍氣求財。
△四月運	刑剋亡神殺星多，用心作福祈神助，交友小心防小人，避免孤辰犯太陰。
⊙五月運	三合將星來拱照，財星又來相扶助，腳踏實地，財利勿貪免官司。
○六月運	防身體不適，須腳踏實地，非法勿行，妙有月德天喜齊臨，逢凶化吉。
●七月運	是月沖破逢耗，宜事事小心謹慎，切記勿強出頭，勿替人作保，財務量入為出。
⊙八月運	龍德星逢紫微，事事可順利，家業興隆慶有餘，安分守己造福則無憂。
△九月運	白虎入宮易傷人，防血光之災，孝服或其他不測之事，可到福德廟拜拜祈保平安。
○十月運	六合天德福星喜臨來，財喜臨門多吉慶，自有貴人來扶持，諸事亨通名利雙收。
△十一月運	吉凶參半，處處注意，恐有災害，須防小人暗害，免受意外之災。
○十二月運	須防多災多難，注意身體健康，恐夫妻刑剋，幸有天醫紅鸞星照吉祥。

◎相兔（卯）年生的人歲運參考

4 癸卯　16 辛卯　28 己卯　40 丁卯　52 乙卯　64 癸卯　76 辛卯　88 己卯　100 丁卯　112 乙卯　歲

●衰退運△注意運○平平運⊙良好運

今年運勢如左：（如需詳明每日用事，請參閱信發堂廖淵用通書便覽）

一：逢天喜吉星照臨，逢凶化吉，心存正氣，可有喜慶盈門。

二：妙有天德吉星高照，貴人相助，善道而行有吉慶。

三：卷舌披麻凶星至臨，慎防是非多端厄禍纏身。

△正月運	須注意身體，防官非之擾，凡事三思而後行，夜勿遠行保平安。
△二月運	伏吟又劍鋒，處處小心留意，幸金匱星臨，正道而行，財利通達。
○三月運	太陽高照，貴人扶持，但天空入宮，勿管閒事，是非破財，防家庭風波。
△四月運	做事宜謹慎小心，勿送喪，勿食喪物，求財須奔波辛苦可得。
○五月運	天喜拱逢，雖有財源得意，須防災律退悔，得意之際，莫忘失意之時。
○六月運	勿強出頭惹來血光之禍，適時捐血可避災，善德而行可保安康。
⊙七月運	逢月德貴人來相助，事事多吉慶，如能善心積德，自然財利喜相隨。
●八月運	逢破不佳，未能事事順利，慎防金錢損失，身體欠安及受無妄之災。
○九月運	慎防天厄及逢殺，注意桃花來糾纏，多行善積德，便能逢凶化吉自盈昌。
○十月運	祈求福德正神化解金星勿糾纏，妙逢三合照臨，逢凶化吉，諸事順利。
○十一月運	防口角是非多端，或桃花纏身風波，幸有天德福星到可解化。
△十二月運	注意外來之禍或夫妻刑剋，若能多行善德，加上天解神可逢凶化吉。

屬兔的守護神：文殊菩薩；本命財神：綠財神，防堵失財

◎相龍（辰）年生的人歲運參考

3 甲辰　15 壬辰　27 庚辰　39 戊辰　51 丙辰　63 甲辰　75 壬辰　87 庚辰　99 戊辰　111 丙辰 歲

●衰退運△注意運○平平運⊙良好運

今年運勢如左：（如需詳明每日用事，請參閱信發堂廖淵用通書便覽）

一：喜有天解神至臨，凡事積德做善事，自有好運到。

二：弔客天狗凶星纏宮，出外行車宜謹慎，防意外之災厄。

三：血刃至，防血光之災，適時捐血，以免招災厄。

○正月運	事業錢財宜勞苦奔波可得，但出外行車須小心，勿因強出頭惹來日後憂。
△二月運	六害病符鎮守，宜謹慎提防，注意身體健康，勿作保以免受連累。
△三月運	伏吟劍鋒出外小心謹慎，防誤交損友，以免惹來血光之災，多行善德可避災。
○四月運	太陽高照，貴人扶持，但天空入宮，勿管閒事，防是非破財及家庭風波。
△五月運	注意災厄血光或孝服之憂，須防色情以免風波，妙有解神至臨，逢凶化吉。
●六月運	勾絞行運，易生事煩擾，防美人計詐財及小人傷害連累，女防身體欠安。
○七月運	非法之事請勿進行，以免官非纏身，多行善德，月逢三合，自可逢凶化吉。
○八月運	桃花運纏身至，須防言語風波及損財，妙有月德六合解，勿貪不義財自安泰。
●九月運	凶星沖動，切記小心行事，防守可避災，金錢花費須節制，宜量入為出。
⊙十月運	逢吉星照臨，若更能修身積德，並將會事事得意貴人助，財源廣進。
●十一月運	白虎入宮，易傷人口，及其它不測凶事，防朋友失信，損財倒會或借錢不還。
○十二月運	福德逢德喜又喜，善心積德謀事宜，凡事不計較，以防口舌是非。

◎相蛇（巳）年生的人歲運參考

2 乙巳　14 癸巳　26 辛巳　38 己巳　50 丁巳　62 乙巳　74 癸巳　86 辛巳　98 己巳　110 丁巳 歲

●衰退運△注意運○平平運⊙良好運

今年運勢如左：（如需詳明每日用事，請參閱信發堂廖淵用通書便覽）

一：破碎病符凶星至，交友防小人陷害，注意身體健康。

二：亡神官符也來到，須防小人暗中破壞，官司纏身。

三：陌越近身，注意金錢分配量入為出，事事三思而行。

⊙正月運	春回大地多吉星，天德吉星照臨來，多行善德可化災，財源順利吉慶來。
△二月運	逢天狗殺不可言吉，善心積德有餘慶，出外行車須小心免災纏。
△三月運	妙逢天喜未婚可得良緣，已婚注意桃花婚變，諸事慎重，須注意身體健康。
○四月運	逢解神吉星臨，但得意時宜安分守己，以免意外之災降臨，勿遠行及夜行。
○五月運	月有太陽星照臨來，掌握良緣來結成，女人須防產厄與水厄，以免事來憂。
△六月運	注意羊刃占月支，事事小心免猜疑，亦須防備孝服至，勿食喪事餐。
○七月運	逢合化刑，大事可化小，須防交友禍端多，不慎恐有連累事煩勞。
⊙八月運	交友小心免官災，喜有將星金匱三合來，心存正氣逢凶化吉，財喜雙至名利雙收。
○九月運	逢紅鸞星入宮，未婚男女婚姻可成，若已婚則防家庭風波，防身體欠安。
●十月運	逢破耗星至臨來，多行善德來破災，若無恐怕百事來，勿管他人事避免日後愁。
⊙十一月運	紫微龍德吉星伴照，多行善德，財喜臨門，諸事如意，逢凶化吉，凡事無憂。
○十二月運	祈求福德正神化解金星，妙逢三合吉星高照，家中生百福。

◎相馬（午）年生的人歲運參考

（宜安太歲吉）

1	13	25	37	49	61	73	85	97	109
丙午	甲午	壬午	庚午	戊午	丙午	甲午	壬午	庚午	戊午

歲

●衰退運△注意運○平平運⊙良好運

今年運勢如左：（如需詳明每日用事，請參閱信發堂廖淵用通書便覽）

一：犯太歲臨頭坐，須安奉太歲星君保平安。

二：伏吟自刑相逢，凡事細心謹慎，以防口角是非發生。

三：妙逢金匱與將星，再行善積德，自然財利可得。

⊙正月運	常到福德廟拜拜，祈求好人來牽成，壞人勿近身，妙有三合吉星，逢凶化吉。
○二月運	天喜多位吉星來相助，未婚男女喜良緣，須防口舌是非多得失。
○三月運	事事小心提防，以免意外之災厄，心不可浮沉不定及色情風波惹是非。
△四月運	月逢凶星與官符，處處小心來提防，病符纏身須注意，須行善積德來化解。
△五月運	太歲又見劍鋒，出外行車須小心謹慎，防血光之災，妙有金匱將星臨，可祈財利。
○六月運	是月勿出國遠遊，喜有六合太陽吉星高照，家中生百福可賀。
△七月運	不可言吉，開車出外事事小心，以免意外災厄纏身或注意孝服近身。
○八月運	紅鸞星動逢喜來，未婚男女有緣來，已婚之人心宜定，否則逢害又損財。
△九月運	不可言吉，出外行車小心，勿管閒事，以免招來官非，或惹來血光之災。
⊙十月運	不利合夥生意，勿探病，逢月德吉星照臨，貴人相助，諸事亨通，百事吉。
●十一月運	此遇破月災殺至，出外行車須注意，謹防不測災厄臨，以免破財受災害。
△十二月運	雖有地解龍德星，也須慎防不測事來生，諸事須三思，凶事亦變無。

◎相羊（未）年生的人歲運參考

12	24	36	48	60	72	84	96	108
乙未	癸未	辛未	己未	丁未	乙未	癸未	辛未	己未

歲

●衰退運△注意運○平平運⊙良好運

今年運勢如左：（如需詳明每日用事，請參閱信發堂廖淵用通書便覽）

一：幸有太陽高照，謀事可成，百事順暢，財利亨通。

二：逢天空之星，交友慎重注意，恐有色情之厄。

三：月殺晦氣凶星臨，出外小心，閒事勿管，以冤災殃至。

⊙正月運	喜有貴人駕護，事事吉祥慶有餘，幸有天喜吉星高照，多行善德喜臨門。
○二月運	須防血光之災，心情煩燥，適時捐血化災，幸有三合天解臨，善德而行可保安康。
○三月運	注意身體，以防血光或口角是非，妙有多位吉星高照，逢凶化吉貴人助。
△四月運	逢天狗星入度，不利遠行，騎車留意，防損傷，諸事不如意，血光病痛之憂。
△五月運	逢病符凶星入宮，注意身體健康，勿貪不義之財，得意須防失意時。
△六月運	伏吟遇劍鋒，宜小心防血光之災，勿管他人事，則免來日憂，交友注意防連累。
○七月運	勿出國遠遊，須防夫妻刑剋，恐有損錢財，幸有太陽高照，逢凶化吉。
△八月運	不可言吉，勿送喪及食喪物，注意小人暗中陷害，勿管他人事，免惹來官非。
△九月運	逢刑卷舌凶星，交友須謹慎防連累，勿擔保忌遠行，多行善積德招福臨。
○十月運	天哭凶星不可來，求財求利宜奔波辛苦，安分守己財利可望。
△十一月運	注意色情受害引起家庭風波，開車出外宜小心，幸有月德解化，以免受害。
●十二月運	沖破之月必防備，大耗之星更憂慮，行善積德，祈求保祐順利。

屬馬的守護神：大勢至菩薩；本命財神：紅財神，去除噩運

◎相猴（申）年生的人歲運參考

11 丙申　23 甲申　35 壬申　47 庚申　59 戊申　71 丙申　83 甲申　95 壬申　107 庚申　歲

●衰退運△注意運○平平運⊙良好運

今年運勢如左：（如需詳明每日用事，請參閱信發堂廖淵用通書便覽）

一：逢驛馬纏宮，辛苦奔波求財利可得，並有住宅變遷及出國機會。
二：孤神凶星出現，夫妻恐有刑剋，宜互相體諒包容。
三：喪門及地喪，事事須防備，注意孝服相纏，多行善德。

●正月運	逢破大耗須注意，春節期間行大廟宇，祈求歲安也可期，須防美人計。
⊙二月運	多有吉星喜高照，逢貴人扶助喜氣臨，家生百福，瑞氣千祥。
△三月運	雖有三合吉星來化解，但是飛殺白虎亦有來，最好祈求福德正神保祐平安。
⊙四月運	六合逢天德福德多吉星，最喜貴人來相助，謀事順通，防言語口角招災。
△五月運	行車應小心留意，恐有意外之事發生，宜多積功德，自可保平安。
△六月運	逢紅鸞星動，已婚憂未婚喜，亦有病符凶星，定期做健康檢查，防病痛之憂。
△七月運	伏吟劍鋒降臨來，恐有禍端糾纏或小人暗中陷害，而災厄臨身。
○八月運	貴人太陽高照，事業輝煌及騰達，但須防美人計，以免惹是非來。
△九月運	逢喪門入宮，須防孝服，忌探病或食喪家物品，更應注意身體的健康。
○十月運	慎防有心人設計陷害，莫作非法之事，宜心存善念，不貪不義之財，自可無憂。
○十一月運	交友謹慎以免官符纏身，幸有三合金匱吉星照臨，逢凶化吉可安泰。
⊙十二月運	妙有月德天喜吉星臨，貴人相助，可有財喜臨門，定期做健康檢查。

◎相雞（酉）年生的人歲運參考

10 丁酉　22 乙酉　34 癸酉　46 辛酉　58 己酉　70 丁酉　82 乙酉　94 癸酉　106 辛酉　歲

●衰退運△注意運○平平運⊙良好運

今年運勢如左：（如需詳明每日用事，請參閱信發堂廖淵用通書便覽）

一：紅鸞星太陰同宮，未婚之人姻緣可望，女人吉慶。
二：勾絞遇羊刃，恐有朋友暗中陷害連累，不可大意。
三：卒暴星臨宮，注意身體健康，適時捐血可避災。

○正月運	月德化解雖是吉，親朋戚友如借錢，注意恐有劫財之處，行善積德自能逢凶化吉。
●二月運	再逢沖破，出外行車宜小心謹慎，凡事三思而行，勿強出頭而惹血光或牢獄之災。
⊙三月運	六合龍德喜來至，多有吉星來照耀，諸事順暢，事業亨通樂逍遙。
△四月運	喜逢三合解化，但是須防意外事端來，須拜福德正神祈保平安。
○五月運	逢紅鸞福德星臨，未婚男女親事可成，已婚防家庭風波，勿管閒事，防口舌是非。
○六月運	諸事要細心，不可大意以免意外禍厄臨身，若能修身積德，以保安泰。
△七月運	出外開車事事小心，注意身體健康，腳踏實地，非法勿為，以免官非惹身。
△八月運	處事宜小心，防血光之災，三思而後行，善心積德，財利盈門。
△九月運	少出國遠遊，以免多災多難或惹麻煩，妙有太陽吉星高照，逢凶化吉。
○十月運	謀事求財宜遠方，奔波辛勞財可望，勿送喪勿食喪物，注意家庭和樂為貴。
○十一月運	交友小心恐有暗中陷害，太陰到宮，女人大吉，男人防色情，幸有天喜化解。
○十二月運	易有官非血光或色情風波事件，喜有三合天解解神吉星，諸事吉利亨通。

屬羊的守護神：大日如來；本命財神：黃財神，廣結善緣

◎相狗（戌）年生的人歲運參考

9 戊戌　21 丙戌　33 甲戌　45 壬戌　57 庚戌　69 戊戌　81 丙戌　93 甲戌　105 壬戌 歲

●衰退運△注意運○平平運⊙良好運

今年運勢如左：（如需詳明每日用事，請參閱信發堂廖淵用通書便覽）

一：華蓋星臨，外緣佳，貴人相助，名利雙收。
二：喜有地解神至臨，凡事積德做善事，自有好運到。
三：年逢五鬼來交纏，慎防小人，善心積德，免意外之愁。

⊙正月運	須防小人官非纏身，妙有年月命為三合，生意興隆萬事吉，財喜臨門。
○二月運	注意身體與桃花糾纏，妙逢六合吉星與月德，貴人相助，大事化小，小事化無。
●三月運	事事小心，不可妄動行事，恐有小人暗中設計陷害，而損財，多祈求平安順利。
○四月運	紅鸞龍德吉星，運如順利暢通，婚姻可期，但交友宜細心謹慎提防。
⊙五月運	妙有三合金匱又地解，貴人相助凶去吉來，財喜臨門諸事多吉慶。
○六月運	雖有犯刑，注意言語多端，諸事受阻礙，但是吉星及德解，逢凶化吉喜事來。
△七月運	逢天狗凶星臨，不利遠行，騎車留意，防損傷，諸事不如意，病痛之憂。
○八月運	注意身體健康，勿出國遠行及夜行，以保平安，交友須小心謹慎，可免牢獄之災。
△九月運	伏吟之月出外小心謹慎，防誤交損友，以免惹來血光之災，多行善德可避災。
⊙十月運	喜逢太陽來高照，貴人天喜也照耀，諸事順利喜洋洋，事事慶有餘。
△十一月運	須防血光及孝服，恐犯仙人跳小心謹慎，諸事宜節守，以免日後愁。
△十二月運	善心積德，交友小心，免受連累，女性為吉，男性慎防小人暗中陷害。

◎相豬（亥）年生的人歲運參考

8 己亥　20 丁亥　32 乙亥　44 癸亥　56 辛亥　68 己亥　80 丁亥　92 乙亥　104 癸亥 歲

●衰退運△注意運○平平運⊙良好運

今年運勢如左：（如需詳明每日用事，請參閱信發堂廖淵用通書便覽）

一：喜逢月德吉星來扶助，多行善積德，自然可逢凶化吉。
二：逢小耗凶星，不可妄動行事，處處謹慎，免受災及損財。
三：死符凶星亦須防，恐有病厄也難當，善心作福萬事通。

△正月運	須防小人牽連官非，夫妻刑剋，女人當權，注意色情風波，幸有六合化解。
○二月運	注意小人陷害官符纏身，幸有三合金匱吉星來高照，行善積德，自然能逢凶化吉。
⊙三月運	逢月德星高照，紅鸞星動，有喜事來臨，善心積德，可有名利雙收。
●四月運	遇破大耗處處小心，交友謹慎防官災，若無光中慮，恐有暗中憂，凡事三思後行。
○五月運	逢吉星龍德顯星至，善道而行吉慶有餘，出外行車須注意夜勿遠行。
△六月運	白虎入宮，易傷人口，及其它不測之事，幸有華蓋吉星，可望大事化小。
⊙七月運	喜有貴人駕護，事事吉祥慶有餘，幸有天德吉星高照，多行善德喜臨門。
○八月運	諸事宜小心謹慎，交友要過濾，以免受連累或意外之災，凡事宜節守。
△九月運	逢病符凶星入宮，注意身體健康，勿貪不義之財，防口舌及牢獄之災。
△十月運	三刑相伴，寧可直中取，不可曲中求，切莫強求，切勿浮沉不定而心煩。
○十一月運	幸有太陽來拱照，美德生香臨照耀，男性上吉，未婚者姻緣可望。
△十二月運	是吉非真，宜防孝服纏身，勿送喪及探病人，閒事勿管，自可無憂。

每日出門吉凶方位

屬猴的守護神：大日如來；本命財神：白財神，遠離窮困

干支日	喜神	貴門	財神	吉門	生門	開門	鶴神	五鬼	死門
甲子日	東北	東北	東南	正北	東北	西北	東南	東南	西南
乙丑日	西北	正北	東南	正北	東北	西北	東南	東北	西南
丙寅日	西南	正西	正西	正北	東北	西北	正南	西南	西南
丁卯日	正南	西北	正西	西南	正西	正南	正南	正東	正東
戊辰日	東南	東北	正北	西南	正西	正南	正南	正南	正東
己巳日	東北	西南	正北	西南	正西	正南	正南	正北	正東
庚午日	西北	西南	正東	正東	東南	東北	正南	正西	西北
辛未日	西南	正南	正東	正東	東南	東北	西南	西北	西北
壬申日	正南	正東	正南	正東	東南	東北	西南	東南	西北
癸酉日	東南	東南	正南	東南	正南	正東	西南	東北	正北
甲戌日	東北	東北	東南	東南	正南	正東	西南	東南	正北
乙亥日	西北	西南	東南	東南	正南	正東	西南	東北	正北
丙子日	西南	正西	正西	西北	正北	正西	西南	西南	正南
丁丑日	正南	西北	正西	西北	正北	正西	正西	正東	正南
戊寅日	東南	東北	正北	西北	正北	正西	正西	正南	正南
己卯日	東北	西南	正北	正西	西北	西南	正西	正北	東南
庚辰日	西北	東北	正東	正西	西北	西南	正西	正西	東南
辛巳日	西南	東北	正東	正西	西北	西南	正西	西北	東南
壬午日	正南	正東	正南	東北	正東	正北	西北	東南	正西
癸未日	東南	正東	正南	東北	正東	正北	西北	東北	正西
甲申日	東北	西南	東南	東北	正東	正北	西北	東南	正西
乙酉日	西北	西南	東南	正南	西南	東南	西北	東北	東北
丙戌日	西南	正西	正西	正南	西南	東南	西北	西南	東北
丁亥日	正南	正西	正西	正南	西南	東南	西北	正東	東北
戊子日	東南	東北	正北	正北	東北	西北	正北	正南	西南
己丑日	東北	正北	正北	正北	東北	西北	正北	正北	西南
庚寅日	西北	東北	正東	正北	東北	西北	正北	正西	西南
辛卯日	西南	東北	正東	西南	正西	正南	正北	西北	正東
壬辰日	正南	正東	正南	西南	正西	正南	正北	東南	正東
癸巳日	東南	東南	正南	西南	正西	正南	在天	東北	正東

干支日	喜神	貴門	財神	吉門	生門	開門	鶴神	五鬼	死門
甲午日	東北	西南	東南	正東	東南	東北	在天	東南	西北
乙未日	西北	西南	東南	正東	東南	東北	在天	東北	西北
丙申日	西南	正北	正西	正東	東南	東北	在天	西南	西北
丁酉日	正南	西北	正西	東南	正南	正東	在天	正東	正北
戊戌日	東南	東北	正北	東南	正南	正東	在天	正南	正北
己亥日	東北	西南	正北	東南	正南	正東	在天	正北	正北
庚子日	西北	東北	正東	西北	正北	正西	在天	正西	正南
辛丑日	西南	東北	正東	西北	正北	正西	在天	西北	正南
壬寅日	正南	正東	正南	西北	正北	正西	在天	東南	正南
癸卯日	東南	正東	正南	正西	西北	西南	在天	東北	東南
甲辰日	東北	西南	東南	正西	西北	西南	在天	東南	東南
乙巳日	西北	正北	東南	正西	西北	西南	在天	東北	東南
丙午日	西南	西北	正西	東北	正東	正北	在天	西南	正西
丁未日	正南	西北	正西	東北	正東	正北	在天	正東	正西
戊申日	東南	西南	正北	東北	正東	正北	在天	正南	正西
己酉日	東北	西南	正北	正南	西南	東南	東北	正北	東北
庚戌日	西北	西南	正東	正南	西南	東南	東北	正西	東北
辛亥日	西南	正南	正東	正南	西南	東南	東北	西北	東北
壬子日	正南	正東	正南	正北	東北	西北	東北	東南	西南
癸丑日	東南	正東	正南	正北	東北	西北	東北	東北	西南
甲寅日	東北	東北	東南	正北	東北	西北	東北	東南	西南
乙卯日	西北	西南	東南	西南	正西	正南	正東	東北	正東
丙辰日	西南	正西	正西	西南	正西	正南	正東	西南	正東
丁巳日	正南	正西	正西	西南	正西	正南	正東	正東	正東
戊午日	東南	西南	正北	正東	東南	東北	正東	正南	西北
己未日	東北	西南	正北	正東	東南	東北	正東	正北	西北
庚申日	西北	西南	正東	正東	東南	東北	東南	正西	西北
辛酉日	西南	東北	正東	東南	正南	正東	東南	西北	正北
壬戌日	正南	正東	正南	東南	正南	正東	東南	東南	正北
癸亥日	東南	正東	正南	東南	正南	正東	東南	東北	正北

屬雞的守護神：不動明王；本命財神：白財神，遠離窮困

歲次丙午年肖馬　風調雨順　國泰民安　西元2026年

道曆四七二三年　趨吉避凶農民曆　佛曆二五七〇年

太歲丙午年

干火　支火
納音屬水
歲干名柔兆
歲支名敦牂
歲君姓文名折　文哲
歲德丙　歲德合辛
宜修造取土
值年：星日馬
管局：虛日鼠
逢巳日房宿為暗金伏斷

萬華黃帝神宮

丙午年政經情勢

黃帝歸藏易占

第四首　山水蒙　蒙以養正（中下）

山下暗室陷稚童
童蒙求我初筮告
再瀆不告以養正
蒙亨之吉順利貞

本刊於二〇二五年七月二十一日申時向老祖三筶求得

【大利東西　不利北方】

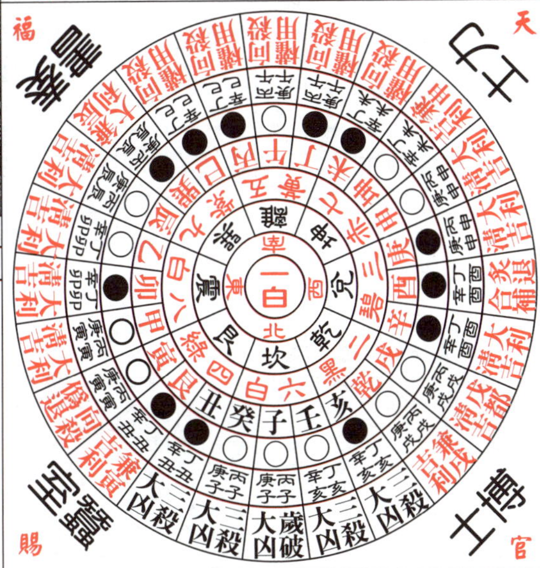

黃帝地母經

太歲丙午年○春夏多洪水○魯魏多疫災○穀熟益江東
種植宜高地○低源遭水沖○天蟲見少絲○桑柘賤成籠
六畜多瘟疫○人民少卒終○⊙地母經曰：馬首值歲裡
豐稔好田桑○春夏須防備○種植怕流蕩○豆麥並麻粟
偏好宜高岡

農曆歲首焚香開門

○子時：帝旺地兵天牢吉
◑丑時：水星元武日刑旬空平
●寅時：鵤門殺忌開門截路空亡凶
●卯時：六合貴人勾陳截路空亡凶
●辰時：日時相沖百事皆凶
○巳時：貴人傳送明堂天賊吉
○午時：三合喜神天兵吉
○未時：右弼國印日刑吉
●申時：金匱不遇六戊凶
◑酉時：天德大進寶光狗食平
◑戌時：武曲日建白虎平
○亥時：玉堂日祿少微吉
○焚香開門：取子時吉巳午時次吉
○出行：巳時向正南財神喜神生門吉
○焚香關門：亥時大吉酉時次吉

天赦吉日

正月十七戊寅4
三月十八戊寅1
四月初四甲午3
六月初六甲午密
八月廿一戊申4
十一月初八甲子3

全年探病凶日

正月初九庚午3	正月十八己卯5	正月廿一壬午1	二月十一壬寅密	二月廿三甲寅5	二月廿四乙卯6	三月初十庚午密	三月十九己卯2	三月廿二壬午5	四月十二壬寅4	四月廿四甲寅2	四月廿五乙卯3
五月十一庚午4	五月二十己卯6	五月廿三壬午2	六月十四壬寅1	六月廿六甲寅6	六月廿七乙卯密	七月十二庚午1	七月廿一己卯3	七月廿四壬午6	八月十五壬寅5	八月廿七甲寅3	八月廿八乙卯4
九月十四庚午5	九月廿三己卯密	九月廿六壬午3	十月十六壬寅2	十月廿八甲寅密	十月廿九乙卯1	十一月十四庚午2	十一月廿三己卯4	十一月廿六壬午密	十二月十六壬寅6	十二月廿八甲寅4	十二月廿九乙卯5

土王用事

三月初一辛酉5辰時
六月初六甲午密夜子
九月十一丁卯2酉時
十二月初十丙申密申時

初伏	中伏	末伏
六月初二庚寅3	六月十二庚子6	七月初二庚申5

春社	秋社	入霉	出霉	入液	出液
二月初七戊戌3	八月十一戊戌1	四月廿六丙辰4	五月廿四癸未3	十月初八甲午1	十月十四庚子密

正月開市吉日

正月初九庚午3卯辰巳時
正月十二癸酉6辰巳時用
正月二十辛巳密卯午大進
正月廿五丙戌5卯午大進
正月廿六丁亥6辰午時吉
二月初八己亥4卯午時吉
二月十四乙巳3卯辰巳時

正月出行吉日

正月初三甲子4卯辰巳
正月初六丁卯密辰巳午
正月初九庚午3卯辰巳
正月初十辛未4卯午進
正月十二癸酉6辰巳午
正月十八己卯5卯辰巳
正月廿二癸未2卯辰巳

運氣

丙午之歲少陰君火司天陽明燥金在泉火勝金衰皇極屬水。流衍之記歲水太過寒氣盛行火受其邪徵音為孤辰為明見。

歲時記事

二姑把蠶
蠶食七葉
十日得辛
四牛耕地
七龍治水

屬狗的守護神：阿彌陀佛；本命財神：黃財神，廣結善緣

國曆 2026 115年 1月大（31天）

農曆 十二月小（29天） 自十一月十七日申時小寒後至十二月十七日寅時立春前　月煞東方

8	4	6
7	9	2
3	5	1

為十二月令　臘月　己丑

人胎神占房床　牛胎神占廚灶　豬胎神占在稠　羊胎神占碓棧

國曆	星期	記事	農曆	干支	建除	九星	星宿	卦	卦數	宜忌	每日吉時	每日凶時	每日沖煞年齡	每日胎神占方
1	四	民國115年元旦　歲德合	十一月 十三	乙亥火	閉	碧三	井	震	3三	出行 牧養 納畜 裁衣 合帳 出火 動土 安灶 入宅 ●忌安床開刀酬神上官入學嫁娶安香入殮除靈火葬安葬	子丑卯辰	09~11	沖蛇 歲煞西37	外西南 碓磨床
2	五		十四	丙子水	建	綠四	鬼	巽	6三	入殮 除靈 ●忌開光開市出行買車動土入宅安香嫁娶火葬進金	子丑寅卯	11~13	沖馬 歲煞南36	外西南 廚灶碓
3	六	月德合　無極老中娘聖誕	十五	丁丑水	除	黃五	柳	坎	4七	出行 買車 訂婚 裁衣 動土 安床 開市 掛匾 ○望酉時18點04分 ●忌酬神開光入宅安香嫁娶入殮除靈火葬進金安葬	子辰巳午	13~15	沖羊 歲煞東35	外正西 倉庫廁
4	日		十六	戊寅土	滿	白六	星	艮	8六	牧養 納畜 開光 訂婚 裁衣 合帳 安床 開市 掛匾 入殮 移柩 除靈 火葬 進金 安葬 ●忌入宅安香酬神上樑上官動土	寅卯辰巳	15~17	沖猴 歲煞北34	外正西 房床爐
5	一	●勿探病　申時交小寒十二月令	十七	己卯土	平	赤七	張	坤	7八	節前：★受死逢橫天忌吉喜喪事惟入殮除靈破土權用 節後：用事敬請斟酌 阿彌陀佛佛辰	子卯巳午	17~19	沖雞 歲煞西33	外正西 占大門
6	二	歲德 天月德　獸醫師節	十八	庚辰金	平	白八	翼	乾	1九	裁衣 合帳 嫁娶 安床 ●忌入宅安香開光上官赴任入殮除靈火葬進金安葬	子卯辰巳	19~21	沖狗 歲煞南32	外正西 碓磨栖
7	三	九蓮菩薩佛辰	十九	辛巳金	定	紫九	軫	兌	3七	祈福 酬神 牧養 納畜 訂婚 嫁娶 動土 ●忌入宅安香開市入殮除靈火葬進金安葬	子寅卯午	21~23	沖豬 歲煞東31	外正西 廚灶床
8	四	●勿探病	二十	壬午木	執	白一	角	離	2一	酬神 出行 開光 設齋醮 裁衣 嫁娶 動土 安床 入宅 安香 洽爐 入殮 除靈 火葬 進金 安葬 ●忌造船橋開市安門安機械	丑辰巳午	23~01	沖鼠 歲煞北30	外西北 倉庫碓
9	五		廿一	癸未木	破	黑二	亢	震	4八	破屋壞垣 ★月破大耗最為不吉之神宜事不取	寅卯辰巳	01~03	沖牛 歲煞西29	外西北 房床廁
10	六	●刀砧　◑下弦夜子23點50分	廿二	甲申水	危	碧三	氐	巽	3九	出行 訂婚 嫁娶 出火 動土 安灶 入宅 洽爐 掛匾 入殮 除靈 ●忌上樑開光開市開刀酬神安香安門	子卯巳午	03~05	沖虎 歲煞南28	外西北 占門爐
11	日	●刀砧　司法節　歲天月德合	廿三	乙酉水	成	綠四	房	坎	9四	入殮 移柩 除靈 破土 啟攢 火葬 安葬 ★受死忌吉喜事惟行喪不忌 張仙大帝聖誕	子丑辰巳	05~07	沖兔 歲煞東27	外西北 碓磨門
12	一		廿四	丙戌土	收	黃五	心	艮	6一	嫁娶 祭祀 冠笄 ●忌安床開市入宅安香入殮除靈火葬進金安葬	丑寅卯午	07~09	沖龍 歲煞北26	外西北 廚灶栖
13	二	經國先生逝世紀念日	廿五	丁亥土	開	白六	尾	坤	8八	酬神 出行 買車 納畜 開光 設醮 訂婚 裁衣 動土 開市 求醫 治病 ●忌安床入宅安香嫁娶入殮除靈火葬進金安葬	子丑辰午	09~11	沖蛇 歲煞西25	外西北 倉庫床
14	三		廿六	戊子火	閉	赤七	箕	乾	7四	裁衣 合帳 安床 入殮 移柩 除靈 火葬 進金 安葬 ●忌入宅安香嫁娶開刀開光造船橋動土	寅卯辰巳	11~13	沖馬 歲煞南24	外正北 房床碓
15	四	董公真仙聖誕　藥師節	廿七	己丑火	建	白八	斗	兌	9二	★季月逢丑日謂正紅紗宜事不取	子卯巳午	13~15	沖羊 歲煞東23	外正北 占門廁

小寒

日出：上午6點41分　申時：下午16點24分　日沒：下午5點19分

斗指癸為小寒，時天氣漸寒，尚未太冷，故名小寒。

種植
北部：牛蒡、馬鈴薯、石刁、甘藍
中部：牛蒡、南瓜、小白菜、茎荷
南部：蘿蔔、香瓜、南瓜、冬瓜、絲瓜

撈漁
蘇澳：梳齒、釘鮸
基隆：釘鮸、龍蝦
澎湖：沙魚、狗母、龍蝦
（魚鬣棘）

日時局

時	甲子日時局	甲寅日時局	甲辰日時局
子時	大進 金匱	大進 青龍	大進 三合
丑時	貴人 六合	貴人 明堂	天乙 貴人
寅時	喜神 天兵	喜神 天兵	福星 天兵
卯時	帝旺 玉堂	帝旺 天赦	帝旺 天赦
辰時	三合 六戊	金匱 六戊	青龍 六戊
巳時	進貴 元武	日刑 寶光	五合 大退
午時	日沖 大凶	三合 地兵	貪狼 地兵
未時	貴人 勾陳	貴人 玉堂	貴人 朱雀
申時	三合 路空	日沖 大凶	三合 路空
酉時	明堂 路空	天官 路空	六合 路空
戌時	比肩 旬空	三合 進祿	日沖 大凶
亥時	長生 朱雀	長生 六合	長生 玉堂

屬豬的守護神：阿彌陀佛；本命財神：黑財神，祛除病苦

日期	星期	節日／備註	農曆	干支	五行	建除	九星	星宿	卦	卦數	宜忌	吉時	時	沖煞	胎神
16	星期五	歲天月德；十一月	廿八	庚寅	木	除	九紫	牛	離	3 一	出行 買車 開光 訂婚 嫁娶 動土 開市 入殮 除靈 破土 火葬 進金 安葬 求醫治病 ●忌入宅安香納畜穿井上官栽種	子卯辰巳	15~17	沖猴 22 歲煞北	碓磨爐 外正北
17	星期六	土王用事午時11點04分	廿九	辛卯	木	滿	一白	女	震	2 三	出行 買車 開光 裁衣 合帳 嫁娶 安床 開市 入殮 移柩 火葬 進金 安葬 ●忌酬神入宅安香動土除靈經絡安機械	丑寅卯午	17~19	沖雞 21 歲煞西	廚灶門 外正北
18	星期日		三十	壬辰	水	平	二黑	虛	巽	6 四	祭祀 ●忌開光開市入宅安香嫁娶入殮除靈火葬進金安葬	子辰巳午	19~21	沖狗 20 歲煞南	倉庫栖 外正北
19	星期一	消防節；十二月	初一	癸巳	水	定	三碧	危	坎	4 六	牧養 納畜 訂婚 裁衣 合帳 出火 安灶 入宅 安香 掛匾 ●忌開市開光嫁娶入殮除靈火葬進金安葬 ●朔寅時03點53分	卯辰巳午	21~23	沖豬 19 歲煞東	占房床 房內北
20	星期二	巳時交大寒十二月中	初二	甲午	金	執	四綠	室	艮	9 一	酬神 出行 納畜 開光 齋醮 訂婚 嫁娶 安床 入宅 安香 洽爐 掛匾 入殮 除靈 火葬 安葬 ●忌開市造船橋安門上官	丑卯巳午	23~01	沖鼠 18 歲煞北	占門碓 房內北

大寒

日出：上午6點41分
巳時：上午09點46分
日沒：下午5點30分

斗指丑為大寒，時大寒栗烈已極故大寒。

種植

北部：胡蘿蔔、絲瓜、匏瓜、胡瓜、甘藍
中部：芫、白菜、甘藍、應菜、茄子
南部：西瓜、南瓜、絲瓜、香瓜、小白菜

撈漁

新港：釘鯢、硼串
高雄：
安平：馬鮫、沙魚、烏魚
東港：狗母、過仔魚、烏魚

日期	星期	節日／備註	農曆	干支	五行	建除	九星	星宿	卦	卦數	宜忌	吉時	時	沖煞	胎神
21	星期三	麒麟日 歲天月德合	初三	乙未	金	破	五黃	壁	坤	7 六	★月破大耗最為不吉之神宜事不取	子卯辰巳	01~03	沖牛 17 歲煞西	碓磨廁 房內北
22	星期四	●刀砧 三代祖師聖誕	初四	丙申	火	危	六白	奎	乾	8 四	出行 買車 開光 訂婚 裁衣 嫁娶 出火 入宅 洽爐 開市 掛匾 入殮 除靈 火葬 進金 安葬 ●忌酬神開刀上官赴任入學	子丑卯午	03~05	沖虎 16 歲煞南	廚灶爐 房內北
23	星期五	●刀砧 自由日	初五	丁酉	火	成	七赤	婁	兌	4 九	入殮 除靈 啓攢 火葬 安葬 ★受死忌吉喜事惟行喪不忌	子辰巳午	05~07	沖兔 15 歲煞東	倉庫門 房內北
24	星期六	王侯臘 普庵祖師聖誕	初六	戊戌	木	收	八白	胃	離	1 六	祭祀 ●忌開市安床嫁娶經絡安機械入宅安香入殮除靈火葬	寅卯巳午	07~09	沖龍 14 歲煞北	房床栖 房內南
25	星期日		初七	己亥	木	開	九紫	昴	震	2 二	祈福 酬神 牧養 納畜 設醮 訂婚 求醫治病 ●忌開光開市入宅安香上樑嫁娶入殮除靈火葬進金	子寅卯午	09~11	沖蛇 13 歲煞西	占門床 房內南
26	星期一	鳳凰日 歲天月德 釋迦文佛成道	初八	庚子	土	閉	一白	畢	巽	2 九	祈福 酬神 齋醮 裁衣 合帳 安床 入殮 移柩 除靈 火葬 進金 安葬 ●忌入宅安香動土開刀造船橋嫁娶 ◐上弦午時12點49分	子卯辰巳	11~13	沖馬 12 歲煞南	占碓磨 房內南
27	星期二		初九	辛丑	土	建	二黑	觜	坎	1 三	★季月逢丑日謂正紅紗宜事不取	丑寅卯午	13~15	沖羊 11 歲煞東	廚灶廁 房內南
28	星期三	●勿探病	初十	壬寅	金	除	三碧	參	艮	9 七	開光 裁衣 合帳 嫁娶 安床 入宅 洽爐 掛匾 入殮 移柩 除靈 火葬 進金 安葬 ●忌安門開市入學	子辰巳午	15~17	沖猴 10 歲煞北	倉庫爐 房內南
29	星期四		十一	癸卯	金	滿	四綠	井	坤	8 七	出行 買車 訂婚 裁衣 合帳 嫁娶 安床 開市 入殮 移柩 火葬 進金 安葬 ●忌開光入宅安香酬神動土	卯辰巳午	17~19	沖雞 9 歲煞西	房床門 房內南
30	星期五	謝府元帥千秋	十二	甲辰	火	平	五黃	鬼	乾	3 二	結網 畋獵 ●忌嫁娶入宅安香入殮除靈火葬進金安葬	子卯巳午	19~21	沖狗 8 歲煞南	門雞栖 房內東
31	星期六	歲天月德合	十三	乙巳	火	定	六白	柳	兌	7 三	牧養 納畜 開光 訂婚 裁衣 嫁娶 出火 安床 安灶 入宅 安香 掛匾 ●忌酬神開市入殮除靈火葬進金安葬	子卯辰巳	21~23	沖豬 7 歲煞東	碓磨床 房內東

甲午日時局

子時 日沖 大凶	卯時 帝旺 玉堂	午時 司命 地兵	酉時 明堂 路空
丑時 貴人 寶光	辰時 武曲 六戊	未時 貴人 六合	戌時 三合 天刑
寅時 三合 天兵	巳時 進祿 大退	申時 青龍 路空	亥時 長生 朱雀

甲申日時局

子時 大進 三合	卯時 帝旺 朱雀	午時 進祿 地兵	酉時 天官 路空
丑時 貴人 右弼	辰時 三合 六戊	未時 玉堂 貴人	戌時 國印 黃道
寅時 日沖 大凶	巳時 寶光 大退	申時 長生 路空	亥時 長生 進貴

甲戌日時局

子時 大進 天牢	卯時 帝旺 六合	午時 三合 地兵	酉時 天官 路空
丑時 貴人 元武	辰時 日沖 大凶	未時 貴人 朱雀	戌時 比肩 白虎
寅時 喜神 天兵	巳時 明堂 五合	申時 金匱 路空	亥時 長生 玉堂

水瓶座的守護神：觀世音菩薩；吉祥寶石：藍寶石、黑珍珠、紫水晶

國曆 2月平（28天）

2026 115 丙午年

農曆 正月大（30天）

自十二月十七日寅時立春後至正月十七日亥時驚蟄前

月煞北方

7	3	5
6	8	1
2	4	9

為正月令端庚寅月

人胎神占房床　牛胎神占在棧　豬胎神占身稠　羊胎神占廳堂

國曆	星期	紀事	農曆	干支	建除	九星	宿	卦	卦數	宜忌	每日吉時	每日凶時	每日沖煞年齡	每日胎神占方
1	日		十二月十四	丙午 水	執	赤七	星	離	4/三	宜：入殮 除靈 啓攢 火葬 進金 安葬 立碑；★正四廢忌吉喜事惟行喪不忌	丑寅卯午	23~01	沖鼠6 歲煞北	廚灶碓 房內東
2	一	萬法祖師聖誕 ○望卯時06點10分	十五	丁未 水	破	白八	張	震	6/七	★月破大耗最為不吉之神宜事不取	子辰巳午	01~03	沖牛5 歲煞西	倉庫廁 房內東
3	二	尾牙 ●刀砧 福德正神千秋	十六	戊申 土	危	紫九	翼	巽	2/六	宜：入殮 除靈 啓攢 火葬 進金 安葬；★四絕忌吉喜事惟行喪不忌	卯辰巳午	03~05	沖虎4 歲煞南	房床爐 房內東
4	三	農民節 ●刀砧 寅時交立春正月令	十七	己酉 土	成	白一	軫	坎	3/八	節前：★受死重喪吉喜喪事均忌；節後：酬神 出行 動土 入宅 安香 開市 掛匾 入殮 除靈 破土 ●忌嫁娶安床開光進金	子寅巳午	05~07	沖兔3 歲煞東	占大門 外東北
5	四		十八	庚戌 金	成	黑二	角	艮	9/九	宜：入殮 除靈 破土 火葬 安葬；★受死忌吉喜事惟行喪不忌	子丑卯巳	07~09	沖龍2 歲煞北	碓磨栖 外東北
6	五	歲月德合 ●刀砧	十九	辛亥 金	收	碧三	亢	坤	7/七	宜：祈福 酬神 出行 訂婚 裁衣 合帳 動土 安床 安灶；●忌入宅安香開市開刀嫁娶入殮除靈火葬進金安葬	丑寅卯午	09~11	沖蛇1 歲煞西	廚灶床 外東北
7	六	天德合 ●刀砧	二十	壬子 木	開	綠四	氐	乾	8/一	宜：酬神 開光 齋醮 訂婚 裁衣 嫁娶 動土 除靈 破土 求醫治病；●忌造船橋入宅安香作灶安床開刀入殮火葬進金安葬	子丑辰巳	11~13	沖馬60 歲煞南	倉庫碓 外東北
8	日	天猷上帝聖誕	廿一	癸丑 木	閉	黃五	房	兌	6/八	宜：裁衣 合帳 安床 安灶 入殮 除靈；●忌入宅安香開刀安門穿井動土設醮嫁娶火葬進金安葬	寅卯巳午	13~15	沖羊59 歲煞東	房床廁 外東北
9	一	●勿探病 ◑下弦戌時20點44分	廿二	甲寅 水	建	白六	心	離	7/九	宜：裁衣 合帳 伐木 做樑；●忌動土入宅安香嫁娶上官入學入殮除靈火葬進金安葬	子寅卯午	15~17	沖猴58 歲煞北	占門爐 外東北
10	二	●勿探病	廿三	乙卯 水	除	赤七	尾	震	1/四	宜：祈福 酬神 齋醮 訂婚 裁衣 合帳 動土 安床 入殮 除靈 破土 火葬 進金 安葬；●忌入宅安香嫁娶開光出行買車開市	子丑卯巳	17~19	沖雞57 歲煞西	碓磨門 外正東
11	三	歲月德 送神日 灶神上旨天曹	廿四	丙辰 土	滿	白八	箕	巽	4/一	宜：出行 牧養 納畜 開光 訂婚 裁衣 嫁娶 出火 安床 入宅 掛匾；●忌開市動土經絡安機械酬神入殮除靈火葬進金安葬	子寅卯午	19~21	沖狗56 歲煞南	廚灶栖 外正東
12	四	天神下降 天德	廿五	丁巳 土	平	紫九	斗	坎	2/八	宜：平治道塗 修飾垣墻；●忌入宅安香嫁娶入殮除靈火葬進金安葬	子辰巳午	21~23	沖豬55 歲煞東	倉庫床 外正東
13	五		廿六	戊午 火	定	白一	牛	艮	3/四	宜：祈福 酬神 出行 買車 納畜 開光 訂婚 裁衣 嫁娶 安床 入殮 除靈 火葬 進金 安葬；●忌開市造船橋入宅安香作灶動土	寅卯辰巳	23~01	沖鼠54 歲煞北	房床碓 外正東
14	六	西洋情人節	廿七	己未 火	執	黑二	女	坤	1/二	宜：牧養 納畜 訂婚 嫁娶 動土 入殮 移柩 破土 火葬 進金 安葬；●忌開光入宅安香除靈上官入學	子卯巳午	01~03	沖牛53 歲煞西	占門廁 外正東
15	日	戲劇節	廿八	庚申 木	破	碧三	虛	乾	7/一	宜：求醫治病 破屋壞垣；★月破大耗最為不吉之神宜事不取	丑卯辰巳	03~05	沖虎52 歲煞南	碓磨爐 外東南

立春

日出：上午6點37分
寅時：上午04點03分
日沒：下午5點43分

斗指艮東北維為立春，時春氣始至，四時之卒始三陽開泰故立春也。

種植

北部：蘿蔔、胡蘿蔔、牛蒡
中部：蘿蔔、應菜、白菜、香瓜、胡瓜
南部：莧菜、蕎、蘿蔔、菜豆、敏豆

撈漁

淡水：過魚、時魚、青鮒
基隆：沙魚、梳齒、加蚋魚
澎湖：梳齒、加蚋魚、釘鯢
蘇澳：狗母、龍蝦、花輝

乙丑日時局

子時	天六 兵合
丑時	朱福 雀星
寅時	六進 戊貴
卯時	寶大 光進
辰時	地日 兵貴
巳時	玉三 堂合
午時	路長 空生
未時	大日 凶沖
申時	大貴 退人
酉時	比三 肩合
戌時	天喜 兵神
亥時	天福 赦星

乙卯日時局

子時	天貴 兵人
丑時	天福 赦星
寅時	六青 戊龍
卯時	日大 祿進
辰時	地天 兵刑
巳時	朱驛 雀馬
午時	路長 空生
未時	路三 空合
申時	天貴 賊人
酉時	大日 凶沖
戌時	天六 兵合
亥時	福三 星合

乙巳日時局

子時	天祿 兵貴
丑時	玉三 堂合
寅時	六進 戊祿
卯時	大日 進祿
辰時	地司 兵命
巳時	不左 遇輔
午時	路長 空生
未時	路進 空貴
申時	天六 賊合
酉時	比三 肩合
戌時	天喜 兵神
亥時	大日 凶沖

雙魚座的守護神：阿彌陀佛；吉祥寶石：藍寶石、珍珠、水晶、珊瑚

日期	星期	紀事	農曆	干支	五行	建除	九星	星宿	卦	卦數	宜忌	吉時	時辰	沖煞	胎神
16	星期一	歲月德合 鳳凰日	廿九	辛酉	木	危	綠四	危	兌	8 三	入殮 移柩 除靈 破土 火葬 安葬 除夕火盆暴 華嚴菩薩佛辰 ★正四廢忌吉喜事惟行喪不忌 南斗北斗星君下降	子丑 寅午	05~07	沖兔 歲煞東 51	廚灶門 外東南
17	星期二	道教節 天德合 彌勒尊佛佛辰	正月 初一	壬戌	水	成	黃五	室	離	4 四	★日環食：戌時20點11分台灣不見宜事照常 春節 天臘之辰 ★受死值日逢歲首宜事不取 ●朔戌時20點02分 元始天尊聖誕萬壽	子丑 巳午	07~09	沖龍 歲煞北 51	倉庫栖 外東南
18	星期三	●刀砧 夜子交雨水正月中	初二	癸亥	水	收	碧三	壁	震	6 六	作灶 栽種 剃頭 ●忌開市酬神開光安機械入殮除靈火葬進金 民主千歲千秋	寅卯 辰午	09~11	沖蛇 歲煞西 50	占房床 外東南

雨水

日出：上午6點26分
夜子：下午23點53分
日沒：下午5點51分

斗指寅為雨水，時東風解凍，冰雪皆散而水，化而為雨，故名雨水。

種植

北部：絲瓜、南瓜、冬瓜、菠菜、甘藍
中部：白菜、菠菜、冬瓜、番茄、茄子
南部：蘿蔔、莧菜

撈漁

新港：釘鮸
高雄：烏鰛魚、烏鰍馬鮫
東港：魚龍蝦、石鰍沙魚
安平：白帶魚

日期	星期	紀事	農曆	干支	五行	建除	九星	星宿	卦	卦數	宜忌	吉時	時辰	沖煞	胎神
19	星期四	炬光節 ●刀砧	初三	甲子	金	開	赤七	奎	巽	1 一	祈福 酬神 出行 開光 嫁娶 動土 求醫治病 ●忌入宅安香安床開市入殮除靈火葬進金安葬	子丑 卯巳	11~13	沖馬 歲煞南 49	占門碓 外東南
20	星期五	孫天醫真人千秋	初四	乙丑	金	閉	白八	婁	坎	3 六	祈福 酬神 齋醮 入殮 除靈 求醫治病 ●忌入宅安香動土嫁娶火葬進金安葬	子卯 辰巳	13~15	沖羊 歲煞東 48	碓磨廁 外東南
21	星期六	歲月德	初五	丙寅	火	建	紫九	胃	艮	2 四	開光 裁衣 安床 入殮 移柩 除靈 火葬 進金 安葬 ●忌動土入宅安香嫁娶出行買車	子寅 卯午	15~17	沖猴 歲煞北 47	廚灶爐 外正南
22	星期日	正八座 天德 清水祖師佛辰	初六	丁卯	火	除	白一	昴	坤	6 九	祈福 酬神 出行 齋醮 訂婚 裁衣 嫁娶 動土 安床 入殮 除靈 火葬 求醫治病 ●忌開光入宅安香開市 定光古佛聖誕	子辰 巳午	17~19	沖雞 歲煞西 46	倉庫門 外正南
23	星期一	人日瑞彩	初七	戊辰	木	滿	黑二	畢	乾	9 六	安床 斷蟻 結網 畋獵 ●忌嫁娶開市酬神動土入殮除靈火葬進金安葬	寅卯 辰巳	19~21	沖狗 歲煞南 45	房床栖 外正南
24	星期二	五殿閻羅王聖誕 里主尊王公聖誕	初八	己巳	木	平	碧三	觜	兌	8 二	作灶 ●忌造船橋入殮除靈火葬進金 ◐上弦戌時20點29分	子卯 巳午	21~23	沖豬 歲煞東 44	占門床 外正南
25	星期三	●勿探病 玉皇大帝萬壽	初九	庚午	土	定	綠四	參	離	8 九	酬神 出行 開光 齋醮 訂婚 裁衣 安床 開市 入殮 除靈 火葬 進金 安葬 ●忌嫁娶入宅安香安門 萬教帝君萬壽	丑卯 辰巳	23~01	沖鼠 歲煞北 43	占碓磨 外正南
26	星期四	麒麟日 歲月德合	初十	辛未	土	執	黃五	井	震	9 三	酬神 出行 納畜 訂婚 裁衣 嫁娶 出火 動土 安床 安灶 入宅 安香 入殮 破土 火葬 進金 安葬 ●忌開光設醮齋醮	子寅 卯午	01~03	沖牛 歲煞西 42	廚灶廁 外西南
27	星期五	天德合	十一	壬申	金	破	白六	鬼	巽	1 七	破屋壞垣 ★月破大耗最為不吉之神宜事不取	子辰 巳午	03~05	沖虎 歲煞南 41	倉庫爐 外西南
28	星期六	和平紀念日	十二	癸酉	金	危	赤七	柳	坎	2 七	酬神 出行 牧養 開光 訂婚 嫁娶 動土 入宅 安香 洽爐 開市 入殮 除靈 破土 火葬 安葬 ●忌安床上官赴任入學	寅辰 巳午	05~07	沖兔 歲煞東 40	房床門 外西南

【金光神咒】天地玄宗，萬炁本根，廣修萬劫，證吾神通；三界內外，惟道獨尊，體有金光，覆映吾身；視之不見，聽之不聞，包羅天地，養育群生；受持萬遍，身有光明，三界侍衛，五帝司迎；萬神朝禮，役使雷霆，鬼妖喪膽，精怪亡形；內有霹靂，雷神隱名，洞慧交徹，五炁騰騰；金光速現，覆護真人，太上老君急急如律令。

乙未日時局

子時 天貴 兵人	卯時 三大 合進	午時 路長 空生	酉時 勾比 陳肩
丑時 大日 凶沖	辰時 地日 兵貴	未時 路右 空弼	戌時 天喜 兵神
寅時 六帝 戊旺	巳時 驛玉 馬堂	申時 天貴 賊人	亥時 福三 星合

乙酉日時局

子時 天貴 兵人	卯時 大日 凶沖	午時 路長 空生	酉時 貪比 狼肩
丑時 進三 貴合	辰時 地五 兵合	未時 路寶 空光	戌時 天進 兵貴
寅時 六帝 戊旺	巳時 朱三 雀合	申時 天貴 賊人	亥時 元進 武貴

乙亥日時局

子時 天貴 兵人	卯時 大三 進合	午時 路長 空生	酉時 朱比 雀肩
丑時 進福 貴星	辰時 地司 兵命	未時 路三 空合	戌時 天喜 兵神
寅時 六六 戊合	巳時 大日 凶沖	申時 天貴 賊人	亥時 進福 貴星

白羊座的守護神：阿彌陀佛；吉祥寶石：紅寶石、紅石頭、紫水晶

國曆 3月大（31天） 115 丙午年

農曆 二月小（29天）

自正月十七日亥時驚蟄後至二月十八日丑時清明前

月煞西方

6	2	4
5	7	9
1	3	8

為二月 令花 辛卯月

人胎神占戶窗 牛胎神占在欄 豬胎神占身稠 羊胎神占在溝

國曆	星期		農曆								每日吉時	每日凶時	每日沖煞年齡	每日胎神占方
1	日	關聖帝君飛昇 兵役節	正月 十三	甲戌 火	成	白八	星	艮	7 二	★受死逢重喪日吉喜喪事均不取	子丑 卯午	07~09	沖龍 歲煞北 39	門雞栖 外西南
2	一	●刀砧	十四	乙亥 火	收	紫九	張	坤	3 三	訂婚 裁衣 出火 動土 安床 安灶 入宅 安香 ●忌出行開光買車開市入殮除靈火化安葬	子丑 卯辰	09~11	沖蛇 歲煞西 38	碓磨床 外西南
3	二	元宵節 歲月德 ●刀砧 ○望戌時19點39分	十五	丙子 水	開	白一	翼	乾	6 三	上元天官聖誕萬壽 臨水夫人陳靖姑千秋 門神戶尉千秋 ★月全食：中心食戌時19點33分台灣可見宜事不取 觀光節	子丑 寅卯	11~13	沖馬 歲煞南 37	廚灶碓 外西南
4	三	郭府大元帥聖誕 天德	十六	丁丑 水	閉	黑二	軫	兌	4 七	祈福 酬神 齋醮 裁衣 合帳 安床 入殮 移柩 除靈 火化 進金 安葬 ●忌出行入宅安香嫁娶開刀	子辰 巳午	13~15	沖羊 歲煞東 36	倉庫廁 外正西
5	四	天赦日 童子軍節	十七	戊寅 土	建	碧三	角	離	8 六	節前：開光 訂婚 裁衣 合帳 安床 入殮 除靈 ●忌入宅安香嫁娶火化進金安葬 ★節後時間短促不取	寅卯 辰巳	15~17	沖猴 歲煞北 35	房床爐 外正西
6	五	●勿探病 月德合	十八	己卯 土	建	綠四	亢	震	7 八	出行 嫁娶 安床 入殮 移柩 除靈 火化 ●忌動土破土開光栽種上官入學	子卯 巳午	17~19	沖雞 歲煞西 34	占大門 外正西
7	六	觀世音皇母聖道日	十九	庚辰 金	除	黃五	氐	巽	1 九	★受死逢三喪日吉喜喪事均不取	子卯 辰巳	19~21	沖狗 歲煞南 33	碓磨栖 外正西
8	日	婦女節 歲德合	二十	辛巳 金	滿	白六	房	坎	3 七	開光 裁衣 合帳 安床 安灶 開市 ●忌入宅安香嫁娶酬神安機械入殮除靈火化安葬	子寅 卯午	21~23	沖豬 歲煞東 32	廚灶床 外正西
9	一	●勿探病	廿一	壬午 木	平	赤七	心	艮	2 一	嫁娶 祭祀 ●忌開市入宅安香安門	丑辰 巳午	23~01	沖鼠 歲煞北 31	倉庫碓 外西北
10	二	武德尊侯沈祖公聖誕	廿二	癸未 木	定	白八	尾	坤	4 八	祈福 酬神 出行 訂婚 嫁娶 安床 安灶 入宅 安香 洽爐 入殮 移柩 除靈 火化 進金 安葬 ●忌開光開刀開市	寅卯 辰巳	01~03	沖牛 歲煞西 30	房床廁 外西北
11	三	月德 ◑下弦酉時17點40分	廿三	甲申 水	執	紫九	箕	乾	3 九	祈福 酬神 齋醮 動土 入宅 安香 洽爐 入殮 除靈 破土 火化 進金 安葬 ●忌開市安床出行開光嫁娶	子卯 巳午	03~05	沖虎 歲煞南 29	占門爐 外西北
12	四	國父逝世紀念日 植樹節	廿四	乙酉 水	破	白一	斗	兌	9 四	破屋壞垣 雷都光耀大帝聖誕 ★月破大耗最為不吉之神宜事不取	子丑 辰巳	05~07	沖兔 歲煞東 28	碓磨門 外西北
13	五	歲德	廿五	丙戌 土	危	黑二	牛	離	6 一	出行 買車 訂婚 裁衣 合帳 動土 安床 開市 入殮 破土 火化 安葬 ●忌嫁娶入宅安香除靈	丑寅 卯午	07~09	沖龍 歲煞北 27	廚灶栖 外西北
14	六	●刀砧	廿六	丁亥 土	成	碧三	女	震	8 八	祈福 酬神 出行 買車 訂婚 出火 動土 安床 入宅 安香 開市 掛匾 求醫治病 ●忌開光造船橋開刀入殮火化	子丑 辰午	09~11	沖蛇 歲煞西 26	倉庫床 外西北
15	日	●刀砧	廿七	戊子 火	收	綠四	虛	巽	7 四	嫁娶 進人口 剃頭 栽種 ●忌開市安門安機械	寅卯 辰巳	11~13	沖馬 歲煞南 25	房床碓 外正北

驚蟄

日出：上午6點13分
亥時：下午22點00分
日沒：下午5點58分

斗指甲為驚蟄雷鳴動，蟄蟲皆振起而出，故名驚蟄。

種植

北部：胡瓜、西瓜、甜瓜、苦瓜
中部：菜豆、芋、茭白筍、薑
南部：落花生、茭白筍、西瓜、甜瓜

撈漁

蘇澳：目吼、釘鮸
淡水：花鰱、沙魚、加蚋魚

丙子日時局

子時 六福戊星	卯時 少玉微堂	午時 大日凶沖	酉時 貴天人赦
丑時 進六貴合	辰時 路三空合	未時 勾日陳貴	戌時 六右戊弼
寅時 地長兵生	巳時 路日空祿	申時 天三兵合	亥時 大貴退人

丙寅日時局

子時 六福戊星	卯時 朱日雀貴	午時 大三進合	酉時 貴喜人神
丑時 天明狗堂	辰時 路福空星	未時 武玉曲堂	戌時 六三戊合
寅時 地長兵生	巳時 路日空祿	申時 大日凶沖	亥時 貴六人合

丙辰日時局

子時 六三戊合	卯時 勾天陳狗	午時 大帝進旺	酉時 貴六人合
丑時 元國武印	辰時 路青空龍	未時 右朱弼雀	戌時 大日凶沖
寅時 地長兵生	巳時 路日空祿	申時 天三兵合	亥時 貴玉人堂

金牛座的守護神：不動明王；吉祥寶石：藍瑪瑙、蛋白石、翡翠、珊瑚

日	星期	節日	農曆	干支	五行	建除	九星	星宿	卦	卦數	宜忌	吉時	時辰	沖煞	胎神
16	星期一	鳳凰日 月德合（正月）	廿八	己丑	火	開	黃五	危	坎	9 二	祈福 酬神 出行 牧養 納畜 開光 齋醮 訂婚 嫁娶 動土 安灶 入宅 安香 洽爐 掛匾 治病 除靈 破土 ●忌開市入殮安葬	子卯巳午	13~15	沖羊 歲煞東 24	占門廁 外正北
17	星期二	國醫節	廿九	庚寅	木	閉	白六	室	艮	3 一	訂婚 裁衣 合帳 動土 安床 安灶 入殮 移柩 除靈 破土 火化 進金 安葬 ●忌入宅安香嫁娶開刀安機械	子卯辰巳	15~17	沖猴 歲煞北 23	碓磨爐 外正北
18	星期三	歲德合	三十	辛卯	木	建	赤七	壁	坤	2 三	入殮 移柩 除靈 火化 進金 安葬 ●忌入宅安香嫁娶開光開市動土	丑寅卯午	17~19	沖雞 歲煞西 22	廚灶門 外正北
19	星期四	一殿秦廣王千秋（二月）	初一	壬辰	水	除	白八	奎	乾	6 四	★受死逢重喪日吉喜喪事均不取 ★四離忌吉喜事惟行喪不忌 ●朔巳時09點25分	子辰巳午	19~21	沖狗 歲煞南 21	倉庫栖 外正北
20	星期五	福德正神千秋 亥時交春分二月中	初二	癸巳	水	滿	紫九	婁	兌	4 六	開光 裁衣 合帳 安灶 ●忌入宅安香嫁娶動土入殮除靈火化進金安葬 濟公活佛聖誕 土穀尊神聖誕 郵政節	卯辰巳午	21~23	沖豬 歲煞東 20	占房床 房內北
21	星期六	氣象節 月德 文昌梓潼帝君聖誕	初三	甲午	金	平	白一	胃	離	9 一	祈福 酬神 嫁娶 入殮 移柩 除靈 破土 火化 進金 安葬 ●忌開光入宅安香上官赴任	丑卯巳午	23~01	沖鼠 歲煞北 19	占門碓 房內北
22	星期日		初四	乙未	金	定	黑二	昴	震	7 六	祈福 酬神 出行 開光 設醮 訂婚 嫁娶 出火 安床 安灶 入宅 安香 掛匾 ●忌開市開刀動土入殮除靈火化進金安葬	子卯辰巳	01~03	沖牛 歲煞西 18	碓磨廁 房內北
23	星期一	歲德	初五	丙申	火	執	碧三	畢	巽	8 四	祈福 酬神 開光 齋醮 裁衣 嫁娶 動土 移柩 除靈 破土 火化 進金 安葬 ●忌安床開市入宅安香出行買車入殮	子丑卯午	03~05	沖虎 歲煞南 17	廚灶爐 房內北
24	星期二	東華帝君聖誕	初六	丁酉	火	破	綠四	觜	坎	4 九	求醫治病 破屋壞垣 ★月破大耗最為不吉之神宜事不取	子辰巳午	05~07	沖兔 歲煞東 16	倉庫門 房內北
25	星期三	美術節 春社	初七	戊戌	木	危	黃五	參	艮	1 六	出行 買車 裁衣 合帳 動土 安床 入宅 入殮 破土 ●忌開光上樑嫁娶開市求嗣火化進金安葬	寅卯巳午	07~09	沖龍 歲煞北 15	房床栖 房內南
26	星期四	三殿宋帝王千秋 ◐上弦寅時03點19分	初八	己亥	木	成	白六	井	坤	2 二	祈福 酬神 出行 買車 開光 訂婚 裁衣 安床 開市 掛匾 ●忌入宅安香嫁娶火化進金 月德合 ●刀砧 廣播電視節 麒麟日	子寅卯午	09~11	沖蛇 歲煞西 14	占門床 房內南
27	星期五	●刀砧	初九	庚子	土	收	赤七	鬼	乾	2 九	進人口 立券交易 栽種 ●忌嫁娶入宅安香開刀上樑入殮除靈火化進金	子卯辰巳	11~13	沖馬 歲煞南 13	占碓磨 房內南
28	星期六	歲德合 八殿都市王千秋	初十	辛丑	土	開	白八	柳	兌	1 三	酬神 出行 牧養 開光 設醮 齋醮 訂婚 嫁娶 動土 安床 入宅 安香 掛匾 治病 除靈 破土 ●忌入殮安葬	丑寅卯午	13~15	沖羊 歲煞東 12	廚灶廁 房內南
29	星期日	●革命先烈紀念日 ●勿探病	十一	壬寅	金	閉	紫九	星	離	9 七	牧養 裁衣 合帳 動土 安床 入殮 移柩 除靈 破土 火化 進金 安葬 ●忌入宅安香開光嫁娶開刀酬神 青年節	子辰巳午	15~17	沖猴 歲煞北 11	倉庫爐 房內南
30	星期一	出版節	十二	癸卯	金	建	白一	張	震	8 七	出行 買車 嫁娶 ●忌動土入宅安香入殮除靈火化進金安葬	卯辰巳午	17~19	沖雞 歲煞西 10	房床門 房內南
31	星期二	月德	十三	甲辰	火	除	黑二	翼	巽	3 二	★受死逢三喪日吉喜喪事均不取	子卯巳午	19~21	沖狗 歲煞南 9	門雞栖 房內東

春分

日出：上午5點58分
亥時：下午22點46分
日沒：下午6點06分

斗指卯為春分，日行周天至是恰滿三百六十度，太陽自南向北，正射赤道上，南北兩半球晝夜均分，又適當春之一半，故名春分。

種植

北部：胡瓜、西瓜、射瓜等
中部：萵苣、白菜、番茄、各種豆類
南部：莧菜、胡瓜、花生、茄子

撈漁

澎湖：加蚋魚、鬪北
東港：白帶魚、虱鯊、鰮魚、虱目魚、烏魚、石鯽苗

丙午日時局

子時	日沖 大凶
丑時	進祿 寶光
寅時	三合 長生
卯時	玉堂 進貴
辰時	武曲 路空
巳時	日祿 路空
午時	帝旺 大進
未時	六合 長生
申時	喜神 天兵
酉時	貴人 明堂
戌時	三合 六戊
亥時	祿貴 大退

丙申日時局

子時	三合 六戊
丑時	明堂 進貴
寅時	日沖 大凶
卯時	紫微 朱雀
辰時	三合 路空
巳時	六合 路空
午時	帝旺 大進
未時	進貴 天狗
申時	喜神 天兵
酉時	貴人 天赦
戌時	司命 六戊
亥時	貴人 大退

丙戌日時局

子時	福星 六戊
丑時	太陰 國印
寅時	長生 地兵
卯時	六合 勾陳
辰時	日沖 大凶
巳時	日祿 路空
午時	大進 帝旺
未時	右弼 朱雀
申時	喜神 天兵
酉時	貴人 寶光
戌時	六戊 白虎
亥時	玉堂 貴人

雙子座的守護神：大日如來；吉祥寶石：綠玉石、瑪瑙、水晶、條紋石

國曆 4月小（30天） 115 丙午年

農曆 三月大（30天）

自二月十八日丑時清明後至三月十九日戌時立夏前

月煞南方

5	1	3
4	6	8
9	2	7

三月為桐令 壬辰月

人胎神占門堂　牛胎神占門倉　豬胎神占門灶　羊胎神占身門

國曆	星期	節日・紀事	農曆	干支・五行	建除	九星	星宿	卦	卦數	宜	忌・備註	每日吉時	每日凶時	每日沖煞・年齡	每日胎神占方
1	三	主計節	二月 十四	乙巳 火	滿	碧三	軫	坎	7 三	牧養 納畜 開光 裁衣 安床 安灶 開市	●忌入宅安香嫁娶酬神動土入殮除靈破土火化進金	子卯辰巳	21~23	沖豬8 歲煞東	碓磨床 房內東
2	四	太上老君萬壽 歲德 精忠岳王千秋	十五	丙午 水	平	綠四	角	艮	4 三	裁衣 合帳 入殮 移柩 除靈 破土 火化 進金 安葬	●忌嫁娶開光開市安機械 九天玄女娘娘聖誕 ○望巳時10點13分	丑寅卯午	23~01	沖鼠7 歲煞北	廚灶碓 房內東
3	五	開漳聖王聖誕	十六	丁未 水	定	黃五	亢	坤	6 七	酬神 出行 買車 納畜 開光 設醮 齋醮 訂婚 嫁娶 動土 安床 入宅 安香 開市 掛匾 入殮 除靈 火化 安葬	●忌剃頭	子辰巳午	01~03	沖牛6 歲煞西	倉庫廁 房內東
4	六	兒童節 婦幼節	十七	戊申 土	執	白六	氐	乾	2 六	祈福 酬神 出行 齋醮 裁衣 合帳 出火 動土 入宅 安香 洽爐 入殮 除靈 破土	●忌嫁娶安床火化進金	卯辰巳午	03~05	沖虎5 歲煞南	房床爐 房內東
5	日	四殿五官王千秋 月德合 清明節 丑時交清明三月令	十八	己酉 土	破	赤七	房	兌	3 八	節前：破屋壞垣 節後：酬神 納畜 入宅 安香 洽爐 入殮 除靈 火化 安葬	先總統 蔣公逝世紀念日 音樂節	子寅巳午	05~07	沖兔4 歲煞東	占大門 外東北
6	一	觀世音菩薩佛辰	十九	庚戌 金	破	白八	心	離	9 九	求醫治病 破屋壞垣	★月破大耗最為不吉之神宜事不取	子丑卯巳	07~09	沖龍3 歲煞北	碓磨栖 外東北
7	二	歲德合 ●刀砧 言論自由日	二十	辛亥 金	危	紫九	尾	震	7 七		★受死逢重日吉喜喪事均不取 世界衛生日	丑寅卯午	09~11	沖蛇2 歲煞西	廚灶床 外東北
8	三	天月德 ●刀砧 普賢菩薩佛辰	廿一	壬子 木	成	白一	箕	巽	8 一	祈福 酬神 訂婚 裁衣 合帳 動土 安床 求醫治病 入殮 移柩 除靈 破土 火化 進金 安葬	●忌開光安門開刀安灶	子丑辰巳	11~13	沖馬1 歲煞南	倉庫碓 外東北
9	四		廿二	癸丑 木	收	黑二	斗	坎	6 八		★季月逢丑日謂正紅紗宜事不取	寅卯巳午	13~15	沖羊60 歲煞東	房床廁 外東北
10	五	◑下弦午時12點53分 ●勿探病	廿三	甲寅 水	開	碧三	牛	艮	7 九	訂婚 裁衣 出火 動土 安床 安灶 入宅 洽爐 除靈 破土	●忌嫁娶納畜牧養開光出行買車開市	子寅卯午	15~17	沖猴59 歲煞北	占門爐 外東北
11	六	●勿探病	廿四	乙卯 水	閉	綠四	女	坤	1 四	祈福 酬神 齋醮 裁衣 合帳 嫁娶 安床 安灶 入殮 移柩 除靈 破土 火化 進金 安葬	●忌開刀穿井安門安機械	子丑卯巳	17~19	沖雞58 歲煞西	碓磨門 外東北
12	日	三山國王千秋 歲德	廿五	丙辰 土	建	黃五	虛	乾	4 一	出行	●忌嫁娶開光動土入宅安香入殮除靈火化進金	子寅卯午	19~21	沖狗57 歲煞南	廚灶栖 外正東
13	一	鳳凰日 天月德合 南宮趙真君聖誕	廿六	丁巳 土	除	白六	危	兌	2 八	祈福 酬神 牧養 納畜 開光 訂婚 動土 求醫治病	●忌嫁娶開市造船橋入宅安香入殮除靈火化	子辰巳午	21~23	沖豬56 歲煞東	倉庫床 外正東
14	二		廿七	戊午 火	滿	赤七	室	離	3 四	出行 買車 嫁娶 安床 開市	●忌入宅安香動土開光上官赴任入學入殮除靈火化	寅卯辰巳	23~01	沖鼠55 歲煞北	房床碓 外正東
15	三		廿八	己未 火	平	白八	壁	震	1 二	作灶 入殮 除靈 破土	忌安床入宅安香嫁娶火化進金安葬	子卯巳午	01~03	沖牛54 歲煞西	占門廁 外正東

清明

日出：上午05點42分
丑時：上午02點41分
日沒：下午06點12分

斗指乙為清明，時萬物潔顯而清明，時當氣清景明，故名。

種植

北部：應菜、油菜
中部：莧菜、蘿蔔、白菜、甘藍
南部：應菜、小白菜、萵苣、各種豆類

撈漁

基隆：梳齒、加蚋魚、沙魚
澎湖：加蚋魚、鰮魚、沙魚
蘇澳：飛烏、目吼、煙仔魚

丁丑日時局

子時	地兵 六合
丑時	朱雀 唐符
寅時	路空 金匱
卯時	路空 寶光
辰時	白虎 日貴
巳時	帝旺 三合
午時	天兵 喜神
未時	大凶 日沖
申時	六戊 進貴
酉時	大進 三合
戌時	地兵 進貴
亥時	明堂 貴人

丁卯日時局

子時	地兵 司命
丑時	武曲 唐符
寅時	路空 青龍
卯時	路空 進貴
辰時	不遇 武曲
巳時	進祿 帝旺
午時	天兵 喜神
未時	天赦 三合
申時	六戊 太陽
酉時	大凶 日沖
戌時	地兵 六合
亥時	貴人 三合

丁巳日時局

子時	地兵 貪狼
丑時	玉堂 三合
寅時	路空 進貴
卯時	路空 進貴
辰時	傳送 司命
巳時	天賊 帝旺
午時	天兵 喜神
未時	明堂 天赦
申時	六戊 六合
酉時	大進 貴人
戌時	地兵 金匱
亥時	大凶 日沖

日	星期	紀事	農曆	干支	五行	建除	九星	星宿	卦	卦數	宜忌	吉時	時間	沖煞	胎神
16	四		廿九	庚申	木	定	紫九	奎	巽	7 一	入殮 移柩 除靈 破土 火化 安葬 ★正四廢值日忌吉喜事惟行喪不忌	丑卯辰巳	03~05	沖虎 歲煞南 53	碓磨爐 外東南
17	五	二殿楚江王千秋 ●朔戌時19點53分 三月	初一	辛酉	木	執	白一	婁	坎	8 三	入殮 移柩 除靈 火化 安葬 歲德合 ★正四廢值日忌吉喜事惟行喪不忌 土王用事辰時07點59分	子丑寅午	05~07	沖兔 歲煞東 52	廚灶門 外東南
18	六	天月德	初二	壬戌	水	破	黑二	胃	艮	4 四	求醫治病 ★月破大耗最為不吉之神宜事不取	子丑巳午	07~09	沖龍 歲煞北 51	倉庫棲 外東南
19	日	北極玄天上帝聖誕 萬壽 ●刀砧	初三	癸亥	水	危	碧三	昴	坤	6 六	★受死逢重喪日吉喜喪事均不取	寅卯辰午	09~11	沖蛇 歲煞西 50	占房床 外東南
20	一	巳時交穀雨三月中 ●刀砧	初四	甲子	金	成	綠四	畢	乾	1 一	祈福 酬神 開光 裁衣 合帳 安床 安灶 求醫治病 入殮 移柩 除靈 火化 進金 安葬 ●忌入宅安香開刀動土嫁娶	子丑卯巳	11~13	沖馬 歲煞南 49	占門碓 外東南

穀雨

日出：上午05點27分
巳時：上午09點40分
日沒：下午06點19分

斗指辰為穀雨，言雨生百穀也，時必雨下降，百穀滋長之義。

種植

北部：油菜、小白菜、大蔥、西瓜、各種豆類瓜類
南部：黃麻、油菜、南瓜、西瓜、香瓜

撈漁

安平：鯢魚、棘鬣魚
東港：沙魚、目吼
高雄：沙魚、烏吼、白帶魚

日	星期	紀事	農曆	干支	五行	建除	九星	星宿	卦	卦數	宜忌	吉時	時間	沖煞	胎神
21	二		初五	乙丑	金	收	黃五	觜	兌	3 六	★季月逢丑日謂正紅紗宜事不取	子卯辰巳	13~15	沖羊 歲煞東 48	碓磨廁 外東南
22	三	濟公活佛成道 歲德	初六	丙寅	火	開	白六	參	離	2 四	出行 買車 訂婚 裁衣 嫁娶 安床 求醫治病 除靈 ●忌造宅全章開市開光開刀酬神	子寅卯午	15~17	沖猴 歲煞北 47	廚灶爐 外正南
23	四	三天主考聖誕 麒麟日 正八座	初七	丁卯	火	閉	赤七	井	震	6 九	祈福 酬神 出行 買車 齋醮 裁衣 合帳 安床 入殮 移柩 除靈 火化 天月德合 ●忌嫁娶開光開刀安門入宅 安香	子辰巳午	17~19	沖雞 歲煞西 46	倉庫門 外正南
24	五	六殿卞城王千秋 ◐上弦巳時10點33分	初八	戊辰	木	建	白八	鬼	巽	9 六	裁衣 合帳 ●忌動土求嗣嫁娶入殮除靈火化進金 安葬	寅卯辰巳	19~21	沖狗 歲煞南 45	房床棲 外正南
25	六		初九	己巳	木	除	紫九	柳	坎	8 二	祈福 酬神 開光 設醮 裁衣 合帳 安床 ●忌入宅安香嫁娶上樑開市入殮除靈火化進金	子卯巳午	21~23	沖豬 歲煞東 44	占門床 外正南
26	日	專利師節 ●勿探病	初十	庚午	土	滿	白一	星	艮	8 九	出行 買車 嫁娶 安床 開市 入殮 移柩 除靈 火化 進金 安葬 ●忌入宅安香動土酬神開光安門	丑卯辰巳	23~01	沖鼠 歲煞北 43	占碓磨 外正南
27	一	歲德合	十一	辛未	土	平	黑二	張	坤	9 三	作灶 入殮 移柩 除靈 火化 ●忌安床安機械動土嫁娶入宅安香	子寅卯午	01~03	沖牛 歲煞西 42	廚灶廁 外西南
28	二	天月德 工殤日	十二	壬申	金	定	碧三	翼	乾	1 七	祈福 酬神 牧養 納畜 開光 齋醮 開市 入殮 移柩 除靈 火化 進金 安葬 ●忌入宅安香嫁娶	子辰巳午	03~05	沖虎 歲煞南 41	倉庫爐 外西南
29	三		十三	癸酉	金	執	綠四	軫	兌	2 七	祈福 酬神 出行 納畜 開光 齋醮 訂婚 裁衣 合帳 嫁娶 安床 治病 入殮 移柩 除靈 火化 進金 安葬 ●忌入宅安香動土	寅辰巳午	05~07	沖兔 歲煞東 40	房床門 外西南
30	四		十四	甲戌	火	破	黃五	角	離	7 二	求醫治病 ★月破大耗最為不吉之神宜事不取	子丑卯午	07~09	沖龍 歲煞北 39	門雞棲 外西南

本二〇二六年黃曆有版權，歡迎各界採用，有意洽購者請電〇九三四〇〇〇八七五五顏先生。

丁未日時局					
子時 日貴 地兵	卯時 三合 路空	午時 日祿 天兵	酉時 大貴 進人		
丑時 日沖 大凶	辰時 進貴 白虎	未時 右弼 元武	戌時 進貴 地兵		
寅時 臨官 路空	巳時 玉堂 帝旺	申時 進貴 六戊	亥時 三合 貴人		

丁酉日時局			
子時 司命 地兵	卯時 日沖 大凶	午時 喜神 天兵	酉時 大進 長生
丑時 三合 進祿	辰時 六合 武曲	未時 進貴 天赦	戌時 右弼 地兵
寅時 青龍 路空	巳時 三合 生旺	申時 六戊 白虎	亥時 貴人 天官

丁亥日時局			
子時 貪狼 地兵	卯時 三合 路空	午時 祿貴 天兵	酉時 大進 貴人
丑時 玉堂 唐符	辰時 司命 右弼	未時 三合 天赦	戌時 金匱 地兵
寅時 天賊 路空	巳時 日沖 大凶	申時 太陽 六戊	亥時 貴人 寶光

獅子座的守護神：大勢至菩薩；吉祥寶石：紅寶石、純白鑽石、橄欖石、風信子石

國曆 5月大（31天） 115 丙午年

農曆 四月小（29天）

自三月十九日戌時立夏後至四月二十日夜子芒種前

月煞東方

4	9	2
3	5	7
8	1	6

為四月 令梅 癸巳月

人胎神占廚灶　牛胎神占門廁　豬胎神占門廚　羊胎神占灶內

國曆	星期	紀念／神誕	農曆	干支	建除	九星	星宿	卦	卦數	宜忌	每日吉時	每日凶時	每日沖煞 年齡	每日胎神占方
1	五	保生大帝吳真人千秋 ●刀砧 勞動節	三月 十五	乙亥 火	危	白六	亢	震	3 三	★受死逢重喪日吉喜喪事均不取 中路財神趙元帥聖誕	子丑卯辰	09~11	沖蛇 歲煞西 38	碓磨床 外西南
2	六	準提菩薩佛辰 歲德 ●刀砧	十六	丙子 水	成	赤七	氐	巽	6 三	祈福 酬神 開光 設醮 齋醮 訂婚 安床 入殮 移柩 除靈 火化 進金 安葬 ●忌入宅安香嫁娶開刀 ○望丑時01點24分	子丑寅卯	11~13	沖馬 歲煞南 37	廚灶碓 外西南
3	日	天月德合	十七	丁丑 水	收	白八	房	坎	4 七	★季月逢丑日謂正紅紗宜事不取	子辰巳午	13~15	沖羊 歲煞東 36	倉庫廁 外正西
4	一	南天廖將軍聖誕 天赦日 文藝節	十八	戊寅 土	開	紫九	心	艮	8 六	求醫治病 ★四絕又逢重喪吉喜喪事均不取 后天皇神聖誕 福德夫人聖誕 牙醫師節	寅卯辰巳	15~17	沖猴 歲煞北 35	房床爐 外正西
5	二	太陽星君聖誕 舞蹈節 ●勿探病 戌時交立夏四月令	十九	己卯 土	閉	白一	尾	坤	7 八	節前：祈福 酬神 設醮 齋醮 裁衣 作灶 入殮 移柩 除靈 火化 安葬 節後：時間短促用事宜取節前吉 ●忌嫁娶開市開刀	子卯巳午	17~19	沖雞 歲煞西 34	占大門 外正西
6	三	註生娘娘千秋 月德	二十	庚辰 金	閉	黑二	箕	乾	1 九	酬神 出行 買車 齋醮 裁衣 嫁娶 出火 動土 安床 作灶 入宅 安香 入殮 移柩 除靈 破土 火化 安葬 ●忌安機械開刀	子卯辰巳	19~21	沖狗 歲煞南 33	碓磨栖 外正西
7	四	歲德合 天德	廿一	辛巳 金	建	碧三	斗	兌	3 七	★受死逢重日吉喜喪事均不取	子寅卯午	21~23	沖豬 歲煞東 32	廚灶床 外正西
8	五	●勿探病	廿二	壬午 木	除	綠四	牛	離	2 一	酬神 出行 買車 牧養 齋醮 裁衣 嫁娶 出火 動土 入宅 安香 掛匾 治病 入殮 除靈 破土 火化 安葬 ●忌開市安床開光	丑辰巳午	23~01	沖鼠 歲煞北 31	倉庫碓 外西北
9	六	天上聖母聖誕	廿三	癸未 木	滿	黃五	女	震	4 八	★是日凶星多吉星少宜事不取	寅卯辰巳	01~03	沖牛 歲煞西 30	房床廁 外西北
10	日	◑下弦卯時05點12分 母親節	廿四	甲申 水	平	白六	虛	巽	3 九	★弦日逢虛宿謂真滅沒宜事不取	子卯巳午	03~05	沖虎 歲煞南 29	占門爐 外西北
11	一	月德合	廿五	乙酉 水	定	赤七	危	坎	9 四	酬神 出行 買車 牧養 開光 設醮 齋醮 動土 作灶 開市 掛匾 入殮 移柩 除靈 破土 火化 進金 安葬 ●忌嫁娶入宅安香	子丑辰巳	05~07	沖兔 歲煞東 28	碓磨門 外西北
12	二	國際護師節 歲德 鬼谷先師千秋	廿六	丙戌 土	執	白八	室	艮	6 一	祈福 酬神 設醮 訂婚 裁衣 合帳 動土 安床 ●忌入宅安香嫁娶入殮除靈火化進金安葬 天德合	丑寅卯午	07~09	沖龍 歲煞北 27	廚灶栖 外西北
13	三	七殿泰山王千秋	廿七	丁亥 土	破	紫九	壁	坤	8 八	破屋壞垣 ★月破大耗最為不吉之神宜事不取	子丑辰午	09~11	沖蛇 歲煞西 26	倉庫床 外西北
14	四	蒼頡先師聖誕 東嶽大帝聖誕	廿八	戊子 火	危	一白	奎	乾	7 四	酬神 出行 買車 牧養 開光 設醮 齋醮 訂婚 嫁娶 動土 安床 安灶 入宅 安香 開市 掛匾 入殮 除靈 火化 安葬 ●忌入學	寅卯辰巳	11~13	沖馬 歲煞南 25	房床碓 外正北
15	五	兒童安全日 臨床心理師節	廿九	己丑 火	成	黑二	婁	兌	9 二	祈福 酬神 開光 齋醮 訂婚 裁衣 動土 安床 安灶 開市 治病 入殮 移柩 除靈 破土 火化 進金 安葬 ●忌入宅安香嫁娶	子卯巳午	13~15	沖羊 歲煞東 24	占門廁 外正北

立夏

日出：上午5點15分
戌時：下午19點49分
日沒：下午6點27分

斗指巽東南維為立夏，萬物至此，皆已長大，故名立夏也。

種植

北部：胡瓜、越瓜、莧菜
中部：胡瓜、越瓜、莧菜、應菜、白菜
南部：越瓜、香瓜、莧菜

撈漁

蘇澳：飛魚、煙仔魚
基隆：沙魚、加蚋魚
澎湖：白鰮、龍尖、沙魚

戊子日時局

子時	大進 路空
丑時	貴人 路空
寅時	長生 左輔
卯時	天官 玉堂
辰時	喜神 天兵
巳時	天赦 大退
午時	日沖 大凶
未時	羅紋 互貴
申時	三合 福星
酉時	明堂 天賊
戌時	右弼 路空
亥時	左輔 路空

戊寅日時局

子時	大進 路空
丑時	貴人 路空
寅時	長生 進祿
卯時	貪狼 朱雀
辰時	喜神 天兵
巳時	天赦 日祿
午時	帝旺 六戊
未時	玉堂 貴人
申時	日沖 大凶
酉時	日貴 天賊
戌時	三合 路空
亥時	六合 路空

戊辰日時局

子時	三合 路空
丑時	貴人 路空
寅時	長生 司命
卯時	天官 勾陳
辰時	喜神 天兵
巳時	日祿 大退
午時	貪狼 六戊
未時	貴人 朱雀
申時	三合 地兵
酉時	六合 天賊
戌時	日沖 大凶
亥時	玉堂 路空

處女座的守護神：普賢菩薩；吉祥寶石：燧石、碧玉、粉紅玉

日期	星期	紀事	農曆	干支	建除	九星	星宿	卦	卦數	宜忌	吉時	時辰	沖煞	胎神
16	星期六	●刀砧 月德	三月 三十	庚寅 木	收	碧三	胃	離	3 一	出行 訂婚 裁衣 合帳 嫁娶 安床 作灶 入宅 ●忌安門動土開市開光穿井入殮除靈火化安葬	子卯辰巳	15~17	沖猴23 歲煞北	碓磨爐 外正北
17	星期日	●刀砧 鳳凰日 歲德合 天德	四月 初一	辛卯 木	開	綠四	昴	震	2 三	祈福 酬神 出行 買車 齋醮 裁衣 動土 安床 開市 除靈 破土 ●忌開刀開光嫁娶 八殿都市王千秋 ●朔寅時04點02分	丑寅卯午	17~19	沖雞22 歲煞西	廚灶門 外正北
18	星期一		初二	壬辰 水	閉	黃五	畢	巽	6 四	嫁娶 ●忌入宅安香開市開刀入殮除靈火化進金	子辰巳午	19~21	沖狗21 歲煞南	倉庫栖 外正北
19	星期二		初三	癸巳 水	建	白六	觜	坎	4 六	★受死逢重日吉喜喪事均不取	卯辰巳午	21~23	沖豬20 歲煞東	占房床 房內北
20	星期三	文殊菩薩佛辰 天赦日	初四	甲午 金	除	赤七	參	艮	9 一	酬神 出行 買車 納畜 開光 齋醮 訂婚 嫁娶 動土 開市 掛匾 治病 入殮 移柩 除靈 火化 進金 安葬 ●忌入宅安香安床	丑卯巳午	23~01	沖鼠19 歲煞北	占門碓 房內北
21	星期四	月德合 辰時交小滿四月中	初五	乙未 金	滿	白八	井	坤	7 六	開光 訂婚 裁衣 合帳 嫁娶 安床 作灶 ●忌酬神開市出行買車入殮除靈火化進金	子卯辰巳	01~03	沖牛18 歲煞西	碓磨廁 房內北
22	星期五	歲德 天德合	初六	丙申 火	平	紫九	鬼	乾	8 四	出行 買車 訂婚 裁衣 嫁娶 動土 入宅 ●忌安機械開刀安床入殮除靈火化	子丑卯午	03~05	沖虎17 歲煞南	廚灶爐 房內北
23	星期六	◐上弦戌時19點12分	初七	丁酉 火	定	白一	柳	兌	4 九	祈福 酬神 出行 買車 納畜 齋醮 訂婚 裁衣 安床 掛匾 入殮 移柩 除靈 破土 火化 進金 安葬 ●忌入宅安香嫁娶開光	子辰巳午	05~07	沖兔16 歲煞東	倉庫門 房內北
24	星期日	九殿平等王千秋 釋迦佛祖萬壽	初八	戊戌 木	執	黑二	星	離	1 六	酬神 開光 訂婚 嫁娶 動土 安床 入宅 安香 治爐 掛匾 治病 入殮 除靈 火化 進金 安葬 ●忌上樑 葛玄天師聖誕	寅卯巳午	07~09	沖龍15 歲煞北	房床栖 房內南
25	星期一		初九	己亥 木	破	碧三	張	震	2 二	破屋壞垣 ★月破大耗最為不吉之神宜事不取	子寅卯午	09~11	沖蛇14 歲煞西	占門床 房內南
26	星期二	月德	初十	庚子 土	危	綠四	翼	巽	2 九	酬神 出行 買車 納畜 開光 齋醮 訂婚 嫁娶 動土 安床 入殮 除靈 破土 火化 進金 安葬 ●忌入宅安香開市作灶	子卯辰巳	11~13	沖馬13 歲煞南	占碓磨 房內南
27	星期三	歲德合 天德	十一	辛丑 土	成	黃五	軫	坎	1 三	牧養 納畜 訂婚 動土 開市 求醫 治病 入殮 移柩 除靈 破土 火化 進金 安葬 ●忌入宅安香酬神開光嫁娶	丑寅卯午	13~15	沖羊12 歲煞東	廚灶廁 房內南
28	星期四	蘇府王爺千秋 ●刀砧 ●勿探病	十二	壬寅 金	收	白六	角	艮	9 七	入殮 栽種 結網 ●忌入宅安香嫁娶開刀開市進金安葬 朱邢李三千歲千秋	子辰巳午	15~17	沖猴11 歲煞北	倉庫爐 房內南
29	星期五	●刀砧	十三	癸卯 金	開	赤七	亢	坤	8 七	酬神 出行 買車 開光 齋醮 訂婚 裁衣 嫁娶 動土 安床 開市 除靈 破土 ●忌入宅安香開刀上官赴任	卯辰巳午	17~19	沖雞10 歲煞西	房床門 房內南
30	星期六	呂純陽祖師聖誕	十四	甲辰 火	閉	白八	氐	乾	3 二	裁衣 合帳 嫁娶 安床 安灶 入宅 安香 治爐 入殮 破土 ●忌出行買車造船橋火化進金安葬	子卯巳午	19~21	沖狗9 歲煞南	門雞栖 房內東
31	星期日	○望申時16點46分 月德合	十五	乙巳 火	建	紫九	房	兌	7 三	★受死逢重日吉喜喪事均不取 釋迦文佛得道 鍾離祖師聖誕	子卯辰巳	21~23	沖豬8 歲煞東	碓磨床 房內東

小滿

日出：上午5點07分
辰時：上午08點37分
日沒：下午6點35分

斗指巳為小滿，萬物長於此少得盈滿，麥至此方，小滿而未全熟，故名小滿也。

種植

北部：越瓜、胡瓜、茄子、應菜、小白菜
中部：莧菜、油菜、小白菜、小胡瓜
南部：越瓜、香瓜、甜瓜、油菜

撈漁

安平：鯢魚、虱目魚
高雄：飛烏、加蚋魚
東港：烏鯮、龍蝦

戊午日時局

子時 日沖 大凶	卯時 天官 太陽	午時 帝旺 六戊	酉時 明堂 進貴
丑時 貴人 路空	辰時 喜神 天兵	未時 祿貴 六合	戌時 三合 路空
寅時 三合 生旺	巳時 祿元 大退	申時 福星 地兵	亥時 金星 朱雀

戊申日時局

子時 大進 路空	卯時 進貴 貪狼	午時 帝旺 六戊	酉時 元武 天賊
丑時 貴人 路空	辰時 三合 天兵	未時 羅紋 交貴	戌時 司命 路空
寅時 日沖 大凶	巳時 日祿 大退	申時 福星 地兵	亥時 金星 路空

戊戌日時局

子時 大進 路空	卯時 六合 天官	午時 三合 六戊	酉時 寶光 天賊
丑時 貴人 路空	辰時 日沖 大凶	未時 天乙 貴人	戌時 武曲 路空
寅時 三合 長生	巳時 日祿 天赦	申時 福星 地兵	亥時 玉堂 路空

天秤座的守護神：普賢菩薩；吉祥寶石：蛋白石、鑽石、純綠寶石

國曆 6月小(30天) 115 丙午年

農曆 五月小(29天)

自四月二十日夜子芒種後至五月廿三日巳時小暑前

月煞北方

3	8	1
2	4	6
7	9	5

為五月令蒲甲午月

人胎神占身床 牛胎神占廚倉 豬胎神占在井 羊胎神占碓灶

國曆	星期	節日	農曆	干支	納音	建除	九星	星宿	卦	卦數	宜忌	每日吉時	每日凶時	每日沖煞年齡	每日胎神占方
1	一	歲德 天德合	十六（四月）	丙午	水	除	白一	心	離	4 三	祈福 酬神 出行 買車 開光 設醮 訂婚 裁衣 合帳 嫁娶 動土 開市 求醫治病 ●忌入宅安香安床入殮除靈火化進金	丑寅卯午	23~01	沖鼠 歲煞北 7	廚灶碓 房內東
2	二	十殿轉輪王千秋 麒麟日	十七	丁未	水	滿	黑二	尾	震	6 七	裁衣 合帳 ●忌動土開市酬神嫁娶入殮除靈火化進金安葬	子辰巳午	01~03	沖牛 歲煞西 6	倉庫廁 房內東
3	三	北極紫微帝君聖誕 禁煙節	十八	戊申	土	平	碧三	箕	巽	2 六	入殮 除靈 破土 ●忌嫁娶安床開刀開市火化進金 華陀神醫先師千秋	卯辰巳午	03~05	沖虎 歲煞南 5	房床爐 房內東
4	四		十九	己酉	土	定	綠四	斗	坎	3 八	酬神 出行 買車 牧養 納畜 齋醮 裁衣 出火 安灶 入宅 安香 開市 入殮 移柩 除靈 火化 安葬 ●忌嫁娶開光安床	子寅巳午	05~07	沖兔 歲煞東 4	占大門 外東北
5	五	月德 夜子交芒種五月令	二十	庚戌	金	執	黃五	牛	艮	9 九	節前：祈福 開光 齋醮 訂婚 嫁娶 動土 治病 入殮 除靈 火化 安葬 節後：時間短促用事取節前 ●忌入宅安香開市	子丑卯巳	07~09	沖龍 歲煞北 3	碓磨栖 外東北
6	六	先天朱將軍聖誕 李托塔天王聖誕	廿一	辛亥	金	執	白六	女	坤	7 七	酬神 出行 開光 設醮 訂婚 動土 安床 安灶 入宅 安香 掛匾 ●忌入殮除靈火化進金 歲月德合 水利節 工程師節	丑寅卯午	09~11	沖蛇 歲煞西 2	廚灶床 外東北
7	日		廿二	壬子	木	破	赤七	虛	乾	8 一	破屋壞垣 ★月破大耗最為不吉之神宜事不取	子丑辰巳	11~13	沖馬 歲煞南 1	倉庫碓 外東北
8	一	世界海洋日 ◑下弦酉時18點02分	廿三	癸丑	木	危	白八	危	兌	6 八	動土 入殮 除靈 破土 ●忌開光出行買車開市嫁娶火化進金安葬	寅卯巳午	13~15	沖羊 歲煞東 60	房床廁 外東北
9	二	金光祖師聖誕 ●勿探病 ●刀砧	廿四	甲寅	水	成	紫九	室	離	7 九	開光 訂婚 合帳 動土 安床 安灶 開市 求醫治病 入殮 移柩 除靈 破土 火化 進金 安葬 ●忌入宅安香嫁娶 鐵路節	子寅卯午	15~17	沖猴 歲煞北 59	占門爐 外東北
10	三	武安尊王千秋 ●勿探病 ●刀砧	廿五	乙卯	水	收	白一	壁	震	1 四	作灶 入殮 除靈 ●忌入宅安香開市開刀嫁娶火化進金安葬	子丑卯巳	17~19	沖雞 歲煞西 58	碓磨門 外正東
11	四	南鯤鯓李王爺千秋 入霉 歲月德	廿六	丙辰	土	開	黑二	奎	巽	4 一	酬神 出行 牧養 開光 設醮 齋醮 訂婚 嫁娶 動土 安床 入宅 安香 掛匾 治病 除靈 破土 ●忌入殮火化 五穀先帝千秋	子寅卯午	19~21	沖狗 歲煞南 57	廚灶栖 外正東
12	五	南鯤鯓范王爺千秋	廿七	丁巳	土	閉	碧三	婁	坎	2 八	裁衣 合帳 嫁娶 動土 ●忌入宅安香開光安床開刀入殮除靈火化進金	子辰巳午	21~23	沖豬 歲煞東 56	倉庫床 外正東
13	六		廿八	戊午	火	建	綠四	胃	艮	3 四	★是日凶星多吉星少宜事不取	寅卯辰巳	23~01	沖鼠 歲煞北 55	房床碓 外正東
14	日	鳳凰日	廿九	己未	火	除	黃五	昴	坤	1 二	祈福 酬神 出行 買車 牧養 納畜 開光 訂婚 裁衣 嫁娶 出火 動土 安床 入宅 安香 開市 ●忌入殮除靈火化進金安葬	子卯巳午	01~03	沖牛 歲煞西 54	占門廁 外正東
15	一	南極長生帝君千秋 ●朔巳時10點5[illegible]分	初一（五月）	庚申	木	滿	白六	畢	乾	7 二	出行 買車 裁衣 合帳 出火 入宅 治爐 開市 入殮 移柩 除靈 火化 進金 安葬 ●忌酬神動土嫁娶安床開光牧養 警察節	丑卯辰巳	03~05	沖虎 歲煞南 53	碓磨爐 外東南

芒種

日出：上午5點03分
夜子：下午23點49分
日沒：下午6點42分

斗指丙為芒種，此時可種有芒之穀，過此即將失效，故名芒種也。

種植

北部：越瓜、胡瓜、恭菜、芥藍菜、莧菜
中部：莧菜、小白菜、格蘭菜
南部：蔥、莧菜、小白菜

撈漁

淡水：鰛魚、龍鬣
安平：鯢魚、煙仔魚
高雄：飛焦魚、棘蝦魚
東港：烏魚、龍蝦、沙魚

己丑日時局

子時	六合 大進
丑時	唐符 朱雀
寅時	喜神 天兵
卯時	天赦 寶光
辰時	日貴 六戊
巳時	三合 帝旺
午時	祿貴 地兵
未時	日沖 大凶
申時	貴人 路空
酉時	三合 路空
戌時	進貴 武曲
亥時	明堂 驛馬

己卯日時局

子時	貴人 大進
丑時	武曲 唐符
寅時	喜神 天兵
卯時	天赦 明堂
辰時	武曲 六戊
巳時	帝旺 大退
午時	日祿 地兵
未時	三合 福星
申時	貴人 路空
酉時	日沖 大凶
戌時	天地 合局
亥時	三合 左輔

己巳日時局

子時	貴人 大進
丑時	三合 玉堂
寅時	喜神 天兵
卯時	貪狼 天赦
辰時	司命 六戊
巳時	帝旺 大退
午時	日祿 青龍
未時	福星 明堂
申時	貴人 六合
酉時	長生 路空
戌時	金匱 福德
亥時	日沖 大凶

天蠍座的守護神：文殊菩薩；吉祥寶石：血石、紅寶石、天然磁石、黃玉

【黃財神咒】南無颯哆喃。三藐三菩馱。俱胝喃。怛姪他。唵。折戾主戾。準提。娑婆訶。

五月

日期	星期	紀事	農曆	干支	五行	建除	九星	星宿	卦	卦數	宜忌	吉時	時	沖煞	胎神
16	星期二	歲月德合	初二	辛酉	木	平	赤七	觜	兌	8/三	嫁娶 安床 作灶 ●忌開市安門安機械	子丑寅午	05~07	沖兔 歲煞東 52	廚灶門 外東南
17	星期三		初三	壬戌	水	定	白八	參	離	4/四	酬神 出行 買車 牧養 訂婚 嫁娶 安床 入宅 安香 洽爐 開市 掛匾 入殮 移柩 除靈 火化 進金 安葬 ●忌開光動土造床	子丑巳午	07~09	沖龍 歲煞北 51	倉庫栖 外東南
18	星期四	日月指揮大使聖誕	初四	癸亥	水	執	紫九	井	震	6/六	★正四廢逢重日吉喜喪事均不取	寅卯辰午	09~11	沖蛇 歲煞西 50	占房床 外東南
19	星期五	地臘之辰 五福大帝得道 端午節	初五	甲子	金	破	綠四	鬼	巽	1/一	破屋壞垣 ★月破大耗最為不吉之神宜事不取 南天駱恩師聖誕 詩人節	子丑卯巳	11~13	沖馬 歲煞南 49	占門碓 外東南
20	星期六		初六	乙丑	金	危	黃五	柳	坎	3/六	入殮 除靈 破土 ★四離忌吉喜事逢平安葬亦不取	子卯辰巳	13~15	沖羊 歲煞東 48	碓磨廁 外東南
21	星期日	●刀砧 歲月德 申時交夏至五月中	初七	丙寅	火	成	赤七	星	坤	2/四	裁衣 動土 掛匾 求醫治病 入殮 移柩 除靈 破土 火化 進金 安葬 ●忌嫁娶入宅安香開光開市 巧聖恩師千秋	子寅卯午	15~17	沖猴 歲煞北 47	廚灶爐 外正南

夏至

日出：上午5點04分
申時：下午16點25分
日沒：下午6點47分

斗指午為夏至，萬物於此，皆假大而極至，時夏將至，故名夏至。

種植

北部：應菜、小白菜、早生蘿蔔
中部：越瓜、胡瓜、格蘭菜、早生蘿蔔
南部：蔥、小白菜、格蘭菜、越瓜

撈漁

基隆：飛烏
東港：青蝦、飛烏
安平：烏鯸、鮸魚
高雄：虱目魚苗

日期	星期	紀事	農曆	干支	五行	建除	九星	星宿	卦	卦數	宜忌	吉時	時	沖煞	胎神
22	星期一	◐上弦卯時05點57分 ●刀砧 正八座	初八	丁卯	火	收	白六	張	艮	6/九	★是日凶星多吉星少宜事刪刊	子辰巳午	17~19	沖雞 歲煞西 46	倉庫門 外正南
23	星期二	公共服務日 分龍	初九	戊辰	木	開	黃五	翼	坎	9/六	祈福 酬神 出行 訂婚 裁衣 出火 動土 安床 安灶 入宅 安香 洽爐 求醫治病 除靈 破土 ●忌嫁娶開光牧養納畜	寅卯辰巳	19~21	沖狗 歲煞南 45	房床栖 外正南
24	星期三		初十	己巳	木	閉	綠四	軫	巽	8/二	牧養 納畜 裁衣 合帳 嫁娶 出火 動土 安灶 入宅 ●忌安床開市開刀安香入殮除靈火化進金安葬	子卯巳午	21~23	沖豬 歲煞東 44	占門床 外正南
25	星期四	天下都城隍爺千秋 ●勿探病	十一	庚午	土	建	碧三	角	震	8/九	出行 ●忌開光酬神動土安機械嫁娶入宅安香入殮火化	丑卯辰巳	23~01	沖鼠 歲煞北 43	占碓磨 外正南
26	星期五	歲月德合	十二	辛未	土	除	黑二	亢	離	9/三	祈福 酬神 出行 買車 牧養 納畜 開光 訂婚 裁衣 合帳 嫁娶 出火 動土 安床 入宅 安香 開市 掛匾 ●忌入殮除靈火化	子寅卯午	01~03	沖牛 歲煞西 42	廚灶廁 外西南
27	星期六	霞海城隍爺千秋 關平太子聖誕	十三	壬申	金	滿	白一	氐	兌	1/七	出行 買車 開光 裁衣 合帳 嫁娶 出火 入宅 洽爐 開市 入殮 移柩 除靈 火化 進金 安葬 ●忌酬神動土上官赴任入學	子辰巳午	03~05	沖虎 歲煞南 41	倉庫爐 外西南
28	星期日		十四	癸酉	金	平	紫九	房	乾	2/七	嫁娶 ●忌入宅安香出行買車入殮除靈火化安葬	寅辰巳午	05~07	沖兔 歲煞東 40	房床門 外西南
29	星期一		十五	甲戌	火	定	白八	心	坤	7/二	祈福 酬神 出行 設醮 齋醮 訂婚 動土 安床 入宅 安香 洽爐 掛匾 入殮 移柩 除靈 破土 火化 進金 安葬 ●忌開光嫁娶	子丑卯午	07~09	沖龍 歲煞北 39	門雞栖 外西南
30	星期二	麒麟日 會計師節 ○望辰時07點58分	十六	乙亥	火	執	赤七	尾	艮	3/三	出行 牧養 開光 訂婚 裁衣 出火 動土 安床 安灶 入宅 安香 ●忌嫁娶入殮除靈火化進金安葬	子丑卯辰	09~11	沖蛇 歲煞西 38	碓磨床 外西南

時局	子時	丑時	寅時	卯時	辰時	巳時	午時	未時	申時	酉時	戌時	亥時
己未日時局	羅紋 交貴	日沖 大凶	喜神 天兵	三合 寶光	進貴 六戊	帝旺 大退	祿貴 地兵	福星 右弼	貴人 路空	長生 路空	青龍 進貴	三合 明堂
己酉日時局	五合 大進	三合 武曲	喜神 天兵	日沖 大凶	六合 六戊	三合 生旺	日祿 地兵	福星 進祿	貴人 路空	長生 路空	右弼 天牢	左輔 元武
己亥日時局	大進 貴人	玉堂 右弼	六合 天兵	三合 進貴	司命 六戊	日沖 大凶	日祿 地兵	三合 福星	祿貴 路空	長生 路空	金匱 天狗	天德 寶光

射手座的守護神：虛空藏菩薩；吉祥寶石：綠松石、紅玉、深紅石榴石、翡翠

國曆 7月大 (31天) 115 丙午年

農曆 六月大 (30天)

自五月廿三日巳時小暑後至六月廿五日戌時立秋前

月煞西方

2	7	9
1	3	5
6	8	4

為六月 令荔 乙未月

人胎神占床倉 牛胎神占堂場 豬胎神占在井 羊胎神占棧倉

國曆	星期	紀事	農曆	干支	建除	九星	星宿	卦	卦數	宜忌	每日吉時	每日凶時	每日沖煞年齡	每日胎神占方
1	三	蕭府王爺千秋 公路節 歲月德 (五月)	十七	丙子 水	破	白六	箕	坎	6 三	破屋壞垣 ★月破大耗最為不吉之神宜事不取 漁民節 稅務節	子丑寅卯	11~13	沖馬 歲煞南 37	廚灶碓 外西南
2	四	張府天師聖誕	十八	丁丑 水	危	黃五	斗	巽	4 七	祈福 酬神 出行 買車 開光 設醮 裁衣 合帳 嫁娶 動土 安床 ●忌安門開市安機械入殮除靈火化進金安葬	子辰巳午	13~15	沖羊 歲煞東 36	倉庫廁 外正西
3	五	九天馬恩師聖誕 ●刀砧	十九	戊寅 土	成	綠四	牛	震	8 六	訂婚 裁衣 合帳 動土 安床 安灶 開市 掛匾 求醫治病 入殮 移柩 除靈 破土 火化 進金 安葬 ●忌嫁娶入宅安香開刀	寅卯辰巳	15~17	沖猴 歲煞北 35	房床爐 外正西
4	六	●刀砧 合作節 ●勿探病	二十	己卯 土	收	碧三	女	離	7 八	作灶 ●忌入宅安香嫁娶入殮除靈	子卯巳午	17~19	沖雞 歲煞西 34	占大門 外正西
5	日		廿一	庚辰 金	開	黑二	虛	兌	1 九	祈福 酬神 出行 牧養 開光 設醮 齋醮 嫁娶 出火 動土 安床 安灶 入宅 安香 洽爐 求醫治病 破土 ●忌安門入殮火化	子卯辰巳	19~21	沖狗 歲煞南 33	碓磨栖 外正西
6	一	歲月德合	廿二	辛巳 金	閉	白一	危	乾	3 七	牧養 納畜 裁衣 合帳 嫁娶 出火 動土 安灶 入宅 ●忌開刀安床安香入殮除靈火化進金安葬	子寅卯午	21~23	沖豬 歲煞東 32	廚灶床 外正西
7	二	●勿探病 巳時交小暑六月令	廿三	壬午 木	建	紫九	室	坤	2 一	節前：★凶星多吉星少宜事不取 節後：入殮 移柩 除靈 破土 火化 安葬 ★受死日忌吉喜惟行喪不忌	丑辰巳午	23~01	沖鼠 歲煞北 31	倉庫碓 外西北
8	三	◑下弦寅時03點30分 出霉	廿四	癸未 木	建	白八	壁	艮	4 八	出行 買車 裁衣 合帳 嫁娶 ●忌動土入宅安香入殮除靈火化進金安葬	寅卯辰巳	01~03	沖牛 歲煞西 30	房床廁 外西北
9	四	天月德	廿五	甲申 水	除	赤七	奎	坎	3 九	祈福 酬神 出行 設醮 齋醮 訂婚 動土 掛匾 求醫治病 入殮 移柩 除靈 破土 火化 進金 安葬 ●忌開光入宅安香嫁娶	子卯巳午	03~05	沖虎 歲煞南 29	占門爐 外西北
10	五		廿六	乙酉 水	滿	白六	婁	巽	9 四	出行 開光 裁衣 合帳 嫁娶 安床 入殮 移柩 除靈 火化 進金 安葬 ●忌入宅安香酬神開市開刀動土	子丑辰巳	05~07	沖兔 歲煞東 28	碓磨門 外西北
11	六	航海節 歲德	廿七	丙戌 土	平	黃五	胃	震	6 一	入殮 除靈 火化 進金 安葬 ●忌開光動土安機械嫁娶入宅安香	丑寅卯午	07~09	沖龍 歲煞北 27	廚灶栖 外西北
12	日	鳳凰日	廿八	丁亥 土	定	綠四	昴	離	8 八	祈福 酬神 牧養 納畜 開光 設醮 裁衣 合帳 出火 動土 安床 入宅 安香 掛匾 ●忌嫁娶入殮除靈火化進金安葬	子丑辰午	09~11	沖蛇 歲煞西 26	倉庫床 外西北
13	一		廿九	戊子 火	執	碧三	畢	兌	7 四	裁衣 入殮 移柩 破土 火化 進金 安葬 ●忌入宅安香嫁娶開市	寅卯辰巳	11~13	沖馬 歲煞南 25	房床碓 外正北
14	二	天月德合 ●朔酉時17點45分 (六月)	初一	己丑 火	破	黑二	觜	乾	9 二	★月破大耗最為不吉之神宜事不取 ★季月逢丑日謂正紅紗宜事不取	子卯巳午	13~15	沖羊 歲煞東 24	占門廁 外正北
15	三	●刀砧 初伏	初二	庚寅 木	危	白一	參	坤	3 一	出行 買車 訂婚 嫁娶 動土 開市 入殮 移柩 除靈 破土 火化 進金 安葬 ●忌入宅安香開光開刀造船橋	子卯辰巳	15~17	沖猴 歲煞北 23	碓磨爐 外正北

小暑

日出：上午5點09分
巳時：上午09點57分
日沒：下午6點48分

斗指丁為小暑，斯時天氣已熱，尚未達於極點，故名小暑也。

種植

北部：越瓜、芹菜、小白菜、芥菜
中部：芥菜、胡瓜、芥蘭菜、玉蜀黍
南部：韭菜、大芥菜、大白菜

撈漁

基隆：鯨魚
東港：龍蝦
澎湖：龍蝦
高雄：飛烏

庚子日時局

子時	天金 兵匱	卯時	進大 貴進	午時	大日 凶沖	酉時	進帝 貴旺
丑時	六貴 合人	辰時	地三 兵合	未時	路貴 空人	戌時	天喜 兵神
寅時	六驛 戊馬	巳時	太長 陰生	申時	日三 祿合	亥時	朱左 雀輔

庚寅日時局

子時	天喜 兵神	卯時	大胞 進胎	午時	路三 空合	酉時	金帝 星旺
丑時	天貴 赦人	辰時	地福 兵德	未時	路貴 空人	戌時	天三 兵合
寅時	六長 戊生	巳時	進長 貴生	申時	大日 凶沖	亥時	天六 赦合

庚辰日時局

子時	天三 兵合	卯時	天大 賊進	午時	路福 空星	酉時	帝五 旺合
丑時	天貴 赦人	辰時	地青 兵龍	未時	路貴 空人	戌時	大日 凶沖
寅時	六司 戊命	巳時	明長 堂生	申時	日三 祿合	亥時	玉天 堂赦

摩羯座的守護神：虛空藏菩薩；吉祥寶石：月長石、黑玉、紅玉、土耳其玉

日	星期	記事	農曆	干支五行	建除	九星	星宿	卦	卦數	宜忌	吉時	時辰	沖煞	胎神
16	星期四	韋馱尊佛佛辰 ●刀砧 歲德合 （六月）	初三	辛卯 木	成	紫九	井	艮	2 三	酬神 開光 設醮 齋醮 合帳 嫁娶 動土 安床 安灶 掛匾 治病 入殮 移柩 除靈 火化 進金 安葬 ●忌入宅安香開市開刀	丑寅卯午	17~19	沖雞22歲煞西	廚灶門外正北
17	星期五		初四	壬辰 水	收	白八	鬼	坎	6 四	作灶 ●忌安床嫁娶入宅安香入殮除靈火化安葬	子辰巳午	19~21	沖狗21歲煞南	倉庫栖外正北
18	星期六		初五	癸巳 水	開	赤七	柳	巽	4 六	祈福 酬神 開光 訂婚 裁衣 嫁娶 動土 安床 安灶 開市 求醫 治病 ●忌出行買車牧養入殮除靈火化安葬	卯辰巳午	21~23	沖豬20歲煞東	占房床房內北
19	星期日	九天李恩師聖誕 天赦日 天月德	初六	甲午 金	閉	白六	星	震	9 一	入殮 移柩 除靈 火化 進金 安葬 ★受死忌吉喜事惟行喪不忌 土王用事夜子23點48分	丑卯巳午	23~01	沖鼠19歲煞北	占門碓房內北
20	星期一		初七	乙未 金	建	黃五	張	離	7 六	出行 買車 裁衣 合帳 ●忌嫁娶入宅安香安機械入殮除靈火化安葬	子卯辰巳	01~03	沖牛18歲煞西	碓磨廁房內北
21	星期二	歲德 ◐上弦戌時19點07分	初八	丙申 火	除	綠四	翼	兌	8 四	祈福 酬神 開光 設醮 齋醮 裁衣 嫁娶 出火 入宅 安香 洽爐 開市 除靈 火化 進金 安葬 ●忌入殮安床	子丑卯午	03~05	沖虎17歲煞南	廚灶爐房內北
22	星期三		初九	丁酉 火	滿	碧三	軫	乾	4 九	出行 買車 牧養 訂婚 裁衣 安床 開市 入殮 移柩 除靈 火化 進金 安葬 ●忌動土上樑嫁娶開刀安門	子辰巳午	05~07	沖兔16歲煞東	倉庫門房內北
23	星期四	寅時交大暑六月中	初十	戊戌 木	平	黑二	角	坤	1 六	嫁娶 入殮 除靈 ●忌上樑動土開光酬神安門火化進金安葬	寅卯巳午	07~09	沖龍15歲煞北	房床栖房內南
24	星期五	田都元帥千秋 天月德合	十一	己亥 木	定	白一	亢	艮	2 二	祈福 酬神 出行 買車 牧養 納畜 開光 訂婚 ●忌開市求嗣嫁娶安門入殮除靈火化安葬	子寅卯午	09~11	沖蛇14歲煞西	占門床房內南
25	星期六	中伏	十二	庚子 土	執	紫九	氐	坎	2 九	祈福 裁衣 合帳 安床 入殮 移柩 火化 進金 安葬 ●忌入宅安香開市嫁娶安門	子卯辰巳	11~13	沖馬13歲煞南	占碓磨房內南
26	星期日	歲德合	十三	辛丑 土	破	白八	房	巽	1 三	★月破大耗最為不吉之神宜事不取	丑寅卯午	13~15	沖羊12歲煞東	廚灶廁房內南
27	星期一	●刀砧 ●勿探病	十四	壬寅 金	危	赤七	心	震	9 七	裁衣 合帳 嫁娶 出火 安床 入宅 洽爐 掛匾 入殮 移柩 除靈 火化 進金 安葬 ●忌出行買車開光開市開刀	子辰巳午	15~17	沖猴11歲煞北	倉庫爐房內南
28	星期二	無極老中娘聖誕 ●刀砧 麒麟日	十五	癸卯 金	成	白六	尾	離	8 七	酬神 出行 買車 齋醮 訂婚 出火 安床 安灶 入宅 安香 開市 入殮 除靈 火化 進金 安葬 ●忌嫁娶開刀 王靈天君聖誕	卯辰巳午	17~19	沖雞10歲煞西	房床門房內南
29	星期三	先天王靈官聖誕 ○望亥時22點37分	十六	甲辰 火	收	黃五	箕	兌	3 二	祈福 酬神 出行 牧養 納畜 開光 齋醮 訂婚 裁衣 嫁娶 出火 安灶 入宅 安香 洽爐 入殮 除靈 ●忌安床安機械 天月德	子卯巳午	19~21	沖狗9歲煞南	門雞栖房內東
30	星期四		十七	乙巳 火	開	綠四	斗	乾	7 三	開光 訂婚 裁衣 安床 安灶 開市 掛匾 ●忌入宅安香嫁娶入殮除靈火化進金安葬	子卯辰巳	21~23	沖豬8歲煞東	碓磨床房內東
31	星期五	南鯤鯓池二王爺千秋 歲德	十八	丙午 水	閉	碧三	牛	坤	4 三	入殮 移柩 除靈 火化 安葬 ★受死日忌吉喜事惟行喪之事不忌	丑寅卯午	23~01	沖鼠7歲煞北	廚灶碓房內東

大暑

日出：上午05點17分
寅時：上午03點14分
日沒：下午06點44分

斗指未為大暑，斯時天氣甚熱於小暑，故名大暑也。

種植

北部：芥菜、格蘭菜、韭菜、芹菜
中部：花椰菜、甘藍、芥蘭菜、小白菜
南部：菜豆、黃秋葵、玉蜀黍、芥菜

撈漁

東港：龍蝦、虱目魚
安平：烏鯸、煙仔魚
澎湖：龍蝦、煙仔魚、鰮魚
高雄：飛烏、虱目魚

庚午日時局

子時 日沖 大凶	丑時 貴人 天德	寅時 三合 六戊
卯時 大進 天賊	辰時 比肩 地兵	巳時 長生 進貴
午時 福星 路空	未時 六合 路空	申時 日祿 青龍
酉時 帝旺 明堂	戌時 三合 天兵	亥時 天赦 朱雀

庚申日時局

子時 三合 天兵	丑時 貴人 天赦	寅時 日沖 大凶
卯時 進貴 大進	辰時 三合 地兵	巳時 長生 寶光
午時 福星 路空	未時 貴人 路空	申時 日祿 大退
酉時 帝旺 進貴	戌時 喜神 天兵	亥時 天赦 勾陳

庚戌日時局

子時 喜神 天兵	丑時 貴人 天赦	寅時 三合 六戊
卯時 六合 大進	辰時 日沖 大凶	巳時 長生 明堂
午時 福星 路空	未時 貴人 路空	申時 金匱 日祿
酉時 帝旺 寶光	戌時 喜神 天兵	亥時 天赦 玉堂

坐子向午（坐北向南）的八煞水：在卯位、亥位、庚位、未位

國曆 8月大（31天） 115丙午年

農曆 七月小（29天）

自六月廿五日戌時立秋後至七月廿六日亥時白露前

月煞南方

1	6	8
9	2	4
5	7	3

為七月令瓜 丙申月

人胎神占碓磨　牛胎神占碓磨　豬胎神占在灶　羊胎神占在爐

國曆	星期	紀事	農曆	干支五行	建除	九星	星宿	卦	卦數	宜忌	每日吉時	每日凶時	每日沖煞年齡	每日胎神占方
1	六	觀世音菩薩得道日	六月 十九	丁未 水	建	二黑	女	艮	6 七	出行 ●忌動土入宅安香嫁娶開市入殮除靈火化進金	子辰巳午	01~03	沖牛6 歲煞西	倉庫廁 房內東
2	日		二十	戊申 土	除	一白	虛	坎	2 六	開光 求醫治病 ●忌入宅安香嫁娶安床開市	卯辰巳午	03~05	沖虎5 歲煞南	房床爐 房內東
3	一	通天元帥聖誕 天月德合	廿一	己酉 土	滿	九紫	危	巽	3 八	出行 買車 牧養 納畜 開光 裁衣 合帳 開市 ●忌入宅安香嫁娶動土安門入殮除靈火化進金	子寅巳午	05~07	沖兔4 歲煞東	占大門 外東北
4	二		廿二	庚戌 金	平	八白	室	震	9 九	祭祀 ★是日凶星多吉星少宜事少取	子丑卯巳	07~09	沖龍3 歲煞北	碓磨栖 外東北
5	三	歲德合	廿三	辛亥 金	定	七赤	壁	離	7 七	祈福 酬神 設醮 訂婚 裁衣 合帳 安床 安灶 開市 掛匾 ●忌入宅安香嫁娶入殮除靈火化進金安葬	丑寅卯午	09~11	沖蛇2 歲煞西	廚灶床 外東北
6	四	雷祖大帝聖誕 ◑下弦巳時10點23分	廿四	壬子 木	執	六白	奎	兌	8 一	入殮 移柩 火化 安葬 ★四絕又逢三喪吉喜喪事均不取 關聖帝君聖誕 南極大帝聖誕 西秦王爺千秋	子丑辰巳	11~13	沖馬1 歲煞南	倉庫碓 外東北
7	五	戌時交立秋七月令	廿五	癸丑 木	破	五黃	婁	乾	6 八	節前：★月破大耗最為不吉之神宜事不取 節後：時間短促用事宜節前論	寅卯巳午	13~15	沖羊60 歲煞東	房床廁 外東北
8	六	二郎元帥聖誕 父親節 ●勿探病	廿六	甲寅 水	破	四綠	胃	坤	7 九	破屋壞垣 ★月破大耗最為不吉之神宜事不取 鳳凰日	子寅卯午	15~17	沖猴59 歲煞北	占門爐 外東北
9	日	●勿探病	廿七	乙卯 水	危	三碧	昴	艮	1 四	入殮 移柩 除靈 火化 安葬 ★正四廢忌吉喜事惟行喪不忌	子丑卯巳	17~19	沖雞58 歲煞西	碓磨門 外正東
10	一	歲德	廿八	丙辰 土	成	二黑	畢	坎	4 一	祈福 酬神 齋醮 訂婚 嫁娶 動土 安床 開市 掛匾 求醫治病 入殮 移柩 除靈 破土 火化 進金 安葬 ●忌入宅安香開刀	子寅卯午	19~21	沖狗57 歲煞南	廚灶栖 外正東
11	二	月德合 ●刀砧	廿九	丁巳 土	收	一白	觜	巽	2 八	祈福 酬神 開光 訂婚 裁衣 合帳 嫁娶 出火 安床 入宅 安香 ●忌牧養開刀入殮除靈火化進金安葬	子辰巳午	21~23	沖豬56 歲煞東	倉庫床 外正東
12	三	天德合 ●刀砧	三十	戊午 火	開	九紫	參	震	3 四	祈福 酬神 訂婚 裁衣 嫁娶 安床 除靈 ●忌入宅安香動土開光開市開刀	寅卯辰巳	23~01	沖鼠55 歲煞北	房床碓 外正東
13	四	●朔丑時01點38分	七月 初一	己未 火	閉	八白	井	離	1 二	動土 入殮 除靈 破土 ★日全食：中心食丑時01點45分台灣不見宜事照常	子卯巳午	01~03	沖牛54 歲煞西	占門廁 外正東
14	五	空軍節 末伏	初二	庚申 木	建	七赤	鬼	兌	7 一	出行 裁衣 嫁娶 安灶 ●忌開市安機械動土入殮除靈火化進金安葬	丑卯辰巳	03~05	沖虎53 歲煞南	碓磨爐 外東南
15	六	歲德合	初三	辛酉 木	除	六白	柳	乾	8 三	裁衣 合帳 動土 安床 入殮 移柩 破土 火化 進金 安葬 ●忌嫁娶開光入宅安香開市除靈合爐	子丑寅午	05~07	沖兔52 歲煞東	廚灶門 外東南

立秋

日出：上午5點24分
戌時：下午19點43分
日沒：下午6點35分

斗指坤西南維為立秋，立秋者揪也，陰意出地始殺萬物，按秋訓禾，穀熟也，故名。

種植

北部：小白菜、蘿蔔
中部：蘿蔔、牛蒡
南部：蘿蔔、牛蒡、越瓜、芹菜、花椰菜

撈漁

基隆：目吼、卓鯤、棘鬣魚

時局

時	辛丑日時局	辛卯日時局	辛巳日時局
子時	六戊 六合	六戊 長生	六戊 長生
丑時	朱雀 太陰	勾陳 太陰	玉堂 三合
寅時	地兵 貴人	地兵 貴人	地兵 貴人
卯時	天賊 比肩	天賊 明堂	天賊 比肩
辰時	路空 唐符	路空 進貴	路空 進貴
巳時	路空 三合	路空 福星	路空 進貴
午時	大進 貴人	大進 貴人	大進 貴人
未時	大凶 日沖	天德 三合	黃道 明堂
申時	天兵 喜神	天兵 帝旺	天兵 六合
酉時	日祿 三合	大凶 日沖	朱雀 三合
戌時	六戊 青龍	六戊 六合	六戊 金匱
亥時	大退 明堂	左輔 三合	大凶 日沖

坐午向子（坐南向北）的八煞水：在艮位、甲位、卯位、未位、丙位、庚位、乾位、亥位

處暑

日出：上午5點24分
巳時：上午10點20分
日沒：下午6點25分

斗指申為處暑，暑將退，伏而潛處，故名處暑也。

日期	星期	紀事	農曆	干支	建除	九星	星宿	卦	卦數	宜忌	吉時	時間	沖煞	胎神
16	星期日	月德	七月 初四	壬戌水	滿	黃五	星	坤	4 四	牧養 納畜 開光 訂婚 裁衣 合帳 安床 求醫治病 ●忌嫁娶上官赴任入學入殮除靈火化進金安葬	子丑巳午	07~09	沖龍51 歲煞北	倉庫栖 外東南
17	星期一	天德	初五	癸亥水	平	綠四	張	艮	6 六	作灶 ●忌出行買車嫁娶入宅安香入殮除靈火化	寅卯辰午	09~11	沖蛇50 歲煞西	占房床 外東南
18	星期二		初六	甲子金	定	紫九	翼	坎	1 一	酬神 出行 牧養 開光 訂婚 嫁娶 出火 動土 安床 入宅 安香 掛匾 入殮 除靈 破土 火化 進金 安葬 ●忌開市上官入學	子丑卯巳	11~13	沖馬49 歲煞南	占門碓 外東南
19	星期三	衛房聖母聖誕 道德臘 七星娘娘千秋	初七	乙丑金	執	白八	軫	巽	3 六	入殮 移柩 除靈 破土 火化 安葬 ★受死忌吉喜事惟行喪不忌 大成魁星聖誕 七夕情人節	子卯辰巳	13~15	沖羊48 歲煞東	碓磨廁 外東南
20	星期四	歲德 ◐上弦巳時10點47分	初八	丙寅火	破	赤七	角	震	2 四	破屋壞垣 ★月破大耗最為不吉之神宜事不取	子寅卯午	15~17	沖猴47 歲煞北	廚灶爐 外正南
21	星期五	正八座 月德合	初九	丁卯火	危	白六	亢	離	6 九	祈福 酬神 出行 買車 牧養 設醮 齋醮 訂婚 裁衣 出火 入宅 安香 開市 掛匾 入殮 移柩 除靈 火化 ●忌嫁娶開光安床	子辰巳午	17~19	沖雞46 歲煞西	倉庫門 外正南
22	星期六	天德合	初十	戊辰木	成	黃五	氐	兌	9 六	酬神 出行 買車 開光 設醮 齋醮 訂婚 嫁娶 動土 安床 安灶 入宅 安香 掛匾 治病 入殮 除靈 火化 進金 安葬 ●忌開市	寅卯辰巳	19~21	沖狗45 歲煞南	房床栖 外正南
23	星期日	●刀砧 祖父母節 巳時交處暑七月中	十一	己巳木	收	赤七	房	乾	8 二	祈福 酬神 裁衣 合帳 嫁娶 動土 安床 作灶 入宅 安香 開市 ●忌開光安機械上樑入殮除靈火化進金	子卯巳午	21~23	沖豬44 歲煞東	占門床 外正南
24	星期一	●刀砧 ●勿探病	十二	庚午土	開	白六	心	坤	8 九	出行 買車 開光 訂婚 裁衣 嫁娶 動土 安床 開市 求醫治病 ●忌入宅安香酬神開刀入殮除靈火化進金	丑卯辰巳	23~01	沖鼠43 歲煞北	占碓磨 外正南
25	星期二	大勢至菩薩聖誕 歲德合	十三	辛未土	閉	黃五	尾	艮	9 三	出行 買車 裁衣 合帳 嫁娶 出火 動土 安床 安灶 入宅 安香 洽爐 入殮 除靈 破土 火化 進金 安葬 ●忌開刀穿井	子寅卯午	01~03	沖牛42 歲煞西	廚灶廁 外西南
26	星期三	月德 開基恩主千秋 太元聖母聖誕	十四	壬申金	建	綠四	箕	坎	1 七	酬神 牧養 納畜 開光 訂婚 嫁娶 安灶 入宅 安香 洽爐 開市 治病 入殮 移柩 除靈 火化 進金 安葬 ●忌出行買車動土	子辰巳午	03~05	沖虎41 歲煞南	倉庫爐 外西南
27	星期四	中元地官赦罪會 中元地官聖誕萬壽	十五	癸酉金	除	碧三	斗	巽	2 七	祈福 酬神 牧養 納畜 訂婚 合帳 動土 安床 入殮 移柩 破土 火化 進金 安葬 ●忌嫁娶入宅 天德 鄭成功誕辰紀念日	寅辰巳午	05~07	沖兔40 歲煞東	房床門 外西南
28	星期五	麒麟日 ○望午時12點20分	十六	甲戌火	滿	黑二	牛	震	7 二	牧養 納畜 開光 ★月偏食：中心食午時12點13分台灣不見宜事照常	子丑卯午	07~09	沖龍39 歲煞北	門雞栖 外西南
29	星期六		十七	乙亥火	平	白一	女	離	3 三	作灶 ●忌嫁娶開光安門入殮除靈火化進金安葬	子丑卯辰	09~11	沖蛇38 歲煞西	碓磨床 外西南
30	星期日	瑤池王母娘聖誕 歲德	十八	丙子水	定	紫九	虛	兌	6 三	酬神 出行 牧養 納畜 開光 設醮 齋醮 訂婚 嫁娶 動土 安床 入宅 安香 掛匾 入殮 除靈 火化 進金 安葬 ●忌開市	子丑寅卯	11~13	沖馬37 歲煞南	廚灶碓 外西南
31	星期一	天然古佛聖誕 月德合	十九	丁丑水	執	白八	危	乾	4 七	入殮 移柩 除靈 破土 火化 安葬 ★受死忌吉喜事惟行喪不忌 值年太歲星君千秋	子辰巳午	13~15	沖羊36 歲煞東	倉庫廁 外正西

種植

北部：花椰菜、甘藍、紫豆、山東菜
中部：甘藍、花椰菜、莧菜、芹菜
南部：蘿蔔、包心菜、結頭菜、萵苣

撈漁

安平：烏鯮
高雄：
東港：虱目魚苗

辛未日時局

子時	長生 六戊
丑時	日沖 大凶
寅時	貴人 地兵
卯時	三合 天賊
辰時	唐符 路空
巳時	福星 路空
午時	六合 大進
未時	右弼 元武
申時	喜神 天兵
酉時	天赦 日祿
戌時	青龍 六戊
亥時	三合 明堂

辛酉日時局

子時	長生 六戊
丑時	三合 武曲
寅時	貴人 地兵
卯時	日沖 大凶
辰時	六合 路空
巳時	三合 路空
午時	貴人 大進
未時	天德 寶光
申時	喜神 天兵
酉時	祿貴 天赦
戌時	右弼 六戊
亥時	驛馬 大退

辛亥日時局

子時	長生 六戊
丑時	玉堂 黃道
寅時	六合 地兵
卯時	三合 天賊
辰時	進祿 路空
巳時	日沖 大凶
午時	大進 貴人
未時	三合 武曲
申時	帝旺 天兵
酉時	天赦 日祿
戌時	金匱 六戊
亥時	寶光 大退

坐卯向西（坐東向西）的八煞水：在申位、子位、辰位、癸位、坤位、乙位、寅位、午位、戊位、壬位

國曆 9月小（30天） 115 丙午年

農曆 八月小（29天）

自七月廿六日亥時白露後至八月廿八日未時寒露前

月煞東方

9	5	7
8	1	3
4	6	2

為八月 令桂 丁酉月

人胎神占廁戶　牛胎神占廳欄　豬胎神占在灶　羊胎神占在爐

國曆	星期	記事	農曆	干支	建除	九星	星宿	卦	卦數	宜忌	每日吉時	每日凶時	每日沖煞年齡	每日胎神占方
1	二	記者節 天德合	七月 二十	戊寅 土	破	赤七	室	坤	8 六	破屋壞垣 ★月破大耗最為不吉之神宜事不取	寅卯辰巳	15~17	沖猴 煞北 35	房床爐 外正西
2	三	普庵菩薩佛辰 ●勿探病	廿一	己卯 土	危	白六	壁	艮	7 八	祈福 酬神 開光 設醮 齋醮 訂婚 嫁娶 出火 入宅 安香 洽爐 開市 掛匾 入殮 移柩 除靈 火化 進金 安葬 ●忌安床動土	子卯巳午	17~19	沖雞 煞西 34	占大門 外正西
3	四	軍人節 全民國防教育日	廿二	庚辰 金	成	黃五	奎	坎	1 九	祈福 酬神 開光 設醮 嫁娶 出火 動土 安床 安灶 入宅 安香 求醫治病 ●忌開刀開市入殮除靈火化進金安葬	子卯辰巳	19~21	沖狗 煞南 33	碓磨栖 外正西
4	五	南宮柳星君聖誕 歲德合 ●刀砧	廿三	辛巳 金	收	綠四	婁	巽	3 七	裁衣 合帳 安床 作灶 法主聖君千秋 ◑下弦申時15點52分 ●忌嫁娶開光開市入殮除靈火化安葬 諸葛武侯千秋	子寅卯午	21~23	沖豬 煞東 32	廚灶床 外正西
5	六	鄭延平郡王千秋 ●勿探病 ●刀砧	廿四	壬午 木	開	碧三	胃	震	2 一	祈福 酬神 出行 買車 開光 齋醮 訂婚 裁衣 嫁娶 動土 安床 開市 除靈 破土 ●忌入宅安香入殮火化安葬 鳳凰日 月德	丑辰巳午	23~01	沖鼠 煞北 31	倉庫碓 外西北
6	日	武德侯沈祖公千秋 天德	廿五	癸未 木	閉	黑二	昴	離	4 八	祈福 酬神 出行 入殮 移柩 除靈 火化 進金 安葬 ●忌入宅 安香嫁娶開光開刀動土	寅卯辰巳	01~03	沖牛 煞西 30	房床廁 外西北
7	一	亥時交白露八月令	廿六	甲申 水	建	白一	畢	兌	3 九	節前：出行 買車 牧養 納畜 裁衣 合帳 嫁娶 入殮 除靈 節後：時間短促用事宜取節前吉 ●忌入宅安香開光開市	子卯巳午	03~05	沖虎 煞南 29	占門爐 外西北
8	二	月德合	廿七	乙酉 水	建	紫九	觜	乾	9 四	出行 入殮 移柩 除靈 火化 進金 安葬 ●忌開市開光安機械動土入宅嫁娶	子丑辰巳	05~07	沖兔 煞東 28	碓磨門 外西北
9	三	國民體育節 歲德	廿八	丙戌 土	除	白八	參	坤	6 一	祈福 酬神 出行 開光 設醮 裁衣 合帳 嫁娶 動土 安床 ●忌開刀入殮除靈火化進金安葬	丑寅卯午	07~09	沖龍 煞北 27	廚灶栖 外西北
10	四		廿九	丁亥 土	滿	赤七	井	艮	8 八	出行 買車 開光 裁衣 合帳 安床 開市 ●忌酬神入宅安香嫁娶動土入殮除靈火化	子丑辰午	09~11	沖蛇 煞西 26	倉庫床 外西北
11	五	●朔午時11點28分	八月 初一	戊子 火	平	白六	鬼	坎	7 四	入殮 除靈 破土 ●忌開光入宅安香嫁娶火化進金安葬	寅卯辰巳	11~13	沖馬 煞南 25	房床碓 外正北
12	六		初二	己丑 火	定	黃五	柳	巽	9 二	酬神 出行 開光 齋醮 訂婚 嫁娶 動土 安床 安灶 入宅 安香 洽爐 掛匾 入殮 除靈 火化 進金 安葬 ●忌開市穿井	子卯巳午	13~15	沖羊 煞東 24	占門廁 外正北
13	日	北斗星君聖誕 姜相子牙千秋 月德	初三	庚寅 木	執	綠四	星	震	3 一	訂婚 裁衣 合帳 入殮 移柩 除靈 破土 火化 進金 安葬 九天朱恩師聖誕 九天司命灶君千秋 ●忌入宅安香嫁娶	子卯辰巳	15~17	沖猴 煞北 23	碓磨爐 外正北
14	一	歲德合	初四	辛卯 木	破	碧三	張	離	2 三	求醫治病 破屋壞垣 ★月破大耗最為不吉之神宜事不取	丑寅卯午	17~19	沖雞 煞西 22	廚灶門 外正北
15	二	雷聲普化天尊聖誕	初五	壬辰 水	危	黑二	翼	兌	6 四	開光 訂婚 嫁娶 安床 入殮 除靈 破土 ●忌出行買車牧養納畜火化進金	子辰巳午	19~21	沖狗 煞南 21	倉庫栖 外正北

白露

日出：上午5點37分
亥時：下午22點42分
日沒：下午6點07分

斗指庚為白露，陰氣漸重，露凝而白，故名白露。

種植

北部：蘿蔔、包心白菜、萵苣、蕪菁
中部：恭菜、花椰菜、芥菜、甘藍
南部：牛蒡、小白菜、芹菜、四季豆

撈漁

基隆：加蚋、卓鯤、赤魚、鰮魚
淡水：梳齒
蘇澳：硼串

壬子日時局

子時	丑時	寅時	卯時	辰時	巳時	午時	未時	申時	酉時	戌時	亥時
帝旺 地兵	六合 長生	白虎 路空	祿貴 路空	三合 福星	貴人 天賊	日沖 大凶	天赦 國印	三合 六戊	大進 進貴	右弼 地兵	日祿 朱雀

壬寅日時局

子時	丑時	寅時	卯時	辰時	巳時	午時	未時	申時	酉時	戌時	亥時
帝旺 地兵	進貴 天狗	路空 大退	貴人 路空	金匱 福星	貴人 寶光	三合 天兵	國印 天赦	日沖 大凶	大進 元武	三合 地兵	祿貴 六合

壬辰日時局

子時	丑時	寅時	卯時	辰時	巳時	午時	未時	申時	酉時	戌時	亥時
三合 地兵	國印 元武	臨官 路空	長生 路空	黃道 福星	明堂 天賊	喜神 天兵	天赦 朱雀	三合 六戊	六合 大進	日沖 大凶	日祿 玉堂

坐酉向卯（坐酉向東）的八煞水：在巽位、辛位、巳位、酉位、丑位、丁位

秋分

日出：上午05點42分
辰時：上午08點06分
日沒：下午05點50分

斗指酉為秋分，南北兩半球晝夜均分，又適當秋之半，故秋分也。

種植

北部：蘿蔔、芥菜、胡瓜、敏豆、恭菜
中部：蘿蔔、芥菜、芹菜、菜豆、菠菜
南部：西瓜、花椰菜、甘藍、甜椒、芥菜

撈漁

澎湖：
淡水：鯧魚
安平：烏格魚

---

16 星期三 八月 初六 巳癸 水 成 白一 軫 乾 4/六
●刀砧
祈福 酬神 開光 訂婚 裁衣 合帳 嫁娶 出火 動土 安床 安灶 入宅 安香 開市 求醫治病 ●忌開刀入殮除靈火化安葬
卯辰巳午 21~23 沖豬20 歲煞東 占房床 房內北

17 星期四 初七 午甲 金 收 紫九 角 坤 9/一
●刀砧
作灶 入殮 除靈 ●忌嫁娶開市開光開刀安機械火化進金安葬
丑卯巳午 23~01 沖鼠19 歲煞北 占門碓 房內北

18 星期五 初八 未乙 金 開 白八 亢 艮 7/六
瑤池大會 月德合 八卦祖師聖誕千秋
除靈 ★受死逢開日忌吉喜喪事均不取
子卯辰巳 01~03 沖牛18 歲煞西 碓磨廁 房內北

19 星期六 初九 申丙 火 閉 赤七 氐 坎 8/四
歲德 ◐上弦寅時04點45分
牧養 裁衣 入殮 移柩 火化 進金 安葬 ●忌上樑嫁娶開光除靈開刀
子丑卯午 03~05 沖虎17 歲煞南 廚灶爐 房內北

20 星期日 初十 酉丁 火 建 白六 房 巽 4/九
出行 入殮 除靈 ●忌動土開市安門火化進金安葬
子辰巳午 05~07 沖兔16 歲煞東 倉庫門 房內北

21 星期一 十一 戌戊 木 除 黃五 心 震 1/六
國家防災日 秋社
出行 買車 裁衣 合帳 嫁娶 動土 安床 開市 求醫治病 ●忌開刀開光入殮除靈火化進金安葬
寅卯巳午 07~09 沖龍15 歲煞北 房床棲 房內南

22 星期二 十二 亥己 木 滿 綠四 尾 離 2/二
★四離逢重日吉喜喪事均忌
子寅卯午 09~11 沖蛇14 歲煞西 占門床 房內南

23 星期三 十三 子庚 土 平 碧三 箕 兌 2/九
月德 辰時交秋分八月中
入殮 移柩 除靈 破土 火化 進金 安葬 ●忌入宅安香嫁娶酬神上官赴任入學
子卯辰巳 11~13 沖馬13 歲煞南 占碓磨 房內南

24 星期四 十四 丑辛 土 定 黑二 斗 乾 1/三
歲德合
祈福 酬神 牧養 納畜 開光 設醮 裁衣 動土 安床 ●忌出行買車入宅安香嫁娶入殮除靈火化安葬
丑寅卯午 13~15 沖羊12 歲煞東 廚灶廁 房內南

25 星期五 十五 寅壬 金 執 白一 牛 坤 9/七
中秋節 麒麟日 ●勿探病
★盈日逢牛宿謂真滅沒宜事不取
太陰星君聖誕 月下老人聖誕 南鯤鯓朱四王爺千秋 南宮孔恩師聖誕 天然古佛成道 臨水夫人林姑千秋
子辰巳午 15~17 沖猴11 歲煞北 倉庫爐 房內南

26 星期六 十六 卯癸 金 破 紫九 女 艮 8/七
破屋壞垣 ★月破大耗最為不吉之神宜事不取
卯辰巳午 17~19 沖雞10 歲煞西 房床門 房內南

27 星期日 十七 辰甲 火 危 白八 虛 坎 3/二
○望早子00點50分
酬神 出行 裁衣 合帳 出火 動土 安床 安灶 入宅 洽爐 入殮 除靈 破土 ●忌開光嫁娶火化進金安葬
子卯巳午 19~21 沖狗9 歲煞南 門雞棲 房內東

28 星期一 十八 巳乙 火 成 赤七 危 巽 7/三
九天玄女娘娘千秋 孔子誕辰紀念日 教師節 ●刀砧 月德合
酬神 開光 設醮 訂婚 嫁娶 出火 動土 安灶 入宅 安香 掛匾 求醫治病 ●忌入殮火化
雲林縣城隍尊神聖誕 開臺鄭國姓爺聖誕
子卯辰巳 21~23 沖豬8 歲煞東 碓磨床 房內東

29 星期二 十九 午丙 水 收 白六 室 震 4/三
歲德 ●刀砧
嫁娶 入殮 除靈 ●忌開光開市開刀入宅安香入殮火化安葬
丑寅卯午 23~01 沖鼠7 歲煞北 廚灶碓 房內東

30 星期三 二十 未丁 水 開 黃五 壁 離 6/七
除靈 ★受死逢開日吉喜喪事均不取
子辰巳午 01~03 沖牛6 歲煞西 倉庫廁 房內東

壬午日時局

子時	日沖 大凶
丑時	天德 進貴
寅時	三合 天賊
卯時	貴人 路空
辰時	貴人 武曲
巳時	天官 天賊
午時	喜神 天兵
未時	六合 天赦
申時	長生 六戊
酉時	大進 進祿
戌時	三合 地兵
亥時	祿貴 左輔

壬申日時局

子時	帝旺 地兵
丑時	右弼 明堂
寅時	日沖 大凶
卯時	貴人 路空
辰時	三合 金匱
巳時	貴人 六合
午時	喜神 天兵
未時	玉堂 天赦
申時	長生 六戊
酉時	進貴 大進
戌時	司命 地兵
亥時	日祿 勾陳

壬戌日時局

子時	帝旺 地兵
丑時	元武 日刑
寅時	三合 路空
卯時	貴人 路空
辰時	日沖 大凶
巳時	貴人 天賊
午時	喜神 天兵
未時	國印 日刑
申時	金匱 六戊
酉時	大進 天德
戌時	武曲 地兵
亥時	玉堂 日祿

坐乾向巽（坐西北向東南）的八煞水：在寅位、午位、戌位、壬位

國曆 10月大（31天） 115 丙午年

農曆 九月大（30天）

自八月廿八日未時寒露後 至九月廿九日酉時立冬前

月煞北方

8	4	6
7	9	2
3	5	1

為九月 令菊 戊戌月

人胎神占門房　牛胎神占門倉　豬胎神占籬壁　羊胎神占倉門

日期	星期	紀事	農曆	干支納音	建除	九星	宿	卦	卦數	宜忌	每日吉時	每日凶時	每日沖煞年齡	每日胎神占方
1	四	天赦日	八月 廿一	戊申 土	閉	綠四	奎	兌	2 六	出行 買車 牧養 納畜 裁衣 合帳 出火 動土 安灶 入宅 掛匾 入殮 移柩 破土 火化 進金 安葬 ●忌嫁娶酬神除靈安床	卯辰巳午	03~05	沖虎5 歲煞南	房床爐 房內東
2	五	廣澤尊王千秋 燃燈古佛萬壽	廿二	己酉 土	建	碧三	婁	乾	3 八	出行 入殮 除靈 ●忌入宅安香嫁娶開市動土火化進金安葬	子寅巳午	05~07	沖兔4 歲煞東	占大門 外東北
3	六	桓侯張大帝聖誕 ◑下弦亥時21點26分	廿三	庚戌 金	除	黑二	胃	坤	9 九	祈福 酬神 牧養 納畜 設醮 訂婚 裁衣 合帳 出火 動土 安床 入宅 安香 掛匾 ●忌嫁娶入殮除靈火化 月德 鳳凰日	子丑卯巳	07~09	沖龍3 歲煞北	碓磨栖 外東北
4	日	麻豆萬善爺千秋 歲德合	廿四	辛亥 金	滿	白一	昴	艮	7 七	出行 買車 開光 裁衣 合帳 出火 安床 安灶 入宅 開市 ●忌動土入殮除靈火化進金安葬	丑寅卯午	09~11	沖蛇2 歲煞西	廚灶床 外東北
5	一		廿五	壬子 木	平	紫九	畢	坎	8 一	入殮 除靈 破土 ●忌嫁娶入宅安香開光火化進金安葬	子丑辰巳	11~13	沖馬1 歲煞南	倉庫碓 外東北
6	二		廿六	癸丑 木	定	白八	觜	巽	6 八	酬神 出行 買車 牧養 開光 裁衣 嫁娶 動土 安床 安灶 入宅 安香 掛匾 入殮 移柩 除靈 破土 火化 進金 安葬 ●忌開市	寅卯巳午	13~15	沖羊60 歲煞東	房床廁 外東北
7	三	●勿探病	廿七	甲寅 水	執	赤七	參	震	7 九	入殮 移柩 除靈 破土 火化 安葬 ★正四廢忌吉喜事惟行喪不忌	子寅卯午	15~17	沖猴59 歲煞北	占門爐 外東北
8	四	●勿探病 月德合 未時交寒露九月令	廿八	乙卯 水	破	白六	井	離	1 四	節前：求醫治病 破屋壞垣 ★月破大耗最為不吉之神宜事不取 節後：入殮 移柩 除靈 破土 火化 安葬 ●忌吉喜事	子丑卯巳	17~19	沖雞58 歲煞西	碓磨門 外正東
9	五	中華聖母聖誕 歲天月德	廿九	丙辰 土	破	黃五	鬼	兌	4 一	★晦日逢鬼宿謂真滅沒宜事不取 ★月破大耗最為不吉之神宜事不取	子寅卯午	19~21	沖狗57 歲煞南	廚灶栖 外正東
10	六	國慶日 ●刀砧 ●朔夜子23點15分	九月 初一	丁巳 土	危	綠四	柳	乾	2 八	訂婚 ●忌嫁娶開刀入宅安香入殮除靈火化進金安葬 飛天大聖聖誕 南斗星君聖誕	子辰巳午	21~23	沖豬56 歲煞東	倉庫床 外正東
11	日	●刀砧	初二	戊午 火	成	碧三	星	坤	3 四	酬神 訂婚 裁衣 嫁娶 出火 安床 安灶 入宅 安香 掛匾 求醫 治病 ●忌動土開光開刀入殮除靈火化進金安葬	寅卯辰巳	23~01	沖鼠55 歲煞北	房床碓 外正東
12	一		初三	己未 火	收	黑二	張	艮	1 二	★是日凶星多吉星少宜事不取	子卯巳午	01~03	沖牛54 歲煞西	占門廁 外正東
13	二		初四	庚申 木	開	白一	翼	坎	7 一	祈福 酬神 出行 開光 訂婚 嫁娶 出火 動土 安灶 入宅 安香 洽爐 掛匾 求醫 治病 除靈 破土 ●忌牧養開市入殮安葬	丑卯辰巳	03~05	沖虎53 歲煞南	碓磨爐 外東南
14	三	歲天月德合	初五	辛酉 木	閉	紫九	軫	巽	8 三	祈福 酬神 設醮 齋醮 裁衣 合帳 嫁娶 動土 安床 安灶 入殮 移柩 除靈 破土 火化 進金 安葬 ●忌出行買車開刀牧養	子丑寅午	05~07	沖兔52 歲煞東	廚灶門 外東南
15	四		初六	壬戌 水	建	白八	角	震	4 四	祈福 酬神 出行 牧養 納畜 訂婚 裁衣 合帳 嫁娶 安床 入宅 安香 求醫 治病 ●忌開光開市入殮除靈進金安葬	子丑巳午	07~09	沖龍51 歲煞北	倉庫栖 外東南

寒露

日出：上午5點49分

未時：下午14點30分

日沒：下午5點34分

斗指辛為寒露時，露冷寒而將欲凝結，故名寒露也。

種植

北部：碗豆、蘿蔔、茄子

中部：蘿蔔、牛蒡、菠菜、碗豆

南部：蘿蔔、胡蘿蔔、蕪菁

撈漁

基隆：硼串、沙魚、目賊、鯨鯤、棘鬣魚

蘇澳：加蚋魚、目吼

時辰	癸丑日時局	癸卯日時局	癸巳日時局
子時	大進 路空	大進 路空	祿貴 路空
丑時	朱雀 路空	進貴 路空	三合 路空
寅時	進貴 天賊	左輔 天賊	天賊 日刑
卯時	貴人 長生	祿貴 長生	長生 貴人
辰時	喜神 天兵	喜神 天兵	喜神 天兵
巳時	貴人 大退	天赦 貴人	天赦 貴人
午時	進貴 六戊	金匱 六戊	進祿 六戊
未時	日沖 大凶	三合 寶光	明堂 武曲
申時	進貴 地兵	國印 地兵	長生 地兵
酉時	三合 勾陳	日沖 大凶	三合 朱雀
戌時	武曲 路空	六合 路空	金匱 路空
亥時	明堂 路空	三合 路空	日沖 大凶

坐巽向乾（坐東南向西北）的八煞水：在巳位、酉位、丑位、丁位

霜降

日出：上午05點57分
酉時：下午17點39分
日沒：下午05點20分

斗指戌為降霜。氣肅，霜凝結而為霜，故名霜降也。

種植

北部：蘿蔔、山東白菜、胡蘿蔔
中部：蕪菁、牛蒡、東白菜、碗豆、甘藍
南部：蘿蔔、胡蘿蔔、山東白菜

撈漁

高雄：硼串、卓鯤
淡水：棘鬣魚、龍蝦、鯧魚
東港：羊魚

日	星期	節日紀事	農曆	干支	建除	九星	星宿	卦	卦數	宜忌	吉時	時辰	沖煞	胎神
16	星期五		九月 初七	癸亥水	除	赤七	亢	離	6六	祈福 酬神 出行 買車 設醮 裁衣 合帳 出火 安床 入宅 安香 開市 求醫治病 ●忌嫁娶開光動土入殮除靈火化安葬	寅卯辰午	09~11	沖蛇 歲煞西 50	外東南 占房床
17	星期六	臨水夫人李姑千秋	初八	甲子金	滿	碧三	氐	兌	1一	●訂婚 裁衣 安床 開市 入殮 移柩 除靈 火化 進金 安葬 ●忌入宅安香動土嫁娶造船橋	子丑卯巳	11~13	沖馬 歲煞南 49	外東南 占門碓
18	星期日	玄天上帝成道日	初九	乙丑金	平	黑二	房	乾	3六	★季月逢丑日謂正紅紗宜事不取 斗母星君聖誕 九皇大帝聖誕 中壇元帥千秋 酆都大帝聖誕 天上聖母飛昇 重陽節 老人節	子卯辰巳	13~15	沖羊 歲煞東 48	外東南 碓磨廁
19	星期一	◐上弦早子00點14分 歲天月德	初十	丙寅火	定	白一	心	坤	2四	入殮 移柩 除靈 破土 火化 安葬 ★受死忌吉喜事惟行喪不忌	子寅卯午	15~17	沖猴 歲煞北 47	外正南 廚灶爐
20	星期二	廚師節 正八座 土王用事酉時17點18分	十一	丁卯火	執	紫九	尾	艮	6九	祈福 酬神 出行 牧養 納畜 訂婚 裁衣 嫁娶 安床 入殮 移柩 除靈 火化 ●忌入宅安香開市開光	子辰巳午	17~19	沖雞 歲煞西 46	外正南 倉庫門
21	星期三	華僑節	十二	戊辰木	破	白八	箕	坎	9六	★月破大耗最為不吉之神宜事不取	寅卯辰巳	19~21	沖狗 歲煞南 45	外正南 房床栖
22	星期四	●刀砧 孟婆尊神千秋	十三	己巳木	危	赤七	斗	巽	8二	●安床 ●忌開刀嫁娶祈福入殮除靈火化進金安葬	子卯巳午	21~23	沖豬 歲煞東 44	外正南 占門床
23	星期五	●刀砧 麒麟日 酉時交霜降九月中	十四	庚午土	成	紫九	牛	震	8九	酬神 設醮 齋醮 訂婚 裁衣 嫁娶 出火 安床 安灶 入宅 安香 掛匾 治病 入殮 除靈 火化 進金 安葬 ●忌出行 ●勿探病	丑卯辰巳	23~01	沖鼠 歲煞北 43	外正南 占碓磨
24	星期六	台灣聯合國日 歲天月德合	十五	辛未土	收	白八	女	離	9三	●作灶 ●忌開光嫁娶入宅安香入殮除靈火化進金安葬 南鯤鯓吳王爺千秋 朱聖夫子聖誕	子寅卯午	01~03	沖牛 歲煞西 42	外西南 廚灶廁
25	星期日	台灣光復節 清潔隊員節	十六	壬申金	開	赤七	虛	兌	1七	●祈福 酬神 出行 開光 齋醮 嫁娶 求醫治病 除靈 ●忌入宅安香開市入殮安葬	子辰巳午	03~05	沖虎 歲煞南 41	外西南 倉庫爐
26	星期一	○望午時12點13分	十七	癸酉金	閉	白六	危	乾	2七	●出行 安灶 入殮 除靈 ●忌開市開刀嫁娶牧養納畜火化進金安葬	寅辰巳午	05~07	沖兔 歲煞東 40	外西南 房床門
27	星期二	倉聖先師千秋 顯應祖師千秋	十八	甲戌火	建	黃五	室	坤	7二	●出行 嫁娶 安床 ●忌入宅安香開光動土入殮除靈火化 職能治療師節	子丑卯午	07~09	沖龍 歲煞北 39	外西南 門雞栖
28	星期三	觀世音菩薩出家紀念日	十九	乙亥火	除	綠四	壁	艮	3三	●出行 買車 開光 訂婚 裁衣 出火 安床 入宅 安香 求醫治病 ●忌開市安機械動土嫁娶入殮除靈火化進金	子丑卯辰	09~11	沖蛇 歲煞西 38	外西南 碓磨床
29	星期四	歲天月德	二十	丙子水	滿	碧三	奎	坎	6三	●開光 訂婚 裁衣 安床 開市 入殮 移柩 除靈 火化 進金 安葬 ●忌入宅安香嫁娶動土祈福	子丑寅卯	11~13	沖馬 歲煞南 37	外西南 廚灶碓
30	星期五		廿一	丁丑水	平	黑二	婁	巽	4七	★季月逢丑日謂正紅紗宜事不取	子辰巳午	13~15	沖羊 歲煞東 36	外正西 倉庫廁
31	星期六	榮民節 鳳凰日	廿二	戊寅土	定	白一	胃	震	8六	★受死逢重喪日吉喜喪事均不取 先總統 蔣公誕辰紀念日	寅卯辰巳	15~17	沖猴 歲煞北 35	外正西 房床爐

癸未日時局

子時	丑時	寅時	卯時	辰時	巳時	午時	未時	申時	酉時	戌時	亥時
大進 路空	日沖 大凶	進貴 天賊	長生 貴人	喜神 天兵	玉堂 貴人	進貴 六戊	右弼 元武	進貴 地兵	中平 勾陳	武曲 路空	帝旺 路空

癸酉日時局

子時	丑時	寅時	卯時	辰時	巳時	午時	未時	申時	酉時	戌時	亥時
日祿 路空	三合 路空	青龍 功曹	日沖 大凶	喜神 天兵	三合 貴人	金匱 六戊	天德 寶光	國印 地兵	玉堂 進祿	右弼 路空	帝旺 路空

癸亥日時局

子時	丑時	寅時	卯時	辰時	巳時	午時	未時	申時	酉時	戌時	亥時
大進 路空	玉堂 路空	六合 天賊	三合 貴人	喜神 天兵	日沖 大凶	青龍 六戊	三合 武曲	國印 地兵	驛馬 朱雀	進祿 路空	帝旺 路空

坐艮向坤（坐東北向西南）的八煞水：在寅位、午位、戌位、壬位

國曆 115 丙午年年 11月小（30天）

農曆 十月大（30天）

自九月廿九日酉時立冬後至十月廿九日巳時大雪前

月煞西方

7	3	5
6	8	1
2	4	9

為十月令陽己亥月

人胎神占房床　牛胎神占門廁　豬胎神占籬壁　羊胎神占井灶

國曆	1	2	3	4	5	6	7
星期	日	一	二	三	四	五	六
記事	●勿探病 商人節	◑下弦寅時04點30分	●刀砧 歲天月德合	●刀砧 ●勿探病		五顯大帝聖誕	天德 ●刀砧 酉時交立冬十月令
農曆	九月 廿三	廿四	廿五	廿六	廿七	廿八	廿九
干支五行	己卯 土	庚辰 金	辛巳 金	壬午 木	癸未 木	甲申 水	乙酉 水
建除	執	破	危	成	收	開	閉
九星	紫九	白八	赤七	白六	黃五	綠四	碧三
星宿	昴	畢	觜	參	井	鬼	柳
卦位	離	兌	乾	坤	艮	坎	巽
卦數	7 八	1 九	3 七	2 一	4 八	3 九	9 四
宜忌	祈福 酬神 設醮 齋醮 訂婚 合帳 出火 安床 安灶 入宅 安香 沿爐 掛匾 入殮 除靈 進金 安葬 ●忌嫁娶出行開光	★月破大耗最為不吉之神宜事不取	訂婚 ●忌入宅安香嫁娶開刀入殮除靈火化進金安葬	酬神 出行 買車 齋醮 訂婚 裁衣 嫁娶 安床 安灶 入宅 安香 開市 掛匾 治病 入殮 除靈 火化 安葬 ●忌開光開刀	作灶 入殮 除靈 ●忌嫁娶開市動土火化進金安葬	求醫 治病 除靈 ★四絕又逢開日吉喜喪事均不取	節前：酬神 裁衣 作灶 入殮 移柩 除靈 火化 進金 安葬 節後：除靈 破土 ●忌嫁娶入宅安香牧養 藥師佛聖誕
每日吉時	子卯巳午	子卯辰巳	子寅卯午	丑辰巳午	寅卯辰巳	子卯巳午	子丑辰巳
每日凶時	17~19	19~21	21~23	23~01	01~03	03~05	05~07
每日沖煞年齡	沖雞 歲煞西 34	沖狗 歲煞南 33	沖豬 歲煞東 32	沖鼠 歲煞北 31	沖牛 歲煞西 30	沖虎 歲煞南 29	沖兔 歲煞東 28
每日胎神占方	占大門 外正西	碓磨栖 外正西	廚灶床 外正西	倉庫碓 外西北	房床廁 外西北	占門爐 外西北	碓磨門 外西北

立冬

日出：上午06點6分
酉時：下午17點53分
日沒：下午05點11分

斗指乾西北維為立冬，冬者終也，立冬之時向萬物終成，故名立冬也。

種植

北部：蕪菁、牛蒡、碗豆、芹菜
中部：胡蘿蔔、菠菜、南瓜、香瓜、大蒜
南部：西瓜、胡瓜、蕃茄、石刁柏、花椰菜

漁撈

東港：緶魚、鰮仔、鯊魚
高雄：卓鯤

國曆	8	9	10	11	12	13	14	15
星期	日	一	二	三	四	五	六	日
記事	醫事放射師節 歲德	●朔申時15點03分 民歲臘		月德合 全民健走日	中華文化復興節 天德合	達摩祖師佛辰 歲德合		
農曆	三十	十月 初一	初二	初三	初四	初五	初六	初七
干支五行	丙戌 土	丁亥 土	戊子 火	己丑 火	庚寅 木	辛卯 木	壬辰 水	癸巳 水
建除	閉	建	除	滿	平	定	執	破
九星	黑二	白一	紫九	白八	赤七	白六	黃五	綠四
星宿	星	張	翼	軫	角	亢	氐	房
卦位	震	離	兌	乾	坤	艮	坎	巽
卦數	6 一	8 八	7 四	9 二	3 一	2 三	6 四	4 六
宜忌	裁衣 合帳 嫁娶 安床 入殮 除靈 破土 火化 進金 安葬 ●忌開光開市開刀	★是日凶星多吉星少宜事刪刊	出行 買車 訂婚 嫁娶 出火 動土 入宅 安香 沿爐 開市 求醫 治病 入殮 移柩 除靈 破土 火化 進金 安葬 ●忌開光安床	開光 裁衣 安床 ●忌入宅安香嫁娶入殮除靈火化 工業節 地政節	出行 買車 開光 訂婚 合帳 安床 開市 入殮 移柩 除靈 破土 火化 進金 安葬 ●忌嫁娶造宅 醫師節 國父誕辰紀念日	酬神 開光 齋醮 裁衣 嫁娶 出火 動土 安床 安灶 入宅 安香 開市 入殮 移柩 除靈 火化 進金 安葬 ●忌出行買車牧養	嫁娶 ●忌入宅安香動土開光開市入殮除靈火化	破屋壞垣 ★月破大耗最為不吉之神宜事不取
每日吉時	丑寅卯午	子丑辰午	寅卯辰巳	子卯巳午	子卯辰巳	丑寅卯午	子辰巳午	卯辰巳午
每日凶時	07~09	09~11	11~13	13~15	15~17	17~19	19~21	21~23
每日沖煞年齡	沖龍 歲煞北 27	沖蛇 歲煞西 26	沖馬 歲煞南 25	沖羊 歲煞東 24	沖猴 歲煞北 23	沖雞 歲煞西 22	沖狗 歲煞南 21	沖豬 歲煞東 20
每日胎神占方	廚灶栖 外西北	倉庫床 外西北	房床碓 外正北	占門廁 外正北	碓磨爐 外正北	廚灶門 外正北	倉庫栖 外正北	占房床 房內北

擇日用事術語說明

○祭祀：祭拜祖先或祭拜神明等儀式。
○祈福：祈求神明保祐平安之事等
○酬神：備有極豐富敬品答謝神恩完愿儀式。
○求嗣：向神明祈求子嗣之意。
○開光：神佛像金尊雕刻完成、點眼入神之事。
○塑繪：繪畫神像或雕刻及畫雕人像等。
○出行：指遠行、出國觀光及旅行等。
○齋醮：指設法會超渡功果之事。
○設醮：指寺廟設立道場祈求平安祈福等儀式。
○入學：拜師學藝求取手藝之意。
○訂盟：訂婚或文訂、結指儀式、亦可日結婚姻。
○納采：指受授聘金、俗稱完聘。
○裁衣：裁製新娘禮服、或作老人壽衣。
○合帳：製作蚊帳之事。
○冠笄：男冠女笄舉行男女成人禮儀式、冠帶同。
○嫁娶：男娶女嫁、舉行結婚大典吉日。
○納婿：指男方入贅女方為婿同嫁娶之意。

坐坤向艮（坐西南向東北）的八煞水：在卯位、亥位、庚位、未位

日期	16	17	18	19	20	21	22
星期	星期一	星期二	星期三	星期四	星期五	星期六	星期日
節日	入液 月德	自來水節 天德 ◐上弦戌時19點49分	●刀砧 歲德 水僊尊王千秋	●刀砧	齊天大聖佛辰	月德合 防空節	出液 天德合 申時交小雪十月中
農曆	十月 初八	初九	初十	十一	十二	十三	十四
干支	甲午 金	乙未 金	丙申 火	丁酉 火	戊戌 木	己亥 木	庚子 土
建除	危	成	收	開	閉	建	除
九星	碧三	黑二	白一	紫九	白八	赤七	白六
宿	心	尾	箕	斗	牛	女	虛
卦	震	離	兌	乾	坤	艮	坎
卦數	9 一	7 六	8 四	4 九	1 六	2 二	2 九
宜忌	牧養 納畜 開光 訂婚 裁衣 合帳 動土 開市 掛匾 入殮 移柩 除靈 破土 火化 進金 安葬 ●忌入宅安香嫁娶安床酬神	祈福 酬神 牧養 納畜 開光 齋醮 訂婚 安床 安灶 掛匾 入殮 移柩 除靈 火化 進金 安葬 ●忌入宅安香嫁娶開市上樑	★受死逢收日吉喜喪事均不取	祈福 酬神 出行 買車 開光 齋醮 裁衣 嫁娶 動土 安床 除靈 破土 ●忌入宅安香開市安門開刀入殮安葬	裁衣 合帳 嫁娶 安床 入殮 除靈 破土 ●忌開刀上樑火化進金安葬	出行 ●忌動土開市入宅安香嫁娶入殮除靈火化進金	祈福 酬神 齋醮 訂婚 嫁娶 出火 動土 入宅 安香 洽爐 掛匾 治病 入殮 除靈 破土 火化 進金 安葬 ●忌開光開市安床
吉時	丑卯巳午	子卯辰巳	子丑卯午	子辰巳午	寅卯巳午	子寅卯午	子卯辰巳
時間	23~01	01~03	03~05	05~07	07~09	09~11	11~13
沖煞	沖鼠19 歲煞北	沖牛18 歲煞西	沖虎17 歲煞南	沖兔16 歲煞東	沖龍15 歲煞北	沖蛇14 歲煞西	沖馬13 歲煞南
胎神	占門碓 房內北	碓磨廁 房內北	廚灶爐 房內北	倉庫門 房內北	房床栖 房內南	占門床 房內南	占碓磨 房內南

小雪

日出：上午06點16分
申時：下午15點24分
日沒：下午05點04分

斗指亥為小雪，斯時天一積陰，寒未深而雪未大，故名小雪也。

種植

北部：蘿蔔、山東白菜、碗豆、恭菜、芹菜
中部：胡蘿蔔、蕪菁、牛蒡、菠菜、碗豆
南部：西瓜、苦瓜、大蔥、玉蜀黍

撈漁

蘇澳：旗魚
基隆：棘鬣魚、梳齒、白吼
淡水：旗魚、棘鬣魚、加蚋魚
澎湖：棘鬣魚

日期	23	24	25	26	27	28	29	30
星期	星期一	星期二	星期三	星期四	星期五	星期六	星期日	星期一
節日	下元水官解厄會 歲德合	●勿探病 ○望亥時22點55分	麒麟日	月德 地母至尊聖誕萬壽	天德	歲德		青山靈安尊王千秋 鳳凰日 ●刀砧
農曆	十五	十六	十七	十八	十九	二十	廿一	廿二
干支	辛丑 土	壬寅 金	癸卯 金	甲辰 火	乙巳 火	丙午 水	丁未 水	戊申 土
建除	滿	平	定	執	破	危	成	收
九星	黃五	綠四	碧三	黑二	白一	紫九	白八	赤七
宿	危	室	壁	奎	婁	胃	昴	畢
卦	巽	震	離	兌	乾	坤	艮	坎
卦數	1 三	9 七	8 七	3 二	7 三	4 三	6 七	2 六
宜忌	會親友 ●忌入宅安香嫁娶開光入殮火化安葬 下元水官大帝聖誕萬壽	出行 買車 裁衣 合帳 動土 安床 開市 ●忌嫁娶安機械入宅安香入殮除靈火化進金	酬神 出行 買車 開光 設醮 齋醮 訂婚 動土 安床 安灶 入宅 安香 洽爐 開市 掛匾 入殮 除靈 破土 ●忌嫁娶火化安葬	酬神 出行 牧養 齋醮 訂婚 裁衣 嫁娶 出火 安床 入宅 安香 洽爐 治病 入殮 除靈 火化 進金 安葬 ●忌開光動土	破屋壞垣 ★月破大耗最為不吉之神宜事不取	入殮 移柩 除靈 破土 火化 安葬 ★正四廢忌吉喜事惟行喪不忌	祈福 酬神 牧養 納畜 開光 訂婚 裁衣 合帳 動土 安床 掛匾 入殮 移柩 除靈 破土 火化 進金 安葬 ●忌入宅安香嫁娶	★受死逢收日吉喜喪事均不取
吉時	丑寅卯午	子辰巳午	卯辰巳午	子卯巳午	子卯辰巳	丑寅卯午	子辰巳午	卯辰巳午
時間	13~15	15~17	17~19	19~21	21~23	23~01	01~03	03~05
沖煞	沖羊12 歲煞東	沖猴11 歲煞北	沖雞10 歲煞西	沖狗9 歲煞南	沖豬8 歲煞東	沖鼠7 歲煞北	沖牛6 歲煞西	沖虎5 歲煞南
胎神	廚灶廁 房內南	倉庫爐 房內南	房床門 房內南	門雞栖 房內東	碓磨床 房內東	廚灶碓 房內東	倉庫廁 房內東	房床爐 房內東

【求異姓緣咒】嗡 摩訶速利易 巢訶〇〇〇（唸自己喜歡對象之姓名）溫賜 嗡 阿者啦吽。

擇日用事術語說明

○會親友：如訪問友人或親戚。
○進人口：收養子女或聘納員工等。
○沐浴：清洗身體齋戒而言。
○剃頭：初生嬰兒剃除胎毛、或剃髮為尼。
○整手足甲：初生嬰兒首次剪手足甲。
○解除：清洗宅舍解災厄等事。
○出火：指移動神位到別處安置。
○拆卸：拆除建築物或拆除圍牆等事。
○修造：指房屋整修等事。
○動土：指興建陽宅之第一次動工挖土等事。
○起基：興造陽宅填土等事。
○定磉：固定柱下之石頭、俗稱定磉石。
○平基：將地面上土石剷平。
○豎柱上樑：豎立柱子安屋頂中樑
○開柱眼：製作柱子等事。
○安門：裝設門戶等工作。
○新婚床：指安床給剛結婚的新人所睡的床、因為要生育而不可犯埋兒宿、及陽氣陰胎、天官天嗣沖忌、夫星妻星正沖亦忌、四柱逢偏印需制。

坐辰向戌（坐東南東向西北西）的八煞水：在卯位、亥位、庚位、未位

國曆 12月大（31天） 115丙午年

農曆 十一月大（30天） 自十月廿九日巳時大雪後至十一月廿八日亥時小寒前

月煞南方

6	2	4
5	7	9
1	3	8

為十一月令葭 庚子月

人胎神占爐灶　牛胎神占灶倉　豬胎神占門稠　羊胎神占門灶

國曆	星期	記事	農曆	干支五行	建除	九星	星宿	卦	卦數	宜忌	每日吉時	每日凶時	每日沖煞年齡	每日胎神占方
1	二	月德合 ●刀砧 南天周將軍聖誕	十月 廿三	己酉 土	開	白六	觜	巽	3 八	祈福 酬神 齋醮 裁衣 動土 開市 除靈 破土 ●忌入宅安香嫁娶出行開光入殮安葬 ◑下弦未時14點10分	子寅巳午	05~07	沖兔 歲煞東 4	占大門外東北
2	三	天德合	廿四	庚戌 金	閉	黃五	參	震	9 九	入殮 移柩 除靈 破土 火化 進金 安葬 ●忌入宅安香開刀	子丑卯巳	07~09	沖龍 歲煞北 3	碓磨栖外東北
3	四	歲德合 國際殘障日	廿五	辛亥 金	建	綠四	井	離	7 七	出行 ●忌入宅安香嫁娶入殮除靈火化安葬 感天大帝許真人聖誕	丑寅卯午	09~11	沖蛇 歲煞西 2	廚灶床外東北
4	五	九陽真君聖誕	廿六	壬子 木	除	碧三	鬼	兌	8 一	出行 買車 裁衣 合帳 嫁娶 出火 動土 入宅 安香 開市 ●忌安床開光入殮除靈火化進金安葬	子丑辰巳	11~13	沖馬 歲煞南 1	倉庫碓外東北
5	六	紫微星君聖誕 海員節	廿七	癸丑 木	滿	黑二	柳	乾	6 八	開光 裁衣 合帳 ●忌入宅安香嫁娶動土入殮除靈火化進金安葬	寅卯巳午	13~15	沖羊 歲煞東 60	房床廁外東北
6	日	月德 ●勿探病	廿八	甲寅 水	平	白一	星	坤	7 九	出行 買車 裁衣 合帳 動土 安床 入宅 洽爐 開市 入殮 移柩 除靈 破土 火化 進金 安葬 ●忌牧養嫁娶酬神安香	子寅卯午	15~17	沖猴 歲煞北 59	占門爐外東北
7	一	天德 ●勿探病 巳時交大雪十一月令	廿九	乙卯 水	定	紫九	張	艮	1 四	節前：酬神 出行 開光 齋醮 訂婚 嫁娶 動土 安床 入宅 安香 開市 入殮 除靈 火化 安葬 節後：入殮 ★受死忌吉喜事	子丑卯巳	17~19	沖雞 歲煞西 58	碓磨門外正東
8	二	歲德	三十	丙辰 土	定	白八	翼	坎	4 一	酬神 出行 牧養 齋醮 訂婚 裁衣 嫁娶 出火 動土 安床 入宅 安香 掛匾 入殮 移柩 除靈 破土 火化 安葬 ●忌開光開市	子寅卯午	19~21	沖狗 歲煞南 57	廚灶栖外正東
9	三	溫府千歲聖誕 ●朔辰時08點53分	十一月 初一	丁巳 土	執	赤七	軫	巽	2 八	★正四廢逢重日吉喜喪事均忌 月德合	子辰巳午	21~23	沖豬 歲煞東 56	倉庫床外正東
10	四	國際人權日	初二	戊午 火	破	白六	角	震	3 四	破屋壞垣 ★月破大耗最為不吉之神宜事不取	寅卯辰巳	23~01	沖鼠 歲煞北 55	房床碓外正東
11	五		初三	己未 火	危	黃五	亢	離	1 二	祈福 酬神 齋醮 動土 安床 入殮 除靈 破土 ●忌開光開市安門嫁娶入宅安香火化進金安葬	子卯巳午	01~03	沖牛 歲煞西 54	占門廁外正東
12	六	安南尊王千秋 憲兵節 ●刀砧	初四	庚申 木	成	綠四	氐	兌	7 一	酬神 開光 齋醮 訂婚 嫁娶 出火 安灶 入宅 安香 掛匾 求醫 治病 入殮 除靈 火化 進金 安葬 ●忌安床動土開市開刀	丑卯辰巳	03~05	沖虎 歲煞南 53	碓磨爐外東南
13	日	女媧娘娘聖誕 ●刀砧 歲德合	初五	辛酉 木	收	碧三	房	乾	8 三	祈福 酬神 開光 設醮 齋醮 裁衣 合帳 安床 作灶 ●忌嫁娶開刀出行買車牧養入殮除靈火化安葬	子丑寅午	05~07	沖兔 歲煞東 52	廚灶門外東南
14	一	三坪祖師聖誕 月德	初六	壬戌 水	開	黑二	心	坤	4 四	祈福 酬神 牧養 納畜 訂婚 裁衣 動土 安灶 掛匾 除靈 破土 ●忌入宅安香嫁娶開光開市安床	子丑巳午	07~09	沖龍 歲煞北 51	倉庫栖外東南
15	二		初七	癸亥 水	閉	白一	尾	艮	6 六	裁衣 合帳 動土 安灶 ●忌開光安床開刀嫁娶入殮除靈火化進金安葬	寅卯辰午	09~11	沖蛇 歲煞西 50	占房床外東南

大雪

日出：上午06點26分
巳時：上午10點53分
日沒：下午05點05分

斗指壬為大雪，斯時積陰為雪，至此栗烈而大形於小雪，故名大雪也

種植

北部：蘿蔔、胡蘿蔔、山東白菜
中部：南瓜、扁蒲、韭菜、波菜、白菜
南部：菜、甜菜、羅椒、甘藍

撈漁

淡水：旗魚、棘鬣魚
基隆：梳齒魚
澎湖：梳齒魚

擇日用事術語說明

○安床：安置床鋪之意、一般床。
○蓋屋合脊：裝蓋房屋的屋頂等工作。
○伐木做樑：砍伐樹木製作屋頂樑木等事。
○架馬：指建築架台等事。
○移徙：指搬家遷移住所之事。
○入宅：新居落成、搬入新宅、指新完工建築。
○安香：安神位及祖先香爐供奉等事。
○分居：兄弟分家、各自起爐灶之意。
○入廟登座：廟宇落成將神明安置廟內供奉等。
○開市：公司行號商店開張或開幕之意、或休完年假首日營業或工廠開工等意。
○立券交易：訂立契約書交易買賣等事。
○醞釀：指作醬菜或釀酒之事。
○納財：購置產業進貨收帳五穀入倉等。
○作染：染造布類之事。
○結網捕魚：漁夫作魚網、捕取魚類。
○豎旗掛匾：指懸掛招牌或各種匾額等。

坐戌向辰（坐西北西向東南東）的八煞水：在艮位、甲位、卯位、未位、丙位、庚位、乾位、亥位

日	星期	紀事	農曆	干支	建除	九星	星宿	卦	卦數	宜忌	吉時	時辰	沖煞	胎神
16	星期三	天赦日 月土	初八	甲子金	建	白六	箕	坎	1 一	酬神 入殮 移柩 除靈 火化 進金 安葬 ●忌入宅安香動土設醮齋醮嫁娶	子丑卯巳	11~13	沖馬 歲煞南 49	占門碓 外東南
17	星期四	◐上弦未時13點44分	初九	乙丑金	除	黃五	斗	巽	3 六	祈福 酬神 出行 買車 牧養 納畜 訂婚 裁衣 合帳 出火 動土 安床 入宅 安香 開市 掛匾 ●忌嫁娶上樑入殮除靈火化	子卯辰巳	13~15	沖羊 歲煞東 48	碓磨廁 外東南
18	星期五	歲德 移民節	初十	丙寅火	滿	綠四	牛	震	2 四	牧養 納畜 訂婚 裁衣 安床 開市 入殮 移柩 除靈 火化 進金 安葬 ●忌嫁娶入宅安香開光安門	子寅卯午	15~17	沖猴 歲煞北 47	廚灶爐 外正南
19	星期六	太乙救苦天尊聖誕 月德合 正八座	十一	丁卯火	平	碧三	女	離	6 九	入殮 移柩 除靈 ★受死逢平日吉喜喪事均不取	子辰巳午	17~19	沖雞 歲煞西 46	倉庫門 外正南
20	星期日		十二	戊辰木	定	黑二	虛	兌	9 六	祈福 酬神 出行 開光 訂婚 嫁娶 動土 安床 掛匾 入殮 移柩 除靈 破土 火化 進金 安葬 ●忌入宅安香開市牧養	寅卯辰巳	19~21	沖狗 歲煞南 45	房床栖 外正南
21	星期一		十三	己巳木	執	白一	危	乾	8 二	★四離忌吉喜事逢重日安葬亦不取	子卯巳午	21~23	沖豬 歲煞東 44	占門床 外正南
22	星期二	●勿探病 寅時交冬至十一月中	十四	庚午土	破	赤七	室	乾	8 九	求醫治病 破屋壞垣 ★月破大耗最為不吉之神宜事不取	丑卯辰巳	23~01	沖鼠 歲煞北 43	占碓磨 外正南
23	星期三	無極老中娘聖誕 麒麟日 歲德合	十五	辛未土	危	白八	壁	兌	9 三	出行 買車 安床 入殮 除靈 破土 火化 ●忌嫁娶入宅安香酬神開光安門	子寅卯午	01~03	沖牛 歲煞西 42	廚灶廁 外西南
24	星期四	月德 ●刀砧 ○望巳時09點29分	十六	壬申金	成	紫九	奎	離	1 七	酬神 出行 開光 齋醮 訂婚 裁衣 合帳 嫁娶 出火 安灶 入宅 安香 洽爐 掛匾 入殮 移柩 除靈 火化 進金 安葬 ●忌安床	子辰巳午	03~05	沖虎 歲煞南 41	倉庫爐 外西南
25	星期五	阿彌陀佛佛辰 ●刀砧	十七	癸酉金	收	白一	婁	震	2 七	★是日凶星多吉星少宜事刪刊 行憲紀念日 民族復興節	寅辰巳午	05~07	沖兔 歲煞東 40	房床門 外西南
26	星期六		十八	甲戌火	開	黑二	胃	巽	7 二	祈福 酬神 牧養 納畜 齋醮 訂婚 裁衣 動土 安灶 除靈 破土 ●忌嫁娶入宅安香開光安機械安床入殮火化安葬	子丑卯午	07~09	沖龍 歲煞北 39	門雞栖 外西南
27	星期日	九蓮菩薩佛辰 建築師節	十九	乙亥火	閉	碧三	昴	坎	3 三	出行 牧養 納畜 裁衣 合帳 出火 動土 安灶 入宅 ●忌嫁娶安床開刀開市入殮除靈火化進金	子丑卯辰	09~11	沖蛇 歲煞西 38	碓磨床 外西南
28	星期一	電信節 歲德 鳳凰日	二十	丙子水	建	綠四	畢	艮	6 三	入殮 除靈 火化 進金 安葬 ●忌動土造船橋嫁娶入宅安香 還我母語運動日	子丑寅卯	11~13	沖馬 歲煞南 37	廚灶碓 外西南
29	星期二	月德合	廿一	丁丑水	除	黃五	觜	坤	4 七	祈福 酬神 出行 買車 牧養 納畜 訂婚 裁衣 合帳 嫁娶 動土 安床 開市 掛匾 求醫治病 ●忌入宅安香入殮除靈火化	子辰巳午	13~15	沖羊 歲煞東 36	倉庫廁 外正西
30	星期三		廿二	戊寅土	滿	白六	參	乾	8 六	訂婚 安床 掛匾 入殮 移柩 除靈 火化 進金 安葬 ●忌入宅安香嫁娶開市開光酬神動土	寅卯辰巳	15~17	沖猴 歲煞北 35	房床爐 外正西
31	星期四	張仙大帝聖誕 ●勿探病	廿三	己卯土	平	赤七	井	兌	7 八	入殮 除靈 破土 ★受死逢平日無德解化吉喜喪事均不取 ◑下弦寅時03點01分	子卯巳午	17~19	沖雞 歲煞西 34	占大門 外正西

冬至

日出：上午06點36分
寅時：上午04點50分
日沒：下午05點10分

斗指子為冬至。於時陰極之至明，陽極始至，日行南至，北半球晝最短，夜最長也。

種植

北部：胡蘿蔔、山東菜、芥菜、萵苣、恭菜
中部：蘿蔔、甘藍、芥菜、菠菜、山東菜
南部：冬瓜、茄子、蘿蔔、南瓜、香瓜

撈漁

高雄：硼串、過仔魚
東港：沙魚、馬鮫、過仔魚
安平：馬鮫、烏魚

擇日用事術語說明

○捕捉：撲滅農作物害蟲或生物。
○畋獵：打獵或捕捉禽獸等工作。
○造畜稠棧：建造六畜所住地方或圍牆等事。
○牧養：畜牧牛馬等家禽。
○納畜：買入家畜飼養。如雞鴨等
○割蜜：養蜂者要割取蜂巢內的蜂蜜。
○教牛馬：訓練牛馬之工作。
○作陂：作蓄水池。
○放水：將水放入蓄水池。
○修築堤防：修建河堤邊的護欄。
○修置產室：修理或建築廠房、產室。
○開渠穿井：開築下水道水溝及開鑿水井等。
○破屋壞垣：拆除舊屋圍牆之事。
○平治道塗：指鋪平道路工程等。
○補垣塞穴：補修牆壁或堵塞蟻穴及其它洞穴。
○安碓磑：安置磨具、油榨機器等事。
○經絡：治織絲布之事同安機械。
○開廁：建造廁所。
○栽種：種植樹木或接果、種禾田同。

坐丑向未(坐北東北向南西南)的八煞水:在巽位、辛位、巳位、酉位、丑位、丁位

國曆 2027 1月大 116年 (31天)

農曆 十二月小 (29天)

自十一月廿八日亥時小寒後至十二月廿八日巳時立春前

月煞東方

5	1	3
4	6	8
9	2	7

為十二月 令臘 辛丑月

人胎神占房床　牛胎神占廚灶　豬胎神占在稠　羊胎神占碓棧

國曆	星期	紀事	農曆	干支	建除	九星	星宿	卦	卦運	宜忌	每日吉時	每日凶時	每日沖煞年齡	每日胎神占方
1	五	民國116年元旦	月十二 廿四	庚辰金	定	白八	鬼	離	1 九	酬神 出行 牧養 開光 齋醮 裁衣 嫁娶 出火 動土 安床 入宅 安香 掛匾 入殮 移柩 除靈 破土 火化 進金 安葬 ●忌開市	子卯辰巳	19~21	沖狗33 歲煞南	外正西 碓磨栖
2	六	歲德合	廿五	辛巳金	執	紫九	柳	震	3 七	祈福 酬神 開光 設醮 裁衣 合帳 動土 安床 安灶 ●忌入宅安香嫁娶出行入殮除靈火化安葬	子寅卯午	21~23	沖豬32 歲煞東	外正西 廚灶床
3	日	●勿探病 月德	廿六	壬午木	破	白一	星	巽	2 二	破屋壞垣 ★月破大耗最為不吉之神宜事不取	丑辰巳午	23~01	沖鼠31 歲煞北	外西北 倉庫碓
4	一	董公真仙聖誕	廿七	癸未木	危	黑二	張	坎	4 八	裁衣 合帳 出火 安床 ●忌入宅安香嫁娶入殮除靈火化進金安葬	寅卯辰巳	01~03	沖牛30 歲煞西	外西北 房床廁
5	二	●刀砧 亥時交小寒十二月令	廿八	甲申水	成	碧三	翼	艮	3 九	節前:酬神 出行 開光 齋醮 訂婚 嫁娶 安灶 入宅 安香 掛匾 治病 入殮 除靈 火化 進金 安葬 節後:時間短促用事取節前	子卯巳午	03~05	沖虎29 歲煞南	外西北 占門爐
6	三	●刀砧 獸醫師節 天月德合	廿九	乙酉水	成	綠四	軫	坤	9 四	入殮 移柩 除靈 破土 火化 進金 安葬 ★受死日忌吉喜事惟行喪不忌	子丑辰巳	05~07	沖兔28 歲煞東	外西北 碓磨門
7	四	歲德	三十	丙戌土	收	黃五	角	乾	6 一	嫁娶 ●忌入宅安香開市開光安床入殮除靈火化進金	丑寅卯午	07~09	沖龍27 歲煞北	外西北 廚灶栖
8	五	●朔寅時04點26分	月十二 初一	丁亥土	開	白六	亢	兌	8 八	酬神 出行 買車 牧養 納畜 設醮 訂婚 裁衣 出火 動土 入宅 安香 開市 ●忌嫁娶安床開光入殮除靈火化進金	子丑辰午	09~11	沖蛇26 歲煞西	外西北 倉庫床
9	六		初二	戊子火	閉	赤七	氐	離	7 四	裁衣 合帳 安床 入殮 移柩 除靈 火化 進金 安葬 ●忌入宅安香開刀嫁娶開市造船橋	寅卯辰巳	11~13	沖馬25 歲煞南	外正北 房床碓
10	日		初三	己丑火	建	白八	房	震	9 二	★正紅紗宜事不取	子卯巳午	13~15	沖羊24 歲煞東	外正北 占門廁
11	一	天月德 司法節 三代祖師聖誕	初四	庚寅木	除	紫九	心	巽	3 一	出行 買車 開光 訂婚 嫁娶 動土 開市 求醫治病 入殮 移柩 除靈 破土 火化 進金 安葬 ●忌入宅安香安門上官赴任	子卯辰巳	15~17	沖猴23 歲煞北	外正北 碓磨爐
12	二	歲德合	初五	辛卯木	滿	白一	尾	坎	2 三	開光 裁衣 合帳 嫁娶 安床 入殮 移柩 火化 進金 安葬 ●忌出行買車入宅安香酬神動土	丑寅卯午	17~19	沖雞22 歲煞西	外正北 廚灶門
13	三	經國先生逝世紀念日 普庵祖師聖誕	初六	壬辰水	平	黑二	箕	艮	6 四	★是日凶星多吉星少宜事不取	子辰巳午	19~21	沖狗21 歲煞南	外正北 倉庫栖
14	四		初七	癸巳水	定	碧三	斗	坤	4 六	牧養 納畜 訂婚 裁衣 合帳 出火 動土 安床 安灶 入宅 安香 掛匾 ●忌開光嫁娶開市入殮除靈火化進金安葬	卯辰巳午	21~23	沖豬20 歲煞東	房內北 占房床
15	五	釋迦文佛成道 藥師節	初八	甲午金	執	綠四	牛	乾	9 一	祈福 酬神 出行 開光 齋醮 訂婚 合帳 嫁娶 動土 安床 掛匾 入殮 除靈 破土 火化 進金 安葬 ●忌入宅安香牧養安門	丑卯巳午	23~01	沖鼠19 歲煞北	房內北 占門碓

小寒

日出:上午6點41分
亥時:下午22點11分
日沒:下午5點19分

斗指癸為小寒,時天氣漸寒,尚未太冷,故名小寒。

種植

北部:牛蒡、馬鈴薯、石刁、甘藍
中部:牛蒡、南瓜、小白菜、茖荷
南部:蘿蔔、香瓜、南瓜、冬瓜、絲瓜

撈漁

蘇澳:梳齒、釘鮸
基隆:釘鮸、龍蝦
澎湖:沙魚、狗母、龍蝦
(魚鬣棘)

擇日用事術語說明

○造倉庫:建築倉庫或建儲藏室同。
○修墳:整修墳墓之事或陰宅整修同。
○啟攢:指洗骨之事。撿死人的骨骸俗稱拾金。
○開生墳:指人未死先作墳墓、謂稱長生墳。
○合壽木:製作棺材之意。
○入殮:將往生者屍體放入棺木之意。
○除靈:穿上喪服或除去喪服等事。
○洽爐:指將亡人姓名生辰第一次填入祖先牌位、同洽爐。
○移柩:舉行安葬前、將棺木移出屋外之事。
○破土:僅指埋葬用地第一次動工稱破土、屬陰宅。陽宅建築物第一次動工稱動土。現今社會上多已濫用。擇日時、須辨別之。
○安葬:埋葬往生者屍體為喪葬、啟攢後進金為吉葬。
○立碑:立紀念碑或墓碑。
○謝土:建築物或陰宅落成完工謝分金之儀式。

坐未向丑（坐南西南向北東北）的八煞水：在申位、子位、辰位、癸位、坤位、乙位、寅位、午位、戌位、壬位

日	星期	神煞・紀事	農曆	干支	建除	九星	星宿	卦	卦數	宜忌	吉時	時辰	沖煞	胎神
16	星期六	天月德合	十二月 初九	未乙 金	破	黃五	女	兌	7 六	★破屋壞垣 ★月破大耗最為不吉之神宜事不取 ◐上弦寅時04點36分	子卯辰巳	01~03	沖牛18 歲煞西	碓磨廁 房內北
17	星期日	歲德 ●刀砧 土王用事申時16點49分	初十	申丙 火	危	白六	虛	離	8 四	出行 買車 開光 訂婚 裁衣 嫁娶 出火 入宅 洽爐 掛匾 入殮 移柩 除靈 火化 進金 安葬 ●忌開市安門開刀	子丑卯午	03~05	沖虎17 歲煞南	廚灶爐 房內北
18	星期一	●刀砧	十一	酉丁 火	成	赤七	危	震	4 九	★入殮 移柩 除靈 火化 安葬 ★受死日忌吉喜事惟行喪不忌	子辰巳午	05~07	沖兔16 歲煞東	倉庫門 房內北
19	星期二	謝府元帥千秋 消防節	十二	戌戊 木	收	白八	室	巽	1 六	★是日凶星多吉星少宜事刪刊	寅卯巳午	07~09	沖龍15 歲煞北	房床栖 房內南
20	星期三	麒麟日 申時交大寒十二月中	十三	亥己 木	開	紫九	壁	坎	2 二	牧養 納畜 訂婚 開市 求醫 治病 ●忌入宅安香嫁娶酬神入殮除靈火化安葬	子寅卯午	09~11	沖蛇14 歲煞西	占門床 房內南
21	星期四	天月德	十四	子庚 土	閉	白一	奎	艮	2 九	祈福 酬神 齋醮 裁衣 合帳 安床 入殮 移柩 除靈 火化 進金 安葬 ●忌入宅安香嫁娶出行買車開刀造船橋	子卯辰巳	11~13	沖馬13 歲煞南	占碓磨 房內南
22	星期五	萬法祖師聖誕 歲德合	十五	丑辛 土	建	黑二	婁	坤	1 三	★正紅紗宜事不取 ○望戌時20點19分	丑寅卯午	13~15	沖羊12 歲煞東	廚灶廁 房內南
23	星期六	尾牙 自由日 ●勿探病	十六	寅壬 金	除	碧三	胃	乾	9 七	開光 裁衣 合帳 嫁娶 安床 入宅 洽爐 開市 掛匾 入殮 移柩 除靈 火化 進金 安葬 ●忌祈福酬神 福德正神千秋	子辰巳午	15~17	沖猴11 歲煞北	倉庫爐 房內南
24	星期日		十七	卯癸 金	滿	綠四	昴	兌	8 七	出行 買車 訂婚 裁衣 合帳 安床 開市 入殮 ●忌入宅安香嫁娶動土開光火化進金安葬	卯辰巳午	17~19	沖雞10 歲煞西	房床門 房內南
25	星期一	鳳凰日	十八	辰甲 火	平	黃五	畢	離	3 二	★是日凶星多吉星少宜事刪刊	子卯巳午	19~21	沖狗9 歲煞南	門雞栖 房內東
26	星期二	天月德合	十九	巳乙 火	定	白六	觜	震	7 三	祈福 酬神 牧養 納畜 設醮 訂婚 裁衣 嫁娶 安床 安灶 掛匾 ●忌入宅安香開光開市入殮除靈火化進金安葬	子卯辰巳	21~23	沖豬8 歲煞東	碓磨床 房內東
27	星期三	歲德	二十	午丙 水	執	赤七	參	巽	4 三	入殮 移柩 除靈 火化 安葬 ★正四廢忌吉喜事惟行喪不忌	丑寅卯午	23~01	沖鼠7 歲煞北	廚灶碓 房內東
28	星期四	天猷上帝聖誕	廿一	未丁 水	破	白八	井	坎	6 七	求醫 治病 ★月破大耗最為不吉之神宜事不取	子辰巳午	01~03	沖牛6 歲煞西	倉庫廁 房內東
29	星期五	●刀砧 ◑下弦酉時18點57分	廿二	申戊 土	危	紫九	鬼	艮	2 六	開市 入殮 移柩 除靈 火化 進金 安葬 ●忌入宅安香嫁娶安機械安門	卯辰巳午	03~05	沖虎5 歲煞南	房床爐 房內東
30	星期六	●刀砧	廿三	酉己 土	成	白一	柳	坤	3 八	★受死逢重喪日吉喜喪事均不取	子寅巳午	05~07	沖兔4 歲煞東	占大門 外東北
31	星期日	天月德 送神日 灶神上旨天曹	廿四	戌庚 金	收	黑二	星	乾	9 九	訂婚 裁衣 合帳 嫁娶 作灶 ●忌開市安床入殮除靈火化進金安葬	子丑卯巳	07~09	沖龍3 歲煞北	碓磨栖 外東北

大寒

日出：上午06點41分
申時：下午15點31分
日沒：下午05點30分

斗指丑為大寒，時大寒凜冽已極故大寒。

種植

北部：胡蘿蔔、絲瓜、匏瓜、胡瓜、甘藍
中部：芫、白菜、甘藍、應菜、茄子
南部：西瓜、南瓜、絲瓜、香瓜、小白菜

撈漁

新港：
高雄：釘鮸、硼串
安平：馬鮫、沙魚、烏魚
東港：狗母、過仔魚、烏魚

○擇日用事術語說明
○密日：是星期日、乃虛昴房星四宿也。

信發堂廖淵用通書特色：

○信發堂通書自九十年發行以來首創嫁娶女由十六歲選至四十五歲
○九十一年嫁娶紅課註明星期。
○九十二首創全年入殮火葬吉紅課
○九十三年首創百家姓參考十二太歲所值。
○九十四年首創黑課雙色印刷重要宜事印紅字特註明犯回頭貢殺三殺生肖。
○九十五年首創目錄方便尋找嫁娶增註年次及整本編列頁數。
○九十六年特將每日廿八星宿如逢埋兒宿則印紅字標明。
○九十七年首創嫁娶紅課跨頁雙色印刷特刊嫁娶吉凶日時對照表、陽氣陰胎對照、周書合卦、納采所忌檳榔殺盤隔山殺、父滅子胎生肖及制化方法等。
○特色甚多只介紹首創項目。

坐寅向申（坐東北東向西南西）的八煞水：在艮位、甲位、卯位、未位、丙位、庚位、乾位、亥位

國曆 2月平（28天） 2027 116 丁未年

農曆 正月大（30天）

自十二月廿八日巳時立春後至正月廿九日寅時驚蟄前

月煞北方

4	9	2
3	5	7
8	1	6

為正月令端壬寅月

人胎神占房床　牛胎神占在棧　豬胎神占身稠　羊胎神占廳堂

國曆	星期	節日	農曆	干支納音	建除	九星	星宿	卦位	卦	宜忌	每日吉時	每日凶時	每日沖煞年齡	每日胎神占方
1	一	天神下降 歲德合	十二月 廿五	辛亥金	開	碧三	張	兌	7 七	祈福 酬神 設醮 安灶 ●忌入宅安香嫁娶入殮除靈火化進金安葬	丑寅卯午	09~11	沖蛇 歲煞西 2	廚灶床 外東北
2	二		廿六	壬子木	閉	綠四	翼	離	8 一	牧養 納畜 裁衣 合帳 安床 入殮 移柩 除靈 火化 進金 安葬 ●忌嫁娶入宅安香開刀動土開市	子丑辰巳	11~13	沖馬 歲煞南 1	倉庫碓 外東北
3	三		廿七	癸丑木	建	黃五	軫	震	6 八	★正紅紗宜事不取 ★四絕又逢三喪吉喜喪事均不取	寅卯巳午	13~15	沖羊 歲煞東 60	房床廁 外東北
4	四	●勿探病 農民節 巳時交立春正月令	廿八	甲寅水	除	白六	角	巽	7 九	節前：出行 買車 開光 訂婚 出火 入宅 洽爐 開市 掛匾 治病 入殮 除靈 火化 進金 安葬 用事取節前 ●忌嫁娶入宅行喪	子寅卯午	15~17	沖猴 歲煞北 59	占門爐 外東北
5	五	南斗北斗星君下降 華嚴菩薩佛辰	廿九	乙卯水	除	赤七	亢	坎	1 四	酬神 出行 開光 齋醮 訂婚 嫁娶 動土 安床 入宅 安香 開市 入殮 除靈 火化 進金 安葬 ●忌求嗣 ●勿探病 除夕火盆暴	子丑卯巳	17~19	沖雞 歲煞西 58	碓磨門 外正東
6	六	春節 道教節 元始天尊聖誕萬壽 月德 彌勒尊佛佛辰	正月 初一	丙辰土	滿	白八	氐	艮	4 一	出行 開光 訂婚 安床 入宅 ★日環食：食始戌時20點57分台灣不見宜事照常 ●忌開市嫁娶火化進金 天臘之辰 ●朔夜子23點57分	子寅卯午	19~21	沖狗 歲煞南 58	廚灶棲 外正東
7	日	民主千歲千秋 歲德合 天德	初二	丁巳土	平	紫九	房	坤	2 八	平治道塗 修飾垣牆 ●忌開光開市火葬進金 ★日環食：食終寅時03點01分台灣不見宜事照常	子辰巳午	21~23	沖豬 歲煞東 57	倉庫床 外正東
8	一		初三	戊午火	定	白一	心	乾	3 四	祈福 酬神 出行 牧養 納畜 開光 訂婚 嫁娶 出火 安床 入宅 安香 洽爐 入殮 移柩 除靈 火化 進金 安葬 ●忌動土開市	寅卯辰巳	23~01	沖鼠 歲煞北 56	房床碓 外正東
9	二	孫天醫真人千秋	初四	己未火	執	黑二	尾	兌	1 二	牧養 納畜 訂婚 嫁娶 動土 入殮 移柩 破土 火化 進金 安葬 ●忌入宅安香除靈	子卯巳午	01~03	沖牛 歲煞西 55	占門廁 外正東
10	三		初五	庚申木	破	碧三	箕	離	7 一	破屋壞垣 ★月破大耗最為不吉之神宜事不取	丑卯辰巳	03~05	沖虎 歲煞南 54	碓磨爐 外東南
11	四	月德合 定光古佛聖誕 清水祖師佛辰	初六	辛酉木	危	綠四	斗	震	8 三	入殮 移柩 除靈 破土 火化 安葬 ★正四廢忌吉喜事惟行喪不忌	子丑寅午	05~07	沖兔 歲煞東 53	廚灶門 外東南
12	五	人日瑞彩 歲德 天德合	初七	壬戌水	成	黃五	牛	巽	4 四	入殮 移柩 除靈 破土 火化 安葬 ★受死忌吉喜事惟行喪不忌	子丑巳午	07~09	沖龍 歲煞北 52	倉庫棲 外東南
13	六	五殿閻羅王聖誕 里主尊王公聖誕	初八	癸亥水	收	白六	女	坎	6 六	作灶 ●忌入宅安香嫁娶入殮除靈火化進金安葬 ●刀砧	寅卯辰午	09~11	沖蛇 歲煞西 51	占房床 外東南
14	日	玉皇大帝聖誕萬壽 萬教帝君萬壽	初九	甲子金	開	白一	虛	艮	1 一	★弦日逢虛宿謂真滅沒宜事不取 ●刀砧 西洋情人節 ◐上弦申時15點59分	子丑卯巳	11~13	沖馬 歲煞南 50	占門碓 外東南
15	一	鳳凰日 戲劇節	初十	乙丑金	閉	黑二	危	坤	3 六	祈福 酬神 齋醮 求醫 治病 入殮 除靈 ●忌入宅安香嫁娶動土開光開刀火化進金安葬	子卯辰巳	13~15	沖羊 歲煞東 49	碓磨廁 外東南

立春

日出：上午06點37分
巳時：上午09點47分
日沒：下午05點43分

斗指艮東北維為立春，時春氣始至，四時之卒始三陽開泰故立春也。

種植

北部：蘿蔔、胡蘿蔔、牛蒡
中部：蘿蔔、應菜、白菜、香瓜、胡瓜
南部：莧菜、萵苣、蘿蔔、菜豆、敏豆

撈漁

淡水：過魚、時魚、青鮒
基隆：沙魚、疏齒、加蚋魚
澎湖：疏齒、加蚋魚、釘鯢
蘇澳：狗母、龍蝦、花飛、沙魚

勸世文

壞事勸人休莫作
舉頭三尺有神明
善惡到頭終有報
只爭來早與來遲
一年之計在於春
一日之計在於晨
一家之計在於和
一生之計在於勤
父子合而家不退
兄弟和而家不分
有子之人貧不久
無子之人富不長
萬項不由人計較
一身都是命安排
命裡有時終須有
命裡無時到底無
貧乏求謀事難成
百計徒勞枉費心
屋漏更遭連夜雨
行船又遇對頭風
有緣千里能相會
無緣對面不相逢
貧居鬧市無人識
富在深山有遠親
龍游淺水遭蝦戲
虎落平陽被犬欺
黃河尚有澄清日
豈可人無得運時
在家不會迎賓客
出路方知少主人

坐申向寅（坐西南西向東北東）的八煞水：在卯位、亥位、庚位、未位

日期	星期	紀事	農曆	干支	五行	建除	九星	星宿	卦	卦數	宜	忌	吉時	時辰	沖煞	胎神
16	星期二	月德	正月 十一	丙寅	火	建	碧三	室	乾	2 四	牧養 納畜 開光 裁衣 安床 入殮 移柩 除靈 火化 進金 安葬	●忌入宅安香嫁娶開市安機械安門動土	子寅 卯午	15~17	沖猴 歲煞北 48	外正南 廚灶爐
17	星期三	歲德合 天德	十二	丁卯	火	除	綠四	壁	兌	6 九	酬神 出行 買車 牧養 開光 齋醮 訂婚 裁衣 嫁娶 動土 安床 開市 治病 入殮 除靈 火化 進金 安葬	●忌入宅安香剃頭	子辰 巳午	17~19	沖雞 歲煞西 47	外正南 倉庫門
18	星期四	關聖帝君飛昇	十三	戊辰	木	滿	黃五	奎	離	9 六	開光 裁衣 合帳 嫁娶 安床	●忌入宅安香開市動土入殮除靈火化進金安葬	寅卯 辰巳	19~21	沖狗 歲煞南 46	外正南 房床栖
19	星期五	炬光節 卯時交雨水正月中	十四	己巳	木	平	碧三	婁	震	8 二	作灶	●忌入宅安香開市出行開光造船橋入殮除靈火化	子卯 巳午	21~23	沖豬 歲煞東 45	外正南 占門床
20	星期六	上天官賜福會 門神戶尉千秋 上元天官聖誕萬壽 ●勿探病 元宵節 觀光節	十五	庚午	土	定	綠四	胃	巽	8 九	酬神 出行 買車 納畜 齋醮 訂婚 裁衣 安床 入宅 安香 開市 入殮 除靈 火化 進金 安葬	●忌嫁娶開光 臨水夫人陳靖姑千秋	丑卯 辰巳	23~01	沖鼠 歲煞北 44	外正南 占碓磨
21	星期日	郭子儀大元帥聖誕 ○望辰時07點25分	十六	辛未	土	執	黃五	昴	坎	9 三	★月半影食：中心食辰時07點13分台灣可見宜事不取 月德合		子寅 卯午	01~03	沖牛 歲煞西 43	外西南 廚灶廁
22	星期一	歲德 天德合	十七	壬申	金	破	白六	畢	艮	1 七	破屋壞垣 ★月破大耗最為不吉之神宜事不取		子辰 巳午	03~05	沖虎 歲煞南 42	外西南 倉庫爐
23	星期二		十八	癸酉	金	危	赤七	觜	坤	2 七	酬神 出行 買車 牧養 齋醮 訂婚 嫁娶 動土 入宅 安香 洽爐 開市 入殮 除靈 破土 火化 進金 安葬	●忌安床安機械	寅辰 巳午	05~07	沖兔 歲煞東 41	外西南 房床門
24	星期三	觀世音皇母聖道日	十九	甲戌	火	成	白八	參	乾	7 二	★受死逢重喪日吉喜喪事均不取		子丑 卯午	07~09	沖龍 歲煞北 40	外西南 門雞栖
25	星期四	●刀砧 麒麟日	二十	乙亥	火	收	紫九	井	兌	3 三	祈福 酬神 出行 訂婚 裁衣 出火 動土 安床 安灶 入宅 安香	●忌開市開刀入殮除靈火化進金安葬	子丑 卯辰	09~11	沖蛇 歲煞西 39	外西南 碓磨床
26	星期五	●刀砧 月德	廿一	丙子	水	開	白一	鬼	離	6 三	祈福 酬神 出行 齋醮 訂婚 嫁娶 動土 除靈 破土	●忌開市安床開刀入宅安香入殮火化進金	子丑 寅卯	11~13	沖馬 歲煞南 38	外西南 廚灶碓
27	星期六	武德尊侯沈祖公聖誕 歲德合 天德	廿二	丁丑	水	閉	黑二	柳	震	4 七	祈福 酬神 齋醮 裁衣 合帳 安床 入殮 移柩 除靈 火化 進金 安葬	●忌入宅安香嫁娶開刀開市開光安門	子辰 巳午	13~15	沖羊 歲煞東 37	外正西 倉庫廁
28	星期日	天赦日 和平紀念日 ◑下弦未時13點18分	廿三	戊寅	土	建	碧三	星	巽	8 六	訂婚 牧養 裁衣 合帳 安床 入殮 移柩 除靈 火化 進金 安葬	●忌開光入宅安香嫁娶動土出行安門	寅卯 辰巳	15~17	沖猴 歲煞北 36	外正西 房床爐

雨水

日出：上午06點26分
卯時：上午05點34分
日沒：下午05點51分

斗指寅為雨水，時東風解凍，冰雪皆散而水，化而為雨，故名雨水。

種植

北部：絲瓜、南瓜、冬瓜、菠菜、甘藍
中部：白菜、菠菜、冬瓜、番茄、茄子
南部：蘿蔔、莧菜

撈漁

新港：釘鮸
高雄：烏魚、鰮魚、烏鰍、馬鮫
東港：烏魚、龍蝦、石鰍、沙魚
安平：白帶魚

【文昌帝君聰明神咒】九天大帝、身披白衣，日月照耀、乾坤斡隨；有能持誦、聰明如斯，黃老丹元，與心合宜；五神衛守，八聖護持，誦之不輟，萬神赴機；我司大化，文治瓊瑰，詞源浩蕩，筆振風馳；九天開化、萬章洞微，元皇上帝、勿稽勿遲。急急如元黃上帝律令敕。

相逢不飲空歸去
洞口桃花也笑人
有錢有酒多兄弟
急難何曾見一人
人情似紙張張薄
世事如棋局局新
畫虎畫皮難畫骨
知人知面不知心
相逢好似曾相識
到底終無怨恨心
逢人且說三分話
未可全拋一片心
錦上添花人人有
雪中送碳世間無
不信但看筵中酒
杯杯先敬有錢人
求人須求大丈夫
濟人須濟急時無
渴時一點如甘露
醉後添杯不如無
山中也有千年樹
世上難逢百歲人
世上若要人情好
賒去物件莫取錢
平生莫作皺眉事
世上應無切齒人
是非只為多開口
煩惱皆因強出頭
枯木逢春猶再發
人無兩度再少年
百世修來同船渡

坐巳向亥（坐南東南向北西北）的八煞水：在巽位、辛位、巳位、酉位、丑位、丁位

開市營業開張求財吉課

⊙正月令　庚寅管局
正月初九庚午3卯辰巳時
正月十二癸酉6辰巳時用
⊙二月令　辛卯管局
正月二十辛巳密卯午大進
正月廿五丙戌5卯午大進
正月廿六丁亥6辰午時吉
二月初八己亥4卯午時吉
二月十四乙巳3卯辰巳時
二月十六丁未5辰巳午時
⊙三月令　壬辰管局
二月廿七戊午2卯辰巳時
三月初十庚午密卯辰巳時
三月十二壬申2辰巳午時
⊙四月令　癸巳管局
三月廿五乙酉1顯辰巳時
三月廿八戊子4卯辰巳時
三月廿九己丑5傳卯巳午
四月初一辛卯密卯午時吉
四月初四甲午3顯卯巳午
四月初六丙申5卯午大進

四月十一辛丑3卯午大進
四月十三癸卯5顯卯辰巳
四月十六丙午1卯午大進
四月十九己酉4巳午時吉
⊙五月令　甲午管局
四月廿四甲寅2卯巳午時
四月廿九己未密卯巳午時
五月初一庚申1顯卯辰巳
五月初三壬戌3巳午時吉
五月十二辛未5卯午大進
五月十三壬申6辰巳午時
五月十九戊寅5卯辰巳時
⊙六月令　乙未管局
六月初二庚寅3卯辰巳時
六月初五癸巳6曲卯辰巳
六月初八丙申2傳卯午進
六月初九丁酉3辰巳午時
六月十五癸卯2卯辰巳時
六月十七乙巳4傳卯巳明
六月廿一己酉1巳午時吉
六月廿三辛亥3曲卯午進

⊙七月令　丙申管局
六月廿八丙辰1傳卯午進
七月初九丁卯5顯辰巳午
七月十一己巳密卯巳午時
七月十二庚午1卯辰巳時
七月十四壬申3辰巳午時
七月廿一己卯3卯巳午時
七月廿四壬午6辰巳午時
⊙八月令　丁酉管局
七月廿九丁亥4辰午時吉
八月初六癸巳3顯卯辰巳
八月十一戊戌1卯巳時吉
八月廿四辛亥密顯卯午進
⊙九月令　戊戌管局
九月初七癸亥5傳卯辰時
九月初八甲子6卯巳時吉
九月二十丙子4僅有卯時
九月廿六壬午3辰巳午時
⊙十月令　乙亥管局
十月初二戊子2卯辰巳時
十月初四庚寅4卯辰巳時
十月初五辛卯5卯午大進

十月初八甲午1顯卯巳午
十月十六壬寅2辰巳午時
十月十七癸卯3顯卯辰巳
十月廿三己酉2巳午時吉
十月廿六壬子5顯辰巳時
十月廿八甲寅密卯巳午時
十月廿九乙卯1卯辰節前
⊙十一月令　庚子管局
十一月初九乙丑4卯辰巳時
十一月初十丙寅5顯卯午進
十一月廿一丁丑2辰巳午時
⊙十二月令　辛丑管局
十二月初一丁亥5傳午明星
十二月初四庚寅1卯辰巳時
十二月十三己亥3卯午明星
十二月十六壬寅6曲辰巳午
十二月十七癸卯密卯辰巳時
十二月廿二戊申5卯辰巳時
十二月廿八甲寅4傳卯節前
⊙正月令　壬寅管局
十二月廿九乙卯5卯辰巳時

以上吉課僅供參考，用時務必配合主事饋生肖，取吉避沖煞刑刃回頭貢殺為吉

訂盟納采完聘選便吉課

⊙正月令　庚寅管局

正月初六丁卯密辰巳午 2 22
正月初九庚午3卯辰巳 2 25
正月初十辛未4卯午時 2 26
正月十二癸酉6辰巳時 2 28
正月十四乙亥1卯辰時 3 2
正月十七戊寅4卯辰巳 3 5

⊙二月令　辛卯管局

正月廿二癸未2卯辰巳 3 10
正月廿五丙戌5卯午時 3 13
正月廿六丁亥6辰午時 3 14
正月廿八己丑1卯巳午 3 16
● 正月廿九庚寅2卯辰巳 3 17
二月初四乙未密卯辰巳 3 22
二月初八己亥4卯午時 3 26
● 二月初十辛丑6卯午時 3 28
二月十六丁未5辰巳午 4 3

⊙三月令　壬辰管局

● 二月廿一壬子3辰巳時 4 8
二月廿三甲寅5巳明星 4 10
二月廿六丁巳1辰巳午 4 13
三月初六丙寅3卯午進 4 22
三月十三癸酉3辰巳時 4 29
三月十六丙子6卯時吉 5 2

⊙四月令　癸巳管局

三月廿五乙酉1辰巳時 5 11
三月廿六丙戌2卯午進 5 12
三月廿八戊子4卯辰巳 5 14
三月廿九己丑5卯巳午 5 15
● 三月三十庚寅6卯辰巳 5 16
四月初四甲午3卯巳午 5 20
四月初五乙未4辰明星 5 21
四月初六丙申5卯午進 5 22
四月初七丁酉6辰巳午 5 23
四月初八戊戌密卯巳時 5 24
四月初十庚子2卯辰巳 5 26
● 四月十一辛丑3卯午進 5 27
四月十三癸卯5卯辰巳 5 29
四月十六丙午1卯午進 6 1
四月二十庚戌5卯巳時 6 5

⊙五月令　甲午管局

四月廿一辛亥6卯午時 6 6
四月廿四甲寅2卯巳午 6 9
四月廿六丙辰4卯午進 6 11
四月廿九己未密卯巳午 6 14
五月初三壬戌3巳午時 6 17
● 五月初九戊辰2卯辰巳 6 23
五月十二辛未5卯午進 6 26
五月十五甲戌1卯巳午 6 29
五月十六乙亥2卯辰時 6 30
五月十九戊寅5卯辰巳 7 3

⊙六月令　乙未管局

五月廿五甲申4卯巳午 7 9
● 六月初二庚寅3卯辰巳 7 15
六月初五癸巳6卯辰巳 7 18
六月初九丁酉3辰巳午 7 22
六月十一己亥5卯午時 7 24
六月十五癸卯2卯辰巳 7 28
六月十六甲辰3卯巳午 7 29
六月十七乙巳4卯巳明 7 30
六月廿三辛亥3卯午進 8 5

⊙七月令　丙申管局

六月廿八丙辰1卯午進 8 10
六月廿九丁巳2辰巳午 8 11
六月三十戊午3卯辰巳 8 12
七月初四壬戌密巳午明 8 16
七月初六甲子2卯巳時 8 18
七月初九丁卯5辰巳午 8 21
● 七月初十戊辰6卯辰巳 8 22
七月十二庚午1卯辰巳 8 24
七月十四壬申3辰巳午 8 26
七月十五癸酉4辰巳時 8 27
七月十八丙子密卯時吉 8 30
● 七月廿一己卯3卯巳午 9 2
七月廿四壬午6辰巳午 9 5

⊙八月令　丁酉管局

八月初二己丑6卯巳午 9 12
● 八月初三庚寅密卯辰巳 9 13
八月初五壬辰2辰巳午 9 15
八月初六癸巳3卯辰巳 9 16
八月十八乙巳1卯辰巳 9 28
八月廿三庚戌6卯巳時 10 3

⊙九月令　戊戌管局

以上吉課僅供參考，用時務必配合主事饋生肖，取吉避沖煞刑刃回頭貢殺為吉

坐亥向巳（坐北西北向南東南）的八煞水：在申位、子位、辰位、癸位、坤位、乙位、寅位、午位、戌位、壬位

坐甲向庚（坐東東北向西西南）的八煞水：在寅位、午位、戌位、壬位

訂盟納采完聘選便吉課

- 九月初一丁巳6辰巳午 10 10
- 九月初二戊午密卯辰巳 10 11
- 九月初四庚申2巳明星 10 13
- 九月初六壬戌4巳午時 10 15
- 九月初八甲子6卯巳時 10 17
- 九月十一丁卯2辰巳午 10 20
- 九月十四庚午5卯辰巳 10 23
- 九月十九乙亥3卯辰時 10 28
- 九月二十丙子4卯時吉 10 29
- ●九月廿三己卯密卯巳午 11 1
- 九月廿五辛巳2卯午時 11 3
- 九月廿六壬午3辰巳午 11 4

⊙十月令 乙亥管局

- 十月初二戊子2卯辰巳 11 10
- ●十月初四庚寅4卯辰巳 11 12
- 十月初八甲午1卯巳午 11 16
- 十月初九乙未2卯辰巳 11 17
- 十月十四庚子密卯辰巳 11 22
- 十月十七癸卯3卯辰巳 11 25
- 十月十八甲辰4卯巳午 11 26
- 十月廿一丁未密辰巳午 11 29
- 十月廿九乙卯1卯辰節 12 7

⊙十一月令 庚子管局

- 十月三十丙辰2卯午進 12 8
- 十一月初四庚申6卯辰巳 12 12
- 十一月初六壬戌1巳午時 12 14
- 十一月初九乙丑4卯辰巳 12 17
- 十一月初十丙寅5卯午時 12 18
- ●十一月十二戊辰密卯辰巳 12 20
- 十一月十六壬申4辰巳午 12 24
- 十一月十八甲戌6卯巳午 12 26
- 十一月廿一丁丑2辰巳午 12 29
- 十一月廿二戊寅3卯辰巳 12 30
- 十一月廿八甲申2卯巳午 1 5

⊙十二月令 辛丑管局

- 十二月初一丁亥5午明星 1 8
- ●十二月初四庚寅1卯辰巳 1 11
- 十二月初七癸巳4卯辰巳 1 14
- 十二月初八甲午5卯巳午 1 15
- 十二月初十丙申密卯午進 1 17
- 十二月十三己亥3卯午明 1 20
- 十二月十七癸卯密卯辰巳 1 24
- 十二月十九乙巳2卯辰巳 1 26
- 十二月廿四庚戌密卯巳時 1 31
- 十二月廿八甲寅4卯節前 2 4

⊙正月令 壬寅管局

- 十二月廿九乙卯5卯辰巳 2 5

●此記號及印黑字為橫櫥殺忌納采合命祿貴解化或勿用橫櫥

●正橫櫥殺日 戊辰日 己卯日 庚寅日 辛丑日 壬子日

祭新墓吉課

⊙正月令 庚寅管局

- 正月十六丁丑3辰巳午 3 4

⊙二月令 辛卯管局

- 正月十八己卯5卯巳午 3 6
- 正月廿二癸未2卯辰巳 3 10
- 正月廿三甲申3卯巳午 3 11
- 正月廿八己丑1卯巳午 3 16
- 正月三十辛卯3卯午進 3 18
- 二月初三甲午6卯巳午 3 21
- 二月初五丙申1卯午進 3 23
- 春社二月初七戊戌3 3 25
- 二月初十辛丑6卯午進 3 28
- 二月十五丙午4卯午進 4 2
- 二月十六丁未5辰巳午 4 3
- 二月十七戊申6卯辰巳 4 4

⊙三月令 壬辰管局

- 二月十八己酉密巳午節 4 5
- 二月廿一壬子3辰巳時 4 8
- 二月廿四乙卯6卯辰巳 4 11
- 二月廿八己未3卯巳午 4 15
- 三月初一辛酉5午大進 4 17
- 三月初四甲子1卯巳時 4 20
- 三月初七丁卯4辰巳午 4 23
- 三月十二壬申2辰巳午 4 28
- 三月十三癸酉3辰巳時 4 29
- 三月十六丙子6卯時吉 5 2
- 三月十九己卯2卯巳午 5 5

時印黑字加粗謂地兵忌動土凶

新墓宜在春社前祭墓吉

紅課中用阿拉伯字註明星期

以上吉課僅供參考，用時務必配合主事饋生肖，取吉避沖煞刑刃回頭貢殺為吉

出國旅行觀光吉日課

⊙正月令　庚寅管局

正月初三甲子4卯辰巳
正月初六丁卯密辰巳午
正月初九庚午3卯辰巳
正月初十辛未4卯午進
正月十二癸酉6辰巳午

⊙二月令　辛卯管局

正月十八己卯5卯辰巳
正月廿二癸未2卯辰巳
正月廿五丙戌5卯午進
正月廿六丁亥6辰午時
正月廿八己丑1卯辰巳
二月初四乙未密卯辰巳
二月初七戊戌3卯巳午
二月初八己亥4卯辰午
二月初十辛丑6卯午進
二月十二癸卯1卯辰巳
二月十六丁未5辰巳午
二月十七戊申6卯辰巳

⊙三月令　壬辰管局

二月廿五丙辰密卯午進
二月廿七戊午2卯辰巳
三月初六丙寅3卯午進
三月初七丁卯4辰巳午
三月初十庚午密卯辰巳
三月十三癸酉3辰巳午

⊙四月令　癸巳管局

三月二十庚辰3卯辰巳
三月廿二壬午5辰巳午
三月廿五乙酉1辰巳時
三月廿八戊子4卯辰巳
三月三十庚寅6卯辰巳
四月初一辛卯密卯午進
四月初四甲午3卯辰巳
四月初六丙申5卯午進
四月初七丁酉6辰巳午
四月初十庚子2卯辰巳
四月十三癸卯5卯辰巳
四月十六丙午1卯午進
四月十九己酉4辰巳午

⊙五月令　甲午管局

四月廿一辛亥6卯午進
四月廿六丙辰4卯午進
四月廿九己未密卯辰巳
五月初一庚申1卯辰巳
五月初三壬戌3巳午時
五月初九戊辰2卯辰巳
五月十一庚午4卯辰巳
五月十二辛未5卯午進
五月十三壬申6辰巳午
五月十五甲戌1卯巳午
五月十六乙亥2卯辰時
五月十八丁丑4辰巳午
五月廿一庚辰密卯辰巳

⊙六月令　乙未管局

五月廿四癸未3卯辰巳
五月廿五甲申4卯辰巳
五月廿六乙酉5辰巳時
六月初二庚寅3卯辰巳
六月初七乙未1卯辰巳
六月初九丁酉3辰巳午
六月十一己亥5卯辰午
六月十五癸卯2卯辰巳
六月十六甲辰3卯辰巳
六月十九丁未6辰巳午
六月廿一己酉1辰巳午

⊙七月令　丙申管局

七月初二庚申5卯辰巳
七月初六甲子2卯辰巳
七月初九丁卯5辰巳午
七月初十戊辰6卯辰巳
七月十二庚午1卯辰巳
七月十三辛未2卯午進
七月十八丙子密卯時吉
七月廿四壬午6辰巳午
七月廿五癸未密卯辰巳
七月廿六甲申1卯辰巳

⊙八月令　丁酉管局

七月廿七乙酉2辰巳時
七月廿八丙戌3卯午時
七月廿九丁亥4辰午時
八月初二己丑6卯辰巳
八月初十丁酉密辰巳午
八月十一戊戌1卯巳午
八月十七甲辰密卯辰巳
八月廿一戊申4卯辰巳
八月廿二己酉5辰巳午
八月廿四辛亥密卯午進
八月廿六癸丑2卯辰巳

⊙九月令　戊戌管局

九月初四庚申2巳明星
九月初六壬戌4巳午時
九月初七癸亥5卯辰午
九月十一丁卯2辰巳午
九月十六壬申密巳午明
九月十七癸酉1辰巳午
九月十八甲戌2卯巳午
九月十九乙亥3卯進辰
九月廿六壬午3辰巳午

⊙十月令　乙亥管局

十月初二戊子2卯辰巳
十月初四庚寅4卯辰巳
十月十一丁酉4辰巳午
十月十三己亥6卯辰午
十月十六壬寅2辰巳午
十月十七癸卯3卯辰巳
十月十八甲辰4卯辰巳
十月廿五辛亥4卯午進
十月廿六壬子5辰巳時
十月廿八甲寅密卯辰巳
十月廿九乙卯1卯辰節

⊙十一月令　庚子管局

十月三十丙辰2卯午進
十一月初九乙丑4卯辰巳
十一月十二戊辰密卯辰巳
十一月十五辛未3卯午進
十一月十六壬申4辰巳午
十一月十九乙亥密卯辰時
十一月廿一丁丑2辰巳午
十一月廿四庚辰5卯辰巳
十一月廿八甲申2卯辰巳

⊙十二月令　辛丑管局

十二月初一丁亥5午明星
十二月初四庚寅1卯辰巳
十二月初八甲午5卯辰巳
十二月初十丙申密卯午進
十二月十七癸卯密卯辰巳
十二月廿八甲寅4卯辰節

⊙正月令　壬寅管局

十二月廿九乙卯5卯辰巳

以上吉課僅供參考，用時務必配合主事饋生肖，取吉避沖煞刑刃回頭貢殺為吉

坐庚向甲（坐西西南向東東北）的八煞水：在申位、子位、辰位、癸位、坤位、乙位、寅位、午位、戌位、壬位

牧養納畜吉課

坐丙向壬（坐南南東向北北西）的八煞水：在寅位、午位、戌位、壬位

⊙正月令 庚寅管局

正月初十辛未4卯午進
正月廿八己丑1卯辰巳

⊙二月令 辛卯管局

二月初十辛丑6卯午進
二月十一壬寅密辰巳午
二月十四乙巳3卯辰巳
二月十六丁未5辰巳午

⊙三月令 壬辰管局

二月十八己酉密辰巳午
二月廿六丁巳1辰巳午
三月十二壬申2辰巳午
三月十三癸酉3辰巳午

⊙四月令 癸巳管局

三月廿二壬午5辰巳午
三月廿五乙酉1辰巳時
三月廿八戊子4卯辰巳
四月初四甲午3辰巳午
四月初七丁酉6辰巳午
四月初十庚子2卯辰巳
四月十一辛丑3卯午進
四月十九己酉4辰巳午

⊙五月令 甲午管局

四月廿六丙辰4卯午進
四月廿九己未密卯辰巳
五月初三壬戌3巳午時
五月初十己巳3卯巳午
五月十二辛未5卯午進
五月廿一庚辰密卯辰巳
五月廿二辛巳1卯午進

⊙六月令 乙未管局

五月廿八丁亥密辰午時
六月十一己亥5卯辰午
六月十六甲辰3辰巳午
六月廿一己酉1辰巳午

⊙七月令 丙申管局

七月初四壬戌密巳午明
七月初六甲子2卯辰巳
七月初九丁卯5辰巳午
七月十四壬申3辰巳午
七月十五癸酉4辰巳午
七月十六甲戌5巳明星
七月十八丙子密卯時吉
七月廿六甲申1辰巳午

⊙八月令 丁酉管局

八月十四辛丑4卯午進
八月廿一戊申4辰巳午
八月廿三庚戌6卯巳時
八月廿六癸丑2卯辰巳

⊙九月令 戊戌管局

九月初六壬戌4巳午時
九月十一丁卯2辰巳午

⊙十月令 己亥管局

十月初八甲午1辰巳午
十月初九乙未2卯辰巳
十月十八甲辰4卯辰巳
十月廿一丁未密辰巳午

⊙十一月令 庚子管局

十月三十丙辰2卯午進
十一月初六壬戌1巳午時
十一月初九乙丑4卯辰巳
十一月初十丙寅5卯午進
十一月十八甲戌6卯巳午
十一月十九乙亥密卯辰時
十一月廿一丁丑2辰巳午
十一月廿四庚辰5卯辰巳

⊙十二月令 辛丑管局

十二月初一丁亥5午明星
十二月初七癸巳4卯辰巳
十二月十三己亥3卯午明
十二月十九乙巳2卯辰巳
十二月廿六壬子2辰巳時

廖淵用授男茂志家綸全選

驚走凶日	大月	初五 十七 廿九
	小月	初八 二十 日

左右忌牧養納畜造畜稠

破群凶日		
戊辰	己卯	庚寅
壬辰	甲寅	庚申

以上吉課僅供參考，用時務必配合主事饋生肖，取吉避沖煞刑刃回頭貢殺為吉

坐壬向丙（坐北北西向南南東）的八煞水：在艮位、甲位、卯位、未位、丙位、庚位、乾位、亥位

祈福酧神謝愿吉課

祈福酧神不動鼓樂雖犯不忌
日時印黑字鼓輪殺勿用鼓樂

⊙正月令 庚寅管局
正月初三甲子4丑卯巳
正月初四乙丑5子辰時
正月初六丁卯密子辰午
正月初九庚午3丑卯巳
正月初十辛未4寅時鼓
正月十二癸酉6寅辰時
正月十六丁丑3辰午時

⊙二月令 辛卯管局
正月廿二癸未2寅辰時
正月廿三甲申3丑卯巳
正月廿六丁亥6子辰午
正月廿八己丑1子寅午
二月初三甲午6丑卯時
二月初四乙未密子辰時
二月初五丙申1丑卯時
二月初八己亥4子寅鼓
二月初十辛丑6寅午時
二月十六丁未5子辰午
二月十七戊申6卯巳時

⊙三月令 壬辰管局
二月十八己酉密寅午節
二月廿一壬子3丑巳時
二月廿四乙卯6子辰時
二月廿六丁巳1子午時
三月初四甲子1丑卯巳
三月初七丁卯4子辰午
三月初九己巳6子寅午
三月十二壬申2丑巳時
三月十三癸酉3寅辰時
三月十六丙子6丑卯時
三月十九己卯2子寅午

⊙四月令 癸巳管局
三月二十庚辰3丑巳時
三月廿二壬午5丑時吉
三月廿五乙酉1子辰時
三月廿六丙戌2丑卯時
三月廿八戊子4卯巳時
三月廿九己丑5寅午時
四月初一辛卯密寅午時
四月初四甲午3丑卯時
四月初七丁酉6子辰午
四月初八戊戌密卯巳時
四月初十庚子2丑卯巳
四月十三癸卯5寅辰時
四月十六丙午1丑卯時
四月十九己酉4子寅午
四月二十庚戌5丑卯巳

⊙五月令 甲午管局
四月廿一辛亥6寅午進
四月廿六丙辰4丑卯時
四月廿九己未密子寅午
五月初三壬戌3丑巳時
五月初九戊辰2卯巳時
五月十二辛未5寅午時
五月十五甲戌1丑卯巳
五月十八丁丑4子辰午
五月廿一庚辰密丑卯巳

⊙六月令 乙未管局
五月廿五甲申4丑卯巳
五月廿八丁亥密子辰午
六月初三辛卯4寅午進
六月初五癸巳6寅明星
六月初八丙申2丑卯時
六月十一己亥5子寅午
六月十二庚子6丑卯巳
六月十五癸卯2寅辰時
六月十六甲辰3丑卯巳
六月廿三辛亥3寅午進

⊙七月令 丙申管局
六月廿八丙辰1丑卯時
六月廿九丁巳2子辰午
六月三十戊午3卯巳時
七月初六甲子2丑卯巳
七月初九丁卯5子辰午
七月初十戊辰6巳時吉
七月十一己巳密子寅午
七月十四壬申3丑巳時
七月十五癸酉4寅辰時
七月十八丙子密丑卯時
七月廿一己卯3子寅午
七月廿二庚辰4丑巳時
七月廿四壬午6丑巳時
七月廿五癸未密寅辰時

⊙八月令 丁酉管局
七月廿八丙戌3丑卯時
八月初二己丑6子寅午
八月初六癸巳3寅辰時
八月十四辛丑4寅午時
八月十七甲辰密丑卯巳
八月十八乙巳1子時吉
八月廿三庚戌6丑卯巳
八月廿六癸丑2寅辰鼓

⊙九月令 戊戌管局
九月初二戊午密卯巳時
九月初四庚申2巳時鼓
九月初五辛酉3寅午進
九月初六壬戌4丑巳時
九月初七癸亥5寅辰時
九月十一丁卯2子辰午
九月十四庚午5丑卯巳
九月十六壬申密巳明星
九月廿三己卯密子寅午
九月廿六壬午3丑巳時
九月廿九乙酉6子辰節

⊙十月令 乙亥管局
十月初五辛卯5寅午進
十月初九乙未2子辰時
十月十一丁酉4子辰午
十月十四庚子密丑卯巳
十月十七癸卯3寅辰時
十月十八甲辰4丑巳時
十月廿一丁未密子辰午
十月廿三己酉2子寅午
十月廿九乙卯1子辰時

⊙十一月令 庚子管局
十月三十丙辰2丑卯時
十一月初三己未5子寅午
十一月初四庚申6丑卯巳
十一月初五辛酉密寅午進
十一月初六壬戌1丑巳時
十一月初八甲子3丑卯巳
十一月初九乙丑4子辰時
十一月十二戊辰密卯巳時
十一月十六壬申4丑巳時
十一月十八甲戌6丑卯巳
十一月廿一丁丑2子辰午
十一月廿四庚辰5丑卯巳
十一月廿五辛巳6寅午進
十一月廿八甲申2丑卯巳

⊙十二月令 辛丑管局
十二月初一丁亥5午明星
十二月初八甲午5丑卯巳
十二月十四庚子4丑卯巳
十二月十九乙巳2子時吉
十二月廿五辛亥1寅午明

⊙正月令 壬寅管局
十二月廿九乙卯5子辰時

以上吉課僅供參考，用時務必配合主事饋生肖，取吉避沖煞刑刃回頭貢殺為吉

神佛開光點眼吉課

坐乙向辛（坐東東南向西西北）的八煞水：在卯位、亥位、庚位、未位

⊙正月令 庚寅管局
正月初三甲子4子丑寅卯
正月初五丙寅6丑寅卯午
正月初九庚午3丑卯辰巳
正月十二癸酉6寅辰時鄉
正月十七戊寅4寅卯辰時
⊙二月令 辛卯管局
正月二十辛巳密丑寅卯午
正月廿八己丑1子寅卯午
二月初二癸巳5寅卯辰時
二月初四乙未密子卯辰巳
二月初五丙申1丑卯午鄉
二月初八己亥4子寅卯午
二月初十辛丑6丑寅卯午
二月十四乙巳3子卯辰巳
二月十六丁未5子辰巳午
⊙三月令 壬辰管局
二月十八己酉密寅午節後
二月廿六丁巳1子辰巳午
三月初四甲子1子丑寅卯
三月初九己巳6子丑卯午
三月十二壬申2子辰巳午

三月十三癸酉3寅辰時用
三月十六丙子6丑寅卯鄉
⊙四月令 癸巳管局
三月廿五乙酉1子丑辰巳
三月廿八戊子4寅卯辰鄉
三月廿九己丑5子丑卯午
四月初四甲午3丑寅卯午
四月初五乙未4子辰明鄉
四月初八戊戌密寅卯時吉
四月初十庚子2子卯辰巳
四月十三癸卯5寅卯辰鄉
四月十六丙午1丑寅卯午
四月二十庚戌5子丑卯巳
⊙五月令 甲午管局
四月廿一辛亥6丑寅卯午
四月廿四甲寅2子丑卯午
四月廿六丙辰4丑寅卯午
四月廿九己未密子寅卯午
五月十二辛未5寅卯午時
五月十三壬申6子辰巳午
五月十六乙亥2子丑卯辰
五月十八丁丑4子辰巳午

五月廿一庚辰密子卯辰巳
⊙六月令 乙未管局
五月廿六乙酉5子丑辰巳
五月廿八丁亥密子丑辰午
六月初三辛卯4寅卯午時
六月初五癸巳6寅卯辰時
六月初八丙申2丑卯午鄉
六月十一己亥5子寅卯午
六月十六甲辰3子丑卯午
六月十七乙巳4子卯巳明
六月二十戊申密卯辰食鄉
六月廿一己酉1子丑寅午
⊙七月令 丙申管局
六月廿九丁巳2子辰巳午
七月初四壬戌密丑巳午明
七月初六甲子2子丑寅卯
七月初十戊辰6寅卯辰時
七月十二庚午1丑卯辰巳
七月十四壬申3子辰巳午
七月十六甲戌5丑寅明星
七月十八丙子密丑寅卯時
七月廿一己卯3子寅卯午
七月廿二庚辰4子卯辰巳

七月廿四壬午6丑辰巳午
⊙八月令 丁酉管局
七月廿八丙戌3丑寅卯午
七月廿九丁亥4子丑辰午
八月初二己丑6子寅卯午
八月初五壬辰2子辰巳午
八月初六癸巳3寅卯辰時
八月十四辛丑4丑寅卯午
八月十八乙巳1子卯辰巳
八月廿四辛亥密丑寅卯午
八月廿六癸丑2寅卯辰時
⊙九月令 戊戌管局
九月初四庚申2子巳明鄉
九月十六壬申密子巳午明
九月十九乙亥3子丑卯辰
九月二十丙子4丑寅卯鄉
⊙十月令 乙亥管局
十月初三己丑3丑寅明星
十月初四庚寅4子卯辰巳
十月初五辛卯5丑寅卯午
十月初八甲午1丑寅卯午
十月初九乙未2子卯辰巳

十月十一丁酉4子辰巳午
十月十七癸卯3寅卯辰時
十月廿一丁未密子辰巳午
十月廿七癸丑6寅辰明星
十月廿九乙卯1子卯辰節
⊙十一月令 庚子管局
十一月初四庚申6子卯辰巳
十一月初五辛酉密丑寅午時
十一月十二戊辰密寅卯辰鄉
十一月十六壬申4子辰巳午
十一月廿四庚辰5子卯辰巳
十一月廿五辛巳6丑寅卯午
十一月廿八甲申2子丑卯午
⊙十二月令 辛丑管局
十二月初四庚寅1子卯辰巳
十二月初五辛卯2丑寅卯午
十二月初八甲午5丑寅卯午
十二月初十丙申密丑卯午進
十二月十六壬寅6子辰巳午
十二月廿八甲寅4子丑寅卯
⊙正月令 壬寅管局
十二月廿九乙卯5子卯辰巳
印黑字謂食鄉社廟開光凶

以上吉課僅供參考，用時務必配合主事饋生肖，取吉避沖煞刑刃回頭貢殺為吉

坐辛向乙（坐西西北向東東南）的八煞水：在巳位、酉位、丑位、丁位

購買新車及交車吉日課

⊙正月令 庚寅管局
正月初三甲子4卯辰巳
正月初六丁卯密辰巳午
正月初九庚午3卯辰巳
正月初十辛未4卯午進
正月十二癸酉6辰巳午

⊙二月令 辛卯管局
正月十八己卯5卯辰巳
正月廿二癸未2卯辰巳
正月廿五丙戌5卯午進
正月廿六丁亥6辰午時
正月廿八己丑1卯辰巳
二月初四乙未密卯辰巳
二月初七戊戌3卯巳午
二月初八己亥4卯辰午
二月初十辛丑6卯午進
二月十二癸卯1卯辰巳
二月十六丁未5辰巳午
二月十七戊申6卯辰巳

⊙三月令 壬辰管局
二月廿五丙辰密卯午進
二月廿七戊午2卯辰巳
三月初六丙寅3卯午進
三月初七丁卯4辰巳午
三月初十庚午密卯辰巳
三月十三癸酉3辰巳午

⊙四月令 癸巳管局
三月二十庚辰3卯辰巳
三月廿二壬午5辰巳午
三月廿五乙酉1辰巳時
三月廿八戊子4卯辰巳
三月三十庚寅6卯辰巳
四月初一辛卯密卯午進
四月初四甲午3卯辰巳
四月初六丙申5卯午進
四月初七丁酉6辰巳午
四月初十庚子2卯辰巳
四月十三癸卯5卯辰巳
四月十六丙午1卯午進
四月十九己酉4辰巳午

⊙五月令 甲午管局
四月廿一辛亥6卯午進
四月廿六丙辰4卯午進
四月廿九己未密卯辰巳
五月初一庚申1卯辰巳
五月初三壬戌3巳午時
五月初九戊辰2卯辰巳
五月十一庚午4卯辰巳
五月十二辛未5卯午進
五月十三壬申6辰巳午
五月十五甲戌1卯巳午
五月十六乙亥2卯辰時
五月十八丁丑4辰巳午
五月廿一庚辰密卯辰巳

⊙六月令 乙未管局
五月廿四癸未3卯辰巳
五月廿五甲申4卯辰巳
五月廿六乙酉5辰巳時
六月初二庚寅3卯辰巳
六月初七乙未1卯辰巳
六月初九丁酉3辰巳午
六月十一己亥5卯辰午
六月十五癸卯2卯辰巳
六月十六甲辰3卯辰巳
六月十九丁未6辰巳午
六月廿一己酉1辰巳午

⊙七月令 丙申管局
七月初二庚申5卯辰巳
七月初六甲子2卯辰巳
七月初九丁卯5辰巳午
七月初十戊辰6卯辰巳
七月十二庚午1卯辰巳
七月十三辛未2卯午進
七月十八丙子密卯時吉
七月廿四壬午6辰巳午
七月廿五癸未密卯辰巳
七月廿六甲申1卯辰巳

⊙八月令 丁酉管局
七月廿七乙酉2辰巳時
七月廿八丙戌3卯午時
七月廿九丁亥4辰午時
八月初二己丑6卯辰巳
八月初十丁酉密辰巳午
八月十一戊戌1卯巳午
八月十七甲辰密卯辰巳
八月廿一戊申4卯辰巳
八月廿二己酉5辰巳午
八月廿四辛亥密卯午進
八月廿六癸丑2卯辰巳

⊙九月令 戊戌管局
九月初四庚申2巳明星
九月初六壬戌4巳午時
九月初七癸亥5卯辰午
九月十一丁卯2辰巳午
九月十六壬申密巳午明
九月十七癸酉1辰巳午
九月十八甲戌2卯巳午
九月十九乙亥3卯進辰
九月廿六壬午3辰巳午

⊙十月令 乙亥管局
十月初二戊子2卯辰巳
十月初四庚寅4卯辰巳
十月十一丁酉4辰巳午
十月十三己亥6卯辰午
十月十六壬寅2辰巳午
十月十七癸卯3卯辰巳
十月十八甲辰4卯辰巳
十月廿五辛亥4卯午進
十月廿六壬子5辰巳時
十月廿八甲寅密卯辰巳
十月廿九乙卯1卯辰巳節

⊙十一月令 庚子管局
十月三十丙辰2卯午進
十一月初九乙丑4卯辰巳
十一月十二戊辰密卯辰巳
十一月十五辛未3卯午進
十一月十六壬申4辰巳午
十一月十九乙亥密卯辰時
十一月廿一丁丑2辰巳午
十一月廿四庚辰5卯辰巳
十一月廿八甲申2卯辰巳

⊙十二月令 辛丑管局
十二月初一丁亥5午明星
十二月初四庚寅1卯辰巳
十二月初八甲午5卯辰巳
十二月初十丙申密卯午進
十二月十七癸卯密卯辰巳節
十二月廿八甲寅4卯辰巳

⊙正月令 壬寅管局
十二月廿九乙卯5卯辰巳

日時印紅字買車及交車
日時印黑字即交車吉日

以上吉課僅供參考，用時務必配合主事饋生肖，取吉避沖煞刑刃回頭貢殺為吉

坐東移徙入宅安香吉課

坐丁向癸（坐南南西向北北東）的八煞水：在巽位、辛位、巳位、酉位、丑位、丁位

⊙正月令大 庚寅管局
正月初十辛未4寅卯午傳 2 26
正月十四乙亥1子卯辰宅 3 2
⊙二月令小 辛卯管局
正月廿二癸未2寅卯辰宅 3 10
正月廿三甲申3子卯午顯 3 11
正月廿六丁亥6子辰午宅 3 14
二月初四乙未密子卯辰制 3 22
宅二月初七戊戌3寅卯清 3 25
二月十六丁未5子辰午制 4 3
二月十七戊申6卯辰時清 4 4
⊙三月令大 壬辰管局
宅二月廿三甲寅5子寅明傳 10
⊙四月令小 癸巳三殺不取
⊙五月令小 甲午管局
四月廿一辛亥6寅卯午顯 6 6
四月廿六丙辰4寅卯午宅 6 11
四月廿九己未密子寅卯午清 6 14

宅五月初一庚申1子卯辰顯 6 15
五月初三壬戌3子午時清 6 17
五月初九戊辰2寅卯辰清 6 23
五月十二辛未5寅卯午香 6 26
宅五月十三壬申6子辰午 6 27
五月十五甲戌1子寅卯午香 6 29
五月十六乙亥2子卯辰顯 6 30
五月廿一庚辰密子卯辰清 7 5
⊙六月令大 乙未管局
五月廿八丁亥密子辰午傳 7 12
六月初八丙申2卯午進傳 7 21
宅六月十四壬寅1子辰午曲 7 27
六月十五癸卯2寅卯辰清 7 28
六月十六甲辰3子寅卯午制 7 29
⊙七月令小 丙申管局
七月初六甲子2子寅卯清 8 18
七月初九丁卯5子辰午顯 8 21
七月初十戊辰6寅卯辰曲 8 22

七月十三辛未2寅卯午傳 8 25
七月十四壬申3子辰午宅 8 26
七月十八丙子密寅卯時顯 8 30
七月廿一己卯3子寅卯午 9 2
七月廿二庚辰4子卯辰傳 9 3
⊙八月令小 丁酉三殺不取
⊙九月令大 戊戌管局
九月初二戊午密寅卯辰清 10 11
九月初四庚申2子明曲星 10 13
九月初六壬戌4子午宅制 10 15
九月初七癸亥5寅卯辰傳 10 16
九月十四庚午5卯辰宅制 10 23
九月十九乙亥3子卯辰曲 10 28
九月廿三己卯密子寅卯午 11 1
九月廿六壬午3辰午宅制 11 4
⊙十月令大 乙亥管局
十月初二戊子2寅卯辰清 11 10
十月初五辛卯5寅卯午香 11 13

十月十四庚子密子卯辰宅 11 22
十月十七癸卯3寅卯辰顯 11 25
十月十八甲辰4子寅卯午曲 11 26
十月廿六壬子5子辰顯星 12 4
宅十月廿八甲寅密子寅卯午 12 6
十月廿九乙卯1子卯辰香 12 7
⊙十一月令大 庚子管局
十月三十丙辰2寅卯午宅 12 8
十一月初四庚申6子卯辰顯 12 12
十一月十六壬申4子辰午制 12 24
宅十一月十九乙亥密子卯辰顯 12 27
十一月廿四庚辰5子卯辰香 1 1
十一月廿八甲申2子卯午顯 1 5
⊙十二月令小 辛丑三殺不取
⊙正月令大 壬寅管局
十二月廿九乙卯5子卯辰清 2 5

⊙宅字日僅移徙入宅無安香 ⊙其餘日為入宅安香皆可 ⊙周堂分為清吉與入宅制 安香制 ⊙如制入宅安香均制 ⊙如取五個時周堂即清吉

周堂定局	小月 入宅周堂	小月 安香周堂	小月 分居周堂
初一	王	天	財帛
初二	民	利	債木
初三	武	安	自如
初四	耗	災	舜相
初五	福	師	福壽
初六	嚴	富	平等
初七	福	殺	爭訟
初八	亡	害	興旺
初九	盛	天	財帛
初十	徙	利	債木
十一	階	安	自如
十二	道	災	舜相
十三	清	師	福壽
十四	刑	富	平等
十五	財	殺	爭訟
十六	離	害	興旺
十七	王	天	財帛
十八	民	利	債木
十九	武	安	自如
二十	耗	災	舜相
廿一	福	師	福壽
廿二	嚴	富	平等
廿三	福	殺	爭訟
廿四	亡	害	興旺
廿五	盛	天	財帛
廿六	徙	利	債木
廿七	階	安	自如
廿八	道	災	舜相
廿九	清	師	福壽
值凶星制化權用			

入宅周堂月清六道臺階昌盛天福五嚴月福玄武天民玉堂三財吉⊙三徙家亡地耗五離三刑凶 } 如值凶神會顯曲傳星吉
安香周堂值天 利 安 師 富吉 會遇神在合周堂上吉尤妙⊙值災 害 殺凶 制化權 } 或加用三皇符制化權用

以上吉課僅供參考，用時務必配合主事饋生肖，取吉避沖煞刑刃回頭貢殺為吉

坐西移徙入宅安香吉課

周堂定局	大月 入宅周堂	安香周堂	分居周堂
初一	清	安	相舜
初二	道	利	如自
初三	階	天	木債
初四	徙	害	帛財
初五	盛	殺	旺興
初六	亡	富	訟爭
初七	福	師	等平
初八	嚴	災	壽福
初九	福	安	相舜
初十	耗	利	如自
十一	武	天	木債
十二	民	害	帛財
十三	王	殺	旺興
十四	離	富	訟爭
十五	財	師	等平
十六	刑	災	壽福
十七	清	安	相舜
十八	道	利	如自
十九	階	天	木債
二十	徙	害	帛財
廿一	盛	殺	旺興
廿二	亡	富	訟爭
廿三	福	師	等平
廿四	嚴	災	壽福
廿五	福	安	相舜
廿六	耗	利	如自
廿七	武	天	木債
廿八	民	害	帛財
廿九	王	殺	旺興
三十	離	富	訟爭

入宅周堂月清六道臺階昌盛天福五嚴月福玄武天民玉堂三財吉⊙三徙家亡地耗五離三刑凶
安香周堂值天 利 安 師 富吉 會遇神在合周堂上吉尤妙⊙值災 害 殺凶 宜制吉
如值凶神會顯曲傳星吉或加用三皇符制化權用

⊙正月令大 庚寅管局
正月十二癸酉6寅辰巳香2 28
⊙二月令小 辛卯三殺不取
⊙三月令大 壬辰管局
二月十八己酉密寅巳午清4 5
宅二月廿三甲寅5子寅巳傳10
⊙四月令小 癸巳管局
三月二十庚辰3子丑辰巳傳6
三月廿二壬午5丑辰巳午宅8
三月廿八戊子4寅辰巳香5 14
宅三月三十庚寅6子丑辰巳宅
宅四月初六丙申5丑午清5 22
四月初八戊戌密寅巳傳星5 24
四月十四甲辰6子丑寅巳午曲
四月十九己酉4子丑寅巳午4
⊙五月令小 甲午管局

四月廿六丙辰4丑寅午宅6 11
宅五月初一庚申1子丑辰巳顯
五月初三壬戌3子丑巳午6 17
五月初九戊辰2寅辰巳清6 23
宅五月初十己巳3子寅巳午制
宅五月十三壬申6子丑辰巳午
五月十五甲戌1子丑寅巳午香
五月廿一庚辰密子丑辰巳7 5
宅五月廿二辛巳1丑寅午7 6
⊙六月令大 乙未三殺不取
⊙七月令小 丙申管局
六月廿九丁巳2子丑辰巳午香
七月初六甲子2子丑寅巳8 18
七月初十戊辰6寅辰巳曲8 22
七月十一己巳密子丑寅巳午23
七月十四壬申3子丑辰巳午宅
七月十八丙子密丑寅顯星8 30

七月廿二庚辰4子丑辰巳傳3
⊙八月令小 丁酉管局
八月初二己丑6子丑寅巳午12
八月初六癸巳3寅辰巳顯9 16
宅八月十七甲辰密子丑寅巳午
八月十八乙巳1子丑辰巳9 28
宅八月廿一戊申4辰巳清10 1
八月廿三庚戌6子丑巳香10 3
八月廿六癸丑2寅辰巳宅10 6
⊙九月令大 戊戌管局
九月初二戊午密寅辰巳清10 11
九月初四庚申2子巳明曲10 13
九月初六壬戌4子丑巳午宅15
九月十四庚午5丑辰巳宅10 23
九月廿六壬午3丑辰巳午宅4
⊙十月令大 乙亥三殺不取
⊙十一月令大 庚子管局

十月三十丙辰2丑寅午宅12 8
十二月初四庚申6子丑辰巳顯12
十二月初九乙丑4子丑辰巳12 17
十二月十六壬申4子丑辰巳午制
十二月廿四庚辰5子丑辰巳香1
十二月廿八甲申2子丑巳午顯5
⊙十二月令小 辛丑管局
十三月初七癸巳4寅辰巳曲1 14
宅十三月初十丙申密丑午傳1 17
宅十三月十六壬寅6子丑辰巳午
宅十三月廿八甲寅4子丑寅巳午

⊙新屋為入宅⊙舊屋為移徙
⊙同屋為分居宜年月日時利
⊙移徙入宅安香宜參論周堂

⊙宅字日僅移徙入宅無安香 ⊙其餘日為入宅安香皆可 ⊙周堂分為清吉與入宅制 安香制 ⊙如制入宅安香均制 ⊙如取五個時周堂即清吉

以上吉課僅供參考，用時務必配合主事饋生肖，取吉避沖煞刑刃回頭貢殺為吉

坐癸向丁（坐北北東向南南西）的八煞水：在卯位、亥位、庚位、未位

坐南移徙入宅安香吉課

⊙正月令大 庚寅管局
正月初十辛未4寅卯午傳2 26
正月十二癸酉6寅巳香制2 28
正月十四乙亥1丑卯宅制3 2
⊙二月令小 辛卯管局
正月廿二癸未2寅卯巳宅制10
正月廿六丁亥6丑午時宅制14
正月廿八己丑1丑寅卯巳午香
二月初四乙未密卯巳時制3 22
宅二月初七戊戌3寅卯巳3 25
二月初十辛丑6丑寅卯午宅28
二月十六丁未5巳午時制4 3
⊙三月令大 壬辰三殺不取
⊙四月令小 癸巳管局
三月廿二壬午5丑巳午宅5 8

宅三月三十庚寅6丑卯巳宅16
四月初八戊戌密寅卯巳傳5 24
四月十九己酉4丑寅巳午6 4
⊙五月令小 甲午管局
四月廿一辛亥6丑寅卯午顯6
四月廿九己未密寅卯巳午6 14
五月初三壬戌3丑巳午清6 17
宅五月初十己巳3丑卯巳午制
五月十二辛未5寅卯午香6 26
五月十五甲戌1丑寅卯巳午香
五月十六乙亥2丑卯顯星6 30
宅五月廿二辛巳1丑寅卯午6
⊙六月令大 乙未管局
五月廿八丁亥密丑午傳星7 12
宅六月十四壬寅1丑巳午曲27

六月十五癸卯2寅卯巳清7 28
⊙七月令小 丙申三殺不取
⊙八月令小 丁酉管局
八月初二己丑6丑寅卯巳午12
八月初六癸巳3寅卯巳顯9 16
八月十八乙巳1丑卯巳清9 28
八月廿三庚戌6丑卯巳香10 3
宅八月廿四辛亥密丑寅卯午顯
八月廿六癸丑2寅卯巳宅10 6
⊙九月令大 戊戌管局
九月初二戊午密寅卯巳清10 11
九月初六壬戌4丑巳午宅10 15
九月初七癸亥5寅卯時傳10 16
九月十四庚午5丑卯巳宅10 23
九月十九乙亥3丑卯曲星10 28

九月廿三己卯密丑寅卯巳午1
九月廿六壬午3丑巳午宅11 4
⊙十月令大 乙亥管局
十月初五辛卯5丑寅卯午香13
十月十七癸卯3寅卯巳顯11 25
宅十月廿八甲寅密丑寅卯巳午
十月廿九乙卯1丑卯香節12 7
⊙十一月令大 庚子三殺不取
⊙十二月令小 辛丑管局
十二月初一丁亥5午明傳星1 8
十二月初七癸巳4寅卯巳曲1 14
宅十二月十六壬寅6丑巳午曲23
宅十二月廿八甲寅4丑寅卯傳4
⊙正月令大 壬寅管局
十二月廿九乙卯5丑卯巳清2 5

⊙宅字日僅移徙入宅無安香 ⊙其餘日為入宅安香皆可 ⊙周堂分為清吉與入宅制 安香制 ⊙如制入宅安香均制 ⊙如取五個時周堂即清吉

入宅安香周堂

周堂定局	大月入宅周	大月安香堂	小月入宅周	小月安香堂
初一	清	安	王	天
初二	道	利	民	利
初三	階	天	武	安
初四	徙	害	耗	災
初五	盛	殺	福	師
初六	亡	富	嚴	富
初七	福	師	福	殺
初八	嚴	災	亡	害
初九	福	安	盛	天
初十	耗	利	徙	利
十一	武	天	階	安
十二	民	害	道	災
十三	王	殺	清	師
十四	離	富	刑	富
十五	財	師	財	殺
十六	刑	災	離	害
十七	清	安	王	天
十八	道	利	民	利
十九	階	天	武	安
二十	徙	害	耗	災
廿一	盛	殺	福	師
廿二	亡	富	嚴	富
廿三	福	師	福	殺
廿四	嚴	災	亡	害
廿五	福	安	盛	天
廿六	耗	利	徙	利
廿七	武	天	階	安
廿八	民	害	道	災
廿九	王	殺	清	師
三十	離	富	制	化

入宅周堂值天利安師富吉 會遇神在合周堂上吉尤妙 ⊙值災害殺凶 制化權
安香周堂月清六道臺階昌盛天福五嚴月福玄武天民玉堂三財吉 ⊙三徙家亡地耗五離三刑凶
如值凶神會顯曲傳星吉 或加用三皇符制化權用

以上吉課僅供參考，用時務必配合主事饋生肖，取吉避沖煞刑刃回頭貢殺為吉

	子	午	丑	未	寅	申	卯	酉	辰	戌	巳	亥
眼跳法	左有貴人 右有飲食	左主飲食 右有凶事	左有憂心 右有人思	左主吉昌 右有小喜	左遠人來 右喜事至	左主損財 右有女思	左貴客來 右平安吉	左有客來 右遠客至	左遠客來 右主損害	左有客至 右主聚會	左有飲食 右主凶惡	左主客至 右主官非
耳鳴法	左主女思 右主失財	左主遠信 右有親來	右主口舌 右主爭訟	左主飲食 右遠人來	左主失財 右主心急	左主行人 右主喜事	左主飲食 右主客至	左主失財 右主大吉	左主遠行 右主客至	左主飲食 右主客至	左主凶事 右主大吉	左主大吉 右主飲食
面熱法	主有喜事 又主得財	主姻親來 相見大吉	主有煩惱憂愁之事	主有爭訟 口舌是非	主有遠客來聚會 吉	主有貴人會道相見	主有飲食及友人來	主有遠人來相會 吉	主有遠客喜相逢 吉	主有酒食自送來事	主有要事人相見 吉	主有官非口舌之事
耳熱法	主有僧道來商量事	主有飲食喜事來 吉	主有喜事臨身 大吉	主有客至相求之事	主有飲食相會 大吉	主有喜事 酒食宴樂	主有遠人來相見 吉	主有人來言婚姻事	主有財喜大通達 吉	主有爭訟口舌之事	主失財物之事 不利	主有官非詞訟之事
肉顫法	主有尊長人來 大吉	主有憂疑事離身 吉	主有財及自身喜慶	主有財喜事臨身 吉	主有凶事遠解除 吉	主有口舌解之 大吉	主有得財物事 大吉	主失財物禍事 大凶	主有災惡臨身 大凶	主有遠行人事 大吉	主有客來相見 大吉	主有大吉臺慶之事
心驚法	主有女子思喜事至	主有飲食自然而來	主有惡事臨門 大凶	主有女人思念 大吉	主有客來飲食 大吉	主有大喜之事至 吉	主有飲食及外人來	主有人送熹信至 吉	主有成合喜事 大吉	主有貴人即至 大吉	主有女思及喜事至	主有喪服及惡夢 凶
噴嚏法	主有飲食相會享樂	主有貴客遠人宴會	有女人思 客來求事	主有飲食吉利之事	主女人相會飲食事	夜夢驚恐 飲食不利	主有財喜 人來問事	主女人來求請問事	主終日有飲食 大吉	主女人思會和合事	主有吉人來求財利	主有虛驚 反得吉利
衣留法	男主飲食 女主親事	主有遠人至得財 吉	主有憂疑破財之事	主血光之災事 無防	主親人憂至不成 凶	主有外財出入 大吉	主交友相會飲食 吉	主有人至破財 大凶	主自身破財憂病事	主詞訟得財帛 大吉	主女人有外思之事	主見官得財 大吉利
釜鳴法	主養六畜平安 大吉	主有官非消去者 吉	主家宅富貴 大吉利	主有凶禍之事 大凶	主家宅有凶險之事	主有遠行人至者 吉	主有客至禍事者 凶	主有好人回來 大吉	主自有得財者 大吉	主有酒食宴會事 吉	主有財吉臨身 大吉	主官非詞訟有理 吉
犬吠法	主婦人不時爭鬧事	主有酒食宴會事 吉	主心有憂不吉之事	主妻子外心破財 凶	主失得財帛 大吉利	主家宅有小口之凶	望夫雄心得財 大吉	主加官進祿得財 吉	主有財喜大亨通 吉	主有口舌招災事 凶	主親人來及有信至	主有官非詞訟之事
鵲躁法	主有遠親人至 大吉	主有疾病 求神保祐	主有大喜慶事 大吉	主有六畜不見事 凶	主有詞訟之事 小吉	主有吉兆之事 大吉	主有財喜酒食 大吉	主有坎坷不安之事	主有遠親回家 大吉	主有財帛亨通事 吉	主有好事降臨 大吉	主有爭鬧口舌之事
火逸法	妻有外心 不吉之事	主有官非 大災之兆	女心身向人 不吉兆	主有財喜昌盛之兆	主有財帛平安 大吉	主有財帛相得之兆	主得財帛 亨通之兆	主有災凶喪報之兆	主憂心 有不吉之兆	主有心終得理之兆	主有吉兆酒食之會	主有疾病不祥之兆

生日各人命運（農曆）

▲初一日生：福祿雙全，財星拱照，受人引進，事業發達，大有良機，初年平常，中年運到，利略亨通，春風虛榮，失敗前兆，晚景榮幸，女人旺夫，發福之命。

▲初二日生：性格善良，與人和睦，身體健康，家族緣薄，離祖成家，青年辛苦，兄弟難靠，獨立生計，中年運開，財源廣進，男主清奇，女主聰明，成立之命。

▲初三日生：夫妻和睦，不能偕老，子息有乏，修身佈德，初年多磨，二十餘慶，受人提拔，幸運到達，四十盛運，左作右中，環境良好，榮華之命。

▲初四日生：為人多學，才智出眾，少年不直，中運財至，在家是非，出外逢貴，夫妻和順，家庭圓滿，財源活潑，晚年吉祥，快樂之命。

▲初五日生：為人聰明，一衣有餘，心靜伶俐，早出社會，六親無倚，兄弟和順，持有藝能，初年辛勞，中年運達，晚年安穩，無虧之命。

▲初六日生：多學少成，清閑快樂，初限富貴，中年平平，末運大旺，分別大小，與人親睦，貴人提拔，發達成功，父兄無靠，白手起家。

▲初七日生：性格複雜，多變易動，浮沉未定，波瀾風霜，二五享福，保持佳運，兄弟如意，女命福祿，守之和平，身體健全，長壽之命。

▲初八日生：性格伶俐，幸福可多，才能良器，一生安樂，平安無憂，中年成功，父母無緣，離祖成家，出外逢貴，將見樂亨，榮華之命。

▲初九日生：身體健中，性格清朗，受人敬愛，須事勉勵，勤儉行善，德被鄉黨，中年平順，晚年千鐘，福分無量，名利長存，慈悲之命。

▲初十日生：為人伶俐，忠誠待人，手足緣薄，離祖成家，緣和四海，少年辛苦，中年開發，晚年大興，事業通達，藝術成功，安樂之命。

▲十一日生：富有智力，意志堅固，事有決斷，運遲開發，至中年苦，雖有橫財，不能料事，空放幸運，宜要謹慎，財源循來，福分之命。

▲十二日生：為人溫柔，刻苦耐勞，性好勤儉，多積蓄物，少年不宜，中年大吉，將見名揚，福祿雙全，晚年餘慶，家門榮興，福祿之命。

▲十三日生：金運可達，福祿有餘，遵守道德，受人敬愛，貴人提拔，命運通達，大有成功，獲得幸福，福祿雙收，女運富貴，金運之命。

▲十四日生：環境良好，為人厚重，沉靜不動，男人清秀，女子聰明，貴人得助，青年平常，努力前程，中年運開，事得調順，晚年發達，厚分之命。

▲十五日生：夫妻敬重，子孫刑剋，好爭好鬥，破害前程，為人溫柔，將來餘慶，男者離祖，他鄉發展，女人剋夫，必配硬命，陌老諧年，平常之命。

▲十六日生：為人聰明，藝術超群，琴棋達人，詩書出眾，青年勤功，中年藝精，成功發達，祖業不宜，被人批評，身閑心勞，憂悶之命。

▲十七日生：為人聰明，智力平凡，忍耐力強，少年損害，難關重來，善理措置，對兄弟薄，六親無靠，自力更生，中年大發，大有良機，發達之命。

▲十八日生：智力可畏，料事從憂，自作聰明，不容他人，破害前程，性情剛過，與人不和，獨立自好，父兄無緣，晚年大運，中年平平，普通之命。

▲十九日生：名利雙收，成功異常，社會出眾，色情強破，桃唇小心，身有暗病，苦煩自嘆，防止未然，中年平平，末遇福祿，榮華之命。

▲二十日生：少事多磨，身心多煩，波瀾重見，苦苦得曉，男人離祖，祖業難當，親朋無靠，出外得財，刑剋上下，有貴人助，晚年大幸，昌盛之命。

▲廿一日生：內助得力，衣祿和順，受人扶助，持有金運，喜好投機，意高膽大，不服他人，中年平平，事無全心，末境發達，晚年之命。

▲廿二日生：一生聰明，信義可喜，做事無慮，先難後易，少年干難，苦中得甘，二五運到，良好前程，加添努力，晚年大興，名利之命。

▲廿三日生：住址常換，做事不定，多變多動，易生爭鬥，勤勵事業，矯正乏點，衣祿有餘，中年平平，末運福來，榮華富貴，平安之命。

▲廿四日生：為人伶俐，大有器才，做事專心，有頭有尾，對人親切，四處有朋，受人愛敬，好積財寶，出外逢貴，刑剋妻子，盛昌之命。

▲廿五日生：為人忠實，善好公益，巧理家庭，專心經營，事業發達，多管他事，懼易生敵，心性未定，可得內助，晚年發達，大旺之命。

▲廿六日生：為人仁德，慈悲風態，受人愛慕，長上提拔，立身處世，先苦後甘，做事無慮，勤儉積蓄，金運滿載，幸福無疆，成功之命。

▲廿七日生：為人巧奇，金運緣薄，多收多出，變動無常，居所未定，出洋成功，努力奮鬥，前程有餘，身體強壯，勤儉勵業，成功之命。

▲廿八日生：青年薄運，幼年病難，獨立意志，認真做事，中年運到，積蓄金錢，自得良焉，親朋難靠，早婚刑剋，晚婚平靜，求得溫和，金運之命。

▲廿九日生：為人忠厚，肯做肯勞，重義信用，與人豪傑，慷慨待人，廣積社會，妻財有餘，初限平順，中年運到，晚年餘慶，幸福之命。

▲三十日生：性格聰明，為人活潑，春風待人，易快親睦，中正不偏，做事輕快，掖助他人，犧牲自己，前途無量，末運隆興，大旺之命。

服中藥之忌口

一般禁忌：冰、西瓜、白蘿蔔、空心菜、南瓜、竹筍、糯米、辣椒、鴨肉、酸菜。

特別禁忌：

一、服食西藥與茶與服食中藥須間隔兩小時。

二、肺　病：忌茄子、酒、煙。

三、心臟病：忌油膩食物、動物性脂肪。

四、高血壓：忌煙酒、油膩重鹽食物、情緒激動、沐浴高溫。

五、肝　病：忌芹菜、動物內臟、油膩食物、酒。

六、腎　病：忌雞、鴨腳、過鹹食物、酒。

七、失　眠：忌過食肉品、動物內臟、過燥食物。

八、中　風：忌蝦、高膽固醇食物。

九、皮膚病：忌酒、牛乳、鴨蛋、竹筍、香菇、花生、芒果、海鮮類、過燥食物。

十、風濕病：豆類、動物內臟、蛋、肥肉、油炸類、香蕉、木瓜。

十一、骨折治癒後及筋骨酸痛：忌香蕉。

十二、胃病：忌香蕉、油炸物。

十三、面皰、青春痘：忌豬腳、豬耳、過燥食物、油炸物。

十四、減肥：忌米、麵粉、糖份含量高的食品、蛋糕、白色蔬菜、含糖份高的水果及飲料。

2026年國曆1月每日各時辰奇門吉方及幸運數字一覽表

坎為北方・離為南方・震為東方・兌為西方
艮為東北・巽為東南・乾為西北・坤為西南

時＼日	1	2	3	4	5	6	7	8	9	10	11	12	13	14	15	16
23-01	坤	艮	坤兌	艮	坎	震離	坤乾	坎	乾	艮	坤震 艮	坤艮	巽	震	艮	震
01-03	坎坤 巽	坤	兌	坎離	離	離艮 坤	坎震	離	坎乾 離	巽離	坤乾	乾	坎	乾	巽	坤
03-05	坎巽	乾	坎艮	離	坤乾	巽離	兌離	震乾	艮	乾兌	巽兌	乾兌	巽離	乾	坎震 艮	坤
05-07	離	坤巽	坎艮 離	坎巽	坎離 艮	坎	震巽	艮	震巽	坤	艮	坎艮	乾艮 離	震兌 艮	坤	乾
07-09	離	坤乾	艮	坎坤 艮	艮	震艮	坎	坎乾	震乾 坤兌	艮	震	坎	乾艮	巽	坎	震乾 離
09-11	坤兌	坎乾 離	震巽	乾	震艮 坤	坤乾	坎乾	坎乾	艮	震艮	震	坎艮	震	巽	離	坤
11-13	坤	坎艮	坎	坎乾	坎巽	震	坎	艮	坎乾 兌	坤	坤兌 離	坎乾	巽乾	坤乾 兌	離	乾
13-15	坎乾 艮	震	坎坤 巽	坎坤 艮	坎	坎艮	巽	艮	坎坤 離	坤兌	艮	兌	坤艮	震	艮	坎離
15-17	乾	坤震 乾	坤震	震巽	震	艮	坎坤	坎震 艮	艮兌 坤	坤	坎	坤乾 兌	離	兌艮 離	坤震	艮
17-19	巽乾	震巽 艮	艮	震巽	艮	巽艮	坎坤 離	坤震 乾	坎乾	艮	兌艮 離	坎乾	乾兌	兌艮	坎	震巽 乾
19-21	巽艮	坎	坎巽	兌	坎艮	坤離	坎	離	艮 坤震	乾	兌艮	震巽	艮	兌	乾	震乾 兌
21-23	坎坤	坎坤 巽	坤	離	坎震	震艮	震	坤	坎艮	巽	巽離	坤艮	震	乾	巽乾	震
幸運數字	2、3、4、8	1、4、6	5、6、7、9	2、5、6、9	1、3、4、7	5、6、8、9	4、6、7、9	2、6、9	1、2、6	2、3、6	3、4、5、9	2、5、7	1、6、7、8	1、3、6、7	2、4、5、8	1、6、7、9

時＼日	17	18	19	20	21	22	23	24	25	26	27	28	29	30	31
23-01	坎	坎	離	艮	坎坤	兌	震巽 乾離	艮	離	兌	巽	震艮	巽	乾	乾
01-03	巽離	乾	坎乾 離	坎坤	震離	震巽	坤	坎艮	離	巽乾	坎艮	震	坎艮	坎	震巽 兌
03-05	兌	坤	坎	震巽 離	乾	艮	震乾	艮	坎艮	兌	坤	震乾	坎	巽	坎巽 兌
05-07	兌	坎艮 離	坤	坤離	艮	坤兌 離	乾艮 離	震離	乾	坎艮	巽兌	乾艮 離	巽	兌	離
07-09	震	離	震	離	坤離	坤震 兌	艮	坎乾	乾	兌	乾離	乾	艮	坎	兌
09-11	坎離	坤巽	震巽 乾	巽兌	震兌 艮	離艮	震離	坎坤 巽離	坎	坎	坎	艮	坎	震兌	坎乾
11-13	艮	震	坤艮 離	巽	坎巽	乾	坤震 兌	坤艮	乾	離	艮	離	坎巽	震乾	震
13-15	巽離	坤震	乾	坤震	坎艮 離	坎巽 乾	震巽 乾	震巽 兌離	震	艮離	坎艮	巽乾 離	乾離	坎	乾
15-17	巽兌	巽兌	巽	離	乾	震兌	坎	坤離	兌	坎	震巽 離	乾	坎	震	艮
17-19	坤	坤	震坤	艮離	巽	坤離	巽	震兌	乾艮	坤艮 離	兌	坎艮	兌艮 離	坎	巽乾
19-21	坤艮	離	巽離	艮	坎坤	坎坤	坤離	坤艮	坎	乾兌	坎巽	兌艮	兌	艮	乾
21-23	巽艮	震巽	坎	震巽 兌	離	震兌	兌	艮	艮離	坎乾 艮	坎	震	坎	震乾	巽
幸運數字	1、5、7、8	2、6、9	2、3、7	3、4、7	1、4、5、6	3、6、8	2、7、8、9	2、4、7、8	3、5、6、9	1、2、7、8	2、6、8、9	1、3、7	3、4、8	4、5、8	2、5、6、7

※常唸南無大慈大悲救苦救難廣大靈感觀世音菩薩，可逢凶化吉。

※常唸文殊菩薩心咒：「嗡阿喇巴札那諦。」可以開智慧、增強記憶。

2026年國曆2月每日各時辰奇門吉方及幸運數字一覽表

坎為北方・離為南方・震為東方・兌為西方
艮為東北・巽為東南・乾為西北・坤為西南

時＼日	1	2	3	4	5	6	7	8	9	10	11	12	13	14	15	16
23-01	坎艮	乾	坎	艮	坤震艮	艮	巽	震	艮	震	坎	坎	離	坎	震離	震乾
01-03	兌	巽	坎乾	巽離	震乾	乾	坎	乾	巽	坤	巽離	乾	坎乾離	離	離艮坤	坎震
03-05	離	離	艮	乾	巽兌	乾	巽離	乾	坎震艮	坤	兌	坤	坎	坤乾	坎離	兌
05-07	震兌	坎乾離	坤	坤	艮	坎艮	乾	震兌艮	坤	乾	兌	坎艮離	坤	坎離艮	坎	震巽
07-09	艮	坎	兌	艮	震	坎	艮	巽	坎	震乾離	震	離	震	艮	震艮	坎
09-11	乾艮	坤	坎乾	震艮	震	艮	震	巽	離	坤	坎離	坤巽	震巽乾	震艮坤	乾	坎艮
11-13	離	震巽兌	震	坎	兌艮離	坎	巽乾	乾兌	離	乾	艮	震	坤艮離	坎巽	震	坎
13-15	坎坤離	震乾	坎震	震	艮	兌	艮	震	艮	坎離	巽離	坤震	乾	坎	艮離	巽
15-17	震艮	艮	巽離	坤	坎	坤乾	離	兌艮離	坤震	艮	巽兌	巽兌	巽	震	艮	坎坤
17-19	震	坎兌	巽乾	艮	兌艮離	坎	兌	兌艮	坎	震巽乾	坤	坤	震坤	艮	巽艮	坎坤離
19-21	兌	震乾	震	離	兌艮	震	艮	兌	乾	震乾兌	坤艮	離	巽離	艮	坤離	坎
21-23	震	坎	坎	巽	巽離	坤艮	震	乾	巽乾	震	巽艮	震巽	坎	坎震	震乾	震
幸運數字	4、7 9	1、3 8、9	3、5 8、9	1、4 6、7	2、3 8、9	1、3 7、9	2、4 8	4、5 9	5、6 9	3、6 7、8	1、5 8	1、2 4、9	1、4 6、9	2、5 7、8	1、3 4、9	1、2 4、8

時＼日	17	18	19	20	21	22	23	24	25	26	27	28
23-01	坎	乾	離	兌	巽	震艮	巽	乾	乾	坎艮	乾	坎
01-03	離	坎乾離	離	巽乾	坎艮	震	坎艮	坎	震巽兌	兌	巽	坎乾
03-05	震乾	艮	坎艮	兌	坤	震乾	坎	巽	坎巽兌	離	離	艮
05-07	艮	震乾	乾	坎艮	巽兌	乾艮離	巽	兌	離	震兌	坎乾離	坤
07-09	乾	震乾坤兌	乾	兌	乾離	乾	艮	坎	兌	艮	坎	兌
09-11	坎乾	艮	坎	坎	坎	艮	坎	震兌	坎乾	乾艮	坤	坎乾
11-13	艮	坎乾兌	乾	離	艮	離	坎巽	震乾	震	離	震巽兌	震
13-15	艮	坎坤離	震	艮離	坎艮	巽乾離	乾離	坎	乾	坎坤離	震乾	坎震
15-17	坎震艮	艮兌坤	兌	坎	震巽離	乾	坎	震	艮	震艮	艮	巽離
17-19	坤震乾	坎乾	乾艮	坤艮離	兌	坎艮	兌艮離	坎	巽乾	震	坎兌	巽乾
19-21	離	艮坤	坎	乾兌	坎巽	兌艮	兌	艮	乾	兌	震乾	震
21-23	坤	艮	艮離	坎乾艮	坎	震	坎	震乾	巽	震	坎	坎
幸運數字	3、5 9	1、5 6	1、6 7	4、7 8、9	2、6 9	1、2 3、5	1、2 5、7	3、6 8、9	1、2 4、5	2、3 5、9	1、4 6	2、6 7

本表內之【幸運數字】組合法：01可組成01 10 19 28 37 46；02可組成02 11 20 29 38 47；03可組成03 12 21 30 39 40；04可組成04 13 22 31 40 49；05可組成05 14 23 32 41；06可組成06 15 24 33 42；07可組成07 16 25 34 43；08可組成08 17 26 35 44；09可組成09 18 27 36 45。謹供參考。

2026年國曆3月每日各時辰奇門吉方及幸運數字一覽表

坎為北方・離為南方・震為東方・兌為西方
艮為東北・巽為東南・乾為西北・坤為西南

時＼日	1	2	3	4	5	6	7	8	9	10	11	12	13	14	15	16
23-01	艮	坎坤	兌	震巽乾離	艮	坎	坤	離	坤	坤	艮	巽乾	兌	乾兌	離	乾
01-03	坎坤	震離	震巽	坤	坎艮	坤離	艮	坎乾	巽	坎	乾離	坤巽	艮	坎	艮	震巽艮
03-05	震巽離	乾	艮	震乾	艮	艮	巽	艮	坎巽兌	乾	兌	艮	離	坎巽	乾	坤離
05-07	坤離	艮	坤兌離	乾艮離	震離	離	坤	坤震	坎乾	兌	巽	艮	巽	艮	震	震
07-09	離	坤離	坤震兌	艮	坎乾	離	坤	震乾離	坎	艮	兌	坎	兌離	坎	震乾	兌
09-11	巽兌	震兌艮	離艮	震離	坎坤巽離	兌	兌	乾艮	巽	兌離	離	坤兌	乾	坤艮	兌離	坤震
11-13	巽	坎巽	乾	坤震兌	坤艮	兌	離	艮	坎坤	坤艮	坤	兌	坎	坤	巽	坤
13-15	坤震	坎艮離	坎巽乾	震巽乾	震巽兌離	艮	坎乾	艮	坤	坤乾兌	坎	乾離	坤兌	乾	巽兌	巽
15-17	離	乾	震兌	坎	坤離	坤	艮	離	坎乾	乾離	坎	離	巽兌	震	艮	坎巽
17-19	艮離	巽	坤離	巽	震兌	坎乾離	坎	乾離	離	坎坤離	乾	坎	震巽乾	艮	坤乾	坎離
19-21	艮	坎坤	坎坤	坤離	坤艮	坎	離	兌	艮	坤乾兌	艮	坎	坤艮	巽	震乾	坎
21-23	震巽兌	離	震兌	兌	艮	坤離	坤兌離	坎坤	兌離	乾	乾	坤兌	坎乾兌	乾兌	艮	震
幸運數字	2、7、8	1、5、8、9	1、3、7	2、3、4、6	2、3、6、8	1、4、7、9	2、3、5、6	1、3、4、6	2、5、7	3、7、8	3、8、9	1、2、6、9	2、4、8	3、4、5、7	3、4、7、9	1、2、5、8

時＼日	17	18	19	20	21	22	23	24	25	26	27	28	29	30	31
23-01	坤	艮	坤兌	艮	艮	坎坤	兌	震巽乾離	艮	離	兌	巽	震艮	巽	乾
01-03	坎坤巽	坤	兌	坎離	坎坤	震離	震巽	坤	坎艮	離	巽乾	坎艮	震	坎艮	坎
03-05	坎巽	乾	坎艮	離	震巽離	乾	艮	震乾	艮	坎艮	兌	坤	震乾	坎	巽
05-07	離	坤巽	坎艮離	坎巽	坤離	艮	坤兌離	乾艮離	震離	乾	坎艮	巽兌	乾艮離	巽	兌
07-09	離	坤乾	艮	坎坤艮	離	坤離	坤震兌	艮	坎乾	乾	兌	乾離	乾	艮	坎
09-11	坤兌	坎乾離	震巽	乾	巽兌	震兌艮	離艮	震離	坎坤巽離	坎	坎	坎	艮	坎	震兌
11-13	坤	坎艮	坎	坎乾	巽	坎巽	乾	坤震兌	坤艮	乾	離	艮	離	坎巽	震乾
13-15	坎乾艮	震	坎坤巽	坎坤艮	坤震	坎艮離	坎巽乾	震巽乾	震巽兌離	震	艮離	坎艮	巽乾離	乾離	坎
15-17	乾	坤震乾	坤震	震巽	離	乾	震兌	坎	坤離	兌	坎	震巽離	乾	坎	震
17-19	巽乾	震巽艮	艮	震巽	艮離	巽	坤離	巽	震兌	乾艮	坤艮離	兌	坎艮	兌艮離	坎
19-21	巽艮	坎	坎巽	兌	艮	坎坤	坎坤	坤離	坤艮	坎	乾兌	坎巽	兌艮	兌	艮
21-23	坎坤	坎坤巽	坤	離	震巽兌	離	震兌	兌	艮	艮離	坎乾艮	坎	震	坎	震乾
幸運數字	3、4、6、7	2、4、5、7	3、6、8	4、8、9	1、4、9	1、2、3、7	3、5、9	4、5、6、8	1、4、5、8	2、3、6、9	4、5、7、8	3、5、6、8	4、7、9	1、5、9	1、2、5

2026年國曆4月每日各時辰奇門吉方及幸運數字一覽表

坎為北方・離為南方・震為東方・兌為西方
艮為東北・巽為東南・乾為西北・坤為西南

時＼日	1	2	3	4	5	6	7	8	9	10	11	12	13	14	15	16
23-01	乾	坎艮	乾	坎	乾	坤	艮	兌艮	艮	坎	坤	離	坤	坤	艮	巽乾
01-03	震巽兌	兌	巽	坎乾	震巽艮	坎坤巽	坤	兌	坎離	坤離	艮	坎乾	巽	坎	乾離	坤巽
03-05	坎巽兌	離	離	艮	坤離	坎巽	乾	坎坤艮	離	艮	巽	艮	坎巽兌	乾	兌	艮
05-07	離	震兌	坎乾離	坤	震兌艮	離	坤巽	坎艮離	坎巽	離	坤	坤震	坎乾	兌	巽	艮
07-09	兌	艮	坎	兌	兌	離	坤震乾	艮	坎坤艮	離	坤	震乾離	坎	艮	兌	坎
09-11	坎乾	乾艮	坤	坎乾	坤震	兌艮	坎乾	巽震	乾	兌	兌	乾艮	巽	兌離	離	坤兌
11-13	震	離	震巽兌	震	坤	坤	艮	坎	坎乾	兌	離	艮	坎坤	坤艮	坤	兌
13-15	乾	坎坤離	震乾	坎震	巽	坎乾艮	震	坎坤巽	坎坤艮	艮	坎乾	艮	坤	坤乾兌	坎	乾離
15-17	艮	震艮	艮	巽離	坎巽	乾	坤震乾	坤震	震巽	坤	艮	離	坎乾	乾離	坎	離
17-19	巽乾	震	坎兌	巽乾	坎離	坎巽乾	震巽	艮	震巽兌	坎乾離	坎	乾離	離	坎坤離	乾	坎
19-21	乾	兌	震乾	震	4乾	坤	艮	兌艮	艮	坎	離	兌	艮	坤乾兌	艮	坎
21-23	巽	震	坎	坎	震巽艮	坎坤巽	坤	兌	坎離	坤離	坤兌離	坎坤	兌離	乾	巽乾	坤兌
幸運數字	2、3 4、8	1、4 6	5、6 7、9	2、5 6、9	1、3 4、7	5、6 8、9	4、6 7、9	2、6 9	1、2 6	2、3 6	3、4 5、9	2、5 7	1、6 7、8	1、3 6、7	2、4 5、8	1、6 7、9

時＼日	17	18	19	20	21	22	23	24	25	26	27	28	29	30
23-01	兌	乾兌	離	艮	震	坎	坎	離	坎	震離	震乾	坎	乾	艮
01-03	艮	坎	艮	巽	坤	巽離	乾	坎乾離	離	離艮坤	坎震	離	坎乾離	巽離
03-05	離	坎巽	乾	坎震艮	坤	兌	坤	坎	坤乾	坎離	兌	震乾	艮	乾兌
05-07	巽	艮	震	坤	乾	兌	坎艮離	坤	坎離艮	坎	震巽	艮	震乾	坤
07-09	兌離	坎	震乾	坎	震乾離	震	離	震	艮	震艮	坎	乾	震乾坤兌	艮
09-11	乾	坤艮	兌離	離	坤	坎離	坤巽	震巽乾	震艮坤	乾	坎艮	坎乾	艮	震艮
11-13	坎	坤	巽	離	乾	艮	震	坤艮離	坎巽	震	坎	艮	坎乾兌	坎
13-15	坤兌	乾	巽兌	艮	坎離	巽離	坤震	乾	坎	艮離	巽	艮	坎坤離	震
15-17	巽兌	震	艮	坤	艮	巽兌	巽兌	巽	震	艮	坎坤	坎震艮	艮兌坤	坤
17-19	震巽乾	艮	坤乾	坎	震巽乾	坤	坤	坤震	艮	巽艮	坎坤離	坤震乾	坎乾	艮
19-21	坤艮	巽	震乾	乾	震乾兌	坤艮	離	巽離	艮	坤離	坎	離	艮坤	離
21-23	坎乾兌	乾兌	艮	巽乾	震	巽艮	震巽	坎	坎震	震乾	震	坤	艮	巽
幸運數字	1、5 7、8	2、6 9	2、3 7	3、4 7	1、4 5、6	3、6 8	2、7 8、9	2、4 7、8	3、5 6、9	1、2 7、8	2、6 8、9	1、3 7	3、4 8	4、5 8

※東四命吉方：東、東南、北、南；凶方：東北、西南、西、西北。
西四命吉方：西、西北、西南、東北；凶方：北、東、東南、南。
吉方宜做臥室、書房、神位、櫃檯、辦公桌位；凶方宜做廁所、灶位。

2026年國曆5月每日各時辰奇門吉方及幸運數字一覽表

坎為北方・離為南方・震為東方・兌為西方
艮為東北・巽為東南・乾為西北・坤為西南

日＼時	23-01	01-03	03-05	05-07	07-09	09-11	11-13	13-15	15-17	17-19	19-21	21-23	幸運數字
1	坤震艮	震乾	巽兌	艮	震	震	兌艮離	艮	坎	兌艮離	兌艮	巽離	2、5、6、7
2	艮	乾	乾	坎艮	坎	艮	坎	兌	坤乾兌	坎	震	坤艮	4、7、9
3	巽	坎	巽離	乾艮離	艮	震	巽乾	艮	離	兌	艮	震	1、3、8、9
4	震	乾	乾	震兌艮	巽	巽	坤乾兌	震	兌艮離	兌艮	兌	乾	3、5、8、9
5	乾	震巽艮	坤離	震	兌	坤震	坤	巽	坎巽	坎離	坎	震	1、4、6、7
6	坤	坎坤巽	坎巽	離	離	兌艮	坤	坎乾艮	乾	坎巽乾	巽艮	兌艮	2、3、8、9
7	艮	坤	乾	坤巽	坤震乾	坎乾離	艮	震	坤震乾	震巽艮	坎	坎坤巽	1、3、7、9
8	兌艮	兌	坎坤艮	坎艮離	艮	震巽	坎	坎坤巽	坤震	艮	坎巽	坤	2、4、8
9	艮	坎離	離	坎巽	坎坤艮	乾	坎乾	坎坤艮	震巽	震巽	兌	離	4、5、9
10	坎	坤兌離	艮	離	離	兌	兌	艮	坤	坎乾離	坎	坤離	5、6、9
11	坤	艮	巽	坤	坤	兌	離	坎乾	艮	坎	離	坤兌離	3、6、7、8
12	離	坎乾	艮	坤震	震乾離	乾艮	艮	艮	離	乾離	兌	坎坤	1、5、8
13	坤	巽	坎巽兌	坎乾	坎	巽	坎坤	坤	坎乾	離	艮	兌離	1、2、4、9
14	坤	坎	乾	兌	艮	兌離	坤艮	坤乾兌	乾離	坎坤離	坤乾兌	乾	1、4、6、9
15	艮	乾離	兌	巽	兌	離	坤	坎	坎	乾	艮	巽乾	2、5、7、8
16	巽乾	坤巽	艮	艮	坎	坤兌	兌	乾離	離	坎	坎	坤兌	1、3、4、9
17	兌	艮	離	巽	兌離	乾	坎	坤兌	巽兌	震巽乾	坤艮	坎乾兌	1、2、4、8
18	乾兌	坎	坎巽	艮	坎	坤艮	坤	乾	震	艮	巽	乾兌	3、5、9
19	離	艮	乾	震	震乾	兌離	巽	巽兌	艮	坤乾	震乾	艮	1、5、6
20	艮	巽	坎震艮	坤	坎	離	離	艮	坤震	坎	乾	巽乾	1、6、7
21	震	坤	坤	乾	震乾離	坤	乾	坎離	艮	震巽乾	震乾兌	震	4、7、8、9
22	坎	巽離	兌	兌	震	坎離	艮	巽離	巽兌	坤	坤艮	巽艮	2、6、9
23	坎	乾	坤	坎艮離	離	坤巽	震	坤震	巽兌	坤	離	震巽	1、2、3、5
24	離	坎乾離	坎	坤	震	震巽乾	坤艮離	乾	巽	震坤	巽離	坎	1、2、5、7
25	坎	離	坤乾	坎離艮	艮	震艮坤	坎巽	坎	震	艮	艮	坎震	3、6、8、9
26	震離	離艮坤	坎離	坎	震艮	乾	震	艮離	艮	巽艮	坤離	震乾	1、2、4、5
27	震乾	坎震	兌	震巽	坎	坎艮	坎	巽	坎坤	坎坤離	坎	震	2、3、5、9
28	坎	離	震乾	艮	乾	坎乾	艮	艮	坎震艮	坤震乾	離	坤	1、4、6
29	乾	坎乾離	艮	震乾	震乾坤兌	艮	坎乾兌	坎坤離	艮兌坤	坎乾	艮坤	艮	2、6、7
30	艮	巽離	乾兌	坤	艮	震艮	坎	震	坤	艮	離	巽	2、7、8
31	坤震艮	震乾	巽兌	艮	震	震	兌艮離	艮	坎	兌艮離	兌艮	巽離	1、5、8、9

2026年國曆6月每日各時辰奇門吉方及幸運數字一覽表

坎為北方・離為南方・震為東方・兌為西方
艮為東北・巽為東南・乾為西北・坤為西南

日／時	1	2	3	4	5	6	7	8	9	10	11	12	13	14	15	16
23-01	艮	巽	震	乾	乾	坎艮	乾	坎	艮	坎坤	兌	震巽乾離	艮	離	兌	巽
01-03	乾	坎	乾	坎	震巽兌	兌	巽	坎乾	坎坤	震離	震巽	坤	坎艮	離	巽乾	坎艮
03-05	乾	巽離	乾	巽	坎巽兌	離	離	艮	震巽離	乾	艮	震乾	艮	坎艮	兌	坤
05-07	坎艮	乾艮離	震兌艮	兌	離	震兌	坎乾離	坤	坤離	艮	坤兌離	乾艮離	震離	乾	坎艮	巽兌
07-09	坎	艮	巽	坎	兌	艮	坎	兌	離	坤離	坤震兌	艮	坎乾	乾	兌	乾離
09-11	艮	震	巽	震兌	坎乾	艮乾	坤	坎乾	巽兌	震兌艮	離艮	震離	坎坤巽離	坎	坎	坎
11-13	坎	巽乾	坤乾兌	震乾	震	離	震巽兌	震	巽	坎巽	乾	坤震兌	坤艮	乾	離	艮
13-15	兌	艮	震	坎	乾	坎坤離	震乾	坎震	坤震	坎艮離	坎巽乾	震巽乾	震巽兌離	震	艮離	坎艮
15-17	坤乾兌	離	兌艮離	震	艮	震艮	艮	巽離	離	乾	震兌	坎	坤離	兌	坎	震巽離
17-19	坎	兌	兌艮	坎	巽乾	震	坎兌	巽乾	艮離	巽	坤離	巽	震兌	乾艮	坤艮離	兌
19-21	震	艮	兌	艮	乾	兌	震乾	震	艮	坎坤	坎坤	坤離	坤艮	坎	乾兌	坎巽
21-23	坤艮	震	乾	震乾	巽	震	坎	坎	震巽兌	離	震兌	兌	艮	艮離	坎乾艮	坎
幸運數字	1、3、7	2、3、4、6	2、3、6、8	1、4、7、9	2、3、5、6	1、3、4、6	2、5、7	3、7、8	3、8、9	1、2、6、9	2、4、8	3、4、5、7	3、4、7、9	1、2、5、8	3、4、6、7	2、4、5、7

日／時	17	18	19	20	21	22	23	24	25	26	27	28	29	30
23-01	震艮	巽	離	坤兌震	坎	離	艮	乾	兌	坎	震乾	離	乾	艮
01-03	震	坎艮	艮離	坤離	坎	艮	坎	巽	坤巽	坤	艮	乾	坤乾兌	乾艮離
03-05	震乾	坎	艮	巽	兌	坎	坎	坤震兌	震	離	離	乾	坎	乾
05-07	乾艮離	巽	震	艮	坤兌	坎乾艮	坎	艮	艮	巽	艮	艮	離	兌
07-09	乾	艮	艮	坤	離	艮	震	乾	離	艮	艮	震兌	乾	巽離
09-11	艮	坎	兌	坎	坎	坤	離	坤	坤震乾	乾艮	坤艮	離	震	艮
11-13	離	坎巽	乾	離	乾	坤	坤艮	艮	坤	離	坤震乾艮	巽	坤	艮
13-15	巽乾離	乾離	坎	坎離	坤	坎	震	巽	坎	艮	離	兌	艮	乾艮離
15-17	乾	坎	坤離	坎	坎坤	離	巽	震	坎	震巽	巽	艮	乾	坎
17-19	坎艮	兌艮離	坎離	坎震	震巽離	坎兌	坎離	乾	巽	震巽乾	坤震	乾	坎乾離	巽乾兌
19-21	兌艮	兌	艮	兌	震	坤離	震	坎	坎坤震	艮	坎	震	艮	艮
21-23	震	坎	離	兌	坎震艮	坎	坎	巽乾	震乾	巽	兌	坎	坤乾	坤離
幸運數字	3、6、8	4、8、9	3、4、7	1、4、5、6	4、7、9	1、6、7、8	1、4、5、8	1、4、7、9	1、3、4、9	2、6、8、9	1、5、8	4、8、9	2、7、8	3、6、7、8

出生入死。生之徒十有三，死之徒十有三，人之生，動之死地，亦十有三。夫何故？以其生生之厚。蓋聞善攝生者，陸行不遇兕虎，入軍不被兵甲。兕無所投其角，虎無所措其爪，兵無所容其刃，夫何故？以其無死地。（老子・五十章）

2026年國曆7月每日各時辰奇門吉方及幸運數字一覽表

坎為北方・離為南方・震為東方・兌為西方
艮為東北・巽為東南・乾為西北・坤為西南

時＼日	1	2	3	4	5	6	7	8	9	10	11	12	13	14	15	16
23-01	坎	坤	坤	艮	坎兌	坤乾兌	坤巽	巽	艮	坤	坤	坤	巽	乾	兌艮	兌
01-03	兌	震	坎乾艮離	離	坤離	坎艮	艮	坎艮離	震乾	震乾	坎兌	兌	乾	乾	艮	坎巽
03-05	巽	艮	坎	坤	離	離	震巽艮	乾	坎巽	坎乾	兌	震乾	乾	兌艮	坎艮	離
05-07	坤巽離	坎乾離	坤離	坎坤離	兌	震巽兌艮	艮	震巽乾離	坤	坤	坎震	坎震乾	坤震	艮	乾	震
07-09	巽兌艮	艮	坤艮	艮	兌艮	坎	坎	坤震兌	坤	離	坤離	乾	巽	巽	巽	震
09-11	坎艮	乾離	坤	艮	坤	乾艮離	巽	巽	兌	巽	乾	震	巽	乾	坎巽	艮離
11-13	艮	坎	坎兌	坤巽	離	艮	艮	坎	離	坤	艮	巽乾	震	坤巽	巽兌	艮
13-15	震	坤巽離	兌離	坎	坎艮離	兌	坤兌	坎坤離	兌	乾	坤	坤	坎	坤	坎乾艮離	乾
15-17	坤乾兌	坎艮	乾離	乾	乾	離	坤震	坤	兌	離	坤震	坤	離	艮	乾	坎乾離
17-19	震兌艮	巽	兌艮	艮	坤乾	艮	兌	巽離	乾	坤	坤	坎	震	坎艮	巽乾離	坤巽
19-21	兌	乾離	兌離	艮	坤	離	離	坤艮	坎	震巽	震	巽	兌	坎	震乾兌	坤
21-23	離	坤兌	坎	震艮	震巽離	兌	坤	乾	坤巽	巽離	坎坤震艮	坤兌	乾	巽兌	兌艮	巽
幸運數字	3、6 8	5、6 7、9	3、4 7、9	3、6 8、9	2、3 8、9	1、5 7、8	4、7 9	3、7 8	1、6 7	2、5 6、7	2、5 7	4、5 6、8	2、3 6、8	2、5 7、8	1、2 7、8	4、6 7、9

時＼日	17	18	19	20	21	22	23	24	25	26	27	28	29	30	31
23-01	離	坤	乾	離	震	震巽	震	坎	震巽	艮	巽兌	乾	坎	乾	坤
01-03	坤	乾離	艮	震巽離	坎兌	巽	乾艮離	坎坤	巽乾離	坎坤	兌	坎艮	巽兌	震巽兌	震巽
03-05	艮	離	坎乾兌	乾	坤	巽	艮	坤震	坤	離	巽	乾	巽	乾	乾
05-07	艮離	艮離	兌	艮	坎	坎	震	坤	乾	坎乾	乾離	坤	震兌	離	震兌
07-09	坎	兌艮	巽	坤兌離	兌艮	乾	坎	坎	坤震乾	巽	乾	坤	坎	兌	坤兌
09-11	坎坤	巽乾離	乾兌	震兌	艮	巽	坎離	離	坤震離	坎乾艮	坤	坎艮	震兌	離	坎乾艮
11-13	震	坎震艮	震	乾	坎	震兌	震艮	巽	坎坤巽	乾	坎坤巽	巽	巽	艮	坎
13-15	震乾兌	坎巽兌	兌	坎乾離	坎巽乾兌	震兌	震兌艮	巽	坎離	坤震	巽	坎	巽離	艮	巽
15-17	乾	乾	離	艮	震艮	坎	艮	離	艮	坎巽乾兌	坤	坎	兌	乾	坎
17-19	艮	坎艮	坎	坤震兌	兌艮	離	乾兌	坎乾	坤艮	坤	坎坤震	坎坤	艮離	巽	兌
19-21	震	巽	乾	兌	艮	坤艮離	坤兌艮	離	坤震	坤巽離	坤乾離	震	乾	巽乾兌	坎兌
21-23	巽兌	離	震乾兌	乾艮	坤震乾兌	震	艮	坤離	坤巽離	坎巽	震	乾	震	巽離	兌
幸運數字	3、6 8	2、6 7	5、6 9	1、4 5、6	1、4 6	3、4 5、7	1、2 5、7	1、4 6、7	1、6 7、9	3、5 6、8	2、5 7	1、5 6	4、5 8	3、4 5、9	3、5 9

※後天八卦數：坎1、坤2、震3、巽4、乾6、兌7、艮8、離9。

2026年國曆8月每日各時辰奇門吉方及幸運數字一覽表

坎為北方・離為南方・震為東方・兌為西方
艮為東北・巽為東南・乾為西北・坤為西南

日／時	1	2	3	4	5	6	7	8	9	10	11	12	13	14	15	16
23-01	巽離	離	艮	坤	坤	坤	巽	乾	兌艮	兌	離	坤	艮	坎兌	坤乾兌	坤巽
01-03	艮	艮離	震乾	震乾	坎兌	兌	乾	乾	艮	坎巽	坤	乾離	離	坤離	坎艮	艮
03-05	離	艮	坎巽	坎乾	兌	震乾	乾	兌艮	坎艮	離	艮	離	坤	離	離	震巽艮
05-07	坎乾艮離	坤	坤	坤	坎震	坎震乾	坤震	艮	乾	震	艮離	艮離	坎坤離	兌	震巽兌艮	艮
07-09	離	乾	坤	離	坤離	乾	巽	巽	巽	震	坎	兌艮	艮	兌艮	坎	坎
09-11	兌	巽	兌	巽	乾	震	巽	乾	坎巽	艮離	坎坤	巽乾離	艮	坤	乾艮離	巽
11-13	震兌	兌艮	離	坤	艮	巽乾	震	坤巽	巽兌	艮	震	坎震艮	坤巽	離	艮	艮
13-15	巽	震	兌	乾	坤	坤	坎	坤	坎乾艮離	乾	震乾兌	坎巽兌	坎	坎艮離	兌	坤兌
15-17	坤	巽	兌	離	坤震	坤	離	艮	乾	坎乾兌	乾	乾	乾	乾	離	坤震
17-19	乾	巽兌	乾	坤	坤	坎	震	坎艮	巽乾離	坤巽	艮	坎艮	艮	坤乾	艮	兌
19-21	乾	震	坎	震巽	震	巽	兌	坎	震乾兌	坤	震	巽	艮	坤	離	離
21-23	坎	艮	坤巽	巽離	坎坤震艮	坤兌	乾	巽兌	兌艮	巽	巽兌	離	震艮	震巽離	兌	坤
幸運數字	2、3、4、6	1、4、6、9	3、5、6、9	5、6、8、9	2、4、5、7	1、4、6	4、5、9	3、4、7	2、3、4、8	2、4、8	1、2、3、5	3、5、8、9	2、4、5、8	4、5、7、8	1、3、4、6	3、5、9

日／時	17	18	19	20	21	22	23	24	25	26	27	28	29	30	31
23-01	巽	坎	震巽	艮	巽兌	乾	坎	乾	坤	巽離	離	乾	離	震	震巽
01-03	坎艮離	坎坤	巽乾離	坎坤	兌	坎艮	巽兌	震巽兌	震巽	艮	艮離	艮	震巽離	坎兌	巽
03-05	乾	坤震	坤	離	巽	乾	巽	乾	乾	離	艮	坎乾兌	乾	坤	巽
05-07	震巽乾離	坤	乾	坎乾	乾離	坤	震兌	離	震兌	坎乾艮離	坤	兌	艮	坎	坎
07-09	坤震兌	坎	坤震乾	巽	乾	坤	坎	兌	坤兌	離	乾	巽	坤兌離	兌艮	乾
09-11	巽	離	坤震離	坎乾艮	坤	坎艮	震兌	離	坎乾艮	兌	巽	乾兌	震兌	艮	巽
11-13	坎	巽	坎坤巽	乾	坎坤巽	巽	巽	艮	坎	震兌	兌艮	震	乾	坎	震兌
13-15	坎坤離	巽	坎離	坤震	巽	坎	巽離	艮	巽	巽	震	兌	坎乾離	坎巽乾兌	震兌
15-17	坤	離	艮	坎巽乾兌	坤	坎	兌	乾	坎	坤	巽	離	艮	震艮	坎
17-19	巽離	坎乾	坤艮	坤	坎坤震	坎坤	艮離	巽	兌	乾	巽兌	坎	坤震兌	兌艮	離
19-21	坤艮	離	坤震	坤巽離	坤乾離	震	乾	巽乾兌	坎兌	乾	震	乾	兌	艮	坤艮離
21-23	乾	坤離	坤巽離	坎巽	震	乾	震	巽離	兌	坎	艮	震乾兌	乾艮	坤震乾兌	震
幸運數字	3、4、8	3、8、9	4、7、8、9	4、7、9	1、6、7、8	1、4、5、8	1、3、4、7	3、4、6、7	2、3、5、9	2、4、8	2、3、7	1、2、5	1、2、6、9	2、6、9	1、3、8、9

2026年國曆9月每日各時辰奇門吉方及幸運數字一覽表

坎為北方・離為南方・震為東方・兌為西方
艮為東北・巽為東南・乾為西北・坤為西南

時＼日	1	2	3	4	5	6	7	8	9	10	11	12	13	14	15	16
23-01	震	離	坤兌震	坎	離	艮	乾	兌	坎	震乾	離	乾	艮	坎	坤	坤
01-03	乾艮離	艮離	坤離	坎	艮	坎	巽	坤巽	坤	艮	乾	坤乾兌	乾艮離	兌	震	坎乾艮離
03-05	艮	艮	巽	兌	坎	坎	坤震兌	震	離	離	乾	坎	乾	巽	艮	坎
05-07	震	震	艮	坤兌	坎乾艮	坎	艮	艮	巽	艮	艮	離	兌	坤巽離	坎乾離	坤離
07-09	坎	艮	坤	離	艮	震	乾	離	艮	艮	震兌	乾	巽離	巽兌艮	艮	坤艮
09-11	坎離	兌	坎	坎	坤	離	坤	坤震乾	乾艮	坤艮	離	震	艮	坎艮	乾離	坤
11-13	震艮	震乾	離	乾	坤	坤艮	艮	坤	離	坤震乾艮	巽	坤	艮	艮	坎	坎兌
13-15	震兌艮	坎	坎離	坤	坎	震	巽	坎	艮	離	兌	艮	乾艮離	震	坤巽離	兌離
15-17	艮	坤離	坎	坎坤	離	巽	震	坎	震巽	巽	艮	乾	坎	坤乾兌	坎艮	乾離
17-19	乾兌	坎離	坎震	震巽離	坎兌	坎離	乾	巽	震巽乾	坤震	乾	坎乾離	巽乾兌	震兌艮	巽	兌艮
19-21	坤兌艮	艮	兌	震	坤離	震	坎	坎坤震	艮	坎	震	艮	艮	兌	乾離	兌離
21-23	艮	艮離	兌離	坎震艮	坎震	坎	巽乾	震乾	巽	兌	坎	坤乾	坤離	離	坤兌	坎
幸運數字	1、3、6、7	2、3、6、9	2、3、5、6	1、2、4、8	1、3、7	1、2、6	1、4、9	1、5、8、9	1、5、8	2、7、8、9	2、5、6、9	1、4、5、8	1、2、4、5	1、3、7、9	2、6、9	1、5、9

時＼日	17	18	19	20	21	22	23	24	25	26	27	28	29	30
23-01	巽兌	乾	離	震	震巽	震	坎	震巽	艮	乾	坎	乾	坤	巽離
01-03	兌	艮	震巽離	坎兌	巽	乾艮離	坎坤	巽乾離	坎坤	坎艮	巽兌	震巽兌	震巽	艮
03-05	巽	坎乾兌	乾	坤	巽	艮	坤震	坤	離	乾	巽	乾	乾	離
05-07	乾離	兌	艮	坎	坎	震	坤	乾	坎乾	坤	震兌	離	震兌	坎乾艮離
07-09	乾	巽	坤兌離	兌艮	乾	坎	坎	坤震乾	巽	坤	坎	兌	坤兌	離
09-11	坤	乾兌	震兌	艮	巽	坎離	離	坤震離	坎乾艮	坎艮	震兌	離	坎乾艮	兌
11-13	坎坤巽	震	乾	坎	震兌	震艮	巽	坎坤巽	乾	巽	巽	艮	坎	震兌
13-15	巽	兌	坎乾離	坎巽乾兌	震兌	震兌艮	巽	坎離	坤震	坎	巽離	艮	巽	巽
15-17	坤	離	艮	震艮	坎	艮	離	艮	坎巽乾兌	坎	兌	乾	坎	坤
17-19	坎坤震	坎	坤震兌	兌艮	離	乾兌	坎乾	坤艮	坤	坎坤	艮離	巽	兌	乾
19-21	坤乾離	乾	兌	艮	坤艮離	坤兌艮	離	坤震	坤巽離	震	乾	巽乾兌	坎兌	乾
21-23	震	震乾兌	乾艮	坤震乾兌	震	艮	坤離	坤巽離	坎巽	乾	震	巽離	兌	坎
幸運數字	3、8、9	4、7、8、9	4、7、9	1、6、7、8	1、4、5、8	1、4、7、9	1、3、4、9	2、6、8、9	1、5、8	4、8、9	2、7、8	3、6、7、8	3、6、8	5、6、7、9

2026年國曆10月每日各時辰奇門吉方及幸運數字一覽表

坎為北方・離為南方・震為東方・兌為西方

艮為東北・巽為東南・乾為西北・坤為西南

16	15	14	13	12	11	10	9	8	7	6	5	4	3	2	1	日／時
離	震乾	坎	兌	乾	艮	離	坎	坤兌震	離	坤	坤	坎	艮	乾	離	23-01
乾	艮	坤	坤巽	巽	坎	艮	坎	坤離	艮離	坎乾艮離	震	兌	乾艮離	坤乾兌	艮離	01-03
乾	離	離	震	坤震兌	坎	坎	兌	巽	艮	坎	艮	巽	乾	坎	艮	03-05
艮	艮	巽	艮	艮	坎	坎乾艮	坤兌	艮	震	坤離	坎乾離	坤巽離	兌	離	坤	05-07
震兌	艮	艮	離	乾	震	艮	離	坤	艮	坤艮	艮	巽兌艮	巽離	乾	乾	07-09
離	坤艮	乾艮	坤震乾	坤	離	坤	坎	坎	兌	坤	乾離	坎艮	艮	震	巽	09-11
巽	坤震乾艮	離	坤	艮	坤艮	坤	乾	離	震乾	坎兌	坎	艮	艮	坤	兌艮	11-13
兌	離	艮	坎	巽	震	坎	坤	坎離	坎	兌離	坤巽離	震	乾艮離	艮	震	13-15
艮	巽	震巽	坎	震	巽	離	坎坤	坎	坤離	乾離	坎艮	坤乾兌	坎	乾	巽	15-17
乾	坤震	震巽乾	巽	乾	坎離	坎兌	震巽離	坎震	坎離	兌艮	巽	震兌艮	巽乾兌	坎乾離	巽兌	17-19
震	坎	艮	坎坤震	坎	震	坤離	震	兌	艮	兌離	乾離	兌	艮	艮	震	19-21
坎	兌	巽	震乾	巽乾	坎	坎震	坎震艮	兌離	艮離	坎	坤兌	離	坤離	坤乾	艮	21-23
3、6 8、9	3、4 7、9	3、6 8、9	3、4 7、9	3、6 8、9	3、4 7、9	3、6 8、9	3、4 7、9	3、6 8、9	3、4 7、9	3、6 8、9	3、4 7、9	3、6 8、9	3、4 7、9	3、6 8、9	3、4 7、9	幸運數字

31	30	29	28	27	26	25	24	23	22	21	20	19	18	17	日／時
巽	坤	坤	坤	艮	巽	坤巽	坤乾兌	坎兌	艮	坤	離	兌	兌艮	乾	23-01
乾	兌	坎兌	震乾	震乾	坎艮離	艮	坎艮	坤離	離	乾離	坤	坎巽	艮	乾	01-03
乾	震乾	兌	坎乾	坎巽	乾	震巽艮	離	離	坤	離	艮	離	坎艮	兌艮	03-05
坤震	坎震乾	坎	坤	坤	震巽乾離	艮	震巽兌艮	兌	坎坤離	艮離	艮離	震	乾	艮	05-07
巽	乾	坤離	離	坤	坤震兌	坎	坎	兌艮	艮	兌艮	坎	震	巽	巽	07-09
巽	震	乾	巽	兌	巽	巽	乾艮離	坤	艮	巽乾離	坎坤	艮離	坎巽	乾	09-11
震	巽乾	艮	坤	離	坎	艮	艮	離	坤巽	坎震艮	震	艮	巽兌	坤巽	11-13
坎	坤	坤	乾	兌	坎坤離	坤兌	兌	坎艮離	坎	坎巽兌	震乾兌	乾	坎乾艮離	坤	13-15
離	坤	坤	離	兌	坤	坤震	離	乾	乾	乾	乾	坎乾兌	乾	艮	15-17
震	坎	坤	坤	乾	巽離	兌	艮	坤乾	艮	坎艮	艮	坤巽	巽乾離	坎艮	17-19
兌	巽	震	震巽	坎	坤艮	離	離	坤	艮	巽	震	坤	震乾兌	坎	19-21
乾	坤兌	坎坤震艮	巽離	坤巽	乾	坤	兌	震巽離	震艮	離	巽兌	巽	兌艮	巽兌	21-23
1、4 6、9	2、3 4、6	3、5 9	3、4 5、9	4、5 8	1、5 6	2、5 7	3、5 6、8	1、6 7、9	1、3 4、7	2、4 7、8	1、2 4、9	1、3 7	1、2 3、7	2、3 6	幸運數字

※停車密咒：嗡 吽嘛吽里梭哈。 ※停車數字咒：3396815。

※六字大明咒：嗡嘛呢唄美吽。※黃財神心咒：嗡藏巴拉札楞札也梭哈。

2026 國曆11月每日各時辰奇門吉方及幸運數字一覽表

坎為北方・離為南方・震為東方・兌為西方
艮為東北・巽為東南・乾為西北・坤為西南

日＼時	23-01	01-03	03-05	05-07	07-09	09-11	11-13	13-15	15-17	17-19	19-21	21-23	幸運數字
1	乾	坤乾兌	坎	離	乾	震	坤	艮	乾	坎乾離	艮	坤乾	3、5、6、9
2	艮	乾艮離	乾	兌	巽離	艮	艮	乾艮離	坎	巽乾兌	艮	坤離	5、6、8、9
3	坎	兌	巽	坤巽離	巽兌艮	坎艮	艮	震	坤乾兌	震兌艮	兌	離	2、4、5、7
4	坤	震	艮	坎乾離	艮	乾離	坎	坤巽離	坎艮	巽	乾離	坤兌	1、4、6
5	坤	坎乾艮離	坎	坤離	坤艮	坤	坎兌	兌離	乾離	兌艮	兌離	坎	4、5、9
6	離	艮離	艮	震	艮	兌	震乾	坎	坤離	坎離	艮	艮離	3、4、7
7	坤兌震	坤離	巽	艮	坤	坎	離	坎離	坎	坎震	兌	兌離	2、3、4、8
8	坎	坎	兌	坤兌	離	坎	乾	坤	坎坤	震巽離	震	坎震艮	2、4、8
9	離	艮	坎	坎乾艮	艮	坤	坤	坎	離	坎兌	坤離	坎震	1、2、3、5
10	艮	坎	坎	坎	震	離	坤艮	震	巽	坎離	震	坎	3、5、8、9
11	乾	巽	坤震兌	艮	乾	坤	艮	巽	震	乾	坎	巽乾	2、4、5、8
12	兌	坤巽	震	艮	離	坤震乾	坤	坎	坎	巽	坎坤震	震乾	4、5、7、8
13	坎	坤	離	巽	艮	乾艮	離	艮	震巽	震巽乾	艮	巽	1、3、4、6
14	震乾	艮	離	艮	艮	坤艮	坤震乾艮	離	巽	坤震	坎	兌	3、5、9
15	離	乾	乾	艮	震兌	離	巽	兌	艮	乾	震	坎	3、4、8
16	乾	乾	兌艮	艮	巽	乾	坤巽	坤	艮	坎艮	坎	巽兌	2、3、6
17	兌艮	艮	坎艮	乾	巽	坎巽	巽兌	坎乾艮離	乾	巽乾離	震乾兌	兌艮	1、2、3、7
18	兌	坎巽	離	震	震	艮離	艮	乾	坎乾兌	坤巽	坤	巽	1、3、7
19	離	坤	艮	艮離	坎	坎坤	震	震乾兌	乾	艮	震	巽兌	1、2、4、9
20	坤	乾離	離	艮離	兌艮	巽乾離	坎震艮	坎巽兌	乾	坎艮	巽	離	2、4、7、8
21	艮	離	坤	坎坤離	艮	艮	坤巽	坎	乾	艮	艮	震艮	1、3、4、7
22	坎兌	坤離	離	兌	兌艮	坤	離	坎艮離	乾	坤乾	坤	震巽離	3、4、6、7
23	坤乾兌	坎艮	離	震巽兌艮	坎	乾艮離	艮	兌	離	艮	離	兌	2、3、5、9
24	坤巽	艮	震巽艮	艮	坎	巽	艮	坤兌	坤震	兌	離	坤	2、4、8
25	巽	坎艮離	乾	震巽乾離	坤震兌	巽	坎	坎坤離	坤	巽離	坤艮	乾	2、3、7
26	艮	震乾	坎巽	坤	坤	兌	離	兌	兌	乾	坎	坤巽	1、2、5
27	坤	震乾	坎乾	坤	離	巽	坤	乾	離	坤	震巽	巽離	1、2、6、9
28	坤	坎兌	兌	坎震	坤離	乾	艮	坤	坤震	坤	震	坎坤震艮	2、6、9
29	坤	兌	震乾	坎震乾	乾	震	巽乾	坤	坤	坎	巽	坤兌	1、3、8、9
30	巽	乾	乾	坤震	巽	巽	震	坎	離	震	兌	乾	1、3、6、7

小國寡民，使有什伯之器而不用，使民重死而不遠徒。雖有舟輿，無所乘之；雖有甲兵，無所陳之。使民復結繩而用之。甘其食，美其服，安其居，樂其俗。鄰國相望，雞犬之聲相聞，民至老死不相往來。

（老子・八十章）

2026年國曆12月每日各時辰奇門吉方及幸運數字一覽表

坎為北方・離為南方・震為東方・兌為西方
艮為東北・巽為東南・乾為西北・坤為西南

日	23-01	01-03	03-05	05-07	07-09	09-11	11-13	13-15	15-17	17-19	19-21	21-23	幸運數字
1	坎	巽兌	巽	震兌	坎	震兌	巽	巽離	兌	艮離	乾	震	2、3、6、9
2	乾	震巽兌	乾	離	兌	離	艮	艮	乾	巽	巽乾兌	巽離	2、3、5、6
3	坤	震巽	乾	震兌	坤兌	坎乾艮	坎	巽	坎	兌	坎兌	兌	1、2、4、8
4	巽離	艮	離	坎乾艮離	離	兌	震兌	巽	坤	乾	乾	坎	1、3、7
5	離	艮離	艮	坤	乾	巽	兌艮	震	巽	巽兌	震	艮	1、2、6
6	乾	艮	坎乾兌	兌	巽	乾兌	震	兌	離	坎	乾	震乾兌	1、4、9
7	離	震巽離	乾	艮	坤兌離	震兌	乾	坎乾離	艮	坤震兌	兌	乾艮	1、5、8、9
8	震	坎兌	坤	坎	兌艮	艮	坎	坎巽乾兌	震艮	兌艮	艮	坤震乾兌	1、5、8
9	震巽	巽	巽	坎	乾	巽	震兌	震兌	坎	離	坤艮離	震	2、7、8、9
10	震	乾艮離	艮	震	坎	坎離	震艮	震兌艮	艮	乾兌	坤兌艮	艮	2、5、6、9
11	坎	坎坤	坤震	坤	坎	離	巽	巽	離	坎乾	離	坤離	1、4、5、8
12	震巽	巽乾離	坤	乾	坤震乾	坤震離	坎坤巽	坎離	艮	坤艮	坤震	坤巽離	1、2、4、5
13	艮	坎坤	離	坎乾	巽	坎乾艮	乾	坤震	坎巽乾兌	坤	坤巽離	坎巽	1、3、7、9
14	巽兌	兌	巽	乾離	乾	坤	坎坤巽	巽	坤	坎坤震	坤乾離	震	2、6、9
15	乾	坎艮	乾	坤	坤	坎艮	巽	坎	坎	坎坤	震	乾	1、5、9
16	坎	坤離	艮	離	離	兌	兌	艮	坤	坎乾離	坎	坤離	5、6、9
17	坤	艮	巽	坤	坤	兌	離	坎乾	艮	坎	離	坤兌離	1、4、5、6
18	離	坎乾	艮	坤震	震乾離	乾艮	艮	艮	離	乾離	兌	坎坤	1、4、6
19	坤	巽	坎巽兌	坎乾	坎	巽	坎坤	坤	坎乾	離	艮	兌離	3、4、5、7
20	坤	坎	乾	兌	艮	兌離	坤艮	坤乾兌	乾離	坎坤離	坤乾兌	乾	1、2、5、7
21	艮	乾離	兌	巽	兌	離	坤	坎	坎	乾	艮	巽乾	1、4、6、7
22	巽乾	坤巽	艮	艮	坎	坤兌	兌	乾離	離	坎	坎	坤兌	4、5、7、8
23	兌	艮	離	巽	兌離	乾	坎	坤兌	巽兌	震巽乾	坤艮	坎乾兌	3、5、6、8
24	乾兌	坎	坎巽	艮	坎	坤艮	坤	乾	震	艮	巽	乾兌	4、7、9
25	離	艮	乾	震	震乾	兌離	巽	巽兌	艮	坤乾	震乾	艮	1、5、9
26	乾	震巽艮	坤離	震	坤兌	坤震	坤	巽	坎巽	坎離	坎	震	1、2、5
27	坎坤	坎坤巽	坎巽兌	離	乾離	兌艮	坤	坎乾艮	乾	坎巽乾	巽艮	兌艮	2、3、4、8
28	艮	坤	震乾	坤巽離	坤震乾	坎乾離	坎艮	震	坤震乾	震巽艮	坎	坎坤巽	1、4、6
29	兌艮	兌	坎坤艮	坎艮離	艮	震巽	坎	坎坤巽	坤震	艮	坎巽	坤	5、6、7、9
30	艮	坎離	離	坎巽	坎坤艮	乾	坎乾	坎坤艮	震巽	震巽	兌	離	2、5、6、9
31	坎	離	坤乾	坎離艮	艮	震艮坤	坎巽	坎	震	艮	坎艮	坎震	1、3、4、7

玄空神數預測二〇二六股市與經濟

文・圖／輔仁大學中文系教授 謝達輝博士

今年有年卦及十二個月之月卦預測。

玄空神數在於占卜方面確實發揮了快速與精準的預測，在股市方面的預測更是每有奇準，筆者在非凡商業電視台約二十年的股海羅盤節目及非凡商業周刊做股市預測，亦獲甚多股友好評！

去年在「二〇二五年開運聖經」中披露二〇二五年的股市預測，讀者可自行印證參考，現在為廣大的股友提早預測明年二〇二六年的台灣股市狀況，透過開運聖經提早與股友見面，願大家皆能獲利，未在股市投資的朋友也能透過本篇的預測瞭解明年的台灣經濟起伏，做好各種準備及因應措施！

以玄空神數占卜二〇二六年一月五日至二〇二六年十二月卅一日的台股行情，分別以一組年卦，及每個月一個卦象來看每個月之漲跌與走勢狀況，預測大盤起伏，以饗讀友，讀友們可就此二者做中長期綜合研判。

名詞解讀：玄空神數占卜系統共分成五個卦，即體卦、用卦、上互卦、下互卦、變卦等。

①體卦：代表台灣的整體股市的年卦或月卦。

②用卦：代表台灣股市外在環境及第一個階段過程之吉凶。

③上互卦：代表台灣股市第二個階段過程之吉凶。

④下互卦：代表台灣股市第三個階段過程之吉凶。

⑤變卦：代表台灣股市第四個階段過程之吉凶。

一、二〇二六年股市台股大盤年卦：

首先分析國曆二〇二六年一月五日至十二月卅一日台灣股市大盤走勢，占卜時間農曆二〇二五年巳月，屬火土旺之節氣，卦象如下：

以玄空神數占得水風井卦，二爻動，變水山蹇卦，互卦為火澤睽。體卦為坎水，用卦為巽木，上互卦離火，下互卦兌金，變卦為艮土，分析如下：

①體卦坎水：「體卦代表台灣的整體股市」，卦氣為囚，屬衰弱卦氣，表示本年股市體質差，基本面不佳，逢外在環境好時，升幅不會太高，若逢剋或洩，則會跌得較深。

②用卦巽木：「用卦表股市外在環境，及本年度第一階段狀況」，卦氣為休，屬衰弱卦氣，體卦生用卦，體卦洩氣，表示初期呈開低之勢。

③上互卦離火：「上互卦表示本年度股市第二階段」，卦氣為旺，屬強盛

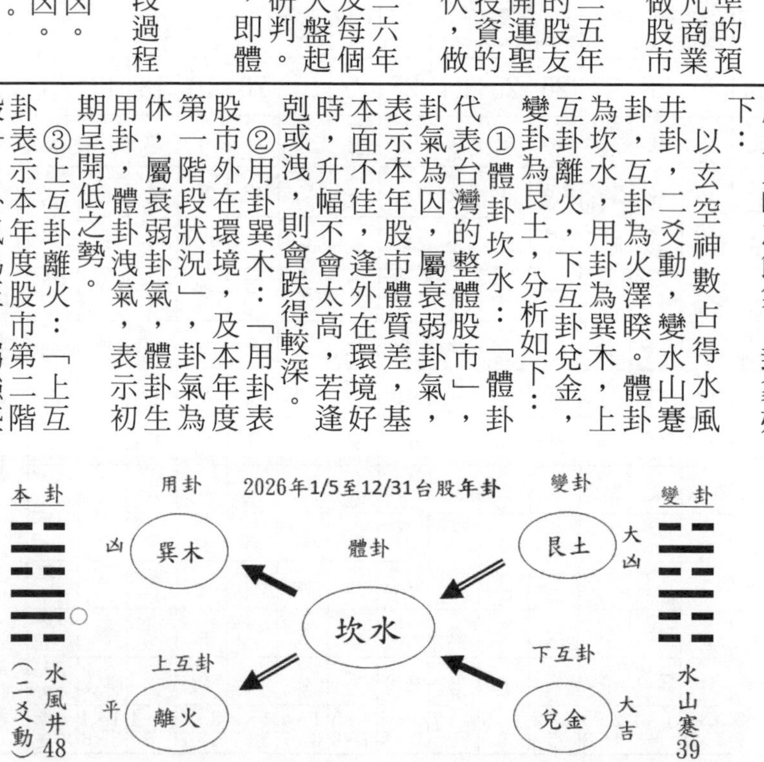

卦氣，體卦坎水剋上互卦離火，體卦之氣被盜，表示此階段股市將略為走升。

④下互卦兌金：「下互卦表示本年度股市第三階段」，卦氣為死，屬衰弱卦氣，下互卦兌金生體卦坎水，體卦被生，表示此階段股市將向上持續走高。

⑤變卦艮土：「變卦表示本年度發展最後階段或結果」，卦氣為相，屬強盛卦氣，變卦艮土剋體卦坎水，表示此階段股市將反向震盪走低。

綜合歸納：國曆二〇二六年一月五日至十二月卅一日之股市大盤初期呈開低之勢，接著略為走升，而後向上持續走高，尾盤反向震盪走低。

二、二〇二六年股市台股大盤十二個月之月卦：

(1)二〇二六年國曆一月份之台股大盤月卦：

以玄空神數占得火水未濟卦，二爻動，變火地晉卦，互卦得水火既濟。體卦離火，用卦坎水，上互卦坎水，下互卦離火，變卦坤土，分析如下：

①體卦離火：「體卦代表一月份的整體股市」，卦氣為旺，屬旺盛卦氣，表示本月份股市體質佳，基本面強，逢外在環境好時，升幅會較高，若逢剋或洩則不會跌得太深。

②用卦坎水：「用卦表股市外在環境，及一月份初期狀況」，卦氣為囚，屬衰弱卦氣，用卦坎水剋體卦離火，表示初期呈開低之勢。

③上互卦坎水：「上互卦表示一月份股市發展第二階段」，卦氣為囚，屬衰弱卦氣，上互卦坎水剋體卦離火，表示此階段在上上下下之間滑動。

④下互卦離火：「下互卦表示一月份股市發展第三階段」，卦氣為旺，屬旺盛卦氣，下互卦離火與體卦五行相同，表示股市將向上走高。

⑤變卦坤土：「變卦表示一月份股市發展最後階段或結果」，卦氣為相，屬強盛卦氣，體卦離火生變卦坤土，表示此階段又向下走跌。

綜合歸納：國曆二〇二六年一月五日至一月卅日之股市大盤初期呈開低之勢，接著在上上下下之間游走，而後向上走高，尾盤又向下走低之局。

(2)二〇二六年國曆二月份之台股大盤月卦：

以玄空神數占得山風蠱卦，三爻動，變山水蒙卦，互卦為雷澤歸妹。體卦艮土，用卦巽木，上互卦震木，下互卦兌金，變卦坎水，分析如下：

①體卦艮土：「體卦代表台灣二月份的整體股市」，卦氣為相，屬強盛卦氣，表示本月份股市體質不錯，基本面強，逢外在環境好時，升幅會較高，若逢剋

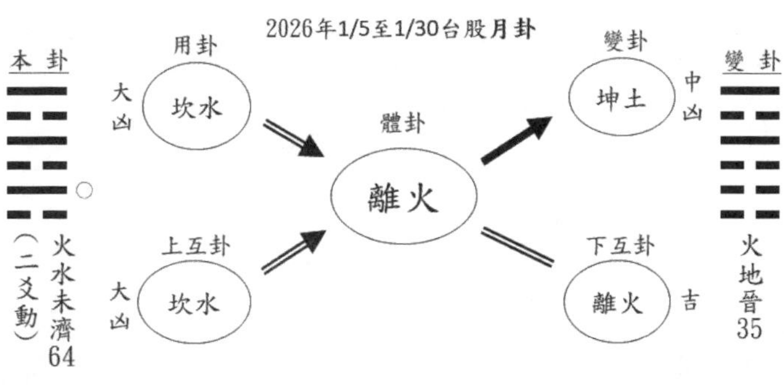

或洩則不會跌得太深。

②用卦巽木：「用卦表股市外在環境，及二月份初期狀況」，卦氣為休，屬衰弱卦氣，用卦巽木剋體卦艮土，表示初期呈開低之勢。

③上互卦震木：「上互卦表示二月份股市發展第二階段」，卦氣為休，屬衰弱卦氣，上互卦震木剋體卦艮土，表示此階段股市仍在低點徘徊。

④下互卦兌金：「下互卦表示二月份股市發展第三階段」，卦氣為死，屬衰弱卦氣，體卦艮土生下互卦兌金，表示此階段將略為向上走升。

⑤變卦坎水：「變卦表示二月份股市發展最後階段或結果」，卦氣為囚，屬衰弱卦氣，體卦艮土剋變卦坎水，表示此股市仍略微向上走升。

綜合歸納：二〇二六年二月二日至二月廿七日之股市大盤初期呈開低之勢，後仍在低點遊走徘徊，後半段略為向上走升，末期再略微走升之局。

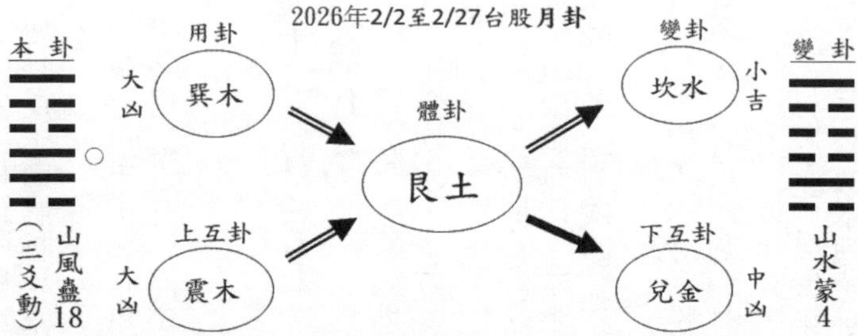

(3)二〇二六年國曆三月份之台股大盤月卦：

以玄空神數占得水澤節卦，三爻動，變卦水天需卦，互卦為山雷頤卦。體卦坎水，用卦兌金，上互卦艮土，下互卦震木，變卦乾金，分析如下：

①體卦坎水：「體卦代表三月份的整體股市」，卦氣為囚，屬衰弱卦氣，表示本月份股市體質不佳，基本面不強，逢外在環境好時，升幅不會太高，若逢剋或洩則會跌得較深。

②用卦兌金：「用卦表股市外在環境，及三月份初期狀況」，卦氣為死，屬衰弱卦氣，用卦兌金生體卦坎水，表示初期呈開高之勢。

③上互卦艮土：「上互卦表示三月份股市發展第二階段」，卦氣為相，屬強盛卦氣，上互卦艮土剋體卦坎水，表示此階段股市將震盪下滑。

④下互卦震木：「下互卦表示三月份股市發展第三階段」，卦氣為休，屬衰弱卦氣，體卦坎水生下互卦震

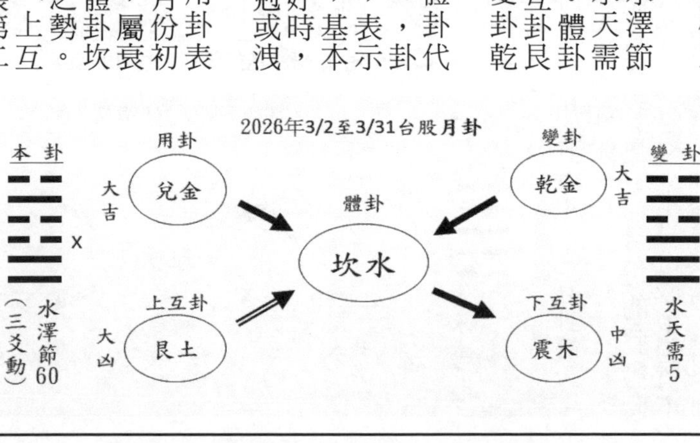

木，體卦洩氣，表示此階段將略微走升。

⑤變卦乾金：「變卦表示三月份股市發展最後階段或結果」，卦氣為死，屬衰弱卦氣，變卦乾金生體卦坎水，體卦受生，表示此階段股市持續向上走升。

綜合歸納：二〇二六年三月二日至三月卅一日之股市大盤初期呈開高之勢，接著震盪下滑，再略微走升，後段持續向上走升。

(4)二〇二六年國曆四月份之台股大盤月卦：

以玄空神數占得火澤睽卦，五爻動，變兌為天澤履卦，互卦水火既濟。體卦兌金，用卦離火，上互卦坎水，下互卦離火，變卦乾金，分析如下：

①體卦兌金：「體卦代表四月份的整體股市」，卦氣為死，屬衰弱卦氣，表示本月份股市體質差，基本面不強，逢外在環境好時，升幅不會太高，若逢剋或洩則會跌得較深。

②用卦離火：「用卦表股市外在環境，及四月份初期狀況」，卦氣為休，屬強盛卦氣，用卦離火剋體卦兌金，表示初期呈開低之勢。

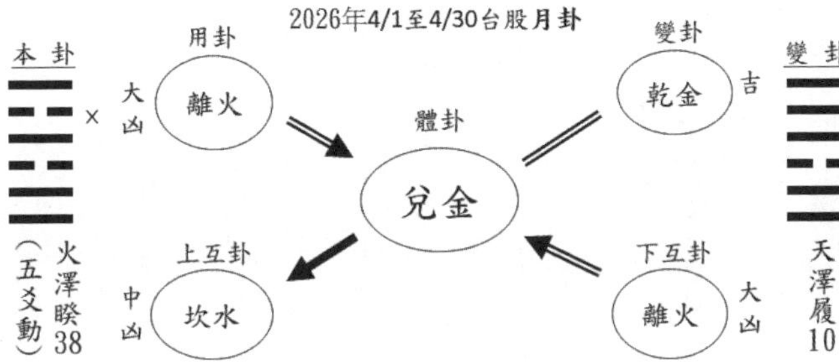

③上互卦坎水：「上互卦表示四月份股市發展第二階段」，卦氣為囚，屬衰弱卦氣，體卦兌金生上互卦坎水，表示此階段股市略為走升。

④下互卦離火：「下互卦表示四月份股市發展第三階段」，卦氣為旺，屬旺盛卦氣，下互卦離火剋體卦兌金，表示此階段股市反向震盪走低。

⑤變卦兌金：「變卦表示四月份股市發展最後階段或結果」，卦氣為死，屬衰弱卦氣，變卦與體卦同為兌金，表示此階段股市將反轉向上揚升。

綜合歸納：二〇二六年四月一日至四月卅日之股市大盤初期呈開低之勢，而後略為走升，再反向震盪走低，尾盤又反竄向上走高之局。

(5)二〇二六年國曆五月份之台股大盤月卦：

以玄空神數占得乾為天卦，二爻動，變天火同人卦，互卦無。體卦乾金，用卦乾金，上互卦無，下互卦無，變卦離火，分析如下：

①體卦乾金：「體卦代表台灣五月份整體股市」，卦

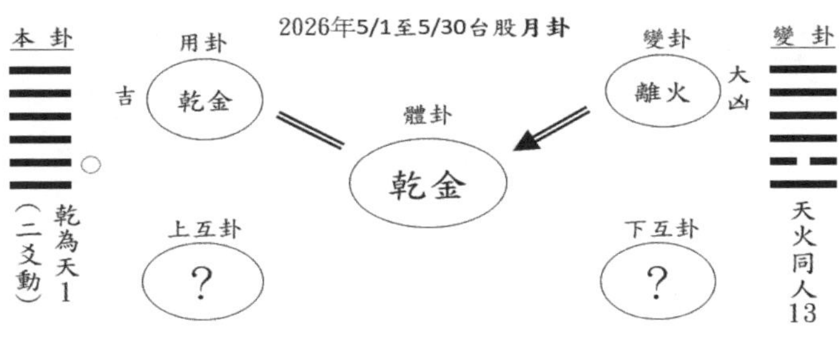

氣為死，屬衰弱卦氣，表示本月份股市體質不佳，基本面不強，逢外在環境好時，升幅不會太高，若逢剋或洩，則會跌得較深。

②用卦乾金：「用卦表股市外在環境，及五月份初期狀況」，卦氣為死，屬衰弱卦氣，用卦與體卦均為乾金，表示股市初期呈開高之勢。

③上互卦無：「上互卦表示五月份股市發展第二階段」，不出卦，表示此階段股市不明，留給讀者自行配合實際股市參酌判斷。

④下互卦無：「下互卦表示五月份股市發展第三階段」，不出卦，表示此階段股市不明，留給讀者自行配合實際股市參酌判斷。

⑤變卦離火：「變卦表示五月份股市發展最後階段或結果」，卦氣為旺，屬旺盛卦氣，變卦離火剋體卦乾金，表示此階段股市將向下走低。

綜合歸納：二〇二六年五月一日至五月廿九日之五月份股市大盤初期呈開高之勢，接著沒有出卦，由讀者自行配合參酌判斷，尾盤向下走低之局。

(6)二〇二六年國曆六月份之台股大盤月卦：

以玄空神數占得天澤履卦，四爻動，變風澤中孚卦，互卦為天火同人。體卦兌金，用卦乾金，上互卦巽木，下互卦離火，變卦巽木，分析如下：

①體卦兌金：「體卦代表台灣六月份整體股市」，卦氣為死，屬衰弱卦氣，表示本月份股市體質不佳，基本面不強，逢外在環境好時，升幅不會太高，若逢剋或洩，則會跌得較深。

②用卦乾金：「用卦表股市外在環境，及六月份初期狀況」，卦氣為死，屬衰弱卦氣，用卦乾金與體卦兌金，五行相同，表示初期呈開高之勢。

③上互卦巽木：「上互卦表示六月份股市發展第二階段」，卦氣為休，屬衰弱卦氣，體卦兌金剋上互卦巽木，表示此階段股市將向下走低。

④下互卦離火：「下互卦表示六月份股市發展第三階段」，卦氣為旺，屬強盛卦氣，下互卦離火剋體卦兌金，表示此階段股市將持續向下走低。

⑤變卦巽木：「變卦表示六月份股市發展最後階段或結果」，卦氣為休，屬衰弱之卦氣，體卦兌金剋變卦巽木，表示此階段股市將略為向上走升。

綜合歸納：二〇二六年六月一日至六月卅日之股市大盤，初期呈開高之勢，接著將向下走低，後半段持續向下走低，末期略為向上走升之局。

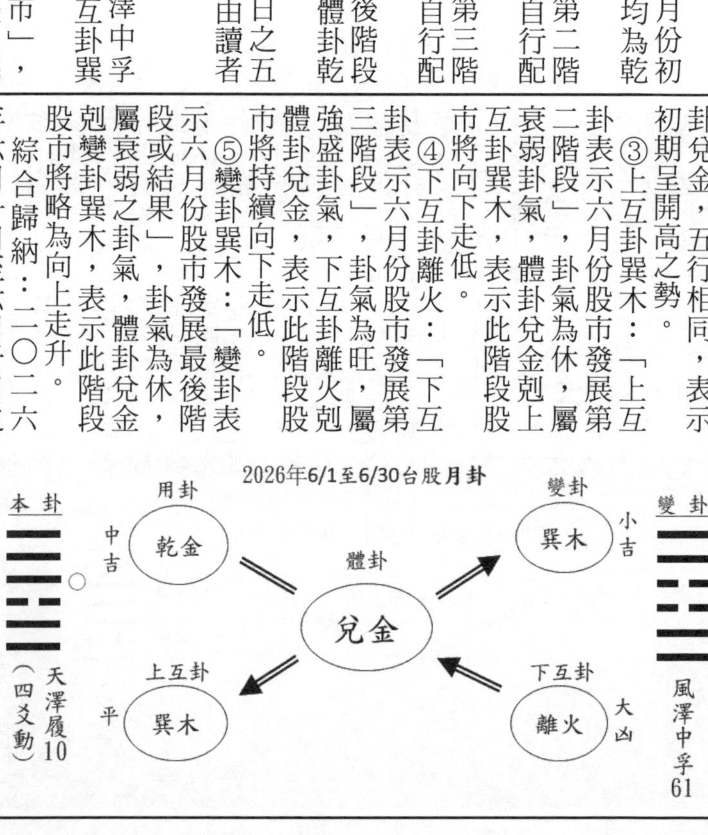

(7)二〇二六年國曆七月份之台股大盤月卦：

以玄空神數占得地水師卦，四爻動，變卦為雷水解卦，互卦地雷復。體卦坎水，用卦坤土，上互卦坤土，下互卦震木，變卦震木，分析如下：

①體卦坎水：「體卦代表台灣七月份整體股市」，卦氣為囚，屬衰弱卦氣，表示本月份股市體質不佳，基本面不強，逢外在環境好時，升幅不會太高，若逢剋或洩，則會跌得較深。

②用卦坤土：「用卦表股市外在環境，及七月份初期狀況」，卦氣為相，屬強盛卦氣，用卦坤土剋體卦坎水，表示初期呈開低之勢。

③上互卦坤土：「上互卦表示本月份股市發展第二階段」，卦氣為相，屬旺盛卦氣，上互卦坤土剋體卦坎水，表示此階段仍在低點徘徊。

④下互卦震木：「下互卦表示七月份股市發展第三階段」，卦氣為休，屬衰弱卦氣，體卦坎水生下互卦震木，表示此階段股市將略為向上走升。

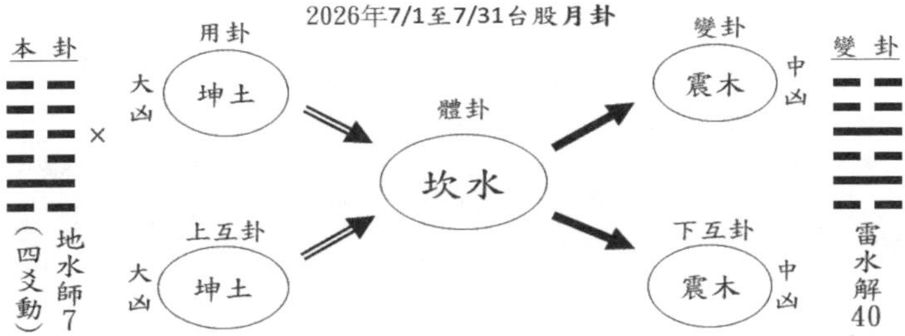

⑤變卦震木：「變卦表示七月份股市發展最後階段或結果」，卦氣為休，體卦坎水生變卦震木，表示此階段股市將在上上下下之間游走。

綜合歸納：二〇二六年七月一日至七月卅一日之股市大盤，初期呈開低之勢，繼而在低點徘徊游走，而後略為向上走升，尾盤又在上上下下之間游走。

(8)二〇二六年國曆八月份之台股大盤月卦：

以玄空神數占得巽為風卦，五爻動，變山風蠱卦，互卦為火澤睽。體卦巽木，用卦巽木，上互卦離火，下互卦兌金，變卦艮土，分析如下：

①體卦巽木：「體卦代表台灣八月份整體股市」，卦氣為休，屬衰弱卦氣，表示本月份股市體質差，基本面不佳，逢外在環境好時，升幅不會太高，若逢剋或洩，則會跌得較深。

②用卦巽木：「用卦表示本月份股市發展第二階段」，卦氣為休，屬衰弱卦氣，用卦巽木與體卦巽木五行相同，表示此階段股市呈

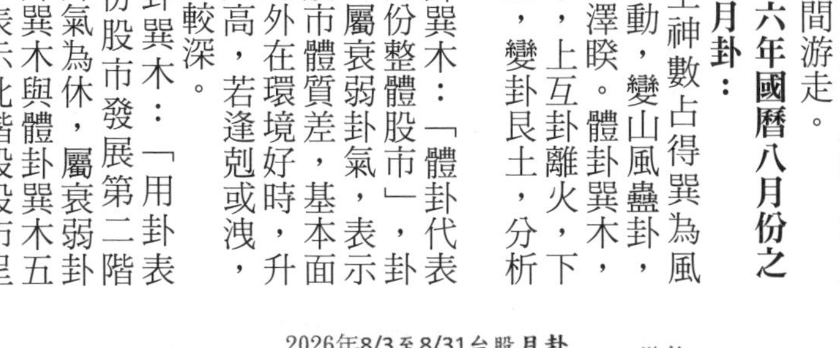

開高之勢。

③上互卦離火：「上互卦表示本月份股市發展第二階段」，卦氣為旺，屬強盛卦氣，體卦巽木生上互卦離火，表示此階段股市往下走低。

④下互卦兌金：「下互卦表示本月份股市發展第三階段」，卦氣為死，屬衰弱卦氣，下互卦兌金剋體卦巽木，表示此階段股市持續往下走低。

⑤變卦艮土：「變卦表示本月份股市發展最後階段或結果」，卦氣為相，屬強盛卦氣，體卦巽木剋變卦艮土，表示此階段股市將略微往上走升。

綜合歸納：二〇二六年八月三日至八月卅一日之股市大盤，初期呈開高之勢，而後開始往下走低，後半段持續往下走低，尾盤略微往上走升之局。

⑼二〇二六年國曆九月份之台股大盤月卦：

以玄空神數占得風火家人卦，二爻動，變卦為風天小畜卦，互卦火水未濟。體卦巽木，用卦離火，上互卦離火，下互卦坎水，變卦乾金，分析如下：

①體卦巽木：「體卦代表台灣九月份整體股市」，卦氣為休，屬衰弱卦氣，表示本月份股市體質不佳，基本面不強，逢外在環境好時，升幅不會太高，若逢剋或洩，則會跌得較深。

②用卦離火：「用卦表股市外在環境，及本月份初期狀況」，卦氣為旺，屬旺盛卦氣，體卦巽木生用卦離火，表示初期呈開低之勢。

③上互卦離火：「上互卦表示本月份股市發展第二階段」，卦氣為旺，屬旺盛卦氣，體卦巽木生上互卦離火，表示此階段股市仍在低點上下之間遊走。

④下互卦坎水：「下互卦表示本月份股市發展第三階段」，卦氣為相，屬旺盛卦氣，下互卦坎水生體卦巽木，表示此階段股市將往上走高。

⑤變卦乾金：「變卦表示本月份股市發展最後階段或結果」，卦氣為囚，屬衰弱卦氣，變卦乾金剋體卦巽木，表示此階段將向下震盪走低。

綜合歸納：二〇二六年九月一日至九月卅日之股市大盤，初期開低後，就在上上下下之間浮沉徘徊，後半段逆轉往上走高，尾盤又轉為震盪向下走低之局。

⑽二〇二六年曆十月份之台股大盤月卦：

以玄空神數占得地水師卦，五爻動，變坎為水卦，互卦地雷復。體卦坎水，用卦坤土，上互卦坤土，下互卦震木，變卦坎水，分析如下：

①體卦坎水：「體卦代表台灣十月份的整體股市」，卦氣為囚，屬衰弱卦氣，表示本月份股市體質

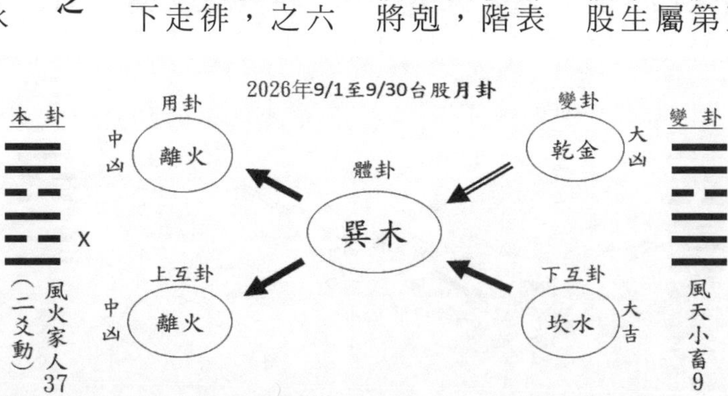

不佳，基本面不強，逢外在環境好時，升幅不會太高，若逢剋或洩，則會跌得較深。

②用卦坤土：「用卦表股市外在環境，及本月份初期狀況」，卦氣為相，屬強盛卦氣，用卦坤土剋體卦坎水，表示初期呈開低之勢。

③上互卦坤土：「上互卦表示本月份股市發展第二階段」，卦氣為相，屬衰弱卦氣，上互卦坤土剋體卦坎水，表示此階段股市將在低點遊走。

④下互卦震木：「下互卦表示本月份股市發展第三階段」，卦氣為休，屬衰弱卦氣，體卦坎水生下互卦震木，表示股市將略微向上走升。

⑤變卦坎水：「變卦表示本月份股市發展最後階段或結果」，卦氣為囚，屬衰弱卦氣，體卦坎水與變卦坎水五行相同，表示股市末期將向上走升。

綜合歸納：二○二六年十月一日至十月卅日之股市

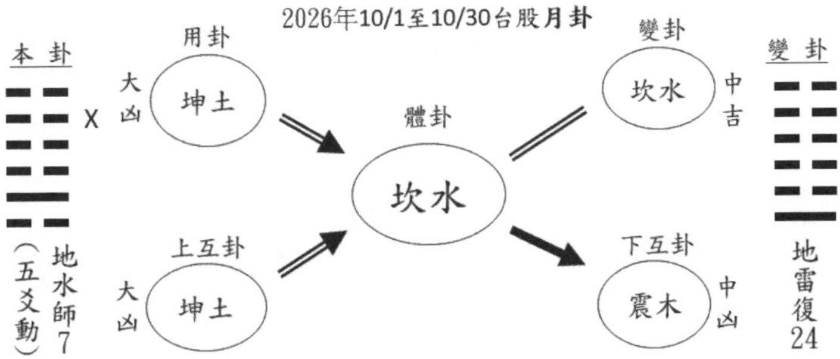

大盤，初期呈開低之勢，接著股市仍在低點徘徊，而後將略微向上走升，末期持續向上走升之局。

⑾二○二六年國曆十一月份之台股大盤月卦：

以玄空神數占得水風井卦，第三爻動，變坎為水卦，互卦火澤睽。體卦坎水，用卦巽木，上互卦離火，下互卦兌金，變卦坎水，分析如下：

①體卦坎水：「體卦代表台灣十一月份整體股市」，卦氣為囚，屬衰弱卦氣，表示本月份股市體質不佳，基本面差，逢外在環境好時，升幅不會太高，若逢剋或洩，則會跌得較深。

②用卦巽木：「用卦表股市外在環境」，卦氣為休，屬衰弱卦氣，體卦坎水生用卦巽木，表示股市初期呈開低之勢。

③上互卦離火：「上互卦表示本月份股市發展第二階段」，卦氣為旺，屬強盛卦氣，體卦坎水剋上互卦離火，體卦之氣被盜，表示此階段股市轉為略為向上走升。

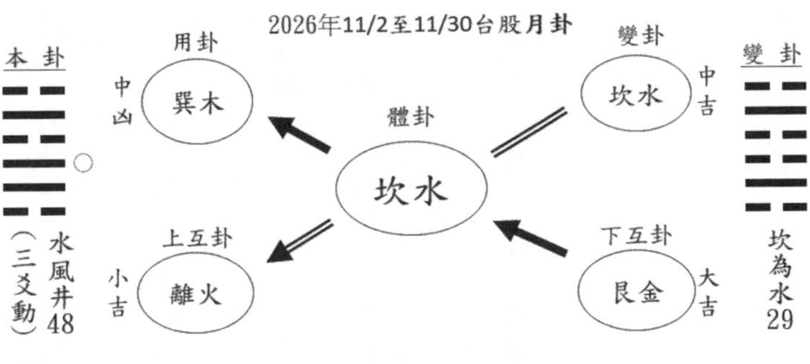

④下互卦兌金：「下互卦表示本月份股市發展第三階段」，卦氣為死，屬衰弱卦氣，下互卦兌金生體卦坎水，表示此階段股市將持續向上走高。

⑤變卦坎水：「變卦表示本月份股市發展最後階段或結果」，卦氣為囚，屬衰弱卦氣，體卦坎水與變卦坎水五行相同，表示此階段股市仍在高點上上下下之間遊走。

綜合歸納：二○二六年十一月二日至十一月卅日股市大盤初期呈開低之勢，而後向上走升，後半段持續走高，末期在上上下下之間之局。

⑿二○二六年國曆十二月份之台股大盤月卦：

以玄空神數占得地山謙卦，第三爻動，變卦微坤為地，互卦雷水解。體卦坤土，用卦艮土，上互卦震木，下互卦坎水，變卦坤土，分析如下：

①體卦坤土：「體卦代表台灣十二月份整體股市」，卦氣為相，屬強盛卦氣，表示本月份股市體質佳，基本面強，逢外在環境好時，升

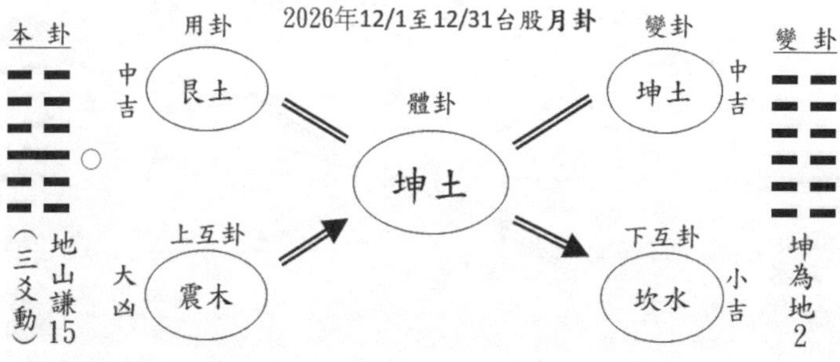

幅會較高，若逢剋或洩，則不會跌得太深。

②用卦艮土：「用卦表股市外在環境，及本月份初期狀況」，卦氣為相，屬強盛卦氣，體卦坤土與用卦艮土五行相同，表示初期呈開高之勢。

③上互卦震木：「上互卦表示本月份股市發展第二階段」，卦氣為休，屬衰弱卦氣，上互卦震木剋體卦坤土，此階段股市將震盪向下走低。

④下互卦坎水：「下互卦表示本月份股市發展第三階段」，卦氣為囚，屬衰弱卦氣，體卦坤土剋下互卦坎水，此階段股市將略為向上走升。

⑤變卦坤土：「變卦表示本月份股市發展最後階段或結果」，卦氣為相，屬強盛卦氣，變卦坤土與體卦坤土五行相同，表示此階段股市將持續向上走升。

綜合歸納：二○二六年十二月一日至十二月卅一日之股市大盤，初期開高，接著震盪向下走低，後半段略微向上走升，末期持續向上走升之局。

謝達輝老師簡介：
中國文化大學講師、輔仁大學教授、中國命相卜顧問協會理事長
候教處：台北市萬華區成都路一○六號四樓之七（距西門捷運站一號出口五百公尺）
電話&Line：0912-99-4928
網址：http://www.cdi.org.tw
電子郵件：david@cdi.org.tw

西元二〇二六年，歲次丙午，居家、廠辨風水，宅運分析，時空物能，開運大法

圖文◎陳國楨

西元二〇二六年（民國一一五年），歲次丙午，天干「丙」為陽火，地支「午」為陰火（數陽體陰），生肖為馬。本年稱為紅馬年，就一般通論而言（尚有其他論說），自西元二〇二六年（國曆民國一一五年）二月四日寅時，中原標準時間四時四分立春節令開始，至二〇二七年（國曆民國一一六年）二月四日巳時，中原標準時間九時四十八分立春節令為止，這段「期間」就是八字命理所謂的「丙午」歲、年（柱），一般通稱：歲次丙午，意即該段期間，係由總值星官【丙午】當家掌權主宰之（天干地支陰陽五行可視為時間、空間、質、能、氣的代名詞、符號、密碼、表徵），今年丙午，干支五行屬性，地支為午火（含天干己、丁）的能量，天干為丙火的能量，凡是時空八字中，則各因比例之異比較缺少（如您命中最需要的宇宙能量元素）丙火、丁火、己土的能量，或者忌諱丙火、丁火、己土的五行能量元素者，將會因上述不同的位置、數量、性質、比重、變化與感應而會不同程度的接受（收）到不同的能量（源），使各得各的利益效果或損耗災病，在您命中各依缺少五行位置、數量、比例，將得到不同程度的利益，忌諱者，將會有不同程度的不利影響；至於宇宙時空中，這段期間、時期、時間內，元運係屬下元九運的第三年，河圖五子運仍屬金運；所有的時空物能變化，順之則利，逆之則損（包括山川大地、陰陽兩宅與品物之「流行」），而紫白九星，正係一白輪值入中之年（下元甲子九運，歲次丙午的能量元素總主宰，亦係這段期間之總值星官）。

一、就以時間因素為主而論：特別提醒者

（一）生肖屬鼠、屬馬的人最應注意！

1、凡是生肖屬豬、屬蛇的人，其中1到20歲間的人，將易受祖父母、先人產業、田宅變化（包括祖墳、祖居及其整修興建變動）、遷移（搬家、出行、轉工）、處理事情能力等情事變化之影響，或致於身心難以安閒、矛盾、沖擊、不安的狀況，甚至引發工作、健康、錢財等問題。

2、◎化解的方法：

（1）生肖屬「鼠」的人：

甲、需注意、防範生肖屬「馬」的人（八字有合及喜用互調者，除外）。

乙、宜佩帶「牛」形或「猴」形或「龍」形飾物以化解之」。

丙、佛教信仰者：誠心默念「南無消災延壽藥師佛」聖號，併以紅紙黑字，書就「宮毗羅大將護法神駕」或「招杜羅大將護法神駕」或「毘羯羅大將護法神駕」，隨身、隨包攜帶！

丁、道教信仰者：誠心默念「太上玄靈斗姥大聖元君」、「大聖北斗七元解厄真君」聖號，以紅紙黑字，書就「天樞宮北斗第一陽明貪狼太本命星君神駕」，隨身、隨包攜帶！

（2）生肖屬「馬」的人：

甲、需注意、防範生肖屬「鼠」的人（八字有合及

喜用互調者除外）。

乙、宜佩帶「羊」形或「狗」形或「藝術型、卡通型的喜虎」形飾物以化解之。

丙、佛教信仰者：誠心默念「南無消災延壽藥師佛」聖號，以紅紙黑字，書就「因達羅大將護法神駕」或「頞爾羅大將護法神駕」或「珊底羅大將護法神駕」，隨身、隨包攜帶！

丁、道教信仰者：誠心默念「太上玄靈斗姥大聖元君」、「大聖北斗七元解厄真君」聖號，以紅紙黑字，書就「搖光宮北斗第七天衛破軍關本命星君神駕」，隨身、隨包攜帶！

（二）凡是生於國曆十二月七日或八日到一月五日或六日的人（不管生於那一年次），

1、則較易遭受到六親（父母、兄弟、姊妹）、朋友、姻緣、自己身體、性格、福德等方面的變化，導致身體、心理、情緒受影響、波動，身心難安閒，並應注意行動、走路、外出坐車（舟、機）等之安全，尤其是上述日期生又是十六歲到四十歲之間的人較為嚴重。

2、化解的方法：

◎、凡是生於國曆十二月七日或八日到一月五日或六日生的人

甲、需注意、防範生肖屬「馬」的人（八字有合及喜用互調者，除外）。

乙、宜佩帶「牛」形或「猴」形或「龍」形飾物以化解之。

丙、佛教信仰者：誠心默念「南無消災延壽藥師佛」聖號，併以紅紙黑字，書就「宮毗羅大將護法神駕」或「招杜羅大將護法神駕」或「毘羯羅大將護法神駕」，隨身、隨包攜帶！

丁、道教信仰者：誠心默念「太上玄靈斗姥大聖元君」、「大聖北斗七元解厄真君」聖號，以紅紙黑字，書就「天樞宮北斗第一陽明貪狼太本命星君神駕」，隨身、隨包攜帶！

（三）、不管是何生肖、任何出生年月日，只要是在晚上十一時時，至凌晨一時出生者，

1、則在職位、事業、工作、子女、財務、情慾、懷孕、疾病、、、等方面，較易受影響、變動，尤其是上述時間生又是45歲以上的人，最應注意。

2、化解的方法：

甲、需注意、防範生肖屬「馬」的人（八字有合及喜用互調者，除外）。

乙、宜佩帶「牛」形或「猴」形或「龍」形飾物以化解之」。

丙、丙、佛教信仰者：誠心默念「南無消災延壽藥師佛」聖號，併以紅紙黑字，書就「宮毗羅大將護法神駕」或「招杜羅大將護法神駕」或「毘羯羅大將護法神駕」，隨身、隨包攜帶！！

丁、道教信仰者：誠心默念「太上玄靈斗姥大聖元君」、「大聖北斗七元解厄真君」聖號，以紅紙黑字，書就「天樞宮北斗第一陽明貪狼太本命星君神駕」，隨身、隨包攜帶！

二、**就以空間因素為主而論**

在所要用事的一定的範圍內，一般首重於立極點的尋找與確立，由方向與位置的時空着落點處下手，從

而安排全盤的佈局，而這些事宜，若要自己按圖索驥DIY，那就必須具備一些基本概念，方能運用自如：

（一）周天方位圓圖詳示：若以周天圓度來表示方位圖，則如下：

以上圖形可縮放，置於任何空間（房宅或房間平面圖）之中心點，對準方向、位置、度數，即可明確、瞭解該房宅或房間所在，係屬何區塊、何區域（八分法、二十四分法之何區塊、區域），其不及之處（大小範圍、大小空間之空白處），可將此圖形按照比縮放或依此圖形，採放射線延伸，及於不及之處；如此皆可盡入八分法或二十四分法之區塊、區域範圍內。

（二）、陽宅八宅九宮圖：吾人可將自家住宅劃成九個宮位形成一「井」字即可，有別於（一）、周天方位圓圖詳示（周天圓度方位圖）之劃分法

（三）西元二〇二六年，民國一一五年，丙午歲，陽宅風水方位吉凶圖示，因稿擠，無空間，奉示乃從略。

（四）年煞統管一年之歲運吉凶—西元二〇二六年，民國一一五年，丙午歲，避凶之重點：

影響流年風水吉凶者，以太歲為首，另外三煞、五黃、歲破、戊都天土煞、己都天土煞、戊已夾都天土煞、伏兵、大禍及流年歲星論值（李淳風四利三元）等，也需關注。蓋此流年風水之氣數，統管一年之歲運，其吉凶來去應驗奇速，不論原局屋向，不論八宅飛星玄空卦理方位，均先見其利弊。故論佈局，先談年煞。

年煞種種，究竟如何？有那些重要的？所主何事？有何凶險？如何防備？

選擇正宗的原則是：「大煞避之，中煞制之，小煞可以不必論」

三、西元二〇二六年，民國一一五年，丙午歲，時空選擇用事方位，吉日吉時：

最好用、最簡便、有效而安全的擇吉法介紹：

選擇諏吉，其方法多矣！諸如天星擇日、紫白擇日、三元擇日、三合擇日、奇門擇日……等等，均各有其神妙之處，而其中以天元烏兔擇日法，最為簡便、能最快速選出的擇日法，法中以太陽，所到之處，除五黃會力士、劫煞，極凶，難以抵制外，其餘一切神煞均不忌：用之無往不利；民國一一五年，全年烏兔太陽、烏兔太陰所臨之八宮（各個方向、位置、區塊），其良辰吉日（太陽日、太陽時；太陰日、太陰時），因篇幅所限，無法列入，可查閱有關書籍、通書或農民曆選用，俾利己利他。

四、西元二〇二六年，民國一一五年，丙午歲，陽宅風水佈局~趨吉之方位：

如：財位、　桃花位　、文昌位等的風水佈局：

（一）流年財位：流年旺氣財位，在東南方之方位上，宜佈置紅燈、紅色、紫色燈、發財樹等催財、具能量、磁場收發之風水用品更具效應。（流年退氣財位在東方位置，流年生氣財位在中宮位置，流年進氣財位在西北方位置。）

（二）流年文曲位：　流年文曲在東北東方、正南方位置上。

（三）流年文昌位：流年文昌則在西南西方之方位上。

（四）倘再能與本命文昌、宅第文昌配合 .運用，則讀書考試，會有非常大的幫助．

1本命文昌：本命（出生年干或出生日干）文昌之算法、取法：即

甲命（甲年出生或甲日出生者）文昌在東南南之方位上。

乙命（乙年出生或乙日出生者）文昌在正南方之方位上。

丙命（丙年出生或丙日出生者）及戊命（戊年出生或戊日出生者）文昌在西南西之方位上。

丁命（丁年出生或丁日出生者）及己命（己年出生或己日出生者）文昌在西方之方位上。

庚命（庚年出生或庚日出生者）文昌在西北北之方位上。

辛命（辛年出生或辛日出生者）文昌在西北西、正北之方位上。

癸命（癸年出生或癸日出生者）文昌在東北東方之方位上。

癸命（癸年出生或癸日出生者）文昌在正東之方位上。

2宅第文昌：宅文昌（震宅固定在西北之方位上、離宅固定在南方方位之方位上、兌宅固定在西南之方位上、坎宅固定在東北之方位上、艮宅固定在西方方位之方位上、巽宅固定在東南之方位上、坤宅固定在西方方位之方位上、乾宅固定在東方方位之方位上）；九星流年文昌今年則在東南、正東、正西方之方位上；宅第文昌、天干流年文昌、本命文昌處，九星流年文昌，均不宜污穢，應儘量打掃、整理乾淨，儘使所在的環境，清晰明亮，擺放書桌讀書，並於該處掛四支毛筆、觀音竹、吉祥草等，加強文昌力量，提昇智慧。

（五）本命（出生年支、年次）桃花：其算法、取法：即申子辰命（出生年支或日支為申或子或辰者）桃花在西之方位上，亥卯未命（出生年支或日支為亥或卯或未者）桃花在正北方之方位上，寅午戌命（出生年支或日支為寅或午或戌者）桃花在正東之方位上，巳酉丑命（出生年支或日支為巳或酉或丑者）桃花在正南方位上，

（六）流年桃花：在東方之方位上（精準的位置是在八十二點五至九十七點五度），若能與命桃花及宅桃花配合佈局，則可以催旺未婚者，得良好異性緣之機會：

丙午流年桃花，既在東方之方位上，則催桃花的方

法，宜在客廳或自己臥房之東方方位上，安置綠色、青色花瓶，花瓶瓶口、瓶形要符合兌卦卦象，即花瓶瓶口，開始要空凹，像兌口瓶，象徵異性情色，主桃花運；花朵數目為三朵或八朵（兩種花色時，則一種三朵及另一種為八朵），花色忌枯萎或假花、塑膠花，一般習慣用鮮艷玫瑰花（紫、紅色、粉紅色系列為主）；花瓶要盛清水（不盛清水，或盛混濁之水，易成桃花煞），約八分滿；至於安放時間，最好能擇日、時，以達時、空、物、能之良效。

宅運每個方位，各依分析出的吉凶，再視其所在，是否在住家之大門或工作常使用地方、場所，或床、灶、瓦斯爐、廁位，若非上述用途的區塊，則較不容易引發吉凶，倘吉位剛好有廁所或受污穢之處，則不但難以得福，反會有所損傷，所以應該注意每個住宅之內、外局，各個宅第亦各不相同，沒到現場，恕難妄斷。

五、西元二〇二六年，民國一一五年，丙午歲，陽宅風水，時空物能各方位，吉凶改運佈局：

（一）相陽宅之法，若地基、地板、平面圖接近正方形或長方形，則吾人可先將住宅（自家）之通宅地基、地板、平面圖）劃成九個區塊，形成一「井」字，即同書法九宮格（九個區塊）；若不規則形，則要先找出地基、地板、平面圖之中心點，從而由中心點以平均八等份或24等份之輻射線放射出八個區塊（連中心點附近之區塊，亦共有九個區塊）或24個區塊；爾後，依「九星飛泊法」，九星輪值推算。

（二）西元二〇二六年，民國一一五年，丙午歲，紫白九星，輪值由一星入中，掌中宮宮位，而其餘八星並飛泊各宮，其遞變、分佈情形：今年值年一白水星入主中宮輪值，五黃土星則飛住南方宮位，六白金星飛入北方宮位，七赤星飛居西南方宮位，八白星進入東方宮位，九紫星則臨幸東南方宮位。

（三）流年飛臨之星，所到之處（宮、方、位），一般而言，如為空間上一家之門位者，則影響此一宅第家人當年之吉凶禍福運程；如為一家之房間位、床位者，則該流年影響此一宅第家人中使用者之吉凶禍福運程；如為一家之廚房位、灶位、瓦斯爐者，則影響該流年此一宅第家人中食用該廚食者之健康吉凶運程；是各依九星之特性對空間使用者，激發出不同吉凶禍福之影響力。

（四）從每個方位飛臨之星與該宮位五行之生剋關係，再與宅體五行及宅命屬性關係，配合太歲方、歲破方、三煞方、戊己（夾）都天、白虎星、病符星、喪門星等的方位，依輕重緩急、使用性質、利害權衡來取捨的原則，將每年自家的風水方位重新檢驗一下，俾能夠及早知悉、好在立春前預做最佳調整備置，希望每年能藉風水的力量改善運氣。使每年居家的運勢更和諧、健康，同時增加財利。

（五）大致而言，九星飛布八方後，飛星五黃所臨之宮位，稱為五黃關煞位，以極凶論，民國一一五年，五黃煞位在南方宮位，以最凶論，切不可犯，故在南方宮位上，如係臥室、辦公桌或大門，則該流年運勢，特別容易發生不利情事。

（六）居家陽宅之流年吉凶判斷原則，乃基於上述之學理：九星飛泊法、流年歲星、三煞位、干支等來權衡決定。同時，配合陽宅理氣、巒頭之格局、坐向以及使用者之命卦來論斷。茲依上原則，概括而論，將自家住宅辦公室或工廠，用指南針在屋外室外，確定磁針不受干擾之處，測量出方位後，以該方位平行垂直移動到該建築物內，在該住宅、公司、辦公室或商店、工廠，選定中心點，作為基準、立極點，即所謂之「中宮」，然後由「中宮」放射出八條線（亦即東、西、南、北、西南、西北、東北、東南等八份區塊），或將住宅辦公室或工廠之範圍劃分為九方格，如同一「井」字，中宮以外有八個方位，即八個卦位。然後，就可以重新檢視一下民國一一五年，丙午歲，自己陽宅的吉凶方位及因應之道。民國一一五年，丙午歲，值年五黃土星輪值在南方宮位，大凶，切不可犯。

（七）自西元二〇二六年（國曆民國一一五年）二月四日寅時，中原標準時間四時四分的時候，正式進入立春節令開始，氣運正式交入丙午歲、年，年星之九宮飛佈，係管一年之吉凶，除星性本體吉凶、元運生旺退煞之論外，玄空輒以年星（為客星）生入、剋入，生出、剋出或比和宮星、山星、向星、運星者，以論其吉凶；此與紫白訣中飛星、宮位之生旺退煞論法亦有異。通常九星之中，五黃為極凶星（年、月、日、時飛臨之地，犯之，主宅運反覆不安穩、破財、損耗、疾病、急症、惡疾、刑傷、血光、車禍、是非官司、橫死、流產、意外災害、酒駕肇禍、誤判損財、諸事阻逆不吉等種種凶事），如再與二黑或九紫相見尤甚，蓋五黃屬土，其性暴烈如火，生旺或比和都會加強其凶性。如要審查流年家居風水，應先從五黃所到之方位及室中相應之位置入手。今年年星五黃土星入主南方宮位司權，所以南方的宮位，以最凶論，切不可犯。

「紫白訣」說：「五黃正煞，不拘臨方到間，常損人口；二黑病符，無論小運流年，多生疾病。五主孕婦受災，黃遇黑時出寡婦；二主宅母多病患，黑遇黃至出鰥夫。運如已退，廉貞逢處災非一，總是避之為良；運若未交，巨門交會病方深，必然遷之始吉。」。

【陽宅集成】「五黃論」（玉鏡）云：「八山最怕五黃來，縱有生氣絕資財。凶中又遇堆黃到，彌深災禍哭聲哀。」。（探微）云；「五黃中央戊己土。飛出外方是惡火。金木相關必損人。關殺來臨生大禍。金木相關必主絕。水火相關也遭滅。木加關土必招瘟。土遇關水敗亡別。」。

若住宅的大門開在南方宮位，則今年家中人口難免多病痛矣，若房宅門外有直沖的路、燈柱、尖角、反弓等煞，更凶。一般的論法：

若住宅的廚房位於南方宮位，今年易患腸胃之疾。

若住宅的主人房位於南方宮位，今年運程反覆，身體健康欠佳。

五黃凶星有時未必應在疾病方面，也會引起其它不測之禍，離異、血傷或金錢上的損失。

每間屋都有南方宮位，但並非都會出凶險，主要的起居室、大門，以及廚房不在南方宮位就較無問題（重點在動則吉凶生）。

另外，今年家居在南方宮位，亦不宜放置動力機械，電器、風扇、電視、音響等物，冷氣機若裝在南方宮位，今年亦應少開動為佳。

至於化解五黃的方法，有很多種，舉隅後述：

還有一點要提，就是流月飛星的二黑、五黃、九紫，若再飛入南方宮位，則該宮位就會形成雙星交會而激起更多、更大凶性。

今年丙午歲、年，有幾個月的流月（二、四、八、十一月令）飛星與五黃相會於離宮（南方區域），詳如下表

令農曆八月令	雙黃並臨到南方宮位置（雙黃煞）
農曆二、十一月令	二黑飛到南方宮位位置（損主煞）
農曆四月	九紫飛到南方宮位置（紫黃大煞）

以上這幾個月，若在南方宮位，若有門路、床廚廁等作息常用到的宅第，會更多阻滯，影響健康，凡事小心、忍耐、包容，凶險自然可以減少。

（八）流年之凶星，與逐月輪轉之凶星，雙星交會於該宮位時，於該凶煞位上，應對更要有方法。

今丙午歲、年，五黃、三煞、歲破與太歲，包括所有吉凶神煞，無論房宅內、外（以距離度及影響度等論其輕重）均一一輪降於房宅的九宮方位，房宅內外均會受到感應，惟房宅內之佈置改善，則操之在我，而房宅外之動靜，則操之在人，而善於催旺、制化者，運用之妙，當存乎一心耳。

（九）「五黃煞」於南方宮位，「三煞」「駕臨」北方，亥（劫煞、劫殺）、子（災煞、災殺）、丑（歲煞、歲殺）、壬（伏兵、坐殺、坐煞）、癸（大禍、坐殺、坐煞）、艮山一半（通稱艮兼丑）、乾山一半（通稱乾兼亥）方位上，凡此重要凶煞，諸如每年的年、月五黃、三煞、歲破、與太歲等凶星流轉所臨之方位，及其會引起的種種問題，我都會有詳細的說明，並提供對治、制化的方法，我之所以如此陳列詳析，就是希望有緣能夠閱讀到我的揭述及受到提醒，使能依循施用，按圖索驥，「對症下藥」，解決問題，未始無補於需要者，倘能有所利益於眾生，或亦係屬法佈施之良法美意，但以之未雨綢繆，則更信為功德事耳！

（十）「風水」是一門環境學，要求時空與現實環境互相配合，在風水理論中，即是巒頭、理氣合法度。只要一切中規中矩，即使不能風生水起，也可以健康順利。風水的理氣會隨著時間的流轉而產生不同的效應，當中有吉有凶，凶的理氣和巒頭，風水上稱之為「煞」。理氣上「煞」的位置，每年都會變，若以紫白飛星而論，凶煞的位置更是每月、每日、每時（甚至有論及每刻者），都在轉換，若懂得利用其轉變的飛星法則去預測，便可以準確的預知屋宅內的吉凶事故與預防之道，達到趨吉避凶的目的。

（十一）飛星中以五黃是極凶的一顆星，今丙午歲流年飛星五黃土星（係廉貞星星、又稱「死符星」）係煞（殺）氣之星、死氣之星，最凶，進入南方宮位，宜靜不宜動，動則必凶（動而敲作之，容易引發的問題，包括：水險、盜竊、急性惡疾、意氣用事、鬥毆等等；嚴重者，凶煞橫行，無可擋避！濃血瘡毒、血光之災，甚至連死數人！），蓋以此星為土（兼火）煞之極，為九星中最凶殘之星，居離火宮地，為禍更烈，九五毒藥，紫黃大煞，輕則災禍，重則喪人。此星把握死亡之事，嚴重時必應驗死者為五人或者是五字之數，碰到其

他的吉星，或可稍微化解一點其凶性，然而若是碰到二黑、九紫或者三碧之類的凶星會集，諸煞共虐，必氣襲居住者，犯染重病絕症，血光之災，破家自殺，至凶不可言。此種星煞（極負之能量）所到之處，或招靈界陰邪，為風水師入宅解決的第一凶星。八白土左輔星，到東震方位，雖是財帛星，惟今年進入九運的第三年，八白左輔星已是漸退旺氣的退運、退令之星，勢趨衰退之際，只因八白為下元主事統令之星，其星性本體吉凶為三吉之一，又係善吉之財曜，功成者退，尚不至為非作惡，當可斟酌取用，惟此八白客星進入東震，為木所尅，三為死氣，乃現凶兆，致有傷小口、破財、兄弟不和、爭財惹官司之嫌；九紫火右弼星本體為喜慶星，主文明，現值九運當元得令，遂躍就財星之位，臨幸於東南方方位，為木生火之象，合先天四九河圖吉數，若能就此多加利用，自能引應財源、名聲、聰明、文采、愛情、因緣、喜慶、桃花、人緣等萬象煥發之祥兆；一白水貪狼星，為生氣星、官星、昌曲星、桃花星、魁曜，主聲、科名、地位、鳳池身貴、企劃、人緣、桃花等能量，今年入主中宮位上，雖執掌皇極，但為中土所尅限，惟在生旺元運內，雖受尅而難以盡尅，反主吉兆∨若能以金引化為用，吉利非常；二黑土巨門星（病符星）進入西北宮（方位），下元九運，二黑雖為進氣之星，但以較遠之生氣，若無旺氣召吉，或五行調理；仍不免帶有小庇，今二黑飛入乾宮，坤土生乾金，乾坤交泰，當有進財之益，家業興隆，但心性不免偏執孤吝；三碧木祿存星，現為死氣之星、煞（殺）氣之星，原係蚩尤星、鬥狠星、是非星、偷賊星、官符星）進入西方宮位（方位），星宮相剋，乃激起三碧凶性，為穿心煞，居於此處，宜小心車關（金木相剋，足以金而蹣跚，應小心刀金之傷、足部受傷），並主破財、犯盜、兄弟不和，身體上應注意肝膽問題（肝陽上升）！易招小人、鬥爭、肅殺、賊劫、官非；四綠木曲昌星，為死氣之星、煞（殺）氣之星，飛至東北方宮位，併星宮相剋，應注意刀傷、破財、閨不睦、是非多，有傷少男、長女，婦奪夫權，夫妻不和，也容易產生精神狀態方面的疾病！惟其體性專司昌曲（一說：九運，四為過渡之星，不論衰旺；另以四九為友，合先天河圖吉數，復轉有力矣！），若能佈加通關轉化之局，自是相生相得，固無礙於其發揮為昌曲之本質特性，影響到正能量的釋放！六白乾金武曲星，雖是武財星、偏財星、驛馬星、官星，但現不當運，為煞氣之星、死氣之星，惟其飛到北方生旺宮位，三吉居二，「旺生一遇為亨」，星宮又相生相涵，自能彰顯其星性本體、善曜之吉面、；七赤兌金破軍星，到西南方宮位，七赤性剛烈，又是衰氣之星、煞氣之星，在坤兌的交生之下，乃純陰不當之配，婆媳不和！益為運火所剋，為凶甚烈，星性本為賊劫，吉凶無常，在運宮的觸動之下，輒引發官刑是非、貪花戀酒，因色致災，流離破敗！除有爭鬥、酒色、血光、傷殘、火災、賊劫、意外、橫禍、病痛、手術的風險外、甚易惹劫掠、遭陷害、連累、投機等之事發生，宜以黑白醋或肥皂水、洗潔精水（起泡度高為佳）化解。

（十二）注意！！特別注意！！

【再三提醒！元運已更替，天心隨改易】自二〇二四年迄今，每年坊間所論的紫白飛星吉凶圖，不與時俱進者，幾乎百分之九十以上！

俗語（儒林外史）說「三十年河東，三十年河西」，這就表明風水的好壞，是會隨著時間空間（地區）而轉換的；俗話又說「風水輪流轉，明年到我家」、「風水輪流轉，山水有相逢」、「風水輪流轉，山不轉水（路）轉」，這都表明風水是變動的！吾人常謂「斗轉星移，時移世易」，從三元九運的流轉，表現得最明顯；因此，紫白九星的本體星性與先天秉賦吉凶，雖然是固定的，但處於不同的時間與空間（不同的元運、流年、地區、國度），則是不一樣的！就像同樣是本人，在不同的歲數（時間）與不同的地區、國度（空間），其心性的趨向、際遇的環境與休咎榮枯、窮通富貴，不可能是全然相同的！所以隨著時間的推移，九星旺衰也是流轉不息，發生變化與交替的，任何一顆星曜，在不同的元運當中，其吉凶程度是完全不同的。這就是說，沒有一顆星是永遠是旺星、吉星，也沒有一顆星是永遠是衰星、凶星，其旺與衰關鍵是看九星在三元九運中的得令與失令，旺相之星（旺星、生氣、進氣）即為吉星，衰死之星（退氣、死氣、衰氣、煞氣）即為凶星（各家說法，容或不盡相同）。簡單地說，就是：玄空九星之吉凶，乃以玄空九星旺衰來決定，而玄空九星之旺衰皆由元運來判斷。

玄空九星退衰死煞之劃分法，各家亦不盡相同！茲參考各家之說，綜錄下元九運九星（抱歉！有點駁雜多端！）如后：

一白貪狼水星，為魁星，為生氣之星（近旺星、輔佐星、難星、官貴星），次吉，為生氣偏財星，應充分加以利用。

二黑巨門土星，為進氣之星（遠旺星、未來之生氣星、隔元較遠之生氣星），或有小吉或有小凶，也可斟酌加以利用。

三碧祿存木星與四綠文曲木星，為死氣之星、煞（殺）氣之星，但能生火，凶，最好敬而遠之；有稱為過渡星者，則不予論吉凶衰旺；四綠有以九運期間，四九為友，合先天河圖吉數！甚至有謂四綠體性專司昌曲，不必及於其他方面的吉凶！

五黃廉貞土星，為煞（殺）氣之星、死氣之星，最凶；

六白武曲金星，為煞氣之星、死氣之星，次凶，且被火剋，同樣棄之不用；但有謂其體性為偏財星、武貴星，又為中元主事統令星，乃稱三吉星、三白星之善曜，不能為禍！仍論以吉！

七赤破軍金星，性剛烈，是衰氣之星、煞氣之星，為火所剋，併為先天火數，凶火燎原，儘量少用為佳。

八白左輔土星，為退氣之星、衰氣之星，但係下元主事統令之三吉星、三白星，為善曜財星，更以本體仁德的居性心懷，是不會興凶作惡，仍論以吉！或謂退氣之星，無凶無吉，平常而已。

更有人認為，一白、六白、八白是大吉之星，當時得令當然其旺無比，就算退運失令，仍應以吉星對待；九紫、四綠是平吉之星，當時得令為吉星無疑，退運失令，仍不為凶；而五黃二黑，除其當運者外，在失運時，均以凶星論之；三碧、七赤則當運為吉，失運為凶。這種論述者，執一死訣之板法，有失元運之理則，試問八白土星，處三運之時，八白距當運太遠，衰弱至極，三運為木旺之時，強木克弱土，何吉之有？

是以紫白九星之吉凶，概有三種論法：

一、是以星性先天本體吉凶，直論吉凶，也就是說九星的先天秉賦，一白、六白、八白（三白星），先天最吉，九紫、四綠（紫綠星）次吉；五黃、二黑（黃黑星）最凶，七赤、三碧（赤碧星）次凶。

二、是星性先天本體吉凶為主，後天元運更替為輔，參論吉凶，一般普遍說法則以三白為先天吉星，即使處於失運，凶性也不以顯露；五黃、二黑（黃黑星），除了其當運之時際為吉星外，其餘均以凶星論之；九紫、四綠，平吉之星，當令之時，固為吉星，失運之際，淪為凶星；三碧、七赤，當令之時，亦固為吉星；失運之時，凶性畢露。

三、均以元運更替為主，隨論九星吉凶：所以紫白九星旺衰與與吉凶的關鍵，均看該九星在三元九運中的得令與失令，當令旺相之星（旺星、生氣、進氣）即為吉星，失令衰死之星（退氣、死氣、衰氣、煞氣）即為凶星（紫白九星的旺衰生死，各家分類說法，容或不盡相同），是紫白九星的旺衰程度是決定九星吉凶的第一大因素，也是玄空風水斷吉斷凶的主要依據。尤有進者，旺星逢生、剋皆吉，生氣要遜色些，進氣逢生時吉，逢剋洩時凶，退氣、死氣、衰氣、煞氣為凶！

下元九運，九紫右弼火星，為當令旺星，為得令財星，就是最吉之星，大吉大利，宜儘量多利用最好。

（十三）「各種坐向的房子」，民國一一五年，丙午歲→【最應注意的煞位】，列之明示如後，藉以提供警戒、知所防範，避免觸犯、引動其凶性發作！

甲、乾宅（坐西北向東南）的房宅，則坤宮的位置三七疊臨而盜劫，更見官災。

乙、巽宅（坐東南向西北）的房宅，則該房宅的

（甲）中宮的位置，四一同宮，準發科名之顯。

（乙）乾宮的位置，二五交加而損主，亦且重病。

丙、震宅（坐西向東）的房宅，則該房宅的坤宮，係九七穿途，常遭回祿之災。。

丁、兌宅（坐西向東）的房宅，則該房宅

（乙）離宮的位置，二五交加而損主，亦且重病。

（甲）艮宮的位置，四一同宮，準發科名之顯。

戊、艮宅（坐東北向西南）的房宅，則該房宅的巽宮方位上，係九七穿途，常遭回祿之災。

己、坎宅（坐北向南）的房宅，則該房宅的離宮的位置，犯雙黃煞！

六、如何制化時空星煞的解說舉隅：

（一）二0二六年二月四日寅時立春起正式進入屬於紅馬的年份（丙午歲），由一白輪值進入中宮主事，而紫白九星依序循軌跡順飛八方。流月（計有農曆二、四、八、十一月令）飛星與五黃相會於離宮（南方宮位、區域），詳如上附表，則是雙凶之星，同會成煞於南方宮位，凶上加凶，如此類排。大家若能預先知煞、制煞，勝過臨急抱佛腳。是年五黃居處，例若又與門口相通，則定主不利。化解之道，可將五黃居處與門口用屏風或大型傢俬等物件隔開（如門口位置不在五黃區塊、範圍內時），亦不可在五黃位置、區塊、範圍內，用紅色、紫色布置，亦不宜多置電器，以防激發起五黃

之戾性，因為五黃宜靜不宜動。進一步的制化工夫，可在五黃位置、區塊、範圍內，放置金屬自鳴鐘或銅鈴，最好買那些在百貨公司賣的金屬撞擊聲的擺鐘，利用「乾金」去化五黃土。莫用電鐘，蓋電鐘聲為電能火燥之聲，不合化煞用。除之此外，也可以在五黃所到之位上放置安穩水（安忍水），因水有洩土之功，而四九乃金屬之數，銅錢、銀幣也是屬金，金有生水洩土之效，故也是制化五黃的好方法。

（二）化五黃、二黑凶星之三大法寶

1：安穩水（安忍水）

安穩水製作方法：

（1）以廣口瓶盛粗鹽過半，上放四個銀幣（或龍銀）和九個銅錢。

（2）注水（或黑、白醋）至瓶口，切勿封蓋

2：銅鈴

3：銅擺鐘

所謂「冬至一陽生」，一旦進入冬至這個節候，便代表影響今年的氣運漸漸消褪，而來年的氣運開始替上，因此，要進化制化，最好就在冬至後來年立春前的日子內完成。

（三）喜鵲善於營（築構）巢，每年坐向（門戶）多有不同，凡陽年（子、、兔、辰、午、申、戌六陽年）所築構者，巢之門戶，坐東西，而不向南北，陰年（丑、卯、巳、未、酉、亥六陰年）所築構者，巢之門戶，坐南北而不向東西，此知避太歲、歲破、三煞也！鳥之巧識天機，竟能如此，寧猶疑信乎！

1、三煞（三殺）三合擇日家以三煞（三殺）為第一凶煞，絕不敢侵犯；犯之損人口、失財、官司、疾病、災害等。

三煞（三殺）位置：二〇二五年丙午歲的「三煞」「飛降」「通稱北方」方位上、其實「三煞」所含蓋的範圍甚廣，包括：「三煞」「駕臨」北方：亥（劫煞、劫殺）、子（災煞、災殺）、丑（歲煞、歲殺）、壬（伏兵、坐殺、坐煞）、癸（大禍、坐殺、坐煞）、艮山一半（通稱艮兼丑）、乾山一半（通稱乾兼亥）方位上。

特徵：和下述「太歲」、「歲破」一樣，不宜在三煞位大動，激起其剛凶之氣。動之易生血光之災、退產傷財。

化煞：在辦公室裡，我們常聽人說，最難坐的就是三煞位了。不過，室內的三煞位，只要保持寧靜，其凶性即不致顯著發作。

若是三煞方見有不利的巒頭成煞象，如有打樁工程、刀煞、劍煞、天斬煞等，其凶性更加猛，最好調位，否則要加厚窗簾或外鏡止煞法化之；雖然，各家方法有異，可斟酌取用！

2、地盤太歲（流年太歲、方位太歲），民國一一五年，丙午歲，流年太歲在午，即在正南方的方位，此為地盤太歲輪值所在，是地神中最有力的年神（太歲神），其所在之方位，所謂「為眾煞之君，可坐不可向」，「吉莫吉于坐太歲，凶莫凶犯太歲」，俗諺「太歲頭上動土」以喻膽大無知，冒犯甚有權勢之人，而自取其禍，故峽江黃一鳳稱：「假殺紛紛，不從太歲起者，皆後人添設，以哄人也」，足見太歲之舉足輕重

耳；陽宅之消砂納水與二十四山之吉神凶煞，皆隨太歲逐年輪轉，則太歲乃選擇家首重之要點，選擇黃道吉日皆本於此；神樞經云：「太歲人君之象，率領諸神，統鎮方位，斡運時序，總成歲功。若國家巡狩省方，出師略地，營造宮闕，開拓疆土，不可向之；黎庶修營宅舍，築壘牆垣，並須迴避。」。

位置：二０二五年丙午歲的地盤太歲（方位太歲）在正南方的方位。

特徵：是方位上的神煞。古人認為年支所排到的方位，是當年統領八方的方位，其神聖不可侵犯，故謂「太歲」。

化煞：風水學認為太歲位不宜見動、破土、造葬。若太歲位受到沖犯，會令人困滯、官非、婚變、意外受傷和患上頑族。

3、飛太歲（九星太歲）在東南方的方位上亦是「太歲」的一種，固同樣不可動作，以避免「犯太歲」所引發的災禍。

4、歲破（負太歲、大耗）——是地神中最有力的惡神，故欽定協紀辨方謂：「歲破，乃最凶之神」；廣聖曆說：「其地不可興造、移徙、嫁娶、遠行，犯者主損財物，及害家長。」。

位置：位於太歲的對宮，正沖太歲，民國一一五年，丙午歲的歲破在子，即正北方的方位上。

特稱：發凶的情況甚於太歲。

化煞：宜靜不宜動

正南方的方位為太歲所理之地，正北方的方位為歲破（負太歲、大耗）所理之地，東南方的方位（置），併為飛太歲所理之地，北方位置又為三煞（三殺）所理之地，包括五黃煞在正南方的方位上、及西北地（戊都天在戌、己都天在亥，夾都天在乾），以上諸地等，切勿亂動（輕舉妄動）而觸犯之（避免在五黃、都天、歲破、太歲、三煞頭上動、破土），宜靜不宜動，儘量不要長期行住坐臥於此，並宜制化以趨吉避凶！

諸如以上這些凶煞所在之地，儘管或有「吉星」守護，但仍需制、化、調、理、安、頓、調、伏之！否則未蒙吉星之利，反先受煞星之害矣！紫白訣更提示：「制煞不如化煞為貴，鐘樓鼓閣，局山生旺施工……旺宮單遇，動始為殃，煞處重逢，靜亦肆虐。」。

所應特別注意者：紫白之吉，固為古所共宗，惟不能制天罡四旺煞、大月建、暗建煞（此一煞，通書有稱列，但「三元集要」闢為揑造！）而已！亦仍不能解歲破、三煞之凶！

七、九星飛佈方隅，時空共振（正負能量），賦訣秘旨，仔細推詳！

就局審度，星宮飛伏生旺衰死與五行生剋洩化之理，依書理取因應對治之道，重點可參酌本書第三頁陳國楨圖文【二〇二六年居家廠辦各方位吉凶改運催旺佈局圖示】的珍貴分析！

二〇二六年二月四日寅時立春起正式進入屬於紅色馬（紅馬）的年份（丙午歲），由一白輪值進入中宮主事，而紫白九星依序循軌跡飛佈，則有雙星加會情形，茲分析如后：

（一）中宮：一五，宮尅星，土剋水之象。一白雖為生氣（一白生旺，原主官貴、名聲、人緣、桃花等），但為中宮所尅囚；一白坎五行屬水，主中男，為腎、為耳、為陰處、膀胱！五黃屬土，五黃廉貞主災、毒、病、膿血。

飛星賦：【子癸歲廉貞飛到，陰處生瘍。】

地理精纂（秘本）：【一加二五，傷及壯丁。】

（二）乾宮：二六，星生宮。進氣不怕耗而生之三吉，乾坤交泰，家業子孫、利撮合、交易、姻緣、招財利、田宅致富、利醫家、武職、權官。

玄機賦：「地天為泰，老陰之土生老陽」！

玄空秘旨：「富並陶朱，斷是堅金遇土」。

飛星賦：「交至乾坤，吝心不足」（乾為金，坤為吝嗇，故吝而無厭）。

飛星賦：「戌未僧尼，自我有緣，何益」。（戌為僧，未為尼，失時相生何益）。

飛星賦：「乾坤神鬼，與他相尅，非祥」。（乾為神，坤為鬼，剋則有鬼神指責）。

飛星賦：「乾為寒，坤為熱，往來切記」。

（往來指來勢及門路，言遇乾坤雙至，必患三陰瘧）。

竹節賦：【呂望遇遲，度會乾而見坤武曲。】

（三）兌宮：三七，宮剋星，三七均係退運，難以致用！又係「穿心煞」！恐應驗大小凶禍災事！

飛星賦：須識七剛三毅，剛毅者制則生殃（凡三七皆不可剋制，剋制則其禍尤烈）。

飛星賦：【赤連碧紫，聰明亦刻薄之萌。】【乙辛兮家室分離。】搖鞭賦：【龍爭虎鬥要傷長。】玄空秘旨：【兌位明堂破震，主吐血之災。】【雷風金伐，定被刀傷。】【震庚會局，文臣而兼武將之權。】【長庚啟明，交戰四國。】【足以金而蹣跚。】【木金相反，背義忘恩。】紫白訣：【蚩尤碧星，好勇鬥狠之神。】【三七疊至，被劫盜更見官災。】【七逢三到生財，豈識財多被盜。】【三遇七臨生病，那知病癒遭官。】【破軍赤名，肅殺劍鋒之象。】

（四）艮宮：四八，星剋宮，木剋土之象，且四八均為失令！容易引致小口損傷、不利婚姻、精神壓力重！

惟四綠固號文昌，只專司科名文企，當不及於其他！而在九運時，四九為友，合先天河圖吉數！則復轉力量矣！玄空秘旨：【山地披風，還生風疾。】【山風值而泉石膏肓。】紫白訣：【四綠固號文昌，然八會四而小口殞生，三八逢之更惡。】飛星賦：【寅申觸巳，曾聞虎咥家人。或被犬傷，或逢蛇毒。】搖鞭賦：【風戶見鬼墮胎亡。】地理精纂：【八逢三四，損由小口也。】

（五）離宮：五九，宮生星，紫黃（毒藥）大煞！九紫離火生旺五黃廉貞大煞而釀成大災禍。玄空秘旨：【丙臨文曲，丁近傷官，人財因之耗乏。】【我生之而反被其災，為難產以致死。】【火見土而生愚鈍頑夫。】【值廉貞而頓見火災。】飛星賦：【青樓染疾，只因七弼同黃。】【紫黃毒藥，鄰宮兌口休嘗。】【火暗而神智難清。】

（六）坎宮：六一，星生宮，金水相涵有情；一為坎宮位，一六為生神、三吉、五吉之星，一六共宗為河圖數，亦為次文昌之組合，紫白訣：「旺生一遇為亨，死退雙臨不利」。玄空秘旨：【虛聯奎壁，啟八代之文章。】【車驅北闕，時聞丹詔頻來。】玄機賦：【水冷金寒，坎癸不滋乎乾兌。】搖鞭賦：【天門落水出淫狂。水淫天門內亂殃。】

（七）坤宮：七二，宮生星，七赤金星為破軍之星，為衰死之星、破耗之星，主賊竊、是非、小人、變化、改革、銳利、鬥爭、口舌，亦代表女性，既入宮主事又入坤地，凶性益強。而二黑坤土生七赤兌金，二黑，七赤皆是陰，兩陰相配，主母女不和，不正常的（桃花）關係；小心貪花戀酒，破財傷身！而二七為先天火（數），要小心火燭、血光之災！注意口腔呼吸器官、泄痢之疾！男兒常有異性糾纏或是非、刀傷。飛星賦：臨（地澤臨卦也），雲（云）泄（洩）痢（澤金洩坤腹之氣，澤性注下，故主痢）。搖鞭賦：【地澤進財後嗣絕。】玄空秘旨：【富比陶朱，斷是堅金遇土。】【陰神滿地成群，紅粉場中空快樂。】【天市合丙坤，富堪敵國。】玄機賦：【若坤配兌女，庶妾難投寡母之歡心。】地理精纂：【二七合為火，乘殺氣，遇凶山凶水，乃鳥焚其巢。】

（八）震宮：八三，宮剋星，下元九運，三八均失令！八白為艮，為山，為少男。三碧為震，為雷，為木。三八是木剋土。紫白訣：【四綠固號文昌，然八會四而小口殞生，三八之逢更惡。】竹節賦：【碧星入艮卦，郭氏絕賈相之嗣。】【震配艮，有斗粟尺布之譏。】地理精纂：【八逢三四，損由小口也。】

（九）巽宮：九四，宮生星，九紫右弼火星，為當令旺星，受宮之相生（四綠木生旺九紫火，火入木宮，九紫火得木印生助，熠熠生輝！）。九四，合先天四九為友，聯星吉數，主聰明文采，財源廣進。搖鞭賦：【風火益財婦人寡。】玄空秘旨：【丙臨文曲，丁近傷官，人財因之耗乏。】【木見火而生聰明奇士。】【棟入南離，驟見廳堂再煥。】【遇文曲蕩子無歸。】玄機賦：【巽陰就離，風散則火易熄。】【離共巽暫合。】（離共巽，雖得相生之義，惟非正配，故曰「暫合」）。【木為火神之本。】

八、簡單而實效的自我改善良方

除應參酌本書第三頁圖文陳國楨【二〇二六年居家廠辦各方位吉凶改運催旺佈局圖示】的珍貴方法外，若想自己DIY

☆如何運用吉祥、九星開運物品，配合時空物能，來改善宅第吉凶及個人命運的正法，俾趨吉避凶，五行化煞，則此九星開運物品（風水用品），價廉實用，人人皆可用，宅宅均能放：該風水物品使用期限一年，以後每年同樣風水物品均可變換位置，布置使用）九個方位（東、西、南、北、西南、西北、東南、東北、中間），各有新的九星輪流值年月（每年值星官，輪流值班方位不同），使用吉祥物品得當，能減輕或避免各種不好星煞如太歲、災病星、病符星、是非星、官司星等的作祟、為禍，或者以之化解已經發生的凶象惡況，使轉危為安，趨吉開運；並且能增強、催旺家庭運氣、個人運氣，除宜參照本書第三頁圖文陳國楨【二〇二六年居家廠辦各方位吉凶改運催旺佈局圖示】內的寶貴方法外，茲特介紹另種簡便的方法如後：所有各種吉祥開運物品（風水物品），可用來開運、招福、催吉、催財、鎮宅、旺宅、化煞、制凶、救宅等），自己DIY：

（一）、民國一一五年，西元二〇二六年，如果想要化解太歲、歲破（本命或生肖太歲、歲破）的話（民國一一五年生肖屬鼠、屬馬的人）：除前一（一）所述的化解方法之外，另亦可以下方式為之！

1、隨身攜帶一組八卦壓煞太歲銅錢（或地錢、天地錢）；

2、另一方面，並在居家住宅，廠房廠辦，店舖店面及辦公室的太歲方（在南方位置）、九星太歲、飛太歲（在東南方位置）及歲破方（在北方位置）；各安放特製之

a、一組八卦壓煞太歲銅錢

b、三隻銅麒麟或

c、三隻化煞銅製龍龜即可；如此則可保個人因為沖太歲、值犯太歲（民國一一五年，西元二０二六年，生肖屬鼠、屬馬的人）所引起的不好作用，效果與安太歲相同，適合無暇安、拜太歲的人。

（二）、民國一一五年，西元二０二六年，如果只想要化解「房宅」太歲（地盤太歲、方位太歲）、歲破、飛太歲或要增強、催旺個人運氣及家庭運氣的話：更宜

在居家住宅，廠房廠辦，店舖店面及辦公室的太歲方（在南方位置）、歲破方（在北方的位置）、九星太歲、飛太歲（在東南方位置）上各安放：

（1）一組八卦壓煞太歲銅錢

（2）三隻銅麒麟或

（3）三隻化煞銅製龍龜。即可

※最好以全屋平面圖來看，較準確；

◎以上做法，效果均與安太歲相同，適合無暇安、拜太歲的人。

（三）、如果想要化解災病星（五黃煞，非常凶狠，不吉之極，發生次數往往在五次以上，宜靜而不宜引動之）【輒應禍五年、五人、五事、五次！】的話，除前所述的各種方法之外，另可以下方式為之！

自己DIY，宜在居家住宅，廠房廠辦，店舖店面及辦公室的五黃煞位置上（民國一一五年，西元二０二六年，五黃土廉貞星、災病星、五黃大煞到各房宅的正南方宮位位置上；最好以全屋平面圖來看，較準確），安放安穩水（安忍水）或安置六個銅錢（或六帝古錢），鋪上「藍或黑色地毯」或安掛一組特製大木魚銅鈴及六個中型銅鈴，即可。

◎如果能再安置特製八卦銅葫蘆或銅製磨亮密宗五輪塔更佳。

（四）、如果想要化解病符星的話，除前所述的方法之外，另可以下方式為之！

宜自己DIY，安放宜安掛一組特製大木魚銅鈴及中型銅鈴，或特製八卦銅葫蘆，在居家住宅，廠房廠辦，店舖店面及辦公室的室內的病符星位置上（民國一一五年，西元二０二六年，在各房宅的中宮〈中央〉位置上），最好以全屋平面圖來看，較準確！

◎如果再安置六個乾隆銅錢、或六帝錢（順治、康熙、雍正、乾隆、嘉慶、道光等六帝）更佳，或再安置銅製磨亮密宗五輪塔尤佳。

（五）、如果想要化解是非、官司星（蚩尤星）的

話，則可自己DIY：將特製
1、一個小羅盤、
2、心經銅鈴、
3、化煞銅製龍龜
4、三隻銅麒麟
5、特製密宗吉祥九宮八卦咒輪牌，或
6、紅、紫、粉紅、黃色系列吉祥物品、水晶或燈光

安置於蚩尤星所臨各自居家住宅、廠房、廠辦、店舖店面及辦公室的位置上（民國一一五年，西元二０二六年，在房宅的西方位置上；最好以全屋平面圖來看，較準確）。

（六）、如果想要催旺財帛星的話，則可自己DIY，購買
1、特製九龍吐珠運財風水滾輪
2、紅、紫、粉紅、黃色系列陶瓷器吉祥物品或玉、石、水晶或燈光

※以上（一）、或（二），宜安置在財帛星所臨各自居家住宅，廠房廠辦，店舖店面及辦公室的財星所到的方位置上，加以催旺（民國一一五年，西元二０二六年，年財星在東南方的方位上）；最好以全屋平面圖來看，較準確。

（七）、如果想要化解小人招尤、纏身、忌妒、阻撓、是非的話，則可自己DIY，宜在居家住宅、廠房廠辦、店舖店面、辦公室等宅門的左邊或辦公桌的左邊安放：特製

1、銅製金龍、或
2、一至三隻銅麒麟或
3、心經銅鈴或
4、銅製龍龜

（八）、如果想要化解三煞（殺）星（不吉之事，發生次數往往在三次以上，宜靜不宜引動之）【輒應禍三年、三人、三事、三次！】的話，除前所述的方法之外，另可以下方式為之！

自己DIY，宜安置：
1、安放一組八卦壓煞太歲銅錢；及
2、安放三隻銅麒麟
3、或安放三隻銅製龍龜；

在居家住宅，廠房廠辦，店舖店面及辦公室的宅內的三煞（殺）星位置上（民國一一五年，西元二０二六年，三煞（殺）在北方位置上）。一般而言，太歲可坐，不可向。三煞，可向不可坐。因此臥室、辦公桌、書房、臥室及大門位置在西方者，今年運氣要受影響較差。可能的話，可以將臥室或辦公桌稍做調整，趨吉避凶。如果今年要安神位者，也不宜安坐北向南，因北方為三煞方。如不得已必需為之，則應特別擇日為之較好。

（九）、如果想要催旺喜慶星（桃花人緣、婚喜、添丁、升職）的話，則可自己DIY：宜安放紅、紫、粉紅、青、綠色系列植物、盆景、陶瓷器、吉祥物品或玉、石、水晶或燈光照明設備；

；在宅的喜慶星到臨之地（民國一一五年，西元二０二六年，在各自房宅的東南方位置；最好以全屋平

面圖來看，較準確。

（十）、如果想要催旺文昌（文曲）的話，則可自己DIY，宜安置：

1、文房四寶、魁斗星君圖照

2、特製密宗吉祥文殊九宮八卦咒輪木牌

3、安放4支毛筆（或步步高昇文昌筆）或4支觀音竹、或特製如意文昌塔、或特製風水用洞簫；在文昌星到臨或與之配合之地，（民國一一五年，西元二０二六年，在各自房宅、居家住宅、辦公室、書房的東北方、北方、中方位置（宜先制化方位之重煞）；最好以全屋平面圖來看，較準確。

（十一）、如果想要催旺官職、武貴星、權力星（主事星）、驛馬星的話，則可自己DIY，宜安置特製：

1、如意昇官旺財尺及特製如意文昌塔

2、或特製密宗吉祥文殊九宮八卦咒輪牌、安放一隻銅麒麟或一隻銅製龍龜（及一隻銅製馬踏飛燕）；於民國一一五年，西元二０二六年，在各自房宅、居家住宅、辦公室、書房的北方位置上安置（宜先制化三煞）即可；最好以全屋平面圖來看，較準確。

（十二）、如果想要催旺人緣星、官祿（文魁）星的話，則可自己DIY，宜安置：

1、如意昇官旺財尺、文房四寶及特製如意文昌塔

2、或特製九龍吐珠運財風水滾輪

3、或九鯉筆筒或四君子筆筒

在各自房宅、居家住宅、辦公室、書房的東南方方位、北方方位或中宮位置上（宜先制化方位之重煞）（最好以全屋平面圖來看，較準確）。

如果懂得利用好的方位以催旺及制化凶煞之方法，相信可以達到趨吉避凶的理想。

以上所述 讀者只需按圖索驥，依照宅內之方位分布而佈置，自然比其他沒經佈置的人優勝得多。重點更在自己可以DIY，依成本效益分析，是非常值得的！

※希望用最簡單的方法，達到解煞破災、趨吉避凶的效應，而且以不傷害他人、不亂花錢（花小錢，絕大多數人都花得起）為前提的原則下，遂由「時、空、物、能」四大要件下手，抓住易經四易（不易、變易、簡易、交易）的宇宙運行（自然）理（法）則、秩序、規律，儘量運用、整合諸如「易理」、「物質特性」、「全息科學理論」、「陰陽五行生化制剋」的哲理等等---的工具、方法、手段（非常多），來調整能量（氣場、磁場、、、等），企圖更易影響人命生存的「時空物能」（如運用時間，變動空間等、、、），俾保護自己，藉以改善人命的生存品質，利於存在與發展；完全不涉虛玄，不耍噱頭，期望家家戶戶平安，社會祥和無鬥爭，如此何樂而不為！是乃本人的心願與本文之宗旨，各位不妨試用看看！祝福大家闔家平安！

（陳國楨老師連絡電話〇九一七一六一四一〇）

2026丙午年玄空下卦陽宅吉凶便覽　壬山(丙向)

坐北(向南)

謝達輝 0912-994928

九運(2024～2043 年)雙令星到向，山星伏吟，向首伏吟，大凶。
地運 80 年。收山局。年三煞：亥子丑北方。年五黃：離。

<table>
<tr><td>巽宮(東南) 9</td><td>八
45</td><td>離(南)丙向　5</td><td>四
99</td><td>坤宮(西南) 7</td><td>六
27</td></tr>
<tr><td colspan="2">【火風鼎卦】
《飛星賦》：「寒戶遭瘟，緣自三廉夾綠」
「乳癰兮，四五」。
《秘本》：「二妨三，而五妨四，搏弈好飲，田園廢盡。」
◎忌開門、安神位、安床。
◎正城門：辰。</td><td colspan="2">【離為火卦】
《玄空秘旨》：「火曜連珠相值，青雲路上逍遙。」
《飛星賦》：「火暗而神智難清。」
《玄機賦》：「離位巉巖而損目。」
《天玉經》：「午山午向午來堂，大將值邊疆。」
◎雙令星 99 飛抵離宮，犯伏吟，本局大凶，不可用。
◎太歲：午。
◎流年五黃：離。</td><td colspan="2">【澤地萃卦】
◎二黑土生七赤金。二七皆是女性，兩陰相交，不正常的關係。
《玄空秘旨》:「富近陶朱，斷是堅金遇土。」「陰神滿地成群，紅粉場中空快樂。」「天市合丙坤，富堪敵國。」
《玄機賦》:「若坤配兌女，庶妾難投寡母之歡心。」
《秘本》:「二七合為火，乘殺氣，遇凶山凶水，乃鳥焚其巢。」
◎力士：坤。</td></tr>
<tr><td>震宮(東) 8</td><td>七
36</td><td>中宮　1</td><td>九
54</td><td>兌宮(西) 3</td><td>二
72</td></tr>
<tr><td colspan="2">【天雷无妄卦】
《玄空秘旨》:「雷風金伐，定被金傷。」
「足見金而蹣跚。」
《飛星賦》:「頭響兮六三。三逢六，患在長男。」
《竹節賦》:「金傷雷府，易牙殺子媚君。」
「鬼入雷門，惠王子喪於齊。」</td><td colspan="2">【風火家人卦】
《玄空秘旨》：「我剋彼而反遭其辱，因財帛以喪身。」
《飛星賦》：「乳癰兮，四五。」「碧綠風魔，他處廉貞莫見。」「寒戶遭瘟，緣自三廉夾綠。」
《秘本》：「二妨三，而五妨四；搏弈好飲，田園廢盡。」
◎五黃廉貞星最忌逢三碧四綠，四綠木剋五黃土，易激發暴戾性災病。</td><td colspan="2">【地澤臨卦】
◎二坤土生七兌金，然皆是陰星，純陰相配，為不正桃花。
《飛星賦》：「臨，云泄痢。」
《秘本》:「二七合為火，乘煞氣、遇凶山凶水，乃鳥焚其巢。」
《玄機賦、玄髓經》:「坤配兌女，則庶妾難投寡母之歡心。」
《搖鞭賦》:「地澤進財後嗣絕。」</td></tr>
<tr><td>艮宮(東北) 4</td><td>三
81</td><td>坎(北)壬山　6</td><td>五
18</td><td>乾宮(西北) 2</td><td>一
63</td></tr>
<tr><td colspan="2">【水山蹇卦】
《竹節賦》：「坤艮動見坎，中男絕滅不還鄉。」
◎文昌位：艮宮東北方。
◎流年文昌位：艮宮東北。</td><td colspan="2">【山水蒙卦】
《竹節賦》:「坤艮動見坎，中男絕滅不還鄉。」
◎暗劍煞：坎。
◎歲破：子。
◎流年三煞：亥子丑北方。</td><td colspan="2">【雷天大壯卦】
《紫白訣》：「更言武曲青龍，喜逢左輔善曜。」
◎六乾武曲金剋三碧青龍木為財，若再有八白左輔星生旺六白金而更得財。
《玄空秘旨》:「足見金而蹣跚。」
《飛星賦》：「壯途躓足。」
《秘本》:「三逢六，患在長男。」
《搖鞭賦》:「龍飛天上老翁殃。」</td></tr>
</table>

2026丙午年玄空下卦陽宅吉凶便覽　子癸山(午丁向)

坐北(向南)

謝達輝 0912-994928

九運(2024～2043 年)：雙令星到山，旺丁，不旺財。
地運 80 年。出煞局。年三煞：亥子丑北方。年五黃：離。

巽宮(東南) 9　八 63	離(南)午丁向 5　四 18	坤宮(西南) 7　六 81
【雷天大壯卦】 《紫白訣》：「更言武曲青龍，喜逢左輔善曜。」 ◎六乾武曲金剋三碧青龍木為財，若再有八白左輔星生旺六白金而更得財。 《玄空秘旨》:「足見金而蹣跚。」 《飛星賦》：「壯途躓足。」 《秘本》:「三逢六，患在長男。」 《搖鞭賦》:「龍飛天上老翁殃。」 ◎正城門：無。	【山水蒙卦】 《竹節賦》：「坤艮動見坎，中男絕滅不還鄉。」 ◎宜開門、安神、安床。 ◎太歲：午。 ◎流年五黃：離。	【水山蹇卦】 《竹節賦》：「坤艮動見坎，中男絕滅不還鄉。」 ◎副城門：無。 ◎力士：坤。 ◎宜開門、安神、安床。
震宮(東) 8　七 72	**中宮 1　九 54**	**兌宮(西) 3　二 36**
【地澤臨卦】 ◎二坤土生七兌金，然皆是陰星，純陰相配，為不正桃花。 《飛星賦》：「臨，云泄痢。」 《秘本》：「二七合為火，乘煞氣、遇凶山凶水，乃鳥焚其巢。」 《玄機賦、玄髓經》：「坤配兌女，則庶妾難投寡母之歡心。」 《搖鞭賦》:「地澤進財後嗣絕。」 ◎宜開門、安神、安床。	【風火家人卦】 《玄空秘旨》:「我剋彼而反遭其辱，因財帛以喪身。」 《飛星賦》：「乳癰兮，四五。」「碧綠風魔，他處廉貞莫見。」「寒戶遭瘟，緣自三廉夾綠。」 《秘本》：「二妨三，而五妨四；搏弈好飲，田園廢盡。」 ◎五黃廉貞最忌逢三碧四綠，四綠木剋五黃土，易激發暴戾性灾病。	【天雷无妄卦】 《玄空秘旨》:「雷風金伐，定被金傷。」「足見金而蹣跚。」 《飛星賦》:「頭響兮六三。三逢六，患在長男。」 《竹節賦》:「金傷雷府，易牙殺子媚君。」「鬼入雷門，惠王子喪於齊。」 ◎忌開門、安神、安床。
艮宮(東北) 4　三 27	**坎(北)子癸山 6　五 99**	**乾宮(西北) 2　一 45**
【澤地萃卦】 ◎二黑土生七赤金。二七皆是陰星，兩陰相交，不正常的關係。 《玄空秘旨》:「富近陶朱，斷是堅金遇土。」「陰神滿地成群，紅粉場中空快樂。」「天市合丙坤，富堪敵國。」 《玄機賦》:「若坤配兌女，庶妾難投寡母之歡心。」 《秘本》:「二七合為火，乘殺氣，遇凶山凶水，乃鳥焚其巢。」 ◎文昌位：艮宮東北方。 ◎流年文昌位：艮宮東北。	【離為火卦】 《玄空秘旨》：「火曜連珠相值，青雲路上逍遙。」 《飛星賦》：「火暗而神智難清。」 《玄機賦》：「離位巉巖而損目。」 《天玉經》：「午山午向午來堂，大將值邊疆。」 ◎宜開門、安神、安床。 ◎暗劍煞：坎。 ◎歲破：子。 ◎流年三煞：亥子丑北方。	【火風鼎卦】 《飛星賦》：「寒戶遭瘟，緣自三廉夾綠」「乳癰兮，四五」。 《秘本》:「二妨三，而五妨四，搏弈好飲，田園廢盡。」 ◎忌開門、安神位、安床。

2026丙午年玄空下卦陽宅吉凶便覽　丑山(未向)

坐東北(向西南)

謝達輝 0912-994928

九運(2024～2043 年)：雙令星到向，旺財，不旺丁。
地運120年。出煞局。年三煞：亥子丑北方。年五黃：離。

<table>
<tr><td>巽宮(東南) 9</td><td>八
27</td><td>離宮(南) 5</td><td>四
72</td><td>坤(西南)未向 7</td><td>六
99</td></tr>
<tr><td colspan="2">【澤地萃卦】
◎二黑土生七赤金。二七皆是女性，兩陰相交，不正常的關係。
《玄空秘旨》:「富近陶朱，斷是堅金遇土。」「陰神滿地成群，紅粉場中空快樂。」「天市合丙坤，富堪敵國。」
《玄機賦》:「若坤配兌女，庶妾難投寡母之歡心。」
《秘本》:「二七合為火，乘殺氣，遇凶山凶水，乃鳥焚其巢。」</td><td colspan="2">【地澤臨卦】
◎二坤土生七兌金，然皆是陰，純陰相配，為不正桃花。
《飛星賦》：「臨，云泄痢。」
《秘本》：「二七合為火，乘煞氣、遇凶山凶水，乃鳥焚其巢。」
《玄機賦、玄髓經》：「坤配兌女，則庶妾難投寡母之歡心。」
《搖鞭賦》:「地澤進財後嗣絕。」
◎副城門：丙。
◎宜開門、安神、安床。
◎太歲：午。
◎流年五黃：離。</td><td colspan="2">【離為火卦】
《玄空秘旨》：「火曜連珠相值，青雲路上逍遙。」
《飛星賦》：「火暗而神智難清。」
《玄機賦》：「離位巉巖而損目。」
《天玉經》：「午山午向午來堂，大將值邊疆。」
◎宜開門、安神、安床。
◎力士：坤。</td></tr>
<tr><td>震宮(東) 8</td><td>七
18</td><td>中宮 1</td><td>九
36</td><td>兌宮(西) 3</td><td>二
54</td></tr>
<tr><td colspan="2">【山水蒙卦】
《竹節賦》：「坤艮動見坎，中男絕滅不還鄉。」
◎宜開門、安神、安床。</td><td colspan="2">【天雷无妄卦】
《玄空秘旨》:「雷風金伐，定被金傷。」「足見金而蹣跚。」
《飛星賦》:「頭響兮六三。三逢六，患在長男。」
《竹節賦》:「金傷雷府，易牙殺子媚君。」「鬼入雷門，惠王子喪於齊。」</td><td colspan="2">【風火家人卦】
《玄空秘旨》：「我剋彼而反遭其辱，因財帛以喪身。」
《飛星賦》：「乳癰兮，四五。」「碧綠風魔，他處廉貞莫見。」「寒戶遭瘟，緣自三廉夾綠。」
《秘本》：「二妨三，而五妨四；搏弈好飲，田園廢盡。」
◎五黃廉貞最忌逢三碧四綠，四綠木剋五黃土，易激發暴戾性災病。
◎正城門：庚。
◎忌開門、安神、安床。</td></tr>
<tr><td>艮(東北)丑山 4</td><td>三
63</td><td>坎宮(北) 6</td><td>五
81</td><td>乾宮(西北) 2</td><td>一
45</td></tr>
<tr><td colspan="2">【雷天大壯卦】
《紫白訣》：「更言武曲青龍，喜逢左輔善曜。」
◎六乾武曲金剋三碧青龍木為財，若再有八白左輔星生旺六白金而更得財。
《玄空秘旨》：「足見金而蹣跚。」
《飛星賦》：「壯途躓足。」
《秘本》：「三逢六，患在長男。」
《搖鞭賦》：「龍飛天上老翁殃」
◎流年文昌位：艮宮東北。</td><td colspan="2">【水山蹇卦】
《竹節賦》：「坤艮動見坎，中男絕滅不還鄉。」
◎宜開門、安神、安床。
◎文昌位：坎宮正北方。
◎暗劍煞：坎。
◎歲破：子。
◎流年三煞：亥子丑北方。</td><td colspan="2">【火風鼎卦】
《飛星賦》：「寒戶遭瘟，緣自三廉夾綠」「乳癰兮，四五」。
《秘本》：「二妨三，而五妨四，搏弈好飲，田園廢盡。」
◎忌開門、安神位、安床。</td></tr>
</table>

謝達輝 0912-994928

九運(2024～2043年)：雙令星到山，旺丁，不旺財。
地運120年。出煞局。年三煞：亥子丑北方。年五黃：離。

巽宮(東南) 9　八 45	離宮(南) 5　四 81	坤(西南)坤申向 7　六 63
【火風鼎卦】 《飛星賦》：「寒戶遭瘟，緣自三廉夾綠」「乳癰兮，四五」。 《秘本》：「二妨三，而五妨四，搏弈好飲，田園廢盡。」 ◎忌開門、安神位、安床。	【水山蹇卦】 《竹節賦》：「坤艮動見坎，中男絕滅不還鄉。」 ◎副城門：無。 ◎宜開門、安神、安床。 ◎太歲：午。 ◎流年五黃：離。	【雷天大壯卦】 《紫白訣》：「更言武曲青龍，喜逢左輔善曜。」 ◎六乾武曲金剋三碧青龍木為財，若再有八白左輔星生旺六白金而更得財。 《玄空秘旨》：「足見金而蹣跚。」 《飛星賦》：「壯途躓足。」 《秘本》：「三逢六，患在長男。」 《搖鞭賦》：「龍飛天上老翁殃 ◎力士：坤。
震宮(東) 8　七 54	**中宮 1　九 36**	**兌宮(西) 3　二 18**
【風火家人卦】 《玄空秘旨》：「我剋彼而反遭其辱，因財帛以喪身。」 《飛星賦》：「乳癰兮，四五。」「碧綠風魔，他處廉貞莫見。」「寒戶遭瘟，緣自三廉夾綠。」 《秘本》：「二妨三，而五妨四；搏弈好飲，田園廢盡。」 ◎五黃廉貞最忌逢三碧四綠，四綠木剋五黃土，易激發暴戾性災病。 ◎忌開門、安神、安床。	【天雷无妄卦】 《玄空秘旨》:「雷風金伐，定被金傷。」「足見金而蹣跚。」 《飛星賦》:「頭響兮六三。三逢六，患在長男。」 《竹節賦》:「金傷雷府，易牙殺子媚君。」「鬼入雷門，惠王子喪於齊。」	【山水蒙卦】 《竹節賦》：「坤艮動見坎，中男絕滅不還鄉。」 ◎正城門：無。 ◎宜開門、安神、安床。
艮(東北)艮寅山 4　三 99	**坎宮(北) 6　五 72**	**乾宮(西北) 2　一 27**
【離為火卦】 《玄空秘旨》：「火曜連珠相值，青雲路上逍遙。」 《飛星賦》:「火暗而神智難清。」 《玄機賦》:「離位巉巖而損目。」 《天玉經》：「午山午向午來堂，大將值邊疆。」 ◎宜開門、安神、安床。 ◎流年文昌位：艮宮東北。	【地澤臨卦】 ◎二坤土生七兌金，然皆是陰，純陰相配，為不正桃花。 《飛星賦》：「臨，云泄痢。」 《秘本》：「二七合為火，乘煞氣、遇凶山凶水，乃鳥焚其巢。」 《玄機賦、玄髓經》：「坤配兌女，則庶妾難投寡母之歡心。」 《搖鞭賦》:「地澤進財後嗣絕。」 ◎宜開門、安神、安床。 ◎文昌位：坎宮正北方。 ◎暗劍煞：坎。 ◎歲破：子。 ◎流年三煞：亥子丑北方。	【澤地萃卦】 ◎二黑土生七赤金。二七皆是女性，兩陰相交，不正常的關係。 《玄空秘旨》:「富近陶朱，斷是堅金遇土。」「陰神滿地成群，紅粉場中空快樂。」「天市合丙坤，富堪敵國。」 《玄機賦》:「若坤配兌女，庶妾難投寡母之歡心。」 《秘本》:「二七合為火，乘殺氣，遇凶山凶水，乃鳥焚其巢。」

2026丙午年玄空下卦陽宅吉凶便覽　甲山(庚向)

坐東(向西)

謝達輝 0912-994928

九運(2024～2043 年)：雙令星到向，旺財，不旺丁。
地運 40 年。收山局。年三煞：亥子丑北方。年五黃：離。

<table>
<tr><td>巽宮(東南) 9</td><td>八
63</td><td>離宮(南) 5</td><td>四
27</td><td>坤宮(西南) 7</td><td>六
45</td></tr>
<tr><td colspan="2">【天雷无妄卦】
《紫白訣》：「更言武曲青龍，喜逢左輔善曜。」
◎六乾武曲金剋三碧青龍木為財，若再有八白左輔星生旺六白金而更得財。
《玄空秘旨》：「足見金而蹣跚。」
《飛星賦》：「壯途躓足。」
《秘本》：「三逢六，患在長男。」
《搖鞭賦》：「龍飛天上老翁殃。」</td><td colspan="2">【澤地萃卦】
◎二黑土生七赤金。二七皆是女性，兩陰相交，不正常的關係。
《玄空秘旨》:「富近陶朱，斷是堅金遇土。」「陰神滿地成群，紅粉場中空快樂。」「天市合丙坤，富堪敵國。」
《玄機賦》:「若坤配兌女，庶妾難投寡母之歡心。」
《秘本》:「二七合為火，乘殺氣，遇凶山凶水，乃鳥焚其巢。」
◎太歲：午。
◎流年五黃：離。</td><td colspan="2">【火風鼎卦】
《飛星賦》：「寒戶遭瘟，緣自三廉夾綠」「乳癰兮，四五」。
《秘本》：「二妨三，而五妨四，搏弈好飲，田園廢盡。」
◎正城門：未。
◎忌開門、安神位、安床。
◎力士：坤。</td></tr>
<tr><td>震宮(東)甲山 8</td><td>七
54</td><td>中宮 1</td><td>九
72</td><td>兌宮(西)庚向 3</td><td>二
99</td></tr>
<tr><td colspan="2">【風火家人卦】
《玄空秘旨》：「我剋彼而反遭其辱，因財帛以喪身。」
《飛星賦》：「乳癰兮，四五。」「碧綠風魔，他處廉貞莫見。」「寒戶遭瘟，緣自三廉夾綠。」
《秘本》：「二妨三，而五妨四；搏弈好飲，田園廢盡。」
◎五黃廉貞最忌逢三碧四綠，四綠木剋五黃土，易激發暴戾性災病。
◎忌開門、安神、安床。</td><td colspan="2">【地澤臨卦】
◎二坤土生七兌金，然皆是陰，純陰相配，為不正桃花。
《飛星賦》：「臨，云泄痢。」
《秘本》：「二七合為火，乘煞氣、遇凶山凶水，乃鳥焚其巢。」
《玄機賦、玄髓經》：「坤配兌女，則庶妾難投寡母之歡心。」
《搖鞭賦》:「地澤進財後嗣絕。
◎宜開門、安神、安床。</td><td colspan="2">【離為火卦】
《玄空秘旨》：「火曜連珠相值，青雲路上逍遙。」
《飛星賦》：「火暗而神智難清。」
《玄機賦》：「離位巉巖而損目。」
《天玉經》：「午山午向午來堂，大將值邊疆。」
◎宜開門、安神、安床。</td></tr>
<tr><td>艮宮(東北) 4</td><td>三
18</td><td>坎宮(北) 6</td><td>五
36</td><td>乾宮(西北) 2</td><td>一
81</td></tr>
<tr><td colspan="2">【山水蒙卦】
《竹節賦》：「坤艮動見坎，中男絕滅不還鄉。」
◎宜開門、安神、安床。
◎流年文昌位：艮宮東北。</td><td colspan="2">【天雷无妄卦】
《玄空秘旨》:「雷風金伐，定被金傷。」「足見金而蹣跚。」
《飛星賦》:「頭響兮六三。三逢六，患在長男。」
《竹節賦》:「金傷雷府，易牙殺子媚君。」「鬼入雷門，惠王子喪於齊。」
◎坎宮打劫。
◎暗劍煞：坎。
◎歲破：子。
◎流年三煞：亥子丑北方。</td><td colspan="2">【水山蹇卦】
《竹節賦》：「坤艮動見坎，中男絕滅不還鄉。」
◎副城門：無。
◎宜開門、安神、安床。
◎文昌位：乾宮西北方。</td></tr>
</table>

2026丙午年玄空下卦陽宅吉凶便覽　卯乙山(酉辛向)

坐東(向西)

謝達輝 0912-994928

九運(2024～2043年)：雙令星到山，旺丁，不旺財。
地運40年。收山局。年三煞：亥子丑北方。年五黃：離。

巽宮(東南) 9	八 81	離宮(南) 5	四 36	坤宮(西南) 7	六 18
【水山蹇卦】 《竹節賦》：「坤艮動見坎，中男絕滅不還鄉。」 ◎副城門：無。 ◎宜開門、安神、安床。		【天雷无妄卦】 《玄空秘旨》:「雷風金伐，定被金傷。」「足見金而蹣跚。」 《飛星賦》:「頭響兮六三。三逢六，患在長男。」 《竹節賦》:「金傷雷府，易牙殺子媚君。」「鬼入雷門，惠王子喪於齊。」 ◎太歲：午。 ◎流年五黃：離。		【山水蒙卦】 《竹節賦》：「坤艮動見坎，中男絕滅不還鄉。」 ◎正城門：無。 ◎宜開門、安神、安床。 ◎力士：坤。	
震(東)卯乙山 8	七 99	中宮 1	九 72	兌(西)酉辛向 3	二 54
【離為火卦】 《玄空秘旨》：「火曜連珠相值，青雲路上逍遙。」 《飛星賦》:「火暗而神智難清。」 《玄機賦》:「離位巉巖而損目。」 《天玉經》：「午山午向午來堂，大將值邊疆。」 ◎宜開門、安神、安床。		【地澤臨卦】 ◎二坤土生七兌金，然皆是陰，純陰相配，為不正桃花。 《飛星賦》：「臨，云泄痢。」 《秘本》：「二七合為火，乘煞氣、遇凶山凶水，乃鳥焚其巢。」 《玄機賦、玄髓經》：「坤配兌女，則庶妾難投寡母之歡心。」 《搖鞭賦》:「地澤進財後嗣絕。」		【風火家人卦】 《玄空秘旨》：「我剋彼而反遭其辱，因財帛以喪身。」 《飛星賦》：「乳癰兮，四五。」「碧綠風魔，他處廉貞莫見。」「寒戶遭瘟，緣自三廉夾綠。」 《秘本》：「二妨三，而五妨四；搏弈好飲，田園廢盡。」 ◎五黃廉貞最忌逢三碧四綠，四綠木剋五黃土，易激發暴戾性災病。 ◎忌開門、安神、安床。	
艮宮(東北) 4	三 45	坎宮(北) 6	五 27	乾宮(西北)23	一 63
【火風鼎卦】 《飛星賦》：「寒戶遭瘟，緣自三廉夾綠」「乳癰兮，四五」。 《秘本》:「二妨三，而五妨四，搏弈好飲，田園廢盡。」 ◎忌開門、安神位、安床。 ◎流年文昌位：艮宮東北。		【澤地萃卦】 ◎二黑土生七赤金。二七皆是女性，兩陰相交，不正常的關係。 《玄空秘旨》:「富近陶朱，斷是堅金遇土。」「陰神滿地成群，紅粉場中空快樂。」「天市合丙坤，富堪敵國。」 《玄機賦》:「若坤配兌女，庶妾難投寡母之歡心。」 《秘本》:「二七合為火，乘殺氣，遇凶山凶水，乃鳥焚其巢。」 ◎暗劍煞：坎。 ◎歲破：子。 ◎流年三煞：亥子丑北方。		【雷天大壯卦】 《紫白訣》：「更言武曲青龍，喜逢左輔善曜。」 ◎六乾武曲金剋三碧青龍木為財，若再有八白左輔星生旺六白金而更得財。 《玄空秘旨》：「足見金而蹣跚。」 《飛星賦》：「壯途躓足。」 《秘本》：「三逢六，患在長男。」 《搖鞭賦》：「龍飛天上老翁殃」 ◎副城門：乾。 ◎文昌位：乾宮西北方。	

2026 丙午年玄空下卦陽宅吉凶便覽　辰山(戌向)

坐東南(向西北)

謝達輝 0912-994928

九運(2024～2043 年)：雙令星到山，旺丁，不旺財。
地運 20 年。出煞局。年三煞：亥子丑北方。年五黃：離。

<table>
<tr><td>巽(東南)辰山 9</td><td>八
99</td><td>離宮(南) 5</td><td>四
45</td><td>坤宮(西南) 7</td><td>六
27</td></tr>
<tr><td colspan="2">【離為火卦】
《玄空秘旨》：「火曜連珠相值，青雲路上逍遙。」
《飛星賦》：「火暗而神智難清。」
《玄機賦》：「離位巉巖而損目。」
《天玉經》：「午山午向午來堂，大將值邊疆。」
◎宜開門、安神、安床。</td><td colspan="2">【火風鼎卦】
《飛星賦》：「寒戶遭瘟，緣自三廉夾綠」「乳癰兮，四五」。
《秘本》：「二妨三，而五妨四，搏弈好飲，田園廢盡。」
◎忌開門、安神位、安床。
◎太歲：午。
◎流年五黃：離。</td><td colspan="2">【澤地萃卦】
◎二黑土生七赤金。二七皆是女性，兩陰相交，不正常的關係。
《玄空秘旨》：「富近陶朱，斷是堅金遇土。」「陰神滿地成群，紅粉場中空快樂。」「天市合丙坤，富堪敵國。」
《玄機賦》：「若坤配兌女，庶妾難投寡母之歡心。」
《秘本》：「二七合為火，乘殺氣，遇凶山凶水，乃鳥焚其巢。」
◎文昌位：坤宮西南方。
◎力士：坤。</td></tr>
<tr><td>震宮(東) 8</td><td>七
18</td><td>中宮 1</td><td>九
81</td><td>兌宮(西) 3</td><td>二
63</td></tr>
<tr><td colspan="2">【山水蒙卦】
《竹節賦》：「坤艮動見坎，中男絕滅不還鄉。」
◎宜開門、安神、安床。</td><td colspan="2">【水山蹇卦】
《竹節賦》：「坤艮動見坎，中男絕滅不還鄉。」</td><td colspan="2">【雷天大壯卦】
《紫白訣》：「更言武曲青龍，喜逢左輔善曜。」
◎六乾武曲金剋三碧青龍木為財，若再有八白左輔星生旺六白金而更得財。
《玄空秘旨》：「足見金而蹣跚。」
《飛星賦》：「壯途躓足。」
《秘本》：「三逢六，患在長男。」
《搖鞭賦》：「龍飛天上老翁殃」
◎副城門：庚。
◎忌開門、安神、安床。</td></tr>
<tr><td>艮宮(東北) 4</td><td>三
54</td><td>坎宮(北) 6</td><td>五
36</td><td>乾(西北)戌向 2</td><td>一
72</td></tr>
<tr><td colspan="2">【風火家人卦】
《玄空秘旨》：「我剋彼而反遭其辱，因財帛以喪身。」
《飛星賦》：「乳癰兮，四五。」「碧綠風魔，他處廉貞莫見。」「寒戶遭瘟，緣自三廉夾綠。」
《秘本》：「二妨三，而五妨四；搏弈好飲，田園廢盡。」
◎五黃廉貞最忌逢三碧四綠，四綠木剋五黃土，易激發暴戾性災病。
◎忌開門、安神、安床。
◎流年文昌位：艮宮東北。</td><td colspan="2">【天雷无妄卦】
《玄空秘旨》：「雷風金伐，定被金傷。」「足見金而蹣跚。」
《飛星賦》：「頭響兮六三。三逢六，患在長男。」
《竹節賦》：「金傷雷府，易牙殺子媚君。」「鬼入雷門，惠王子喪於齊。」
◎正城門：無。
◎暗劍煞：坎。
◎歲破：子。
◎流年三煞：亥子丑北方。</td><td colspan="2">【地澤臨卦】
◎二坤土生七兌金，然皆是陰，純陰相配，為不正桃花。
《飛星賦》：「臨，云泄痢。」
《秘本》：「二七合為火，乘煞氣、遇凶山凶水，乃鳥焚其巢。」
《玄機賦、玄髓經》：「坤配兌女，則庶妾難投寡母之歡心。」
《搖鞭賦》：「地澤進財後嗣絕。」
◎宜開門、安神、安床。</td></tr>
</table>

2026丙午年玄空下卦陽宅吉凶便覽　巽巳山(乾亥向)

坐東南(向西北)

謝達輝 0912-994928

九運(2024～2043 年)：雙令星到向，旺財，不旺丁。
地運 20 年。收山局。年三煞：亥子丑北方。年五黃：離。

巽(東南)巽巳山 9	八 72	離宮(南) 5	四 36	坤宮(西南) 7	六 54
【地澤臨卦】 ◎二坤土生七兌金，然皆是陰，純陰相配，為不正桃花。 《飛星賦》：「臨，云泄痢。」 《秘本》:「二七合為火，乘煞氣、遇凶山凶水，乃鳥焚其巢。」 《玄機賦、玄髓經》:「坤配兌女，則庶妾難投寡母之歡心。」 《搖鞭賦》：「地澤進財後嗣絕。 ◎宜開門、安神、安床。		【天雷无妄卦】 《玄空秘旨》:「雷風金伐，定被金傷。」「足見金而蹣跚。」 《飛星賦》:「頭響兮六三。三逢六，患在長男。」 《竹節賦》:「金傷雷府，易牙殺子媚君。」「鬼入雷門，惠王子喪於齊。」 ◎離宮打劫。 ◎太歲：午。 ◎流年五黃：離。		【風火家人卦】 《玄空秘旨》：「我剋彼而反遭其辱，因財帛以喪身。」 《飛星賦》：「乳癰兮，四五。」「碧綠風魔，他處廉貞莫見。」「寒戶遭瘟，緣自三廉夾綠。」 《秘本》：「二妨三，而五妨四；搏弈好飲，田園廢盡。」 ◎五黃廉貞最忌逢三碧四綠，四綠木剋五黃土，易激發暴戾性灾病。 ◎宜開門、安神、安床。 ◎文昌位：坤宮西南方。 ◎力士：坤。	
震宮(東) 8	七 63	中宮 1	九 81	兌宮(西) 3	二 18
【雷天大壯卦】 《紫白訣》：「更言武曲青龍，喜逢左輔善曜。」 ◎六乾武曲金剋三碧青龍木為財，若再有八白左輔星生旺六白金而更得財。 《玄空秘旨》:「足見金而蹣跚。」 《飛星賦》：「壯途躓足。」 《秘本》:「三逢六，患在長男。」 《搖鞭賦》：「龍飛天上老翁殃」		【水山蹇卦】 《竹節賦》：「坤艮動見坎，中男絕滅不還鄉。」		【山水蒙卦】 《竹節賦》：「坤艮動見坎，中男絕滅不還鄉。」 ◎副城門：無。 ◎忌開門、安神、安床。	
艮宮(東北) 4	三 27	坎宮(北) 6	五 45	乾(西北)乾亥向 2	一 99
【澤地萃卦】 ◎二黑土生七赤金。二七皆是女性，兩陰相交，不正常的關係。 《玄空秘旨》:「富近陶朱，斷是堅金遇土。」「陰神滿地成群，紅粉場中空快樂。」「天市合丙坤，富堪敵國。」 《玄機賦》:「若坤配兌女，庶妾難投寡母之歡心。」 《秘本》:「二七合為火，乘殺氣，遇凶山凶水，乃鳥焚其巢。」 ◎流年文昌位：艮宮東北。		【火風鼎卦】 《飛星賦》：「寒戶遭瘟，緣自三廉夾綠」「乳癰兮，四五」。 《秘本》:「二妨三，而五妨四，搏弈好飲，田園廢盡。」 ◎正城門：子。 ◎忌開門、安神位、安床。 ◎暗劍煞：坎。 ◎歲破：子。 ◎流年三煞：亥子丑北方。		【離為火卦】 《玄空秘旨》：「火曜連珠相值，青雲路上逍遙。」 《飛星賦》：「火暗而神智難清。」 《玄機賦》：「離位巉巖而損目。」 《天玉經》：「午山午向午來堂，大將值邊疆。」 ◎宜開門、安神、安床。	

2026丙午年玄空下卦陽宅吉凶便覽　丙山(壬向)　坐南(向北)

謝達輝 0912-994928

九運(2024～2043年)雙令星到山，向星伏吟，離宮伏吟，大凶。地運100年。收山局。年三煞：亥子丑北方。年五黃：離。

巽宮(東南) 9	八 54	離宮(南)丙山 5	四 99	坤宮(西南) 7	六 72
【風火家人卦】 《玄空秘旨》：「我剋彼而反遭其辱，因財帛以喪身。」 《飛星賦》：「乳癰兮，四五。」「碧綠風魔，他處廉貞莫見。」「寒戶遭瘟，緣自三廉夾綠。」 《秘本》：「二妨三，而五妨四；搏弈好飲，田園廢盡。」 ◎五黃廉貞最忌逢三碧四綠，四綠木剋五黃土，易激發暴戾性災病。		【離為火卦】 《玄空秘旨》：「火曜連珠相值，青雲路上逍遙。」 《飛星賦》：「火暗而神智難清。」 《玄機賦》：「離位巉巖而損目。」 《天玉經》：「午山午向午來堂，大將值邊疆。」 ◎雙令星99飛抵離宮，犯伏吟，本局大凶，不可用。 ◎文昌位：離宮正南方。 ◎太歲：午。 ◎流年五黃：離。		【地澤臨卦】 ◎二坤土生七兌金，然皆是陰，純陰相配，為不正桃花。 《飛星賦》：「臨，云泄痢。」 《秘本》：「二七合為火，乘煞氣、遇凶山凶水，乃鳥焚其巢。」 《玄機賦、玄髓經》：「坤配兌女，則庶妾難投寡母之歡心。」 《搖鞭賦》：「地澤進財後嗣絕」。 ◎力士：坤。	
震宮(東) 8	七 63	中宮 1	九 45	兌宮(西) 3	二 27
【雷天大壯卦】 《紫白訣》：「更言武曲青龍，喜逢左輔善曜。」 ◎六乾武曲金剋三碧青龍木為財，若再有八白左輔星生旺六白金而更得財。 《玄空秘旨》：「足見金而蹣跚。」 《飛星賦》：「壯途躓足。」 《秘本》：「三逢六，患在長男。」 《搖鞭賦》：「龍飛天上老翁殃」		【火風鼎卦】 《飛星賦》：「寒戶遭瘟，緣自三廉夾綠」「乳癰兮，四五」。 《秘本》：「二妨三，而五妨四，搏弈好飲，田園廢盡。」		【澤地萃卦】 ◎二黑土生七赤金。二七皆是女性，兩陰相交，不正常的關係。 《玄空秘旨》：「富近陶朱，斷是堅金遇土。」「陰神滿地成群，紅粉場中空快樂。」「天市合丙坤，富堪敵國。」 《玄機賦》：「若坤配兌女，庶妾難投寡母之歡心。」 《秘本》：「二七合為火，乘殺氣，遇凶山凶水，乃鳥焚其巢。」	
艮宮(東北) 4	三 18	坎宮(北)壬向 6	五 81	乾宮(西北) 2	一 36
【山水蒙卦】 《竹節賦》：「坤艮動見坎，中男絕滅不還鄉。」 ◎副城門：無。 ◎宜開門、安神、安床。 ◎流年文昌位：艮宮東北。		【水山蹇卦】 《竹節賦》：「坤艮動見坎，中男絕滅不還鄉。」 ◎宜開門、安神、安床。 ◎暗劍煞：坎。 ◎歲破：子。 ◎流年三煞：亥子丑北方。		【天雷无妄卦】 《玄空秘旨》：「雷風金伐，定被金傷。」「足見金而蹣跚。」 《飛星賦》：「頭響兮六三。三逢六，患在長男。」 《竹節賦》：「金傷雷府，易牙殺子媚君。」「鬼入雷門，惠王子喪於齊。」 ◎正城門：無。	

2026丙午年玄空下卦陽宅吉凶便覽　午丁山(子癸向)(坐南向北)

謝達輝 0912-994928

九運(2024～2043年)：雙令星到向，旺財，不旺丁。
地運100年。出煞局。年三煞：亥子丑北方。年五黃：離。

巽宮(東南) 9	八 36	離(南)午丁山 5	四 81	坤宮(西南) 7	六 18
【天雷无妄卦】 《玄空秘旨》:「雷風金伐，定被金傷。」「足見金而蹣跚。」 《飛星賦》:「頭響兮六三。三逢六，患在長男。」 《竹節賦》:「金傷雷府，易牙殺子媚君。」「鬼入雷門，惠王子喪於齊。」		【水山蹇卦】 《竹節賦》：「坤艮動見坎，中男絕滅不還鄉。」 ◎宜開門、安神、安床。 ◎文昌位：離宮正南方。 ◎太歲：午。 ◎流年五黃：離。		【山水蒙卦】 《竹節賦》：「坤艮動見坎，中男絕滅不還鄉。」 ◎宜開門、安神、安床。 ◎力士：坤。	
震宮(東) 8	七 27	中宮 1	九 45	兌宮(西) 3	二 63
【澤地萃卦】 ◎二黑土生七赤金。二七皆是女性，兩陰相交，不正常的關係。 《玄空秘旨》:「富近陶朱，斷是堅金遇土。」「陰神滿地成群，紅粉場中空快樂。」「天市合丙坤，富堪敵國。」 《玄機賦》:「若坤配兌女，庶妾難投寡母之歡心。」 《秘本》:「二七合為火，乘殺氣，遇凶山凶水，乃鳥焚其巢。」		【火風鼎卦】 《飛星賦》：「寒戶遭瘟，緣自三廉夾綠」「乳癰兮，四五」。 《秘本》:「二妨三，而五妨四，搏弈好飲，田園廢盡。」		【雷天大壯卦】 《紫白訣》：「更言武曲青龍，喜逢左輔善曜。」 ◎六乾武曲金剋三碧青龍木為財，若再有八白左輔星生旺六白金而更得財。 《玄空秘旨》：「足見金而蹣跚。」 《飛星賦》：「壯途躓足。」 《秘本》：「三逢六，患在長男。」 《搖鞭賦》：「龍飛天上老翁殃。」 ◎忌開門、安神、安床。	
艮宮(東北) 4	三 72	坎(北)子癸向 6	五 99	乾宮(西北) 2	一 54
【地澤臨卦】 ◎二坤土生七兌金，然皆是陰，純陰相配，為不正桃花。 《飛星賦》：「臨，云泄痢。」 《秘本》:「二七合為火，乘煞氣、遇凶山凶水，乃鳥焚其巢。」 《玄機賦、玄髓經》:「坤配兌女，則庶妾難投寡母之歡心。」 《搖鞭賦》：「地澤進財後嗣絕」 ◎副城門：艮。 ◎宜開門、安神、安床。 ◎流年文昌位：艮宮東北。		【離為火卦】 《玄空秘旨》:「火曜連珠相值，青雲路上逍遙。」 《飛星賦》:「火暗而神智難清。」 《玄機賦》:「離位巉巖而損目。」 《天玉經》：「午山午向午來堂，大將值邊疆。」 ◎宜開門、安神、安床。 ◎暗劍煞：坎。 ◎歲破：子。 ◎流年三煞：亥子丑北方。		【風火家人卦】 《玄空秘旨》：「我剋彼而反遭其辱，因財帛以喪身。」 《飛星賦》：「乳癰兮，四五。」「碧綠風魔，他處廉貞莫見。」「寒戶遭瘟，緣自三廉夾綠。」 《秘本》：「二妨三，而五妨四；搏弈好飲，田園廢盡。」 ◎五黃廉貞最忌逢三碧四綠，四綠木剋五黃土，易激發暴戾性灾病。 ◎正城門：乾。	

2026丙午年玄空下卦陽宅吉凶便覽　未山(丑向)

坐西南(向東北)

謝達輝 0912-994928

九運(2024～2043 年)：雙令星到山，旺丁，不旺財。
地運 60 年。出煞局。年三煞：亥子丑北方。年五黃：離。

巽宮(東南) 9　八 72	離宮(南) 5　四 27	坤(西南)未山 7　六 99
【地澤臨卦】 ◎二坤土生七兌金，然皆是陰，純陰相配，為不正桃花。 《飛星賦》：「臨，云泄痢。」 《秘本》:「二七合為火，乘煞氣、遇凶山凶水，乃鳥焚其巢。」 《玄機賦、玄髓經》:「坤配兌女，則庶妾難投寡母之歡心。」 《搖鞭賦》：「地澤進財後嗣絕」 ◎宜開門、安神、安床。	【澤地萃卦】 ◎二黑土生七赤金。二七皆是女性，兩陰相交，不正常的關係。 《玄空秘旨》:「富近陶朱，斷是堅金遇土。」「陰神滿地成群，紅粉場中空快樂。」「天市合丙坤，富堪敵國。」 《玄機賦》:「若坤配兌女，庶妾難投寡母之歡心。」 《秘本》:「二七合為火，乘殺氣，遇凶山凶水，乃鳥焚其巢。」 ◎太歲：午。 ◎流年五黃：離。	【離為火卦】 《玄空秘旨》：「火曜連珠相值，青雲路上逍遙。」 《飛星賦》：「火暗而神智難清。」 《玄機賦》：「離位巉巖而損目。」 《天玉經》：「午山午向午來堂，大將值邊疆。」 ◎宜開門、安神、安床。 ◎力士：坤。
震宮(東) 8　七 81	**中宮 1　九 63**	**兌宮(西) 3　二 45**
【水山蹇卦】 《竹節賦》：「坤艮動見坎，中男絕滅不還鄉。」 ◎正城門：無。 ◎宜開門、安神、安床。	【雷天大壯卦】 《紫白訣》：「更言武曲青龍，喜逢左輔善曜。」 ◎六乾武曲金剋三碧青龍木為財，若再有八白左輔星生旺六白金而更得財。 《玄空秘旨》:「足見金而蹣跚。」 《飛星賦》：「壯途躓足。」 《秘本》:「三逢六，患在長男。」 《搖鞭賦》:「龍飛天上老翁殃。」	【火風鼎卦】 《飛星賦》：「寒戶遭瘟，緣自三廉夾綠」「乳癰兮，四五」。 《秘本》：「二妨三，而五妨四，摶弈好飲，田園廢盡。」 ◎忌開門、安神、安床。 ◎文昌位：兌宮正西方。
艮(東北)丑向 4　三 36	**坎宮(北) 6　五 18**	**乾宮(西北) 2　一 54**
【天雷无妄卦】 《玄空秘旨》:「雷風金伐，定被金傷。」「足見金而蹣跚。」 《飛星賦》:「頭響兮六三。三逢六，患在長男。」 《竹節賦》:「金傷雷府，易牙殺子媚君。」「鬼入雷門，惠王子喪於齊。」 ◎流年文昌位：艮宮東北。	【山水蒙卦】 《竹節賦》：「坤艮動見坎，中男絕滅不還鄉。」 ◎副城門：無。 ◎宜開門、安神、安床。 ◎暗劍煞：坎。 ◎歲破：子。 ◎流年三煞：亥子丑北方。	【風火家人卦】 《玄空秘旨》：「我剋彼而反遭其辱，因財帛以喪身。」 《飛星賦》：「乳癰兮，四五。」「碧綠風魔，他處廉貞莫見。」「寒戶遭瘟，緣自三廉夾綠。」 《秘本》：「二妨三，而五妨四；摶弈好飲，田園廢盡。」 ◎五黃廉貞最忌逢三碧四綠，四綠木剋五黃土，易激發暴戾性災病。

2026丙午年玄空下卦陽宅吉凶便覽　坤申山(艮寅向)

坐西南(向東北)
謝達輝 0912-994928

九運(2024～2043 年)：雙令星到向，旺財，不旺丁。
地運 60 年。出煞局。年三煞：亥子丑北方。年五黃：離。

巽宮(東南) 9　八 54	離宮(南) 5　四 18	坤(西南)坤申山 7　六 36
【風火家人卦】 《玄空秘旨》：「我剋彼而反遭其辱，因財帛以喪身。」 《飛星賦》：「乳癰兮，四五。」「碧綠風魔，他處廉貞莫見。」「寒戶遭瘟，緣自三廉夾綠。」 《秘本》：「二妨三，而五妨四；搏弈好飲，田園廢盡。」 ◎五黃廉貞最忌逢三碧四綠，四綠木剋五黃土，易激發暴戾性災病。 ◎忌開門、安神、安床。	【山水蒙卦】 《竹節賦》：「坤艮動見坎，中男絕滅不還鄉。」 ◎宜開門、安神、安床。 ◎太歲：午。 ◎流年五黃：離。	【天雷无妄卦】 《玄空秘旨》:「雷風金伐，定被金傷。」「足見金而蹣跚。」 《飛星賦》:「頭響兮六三。三逢六，患在長男。」 《竹節賦》:「金傷雷府，易牙殺子媚君。」「鬼入雷門，惠王子喪於齊。」 ◎力士：坤。
震宮(東) 8　七 45	**中宮 1　九 63**	**兌宮(西) 3　二 81**
【火風鼎卦】 《飛星賦》：「寒戶遭瘟，緣自三廉夾綠」「乳癰兮，四五」。 《秘本》:「二妨三，而五妨四，搏弈好飲，田園廢盡。」 ◎正城門：卯。 ◎忌開門、安神、安床。	【雷天大壯卦】 《紫白訣》：「更言武曲青龍，喜逢左輔善曜。」 ◎六乾武曲金剋三碧青龍木為財，若再有八白左輔星生旺六白金而更得財。 《玄空秘旨》:「足見金而蹣跚。」 《飛星賦》：「壯途躓足。」 《秘本》:「三逢六，患在長男。」 《搖鞭賦》:「龍飛天上老翁殃。」	【水山蹇卦】 《竹節賦》：「坤艮動見坎，中男絕滅不還鄉。」 ◎忌開門、安神、安床。 ◎文昌位：兌宮正西方。
艮(東北)艮寅向 4　三 99	**坎宮(北) 6　五 27**	**乾宮(西北)23　一 72**
【離為火卦】 《玄空秘旨》：「火曜連珠相值，青雲路上逍遙。」 《飛星賦》:「火暗而神智難清。」 《玄機賦》:「離位巉巖而損目。」 《天玉經》：「午山午向午來堂，大將值邊疆。」 ◎宜開門、安神、安床。 ◎流年文昌位：艮宮東北。	【澤地萃卦】 ◎二黑土生七赤金。二七皆是女性，兩陰相交，不正常的關係。 《玄空秘旨》:「富近陶朱，斷是堅金遇土。」「陰神滿地成群，紅粉場中空快樂。」「天市合丙坤，富堪敵國。」 《玄機賦》:「若坤配兌女，庶妾難投寡母之歡心。」 《秘本》:「二七合為火，乘殺氣，遇凶山凶水，乃鳥焚其巢。」 ◎副城門：子。 ◎暗劍煞：坎。 ◎歲破：子。 ◎流年三煞：亥子丑北方。	【地澤臨卦】 ◎二坤土生七兌金，然皆是陰，純陰相配，為不正桃花。 《飛星賦》：「臨，云泄痢。」 《秘本》：「二七合為火，乘煞氣、遇凶山凶水，乃鳥焚其巢。」 《玄機賦、玄髓經》：「坤配兌女，則庶妾難投寡母之歡心。」 《搖鞭賦》：「地澤進財後嗣絕」 ◎宜開門、安神、安床。

坐西(向東)

2026丙午年玄空下卦陽宅吉凶便覽　庚山(甲向)

謝達輝 0912-994928

九運(2024～2043 年)：雙令星到山，旺丁，不旺財。
地運 140 年。收山局。年三煞：亥子丑北方。年五黃：離。

巽宮(東南) 9　八 36	離宮(南) 5　四 72	坤宮(西南) 7　六 54
【天雷无妄卦】 《玄空秘旨》:「雷風金伐，定被金傷。」「足見金而蹣跚。」 《飛星賦》:「頭響兮六三。三逢六，患在長男。」 《竹節賦》:「金傷雷府，易牙殺子媚君。」「鬼入雷門，惠王子喪於齊。」 ◎副城門：辰。	【地澤臨卦】 ◎二坤土生七兌金，然皆是陰，純陰相配，為不正桃花。 《飛星賦》：「臨，云泄痢。」 《秘本》：「二七合為火，乘煞氣、遇凶山凶水，乃鳥焚其巢。」 《玄機賦、玄髓經》：「坤配兌女，則庶妾難投寡母之歡心。」 《搖鞭賦》：「地澤進財後嗣絕」 ◎宜開門、安神、安床。 ◎太歲：午。 ◎流年五黃：離。	【風火家人卦】 《玄空秘旨》：「我剋彼而反遭其辱，因財帛以喪身。」 《飛星賦》：「乳癰兮，四五。」「碧綠風魔，他處廉貞莫見。」「寒戶遭瘟，緣自三廉夾綠。」 《秘本》：「二妨三，而五妨四；搏弈好飲，田園廢盡。」 ◎五黃廉貞最忌逢三碧四綠，四綠木剋五黃土，易激發暴戾性災病。 ◎忌開門、安神、安床。 ◎文昌位：坤宮西南方。 ◎力士：坤。
震宮(東)甲向 8　七 45	中宮 1　九 27	兌宮(西)庚山 3　二 99
【火風鼎卦】 《飛星賦》：「寒戶遭瘟，緣自三廉夾綠」「乳癰兮，四五」。 《秘本》：「二妨三，而五妨四，搏弈好飲，田園廢盡。」 ◎忌開門、安神、安床。	【澤地萃卦】 ◎二黑土生七赤金。二七皆是女性，兩陰相交，不正常的關係。 《玄空秘旨》:「富近陶朱，斷是堅金遇土。」「陰神滿地成群，紅粉場中空快樂。」「天市合丙坤，富堪敵國。」 《玄機賦》:「若坤配兌女，庶妾難投寡母之歡心。」 《秘本》:「二七合為火，乘殺氣，遇凶山凶水，乃鳥焚其巢。」	【離為火卦】 《玄空秘旨》：「火曜連珠相值，青雲路上逍遙。」 《飛星賦》：「火暗而神智難清。」 《玄機賦》：「離位巉巖而損目。」 《天玉經》：「午山午向午來堂，大將值邊疆。」 ◎忌開門、安神、安床。
艮宮(東北) 4　三 81	坎宮(北) 6　五 63	乾宮(西北) 2　一 18
【水山蹇卦】 《竹節賦》：「坤艮動見坎，中男絕滅不還鄉。」 ◎正城門：無。 ◎宜開門、安神、安床。 ◎流年文昌位：艮宮東北。	【雷天大壯卦】 《紫白訣》：「更言武曲青龍，喜逢左輔善曜。」 ◎六乾武曲金剋三碧青龍木為財，若再有八白左輔星生旺六白金而更得財。 《玄空秘旨》:「足見金而蹣跚。」 《飛星賦》：「壯途躓足。」 《秘本》:「三逢六，患在長男。」 《搖鞭賦》:「龍飛天上老翁殃。」 ◎暗劍煞：坎。 ◎歲破：子。 ◎流年三煞：亥子丑北方。	【山水蒙卦】 《竹節賦》：「坤艮動見坎，中男絕滅不還鄉。」 ◎宜開門、安神、安床。

2026丙午年玄空下卦陽宅吉凶便覽　酉辛山(卯乙向)　坐西(向東)

謝達輝 0912-994928

九運(2024～2043 年)：雙令星到向，旺財，不旺丁。
地運 140 年。收山局。年三煞：亥子丑北方。年五黃：離。

巽宮(東南) 9　八 18	離宮(南) 5　四 63	坤宮(西南) 7　六 81
【山水蒙卦】 《竹節賦》：「坤艮動見坎，中男絕滅不還鄉。」 ◎宜開門、安神、安床。 ◎副城門：無。	【雷天大壯卦】 《紫白訣》：「更言武曲青龍，喜逢左輔善曜。」 ◎六乾武曲金剋三碧青龍木為財，若再有八白左輔星生旺六白金而更得財。 《玄空秘旨》:「足見金而蹣跚。」 《飛星賦》：「壯途躓足。」 《秘本》:「三逢六，患在長男。」 《搖鞭賦》:「龍飛天上老翁殃。」 ◎離宮打劫。 ◎太歲：午。 ◎流年五黃：離。	【水山蹇卦】 《竹節賦》：「坤艮動見坎，中男絕滅不還鄉。」 ◎文昌位：坤宮西南方。 ◎宜開門、安神、安床。 ◎力士：坤。
震(東)卯乙向 8　七 99	**中宮 1　九 27**	**兌(西)酉辛山 3　二 45**
【離為火卦】 《玄空秘旨》：「火曜連珠相值，青雲路上逍遙。」 《飛星賦》:「火暗而神智難清。」 《玄機賦》:「離位巉巖而損目。」 《天玉經》：「午山午向午來堂，大將值邊疆。」 ◎宜開門、安神、安床。	【澤地萃卦】 ◎二黑土生七赤金。二七皆是女性，兩陰相交，不正常的關係。 《玄空秘旨》:「富近陶朱，斷是堅金遇土。」「陰神滿地成群，紅粉場中空快樂。」「天市合丙坤，富堪敵國。」 《玄機賦》:「若坤配兌女，庶妾難投寡母之歡心。」 《秘本》:「二七合為火，乘殺氣，遇凶山凶水，乃鳥焚其巢。」	【火風鼎卦】 《飛星賦》：「寒戶遭瘟，緣自三廉夾綠」「乳癰兮，四五」。 《秘本》：「二妨三，而五妨四，搏弈好飲，田園廢盡。」 ◎忌開門、安神、安床。
艮宮(東北) 4　三 54	**坎宮(北) 6　五 72**	**乾宮(西北) 2　一 36**
【風火家人卦】 《玄空秘旨》：「我剋彼而反遭其辱，因財帛以喪身。」 《飛星賦》：「乳癰兮，四五。」「碧綠風魔，他處廉貞莫見。」「寒戶遭瘟，緣自三廉夾綠。」 《秘本》：「二妨三，而五妨四；搏弈好飲，田園廢盡。」 ◎五黃廉貞最忌逢三碧四綠，四綠木剋五黃土，易激發暴戾性災病。 ◎正城門：艮。 ◎忌開門、安神、安床。 ◎流年文昌位：艮宮東北。	【地澤臨卦】 ◎二坤土生七兌金，然皆是陰，純陰相配，為不正桃花。 《飛星賦》：「臨，云泄痢。」 《秘本》：「二七合為火，乘煞氣、遇凶山凶水，乃鳥焚其巢。」 《玄機賦、玄髓經》：「坤配兌女，則庶妾難投寡母之歡心。」 《搖鞭賦》：「地澤進財後嗣絕」 ◎宜開門、安神、安床。 ◎暗劍煞：坎。 ◎歲破：子。 ◎流年三煞：亥子丑北方。	【天雷无妄卦】 《玄空秘旨》:「雷風金伐，定被金傷。」「足見金而蹣跚。」 《飛星賦》:「頭響兮六三。三逢六，患在長男。」 《竹節賦》:「金傷雷府，易牙殺子媚君。」「鬼入雷門，惠王子喪於齊。」

2026丙午年玄空下卦陽宅吉凶便覽　戌山(辰向)

坐西北(向東南)
謝達輝 0912-994928

九運(2024～2043 年)：雙令星到向，旺財，不旺丁。
地運 160 年。出煞局。年三煞：亥子丑北方。年五黃：離。

巽宮(東南)辰向 9	八 99	離宮(南) 5	四 54	坤宮(西南) 7	六 72
【離為火卦】 《玄空秘旨》：「火曜連珠相值，青雲路上逍遙。」 《飛星賦》：「火暗而神智難清。」 《玄機賦》：「離位巉巖而損目。」 《天玉經》：「午山午向午來堂，大將值邊疆。」 ◎宜開門、安神、安床。		【風火家人卦】 《玄空秘旨》：「我剋彼而反遭其辱，因財帛以喪身。」 《飛星賦》：「乳癰兮，四五。」 「碧綠風魔，他處廉貞莫見。」 「寒戶遭瘟，緣自三廉夾綠。」 《秘本》：「二妨三，而五妨四；搏弈好飲，田園廢盡。」 ◎五黃廉貞最忌逢三碧四綠，四綠木剋五黃土，易激發暴戾性灾病。 ◎正城門；丙。 ◎忌開門、安神、安床。 ◎太歲：午。 ◎流年五黃：離。		【地澤臨卦】 ◎二坤土生七兌金，然皆是陰，純陰相配，為不正桃花。 《飛星賦》：「臨，云泄痢。」 《秘本》：「二七合為火，乘煞氣、遇凶山凶水，乃鳥焚其巢。」 《玄機賦、玄髓經》：「坤配兌女，則庶妾難投寡母之歡心。」 《搖鞭賦》：「地澤進財後嗣絕」 ◎宜開門、安神、安床。 ◎力士：坤。	
震宮(東) 8	**七 81**	**中宮　1**	**九 18**	**兌宮(西) 3**	**二 36**
【水山蹇卦】 《竹節賦》：「坤艮動見坎，中男絕滅不還鄉。」 ◎副城門：無。 ◎宜開門、安神、安床。 ◎文昌位：震宮正東方。		【山水蒙卦】 《竹節賦》：「坤艮動見坎，中男絕滅不還鄉。」		【天雷无妄卦】 《玄空秘旨》:「雷風金伐，定被金傷。」「足見金而蹣跚。」 《飛星賦》:「頭響兮六三。三逢六，患在長男。」 《竹節賦》:「金傷雷府，易牙殺子媚君。」「鬼入雷門，惠王子喪於齊。」 ◎忌開門、安神、安床。	
艮宮(東北) 4	**三 45**	**坎宮(北) 6**	**五 63**	**乾宮(西北)戌山 2**	**一 27**
【火風鼎卦】 《飛星賦》：「寒戶遭瘟，緣自三廉夾綠」「乳癰兮，四五」。 《秘本》：「二妨三，而五妨四，搏弈好飲，田園廢盡。」 ◎忌開門、安神、安床。 ◎流年文昌位：艮宮東北。		【雷天大壯卦】 《紫白訣》：「更言武曲青龍，喜逢左輔善曜。」 ◎六乾武曲金剋三碧青龍木為財，若再有八白左輔星生旺六白金而更得財。 《玄空秘旨》:「足見金而蹣跚。」 《飛星賦》：「壯途躓足。」 《秘本》:「三逢六，患在長男。」 《搖鞭賦》:「龍飛天上老翁殃。」 ◎坎宮打劫。 ◎暗劍煞：坎。 ◎歲破：子。 ◎流年三煞：亥子丑北方。		【澤地萃卦】 ◎二黑土生七赤金。二七皆是女性，兩陰相交，不正常的關係。 《玄空秘旨》:「富近陶朱，斷是堅金遇土。」「陰神滿地成群，紅粉場中空快樂。」「天市合丙坤，富堪敵國。」 《玄機賦》:「若坤配兌女，庶妾難投寡母之歡心。」 《秘本》:「二七合為火，乘殺氣，遇凶山凶水，乃鳥焚其巢。」	

2026丙午年玄空下卦陽宅吉凶便覽　乾亥山(巽巳向)

坐西北(向東南)
謝達輝 0912-994928

九運(2024～2043 年)：雙令星到山，旺丁，不旺財。
地運 160 年。收山局。年三煞：亥子丑北方。年五黃：離。

巽(東南)巽巳向 9	八 27	離宮(南) 5	四 63	坤宮(西南) 7	六 45
【澤地萃卦】 ◎二黑土生七赤金。二七皆是女性，兩陰相交，不正常的關係。 《玄空秘旨》:「富近陶朱，斷是堅金遇土。」「陰神滿地成群，紅粉場中空快樂。」「天市合丙坤，富堪敵國。」 《玄機賦》:「若坤配兌女，庶妾難投寡母之歡心。」 《秘本》:「二七合為火，乘殺氣，遇凶山凶水，乃鳥焚其巢。」		【雷天大壯卦】 《紫白訣》：「更言武曲青龍，喜逢左輔善曜。」 ◎六乾武曲金剋三碧青龍木為財，若再有八白左輔星生旺六白金而更得財。 《玄空秘旨》:「足見金而蹣跚。」 《飛星賦》：「壯途躓足。」 《秘本》:「三逢六，患在長男。」 《搖鞭賦》:「龍飛天上老翁殃。」 正城門；無。 ◎太歲：午。 ◎流年五黃：離。		【火風鼎卦】 《飛星賦》：「寒戶遭瘟，緣自三廉夾綠」「乳癰兮，四五」。 《秘本》：「二妨三，而五妨四，搏弈好飲，田園廢盡。」 ◎忌開門、安神、安床。 ◎力士：坤。	
震宮(東) 8	**七 36**	**中宮 1**	**九 18**	**兌宮(西) 3**	**二 81**
【天雷无妄卦】 《玄空秘旨》:「雷風金伐，定被金傷。」「足見金而蹣跚。」 《飛星賦》:「頭響兮六三。三逢六，患在長男。」 《竹節賦》:「金傷雷府，易牙殺子媚君。」「鬼入雷門，惠王子喪於齊。」 ◎正城門：卯。 ◎文昌位：震宮正東方。		【山水蒙卦】 《竹節賦》：「坤艮動見坎，中男絕滅不還鄉。」		【水山蹇卦】 《竹節賦》：「坤艮動見坎，中男絕滅不還鄉。」 ◎忌開門、安神、安床。	
艮宮(東北) 4	**三 72**	**坎宮(北) 6**	**五 54**	**乾(西北)乾亥山 2**	**一 99**
【地澤臨卦】 ◎二坤土生七兌金，然皆是陰，純陰相配，為不正桃花。 《飛星賦》：「臨，云泄痢。」 《秘本》:「二七合為火，乘煞氣、遇凶山凶水，乃鳥焚其巢。」 《玄機賦、玄髓經》:「坤配兌女，則庶妾難投寡母之歡心。」 《搖鞭賦》：「地澤進財後嗣絕」 ◎宜開門、安神、安床。 ◎流年文昌位：艮宮東北。		【風火家人卦】 《玄空秘旨》：「我剋彼而反遭其辱，因財帛以喪身。」 《飛星賦》：「乳癰兮，四五。」 「碧綠風魔，他處廉貞莫見。」 「寒戶遭瘟，緣自三廉夾綠。」 《秘本》：「二妨三，而五妨四；搏弈好飲，田園廢盡。」 ◎五黃廉貞最忌逢三碧四綠，四綠木剋五黃土，易激發暴戾性災病。 ◎忌開門、安神、安床。 ◎暗劍煞：坎。 ◎歲破：子。 ◎流年三煞：亥子丑北方。		【離為火卦】 《玄空秘旨》：「火曜連珠相值，青雲路上逍遙。」 《飛星賦》：「火暗而神智難清。」 《玄機賦》：「離位巉巖而損目。」 《天玉經》：「午山午向午來堂，大將值邊疆。」	

二〇二六年貴人與財運及凡爾賽宮風水探討

文／余正任

一、二〇二六年，歲次丙午年，太歲在南方。

根據傳統，不可面相太歲（坐北向南）做任何事情，以免犯沖。

因此二〇二六年，凡是與客戶談判、協商等，最佳方位在：坐南朝北談判。

不利之方位：坐北朝南。

凡是行兵布陣、與人談判等，背對著太歲行事，最為有利。（宜坐南朝北）

最忌諱者：面向著太歲方行事（忌諱坐北朝南）。

二、二〇二六年，流年五黃之煞位，在正南方。

凡房屋的正南方，不宜有動土、建屋、獨立的電線杆、單獨一棵樹木等。

三、**解厄方法：二〇二六年，長明燈方位在正東方。**

因此在房舍正東方，點一盞小燈，全年都亮著，此為長明燈。

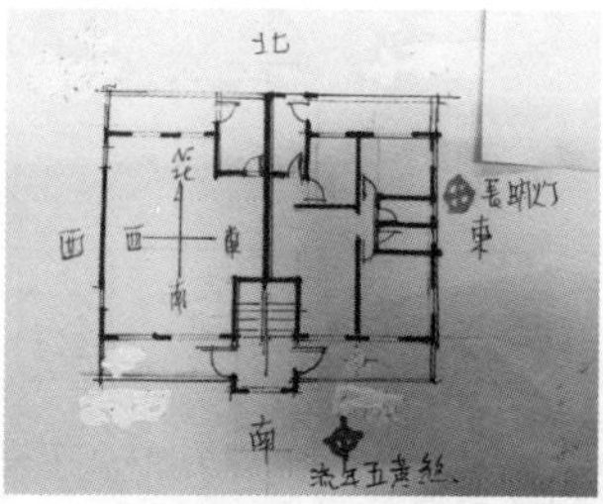

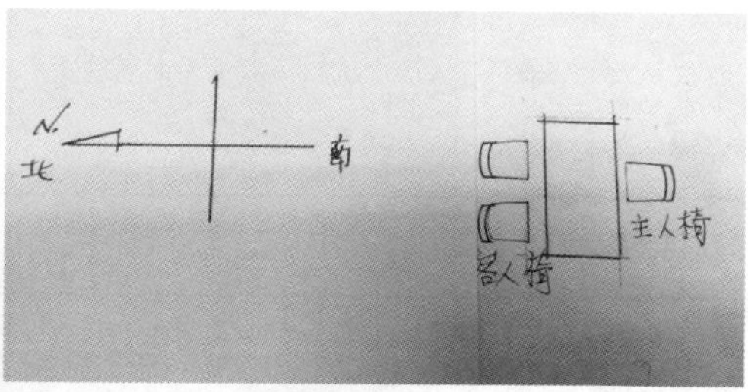

可解厄。

四、公司或店面的大門前面：不可以有馬路或巷道、屋角壁刀，此稱為「路沖」。

（解）：在門的兩旁安裝「石敢當」。或有天然之樹木、盆栽化解。

例：門路有沖射，用刀砍劈化解，生意興旺。

▲門路有沖射，用刀砍劈化解，生意興旺。

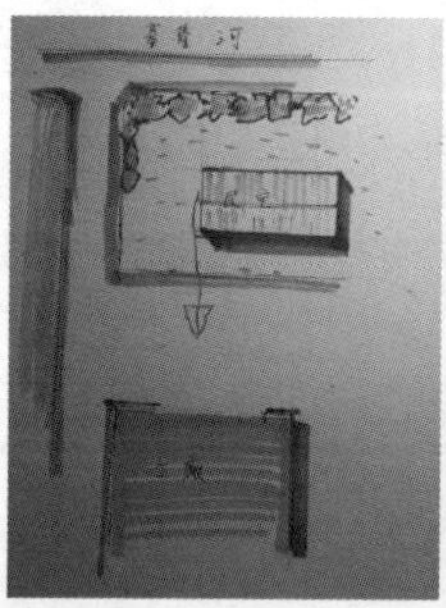

五、巒頭：論前後左右，不用羅盤。左青龍、右白虎、前朱雀、後玄武、中央勾陳與騰蛇

論六獸：站在客廳，向正前方看出去，以前後左右論之。

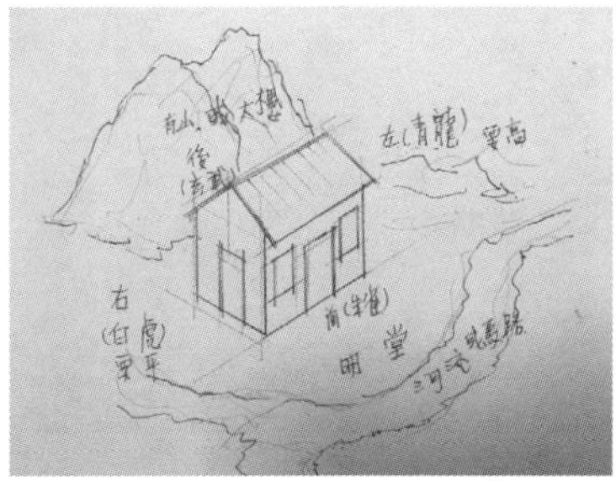

歐洲—法國—巴黎—凡爾賽宮之風水探討

圖一：是法國（太陽王）路易十四，所興建的宮殿。根據紀載，路易士四，五歲登基，至一七一五年過世，在位期間長達72年。他與東方的康熙皇帝同期，但比康熙長壽。兩位皇帝亦有通信、往來交流。

▲圖一

▲此青花瓷，即是康熙大帝送的

圖二：建築為巴洛克建築。所謂巴洛克風格、造型，乃是元朝絲路開通以來，西方文藝復興後，融入東方文化造型而成，而東方開始有明清家具。

圖三是床鋪，擺置在正中央。因他是皇帝。一般平民，床要遠離中軸線，否則睡不穩。

圖四：照片女性，有歐洲之母的稱號。聽說她生了八個女兒、五個男孩。八個女兒都當上皇后。因此他常邀約女兒女婿來吃飯聚餐，用以排解各國糾紛。而這美術燈，當時是用

▲圖二

▲圖三

蜂膠做成蠟燭，每隻點亮約四十五分鐘。每晚點亮的費用不貲！牆壁上的玻璃，每片在當時，可買下鄉間一棟房子。

圖五：路易十四的畫像。頭戴假髮，腳穿高跟鞋，身穿襯衣，每日換六件。因為當時歐洲流行黑死病。所以不敢洗澡。而戴假髮、亦不用洗頭。也不敢喝水，僅喝啤酒。在當時，稱為疙瘩病。只知早上起床，漱口洗滌後，

▲圖四

▲圖五

下午即長出疙瘩，到晚上就死了。找不出病因，認為水的問題，但喝酒就沒事。之後才知是鼠疫。當時的歐洲，十室九空，死亡一片。直到現在，歐洲的啤酒比水便宜。

圖六：此路易十五畫像，觀其畫框，更為精美細緻，此已進入洛可可造型時代。金黃色之框架，多為金箔貼製而成。以東方而言，紅色代表喜慶，通常只有狀元、新郎、或位居三公等才能穿戴或貼裝飾。而金色裝飾，更只能皇室所用。此凡爾賽宮代表法國皇室，以此裝飾、恰如其份。

圖七：路易十五以來到洛可可造型時代，其線條更為精美柔軟優雅，凡進入此時期，王朝即面臨滅亡。引此普遍認，此矯枉過正，代表著即將滅亡。

▲圖六

圖八：為會客廳、會議室。路易十四經常在此聚會宴客開舞會。

圖九：凡爾賽宮房間數眾多，而且氣派非凡，美侖美梵。後面的俄國沙皇宮殿等建築，均以此為藍本興建，要求更為精美、更為氣派。然此宮殿雖然氣派，但內部卻沒有廁所。當下的男生，都在門的後面尿尿。導至長期以來，實木地板損毀。

圖十：到路易十五為了更換地板而所費不貲。到後來路易十五只好在外面花園搭建條木板長架，規定囝生要在高架上尿尿，並可邊尿邊聊天交宜。

圖十一：會客廳、宴客廳。氣派非凡。路易十四，經常宴請國內各領地城主，亦請就是十幾二十天，以至於各城主疏於領地管理，終至民主主意崛起。

▲圖七

▲圖八

▲圖九

▲圖十

▲圖十一

圖十二：從客廳中軸線看出去，凡爾賽宮是做東向西，並非東方傳統的坐北向南。主因是路易十四自稱「太陽王」故以東西向為主軸然亦此而帝王不長久，自住進此凡爾賽宮後，年事已高，歷經十多年，傳位給曾孫－路易十五，他是稱路易十四為「阿祖」。最後傳到路易十六，因民主革命崛起而被送上斷頭台。

圖十三：庭院大門，才是坐北向南。但感覺不夠大器，大門應該擴及到兩雕像的範圍，才夠氣派。

圖十四：在巴黎市中心，道路規劃有點放射狀。因此有很多交叉路口是尖角狀路口，因而形成剪刀煞路口，此教堂位於點刀煞上，但因擺設手拿武器雕像，藉以駕煞為權，此教堂神明更為有力。

圖十五：此為巴黎著名的「紅風車夜總會」。其主

▲圖十二

▲圖十三

▲圖十四

▲圖十五

▲圖十六

題曲─紅風車夜總會之歌。早在五十年前，我學生時代即風靡全台，當時開學生舞會常撥放此歌，跳恰恰舞步（其實為康康舞）。此次特地進去觀賞，五十年前的主題曲仍然有撥放。我從沒想過，在五十年後的今天我會親臨現場目睹。巴黎的緯度高，此為晚上九點拍照，天色還很亮。

圖十六：這是巴黎艾菲爾鐵塔，拍攝時間是：二〇二五年六月廿一日凌晨十二點。

圖十七：為凱旋門。拿破崙模仿羅馬帝國興建，生前尚未完工。

圖十八：乃瑞士的少女峰，猶如仰躺的少女。但謹此像，附近沒有其他配件。如旁邊有 十字架的形狀附件，則可稱「聖母峰」。例如台北有座觀音山，因附近有隻鸚鵡停靠在淡水河上（中興橋下的沙洲，形狀像隻鸚鵡）故稱為「觀音山」。

圖十九：巴黎市區，中間有塞納河穿過，在風水學上，帶來了財富。為世界名城，法國首都。以巴黎舊市區為中心，向外成放射狀發展。

▲圖十七

▲圖十八

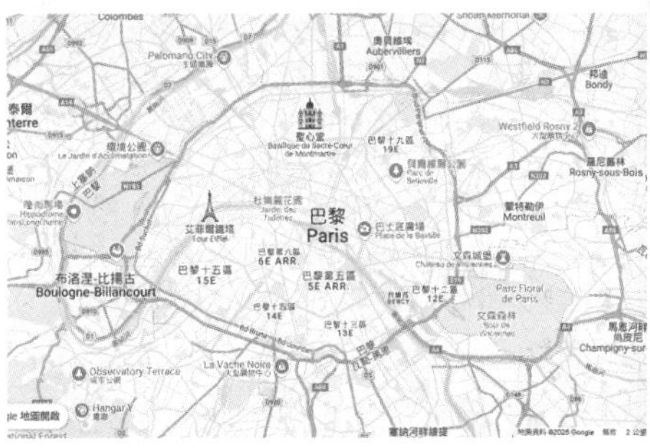

▲圖十九

余正任老師服務處：台北市長春路二三二號六樓
電話：〇九二〇三一四〇八二

二〇二六丙午馬年星象預測

文／黃家騁

二〇二六丙午馬年，與二〇二七丁未羊年，是六十年干支中，值得特別關注的兩年。令人想到古代的一本《丙丁龜鑑》，引發討論，但是否真會【天翻地覆】？

【星象非生肖、歲建。以太歲、相位為主，牽聯多年】

二〇二五年，瘋川當選，世界在哭，全球更亂，美國更糟，台灣遭殃。

美國再度陷入八年前【抗中】的老把式，由貿易戰開始、抵制中國。製造病毒帶入中國，用疫情誣陷中國是禍首等。

川普繼續【抗中政策】，賣破爛武器榨乾台灣，製造兩岸中國人對打。將台積電搬走，並陰謀炸毀等，製造全球動亂，無所不為。未來兩年，正如宋朝・柴望所著《丙丁龜鑑》中所言的【亂世之年】，相當符合。

以現代而言，【美國進入天王星八十四年回歸週期】將有重大動盪，造成分裂、戰爭，自顧不暇，何況台灣，必成棄兒、犧牲品。

二〇二六丙午、二〇二七丁未兩年，是可怕、動盪、不安的兩年。

台灣已成全球【動亂中心】，主政欺騙百姓、騙外國；美國則搞亂世界、中東、台海、南海，惡詐掏空台灣，只要黃金，不要美金，以解救美國國內空虛、瀕臨崩潰的危機。

二〇二三年三月廿四日，冥王進寶瓶。好的方面是【去舊布新、革故鼎新】，是嶄新的開始；負面的是【壞上加壞、動盪開始。一切在變，只會更壞】。

二〇二五就是壞的開始。二〇二六－二七更形惡化，直到二〇三二，美國將遭遇天王星八十四年大動盪。

《丙丁龜鑑》丙丁高抬貴手。係南宋・柴望撰（生卒不詳）。震撼千古，今首次做出評斷。當做警示當朝，此非預言之書。《龜鑑》五卷。續錄二卷。因上書《丙丁高抬貴手》犯忌，入獄後釋歸。宋亡（一二七九）後，不仕而終。

該書認為丙丁屬火，遇午未而盛，故丙午、丁未年為國家災厄之年。六十年為一週期，於是摘錄自秦莊襄王（前二四九）至後漢高祖劉知遠天福十二年（沿用後晉高祖石敬瑭天福年號，九四七）之間。丙午、丁未之年共廿一次，國家重大事變之實，以為修省戒懼、以人勝天之鑒。

五行之說本多附會，又附以干支週期，不免牽強，但是【亂多治少】是真，六十年週期實為穿鑿，柴望但見【靖康之變】時值丙午、丁未，便斷言凡逢到該年均有災厄，並附會史實，以聳人聽聞，實不足為訓。記宋真宗景德三年（丙午一〇〇六）至理宗淳祐七年（丁未一二四七），值丙午、丁未年者五次。

個人推算星象【丙午、丁未年有大事】。但非【丙午、丁未】火旺問題，純係星象、相位、周期影響的關係。例如：天王星的七年、八十四年周期，係推算根本，主宰美國命運與時代命運之遷變：

●一、美國獨立戰爭一七七五－一七八三年。

一七六七・五・三－一七七四・六・一九。

【天王在金牛醞釀】英國及歐洲逆民，赴美殖民。

一七七四・六・一九－一九八一・七・一三。

【天王在雙子】一七七五年爆發。

【應證】一七八六－八七年丙午、丁未，不在其間。

《龜鑑不確》。

●二、美國南北戰爭一八六一－一八六五年

一八五〇・七・八－一八五八・六・二。

【天王在金牛醞釀】因歧視黑奴引爆。

一八五八・六・二－一八六五・六・二七

【天王在雙子】一八六五年爆發。

【應證】一八四六・四七年丙午、丁未，不在其間，

《龜鑑不確》。

●三、太平洋戰爭一九四一－一九四五年

一九三四・六・六－一九四一・八・七

【天王在金牛醞釀】日本偷襲珍珠港。

一九四一－八・七・一九四八・八・三〇

【天王在雙子爆發】一九四一年爆發。

【應證】一九六六・六七年丙午、丁未，不在其間，

《龜鑑不確》。

●四、美國動亂分裂二〇二四－二〇三二年

二〇一八・〇五・一五・二〇二五・〇七・〇七

【天王在金牛醞釀】與俄中朝，以及世界交惡。

二〇二五・七・七・二〇三二・八・四【天王在雙子爆發】二〇二五－二七年爆發。俄百萬精銳與末日武器，已對準美國，若敢蠢動，必遭毀滅。

【應證】二〇二六－二七丙午、丁未。與《龜鑑巧合》，更添詭譎。

一切天命須以星象週期為準，其他論斷僅偶有巧合。

西方先天坎七【天王星週期】八十四年必亂、遭災。

後天兌四【第四輪】：動亂、分裂、改朝、換代。

二〇二五・七－二〇三二・八。天王進雙子七年，對沖人馬、必然爆發。星象即天命，無法更易。美應改弦易轍，知所悔悟，痛改前非，否則自誤天亡。

美國是一個非正常國家，沒有文化底蘊，只知霸凌，只有個人利益、國家利益，軍火軍工治國搶掠侵奪，採門羅主義，不許他國犯境，卻出兵百次侵犯他國，將自家圍牆建築在半個地球外，有幾重島鏈保護，卻教唆烏國在俄羅斯邊境挑釁，不許他國有緩衝帶，惟恐天下不亂，亂中取利，大賣軍火，搧風點火。臺灣在收破爛，

武器皆廢品，搶掠黃金。已成惡魔化身，終將遭到天懲。

二〇二六－二七將大崩壞。

【評析】

《丙丁龜鑑》以六十年為輪迴週期，不能盡信，但【星象周期】顯示必然發生。一切天命皆歸黃道。中西數百種預測，以及宗教、信仰、靈感、夢境預測等，皆無法取代星象預測與天命周期之感應。

柴望此書，就當作警示之書。但二〇二六－二七，則符合「天命災劫」周期而言，美國必將遭逢巨變。

【天災人禍，益形加劇】

一位日本作家的一場夢境之書，引發全球軒然大波，更被好事者誇大為：超級地震引發核災、陸沉、亞洲盡毀、世界末日等，簡直瘋狂，即寶瓶之心病、加憂。

一場虛妄一場騙、愚弄天下空緊張。

余獨斬妖破邪 不容鬼魅橫行。

近月來日本、東亞諸多地震、火山爆發等，皆與此【夢書】毫無關係，皆是星象感應。二〇二三－二五年【木土天海冥】五大行星先後過宮，全球進入另一個【新的世代】，也是【動盪不安】的開始。

二〇二三・三・二四【冥王進寶瓶】世界動盪，惡魔當道、一切反常。人類、動物情性大變，自然環境劇變。

二〇二五・三・三〇【海王進白羊】欺騙與真實衝撞，詐騙膽大妄為，無所不在。

二〇二五・五・二五【土星進白羊】必須嚴肅面對人性善惡兩面的衝撞，走向正道。

二〇二五・六・一〇【木星進巨蟹】政經、社會、民心，動盪不安，生活物價、房價等，起伏變化大。

二〇二六－二〇二七：如《丙丁龜鑑》中所言的動盪被稱為【赤馬紅羊劫】，全球已在大動盪中。

二〇二五・七・七－二〇三三【天王進雙子】美國將要經歷天王八十四年【動盪週期】。

特別是三月以後，海王、土星進白羊，六月木星進巨蟹：形成【土海刑木】凶相，等同白羊、巨蟹、摩羯相刑。造成政治、經濟、社會、民心的動盪不安，生活物價、房價起伏等。加上地殼的不安，地震頻仍。

造成東亞、亞洲地區火山爆發、地震，但非絕大地震。

東方震，為雷、帝、洋。先天離，為火、電、海。離震即「東海龍王、定海神柱」。唯我獨尊，天下唯一，哪能被人操弄。就是說【雷震是不可預測的】。

二〇一一－二四，海王在雙魚。二〇二五，土海進白羊，惡詐現形。因此驚悚妄言，必然破功。事實上，天天有人放言，做出不實、虛假、驚悚的預言，就是【海王雙魚】的恐怖、台灣成為世界【詐騙中心】。

夢境中的【七月五日】，荒唐至極，攪亂世界、迷惑人心，百分之一萬的虛妄和非真實，成為無中生有恐怖的荒謬劇，是人類的悲哀、人性的隳壞、道德的墮落。

全球八十億人，人人有夢，為何獨鍾此【七／五夢魘】，成為迷惑天下的專寵，人性的脆弱，竟遭這本【詭異夢境】框住，造成日夜不安的恐懼，擴展至日本、亞洲到全球，光是日本的經濟損失竟高達六千億日幣，精神損失無可計數，這禍國殃民的【詭夢】比殺人狂魔可惡。有病之人一萬，精神疾病就有百倍，心神不寧，日夜不安、夜夜難眠、疑神疑鬼，草木皆兵的病態，已成全人類疾病。男性手持相機就是偷拍色狼，欣賞美女多看兩眼，也成偷窺、色眼罪犯，人的誠信度蕩然無存。

各國領導人更瘋癲至極，為所欲為，世界沉淪至此，不用地震，氣候災難、天災人禍，比起地震恐怖萬倍，天天、時時都有【詭異、外星預言家】，天天發布【恐怖預言】，此非提醒、警告，而是【預謀殺人的兇手】。世上【有通靈、能感應】的奇人異士。都是【時空倒置、精神錯亂】的一群。

還有假冒已死亡廿多年的【盲婆】名義，隨時發表預言，可見【世界之亂、人心之惡】，已到無法無天、人神共憤的地步。

二〇一一年四月四日，海王進雙魚，開啟一個全然欺騙、虛假、幻夢的新世代，直到現在。特別是二〇二三・三・二四冥王進寶瓶開始，一個只有〇與百、絕對兩極的冥王，進入【叛逆、異常，與命殖有關的寶瓶】，古謂【子卯相刑，子息不育】。即【貓捉老鼠，必死無疑】。意指【天災人禍、各種意外、死亡大增，難以繁衍】。

【經濟方面，交通航運領頭獨佔】

科學天才霍金曾說一、不要和外星人聯繫。二、不要發展AI會毀滅人類。今已有十八位或更多外星人為美國工作發展高科技武器，因此敢橫行天下當地球霸主。AI的快速發展，推波助瀾，更是如虎添翼，全球資訊一把抓，人類沒有隱私，一言一行，電腦內和通訊的每字每句，一言一行、每張圖片，都遭有權有勢者掌控，無所遁形， 每個人都是受害者，一切無所遁形，成為透明人。未來的【量子電腦】運算更快千萬倍，成為詐騙利器。

七/五日被【詭夢者】誇大成為日本、亞洲、全球的災難和【世界末日】。虛妄夢魔的預言，嚇倒一位女星家【寫好遺書、交代一切】。從星象看，一萬個不可能是大地震的象，更非【世界末日】。有【日月木】加持，還是【大吉相】，能破解一切災厄，何懼之有！

坊間年年都有人誑稱【末日】。鬧最凶的如一九九八—二〇〇〇、二〇一〇—一四都有。余曾邀一九九九年末日預言研討會稱：在直角刑衝中，有【冥水三合】化解，全然無事，占星家陳靖怡也受邀，不久遭害。

二〇二五・七・七【天王進雙子】，對沖人馬，世界對立、對撞加劇，國際衝突，戰亂迭起，全球不安，外交折衝不斷，絕對是紛擾、動盪的七年。

美國是世界警察，也是霸權。未來七年，成為世局衝突的製造者、加害者與受害者。內憂外患，國勢日衰，正值【天王星八十四年】的動亂週期。

未來經濟，不容樂觀，地球環境的日益惡化，人類生活與生存備受壓迫，疾病與死亡率大增，資源的枯竭，原料生產國與產品製造國，都會因為【水電等資源】的匱乏，成品會減少或品質不佳，加上原料、人工、工資的上漲。使得人類的生活素質降低，生活在水平線下的愈來愈多，結果是社會不安，惡詐、殺人、搶掠增加。

國內情況也差不多，缺水、缺電、缺工、缺地情況益形嚴重。畢業生的求職益加困難，過去的熱門學科已不再香，必須重新學習。國內的一般薪資停滯不前，雜工和技術工資不斷上漲，生活、求職艱難。不懂AI，很難找到工作等。

天王進雙子七年，對應人馬。二〇二五到二七股市，都是起伏、動盪不安的狀況，美金持續下跌，成為弱勢貨幣。只有交通業一枝獨秀，霸業不墜。國際貿易暢旺。外語人才需求大增。公司外派駐出國的機會增多等。

【衛生與保健】

二〇二三・三・廿四冥王進寶瓶，開啟人類的劫難。古稱【子卯相刑，子息不育】。簡言之：人口減少、災劫、意外、死亡大增。寶瓶子宮在北方：坤、坎之象。

【先天坤】為魔、鬼、迷、失、亂、窮、困、厄等。

【後天坎】為陷、為險、為害、隱伏(陰謀)、矯輮(反覆)、加憂(躁鬱)、心病(瘋症)、耳痛(敗腎)、血卦(血症)、赤(流血)、下首(性器)、多眚(多災)、為月(多變)、為盜(搶掠)、為逆(逆亂叛逃)、為窮(不通)、為困(生活艱困)等。

上述諸多疾病大增，特別是精神、心理、躁鬱、血症等疾病，各種意外災害、生理、生殖、生育問題，少子化嚴重；不婚、不育、不生、難養、犯上、暴力、逆倫增加；民生艱困、失智增多、前途茫茫，對前途感到失望、陷於絕望、厭世、搶掠、燒殺、暗殺、自殺、槍殺等流血事件，以及性暴力、騷擾、謀殺、陷害、各種疾病大增。到了二〇三二年後，也無法安定。

【冥王進寶瓶】徹底破壞或改變中樞神經和生殖功能，**正常變不正常，不正常的變瘋，瘋的變狂，狂的變魔。**西方美國就是一例。當政者已瘋癲至極、反覆無常，胡言亂語，精神錯亂。美國國債數十兆美元，利用貿易戰、科技戰、關稅戰等手段，霸凌全球，強徵關稅，幫美國還債，成為世界公敵。挑釁兩岸對戰削弱中國，一如俄烏戰爭，中國不是美霸的「使喚小弟」，要【中國攻台】就成了「小嘍囉」。中國在幹大事：洗雪兩百年被西方欺凌的恥辱，致力富強，安定世界，不會聽美魔的唆使。

【結論】中國居天地之中，臨制八方。

中國亂世界亂，中國強世界強，中國安世界安。

現今痴人、瘋癲多，天天誑稱何時地震！不要輕信。七月七日【天王進雙子，對應人馬】未來幾年，地震、火山爆發多，但非超大，不必過慮。又如：人馬強勢，登高一呼發出怒吼。又像媒體無遠弗屆的傳播，熟人能擋，皆是震象。火箭、導彈發射為【震】一陽由下而上，為動、為始。【艮】一陽在上，為止、為終。又如法律事件，法庭訴願為震始，結案定讞為艮終。又如遠行、國外，載具起飛為震始、為動。載具降落為艮止、為終，出關為震、入關為艮。震即〇－百－〇，就是反生、動靜、起止、始終、毀滅、重生。

近兩年五大行星過宮，冥王進寶瓶，全面開啟一個新的世代，就像丹娜絲颱風的肆虐，帶來毀滅，更帶來新的希望與重建的機會。寶瓶就是春天、新舊交替之時。

黃家騁服務處：台北市文山區萬盛街九十號
電話：〇二－二九三三〇〇八四

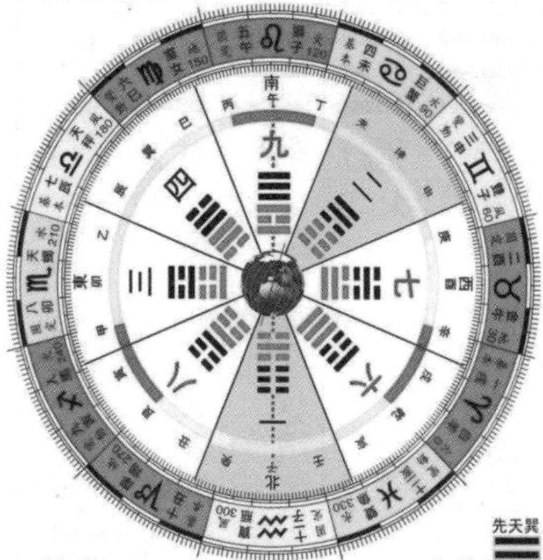

[坤]順 牛 腹 地 母 布 釜 吝嗇 均
子母牛 大輿 文 眾 柄 黑
[坎]陷 豕 耳 水 溝瀆 隱伏 矯輮 弓輪
加憂 心病 耳痛 血卦 赤 美脊 亟心
下首 薄蹄 曳 多眚 通 月盜 堅多心

六十四卦占卜表

〈坤〉	〈艮〉	〈坎〉	〈巽〉	〈震〉	〈離〉	〈兌〉	〈乾〉	上卦／下卦
81 地天泰 11	71 山天大畜 26	61 水天需 5	51 風天小畜 9	41 雷天大壯 34	31 火天大有 14	21 澤天夬 43	11 乾爲天 1	〈乾〉
82 地澤臨 19	72 山澤損 41	62 水澤節 60	52 風澤中孚 61	42 雷澤歸妹 54	32 火澤睽 38	22 兌爲澤 58	12 天澤履 10	〈兌〉
83 地火明夷 36	73 山火賁 22	63 水火既濟 63	53 風火家人 37	43 雷火豐 55	33 離爲火 30	23 澤火革 49	13 天火同人 13	〈離〉
84 地雷復 24	74 山雷頤 27	64 水雷屯 3	54 風雷益 42	44 震爲雷 51	34 火雷噬嗑 21	24 澤雷隨 17	14 天雷无妄 25	〈震〉
85 地風升 46	75 山風蠱 18	65 水風井 48	55 巽爲風 57	45 雷風恆 32	35 火風鼎 50	25 澤風大過 28	15 天風姤 44	〈巽〉
86 地水師 7	76 山水蒙 4	66 坎爲水 29	56 風水渙 59	46 雷水解 40	36 火水未濟 64	26 澤水困 47	16 天水訟 6	〈坎〉
87 地山謙 15	77 艮爲山 52	67 水山蹇 39	57 風山漸 53	47 雷山小過 62	37 火山旅 56	27 澤山咸 31	17 天山遯 33	〈艮〉
88 坤爲地 2	78 山地剝 23	68 水地比 8	58 風地觀 20	48 雷地豫 16	38 火地晉 35	28 澤地萃 45	18 天地否 12	〈坤〉

註：卦右上數字為改運卜卦（梅花易數）數字，卦右下數字為周易六十四卦序

占卜法簡介

軒轅教黃帝神宮的六十四卦籤詩，古味盎然，靈驗非常，大元書局每年九月份出版的「開運聖經農民曆」中的每年政經情勢籤卦，都是到黃帝神宮向黃帝老祖擲三筊求得，特將該神宮的六十四籤(卦)籤詩刊出，並針對較常用到的十餘項求問項目的吉凶答案一一列出，讀者可於居家或出外時，自我DIY占卜，心誠則靈，老祖自會明確替您解答各種疑惑，占法如下：

可自製簡易籤具：準備八雙(共十六根)木筷或免洗衛生竹筷，為免割手，先將免洗衛生竹筷用砂紙磨平，在竹筷上方分別寫上「乾為天1」、「兌為澤2」、「離為火3」、「震為雷4」、「巽為風5」、「坎為水6」、「艮為土7」、「坤為地8」的竹籤，各寫二組，放入小竹筒裡。必須先決定要問何事，而且一定是要在本占斷大全內有的項目，誠心向軒轅老祖默禱：「弟子×××，民國××生，為考試一事(或買賣一事、尋人一事……等，一次僅能問一事)，向太上道祖軒轅黃帝、三官大帝、三聖人求問歸藏易占，盼老祖解我迷津，指引我明燈，安平泰！」接著誠心抽出兩根竹籤(筷)，第一次抽出的那根放上面，再抽出第二根，放在下面，看其組合的兩位數字，從每個卦右上方找出該數字，此為先天卦的數字，再用筊杯(或二枚銅板)擲出有無聖杯(一陰一陽)，最好是連續擲出三個聖杯才算定案，不到三聖杯，則把二根竹籤放回竹筒，重新默禱，再抽出二根竹籤擲杯，直到擲出三個聖杯為止，如抽到第一根籤是「巽為風」數字為5，第二根是「坎為水」數字為6，直接找左上角數字為56的卦，為風水渙卦，雖然較煩瑣，但準確度較高。

另列出每一卦的靈動衍化數字，列出幾組號碼，特別聲明，僅供參考。

感謝星象界泰斗、大元講堂專任講師黃家騁老師提供每個籤詩的吉凶，依【上上籤】、【上中籤】、【上下籤】、【中上籤】、【中中籤】、【中下籤】、【下上籤】、【下中籤】、【下下籤】，做等級上的分類，相信更能方便讀者迅速了解吉凶狀態。

11 ䷀ 乾為天 乾上乾下 萬物資始 (易卦1卦)

天外有天乘六龍　乾元明九天下治
大哉乾元亨利貞　萬事進步達大同

【上上籤】

◆應於巳月(國曆5月5日至6月4日)。

【願望】可成，然而必須虛心處事。【婚姻】成全其美。女易好高騖遠而未成。【戀愛】可成。【買賣】可獲利但不可貪。【股票與商情】價位近高檔，此去會跌價，宜售出。【等人】一定會來，來者友善。【尋人】遠走高飛，尋找方向：西北方。【考試】成績優秀。【開張營業】得天時。

【靈數】⑥⑦⑮⑯㉔㉕㉝㉞㊷㊸(僅供參考)

12 ☰☱ 天澤履 乾上兌下 履禮無險（易卦10卦）

天下之澤柔應剛 說應乾似踐虎尾

履不失中上下明 尊天敬祖孝雙親 【上下籤】

◆應於辰月(國曆4月5日至5月4日)。

【願望與資金的商借】難成功。【婚事】良緣，但障碍多，慎防第三者。【戀愛】歷盡艱辛，努力有成。【買賣】障碍與困難多，勿急，待時機。【股票與商情】此去會上漲。【等待的人】會來，遲到。【尋人】此刻有生命危險，如坐失時效即無救。【考試】剛好及格。【開張改行或喬遷】阻碍多。

【靈數】⑥⑦⑮⑯㉔㉕㉝㉞㊷㊸(僅供參考)

13 ☰☲ 天火同人 乾上離下 大公無私（易卦13卦）

火炎升天人心同 天光明亮照大同

文明健進莫忽老 君子隨和通世道 【上中籤】

◆應於寅月(國曆2月4日至3月4日)。

【運氣】與人共同經營事業可成功。【願望】可成。【婚姻】良緣也。【戀愛】倆情相悅。【資金的商借】有他人資助。【買賣】獲大利。合夥經營更佳。【股票與商情】接手強，上漲。【等待的人】有吉報。【尋人】：不久會回。【失物】可找到。【考試】成績好。【開張，改行或喬遷】均可推展。

【靈數】⑤⑭㉓㉜㊶(僅供參考)

14 ☰☳ 天雷无妄 乾上震下 無私無邪（易卦25卦）

天下雷動无妄行 養育萬物配時往

為私不正眚不利 無妄之往天命祐 【中上籤】

◆應於卯月(國曆3月5日至4月4日)。

【運氣】平平，退守即吉。【資金商借】真誠以赴，可以借到。【婚事】真誠相待必成良緣。【戀愛】真誠相處，必會成功。【買賣】誠實經營可獲利。【股票與商情】高檔，退出觀望。【等待的人】會來。【失物】不易找出。【尋人】遠走高飛。【考試】用功必得好成績。【開張改行】不得勉強。

【靈數】①⑥⑩⑮⑲㉔㉘㉝㊲㊷㊻(參考)

15 ☰☴ 天風姤 乾上巽下 遇而相吸（易卦44卦）

天風相引他鄉會 不期而遇順風運

際遇始聚隨陽吉 能進處中禍患散 【上下籤】

◆應於午月(國曆6月5日至7月6日)。

【願望或資金的商借】有阻礙而歸於失敗。【婚事】徒勞無功之凶緣。【戀愛】諸多障礙。【買賣】小人作梗而失敗。【股票與商情】調節，此去會下跌。【等待的人】女的會來。男的因中途發生阻礙而不會來。【尋人】會不期而遇。【失物】東南方或西北方。【考試】成績差。【開張改行】凶。

【靈數】①⑥⑩⑮⑲㉔㉘㉝㊲㊷㊻(參考)

16 ䷅ **天水訟 乾上坎下 公正判斷**（易卦6卦）

天水違行訴大人 上剛下險起訟事
大人中正雖判明 時事費耗勝亦凶 **【下上籤】**

◆應於卯月(國曆3月5日至4月4日)。

【願望】難成。【婚事】不吉利。不成。【戀愛】對方不夠誠意，終究失敗。【資金的商借】不得要領。【買賣】處理失當而招損失。【股票與商情】價格起伏不定，以靜代動。【等人】不來。【尋人】因爭執而出走。生命堪虞。【失物】已落入他人之手，不易找回。【考試】成績差。【開張改行】凶。

【靈數】①⑥⑦⑩⑮⑯⑲㉔㉕㉘㉝㉞㊲㊷㊸㊻

17 ䷠ **天山遯 乾上艮下 退隱南山**（易卦33卦）

山上有天高懸空 陽道漸衰君子隱
遁世無悶遠小人 正志研易貞吉亨 **【中中籤】**

◆應於丑月(國曆1月5日至2月3日)。

【運氣】衰運。易遭小人陷害，宜謹慎退守。【婚事】破緣，難成。【戀愛】不成。【買賣】有損。暫停出手。【股票與商情】暴跌。【等待的人】不來。【尋人】已經遠走高飛，下落不明。【失物】已落入他人之手，找不回來或試往西北及東北方尋找。【考試】成績相當差。【開張改行】不得時。

【靈數】②⑤⑧⑪⑭⑰⑳㉓㉖㉙㉜㉟㊳㊶㊹㊼

18 ䷋ **天地否 乾上坤下 小人道長**（易卦12卦）

天地不交小人進 大往小來君子隱
事違道消人心昧 亂世社會理閉塞 **【下上籤】**

◆應於申月(國曆8月7日至9月6日)。

【願望】不能達成。【婚姻】不和與別離。【戀愛】被拒於千里之外。【資金商借】不得要領。【買賣】阻碍，有損失。【股票與商情】愈盤愈低。【尋人】感情不和或失戀而出走。生命堪虞或去向不明。【等待的人】不來。【失物】已經落入他人之手。【考試】成績不佳。【開張改行】不得時機。

②⑤⑧⑪⑭⑰⑳㉓㉖㉙㉜㉟㊳㊶㊹㊼

21 ䷪ **澤天夬 兌上乾下 以剛決柔**（易卦43卦）

超天澤陰喜居上 寡獨自尊虎嘯象
不應下情民不平 陰邪最後被決裁 **【下下籤】**

◆應於辰月(國曆4月5日至5月4日)。

【願望或資金的商借】光明正大爭取，可望成功。【婚事】屢見阻礙，不成。【戀愛】不相稱。不成功或以悲劇收場。【買賣】誠信交易，否則易招損失。【股票與商情】價格偏高，此去會暴跌。【等待的人】不會來。【尋人】已遠走高飛或下落不明。也可能有生命危險。【失物】遺失於室外，找不回來。【考試】成績差。【開張或改行】不宜。

【靈數】⑥⑦⑮⑯㉔㉕㉝㉞㊷㊸（僅供參考）

22 ䷹ 麗澤兌 澤上澤下 自大必咎（易卦58卦）

麗澤少女外向性　不慣居家喜外出
朋友互惠同相益　講道習義樂不流　**【中上籤】**

◆應於亥月(國曆11月7日至12月6日)。

【願望或資金的商借】順利。【婚姻】和好良緣。【戀愛】可成。【買賣】獲利。【股票與商情】上漲，留意變盤。【等待的人】會來，善意。【尋人】與感情有關，不久可知下落。【失物】可找到，西方。【考試】成績好可上榜。【開張或改行】吉。

【靈數】⑥⑦⑮⑯㉔㉕㉝㉞㊷㊸(僅供參考)

23 ䷰ 澤火革 兌上離下 去舊換新（易卦48卦）

火煮澤水天風助　革除邪惡重正新
湯武革命足下定　從此認祖改歸宗　**【中上籤】**

◆應於卯月(國曆3月5日至4月4日)。

【願望或資金商借】不易，小金額尚可。【婚事】目前非良緣。【戀愛】失敗，另起爐灶可成功。【買賣】改變方針可獲利。【股票與商情】波動大，會上漲，可換股操作。【等待的人】不來。【尋人】改變方針尋找。往西方或南方。【失物】拖太久就找不回來。【考試】平平。【開張或改行】吉。

【靈數】⑤、⑭、㉓、㉜、㊶(僅供參考)

24 ䷐ 澤雷隨 兌上震下 尊天法地（易卦17卦）

澤中有雷動而悅　西竊主位又冒東
君子隨中正行吉　認祖歸宗隨正道　**【中上籤】**

◆應於申月(國曆8月7日至9月6日)。

【願望】雖有耽延，終能如願。【婚事】可成。【戀愛】成功。【資金的商借】雖拖延，終能如願。【買賣】順利。【股票與商情】目前為高檔，此去慢慢下跌。【等人】來遲。【尋人】連絡其好友，會回來。【失物】可得。東方或西方。【考試】成績好。【開張，改行或喬遷】吉。

【靈數】①⑥⑩⑮⑲㉔㉘㉝㊲㊷㊻(參考)

25 ䷛ 澤風大過 兌上巽下 守中獨立（易卦28卦）

澤水滅木兩頭弱　風入排澤木健橈
內剛大過守中利　遯世無悶獨立亨　**【中中籤】**

◆應於卯月(國曆3月5日至4月4日)。

【願望】過高，難以實現。【婚事】不相稱或離異之凶緣。【戀愛】難成。【資金的商借】難。【買賣】財力不足而失敗。【股票與商情】價高，此去將暴跌。【等待的人】遠走高飛，不易知其下落。【失物】貴重物品，不易找回。【考試】困難，成績差。【開張或改行】量力而為，可也。

【靈數】①⑥⑩⑮⑲㉔㉘㉝㊲㊷㊻

26 ䷮ 澤水困　兌上坎下　處困勵志（易卦47卦）

澤水流水被淹困　內火亦把木來圍
水火風險來考驗　克己持危真君子　【下中籤】

◆應於午月（國曆6月5日至7月6日）。
【願望與資金的商借】不成。【婚事】凶緣，不成。
【戀愛】失敗。【家庭運】衰運，勤奮開創可成。
【買賣】阻礙，有損。【股票與商情】下跌，小心套牢。
【等待的人】臨時有事不會來。【尋人】下落不明。
【失物】不易找到，可試北方或西方尋找。
【考試】成績差。【開張或改行】不利，等待時日。【靈數】①⑥⑦⑩⑮⑯⑲㉔㉕㉘㉝㉞㊲㊷㊸㊻

27 ䷞ 澤山咸　兌上艮下　至誠感天（易卦31卦）

山澤通氣咸萌芽　夫婦感應男女安
喜通心口意志寧　至誠感天神祖賜　【上中籤】

◆應於寅月（國曆2月4日至3月4日）。
【願望或資金的商借】能達成目的。【婚事】良緣。
【戀愛】可成，速婚。【買賣】可成，獲利豐。【股票與商情】逢低買進，長線獲利。【等待的人】來者具善意，帶來歡笑。【尋人】有桃色關係，不久會回來。【失物】混雜在某種物件之中，可尋回。【考試】成績良好。
【開張，改行或喬遷】吉。
【靈數】②⑤⑧⑪⑭⑰⑳㉓㉖㉙㉜㉟㊳㊶㊹㊼

28 ䷬ 澤地萃　兌上坤下　宗廟祭會（易卦45卦）

地上澤水萃聚集　祭祖祀宗族親會
同獻盛品不忘本　誠感先靈宴族眾　【中上籤】

◆應於未月（國曆7月7日至8月6日）。
【願望或資金的商借】可成。【婚事】幸福吉緣。
【戀愛】相敬如賓之成功象。【買賣】順利獲利。
【股票與商情】價位便宜，可進場。【等待的人】帶來好事。【尋人】不用掛念，很快會自動回來。
【失物】可得。在西方或西南方。【考試】成績好。
【開張，改行或喬遷】均可依原訂計畫進行。【靈數】②⑤⑧⑪⑭⑰⑳㉓㉖㉙㉜㉟㊳㊶㊹㊼

31 ䷍ 火天大有　離下乾上　求道積德（易卦14卦）

天上麗明光普照　柔尊德剛天有應
過惡揚善君子份　大有元亨天祖祐　【上中籤】

◆應於寅月（國曆2月4日至3月4日）。
【願望】可成。勿驕。【婚事】良緣天訂。【戀愛】成功。【資金商借】順利。【買賣】可獲大利。【股票與商情】價位好，逢高賣出，不宜加碼。【等人】帶來好消息。【尋人】遠走高飛。感情與金錢糾紛。【失物】可獲。在南方或西北方高處。【就業】順利。【考試】成績優良。【開張或改行】均宜。
【靈數】⑤⑨⑭⑱㉓㉗㉜㊱㊶㊺（僅供參考）

32 ䷥ 火澤睽 離上兌下 其志不同（易卦38卦）

火上澤下行相背　火水知微內互合
人生不免有睽違　自求上進亦小成　【中下籤】

◆應於卯月（國曆3月5日至4月4日）。

【願望或資金的商借】不得要領。【婚事】不成。凶緣。【戀愛】不成。【買賣】失敗。損失慘重。【股票與商情】價格起伏走跌。【等待的人】不會來。【尋人】發生口角離家出走，遠走高飛難知其下落。【失物】已落入他人之手，找不回來了。【考試】成績差，易看錯題。【開張，改行或喬遷】凶。

【靈數】⑤⑨⑭⑱㉓㉗㉜㊱㊶㊺（僅供參考）

33 ䷝ 離為火 離上離下 上進升化（易卦30卦）

重明光照陰麗陽　牝牛柔順利吉亨
大人繼明離燥欲　中貞昇化達雲天　【中上籤】

◆應於巳月（國曆5月5日至6月4日）。

【願望或資金的商借】誠懇以求可如願，得長輩之助而獲利。【婚事】良緣。【戀愛】性急、衝動易敗。【買賣】有利。宜走正道。【股票與商情】繼續上漲。【等待的人】會來。【尋人】受誘拐或煽動而出走。【失物】沈著尋找可獲。南方。【考試】成績好。【開張，改行或喬遷】可。須有充分準備。

【靈數】⑨⑱㉗㊱㊺（僅供參考）

34 ䷔ 火雷噬嗑 離上震下 明刑去間（易卦21卦）

東方日出文明始　雷鳴電審明刑法
上下顎動齒去間　雖有小疵亦无咎　【中下籤】

◆應於戌月（國曆10月8日至11月6日）。

【願望或資金商借】阻碍，難成。【婚事】阻碍多，意見不合。【戀愛】有人從中作梗。【買賣】阻碍多。【股票與商情】買氣強，續漲。【等待的人】不來。【尋人】發生爭執或涉重大事件而出走，有生命危險。【失物】夾在某物件中。速找。南方或東方。【考試】不利。【開張，改行或喬遷】阻碍。

【靈數】③④⑨⑫⑬⑱㉑㉒㉗㉚㉛㊱㊴㊵㊺㊽㊾

35 ䷱ 火風鼎 離上巽下 大局安定（易卦50卦）

火下添木勢更熾　三足合力同支持
大禹九鼎定九州　黃帝鑄鼎上昇天　【上上籤】

◆應於丑月（國曆1月5日至2月3日）。

【願望或資金商借】如願。【婚事】幸福良緣。必然成功。【戀愛】成功。【買賣】成功獲大利。【股票與商情】追價力強，價格走高。【等待的人】一定會來。【尋人】不久自動歸來或知下落。【失物】可尋獲。南方或東南方。【考試】成績優秀。【開張，改行或喬遷】均可計畫進行，大吉。

【靈數】③④⑨⑫⑬⑱㉑㉒㉗㉚㉛㊱㊴㊵㊺㊽㊾

36 ䷿ **火水未濟 離上坎下 爭取時間**(易卦64卦)

日出海面紅不久　待時努力進正位
外雖未濟內已應　事物原能終無窮　**【中上籤】**

◆應於寅月(國曆2月4日至3月4日)。

【願望或資金商借】暫時無望。【婚事】最初阻礙，最後必得良緣。【戀愛】難,至誠以赴或可成功。【買賣】最初不順利。誠實與對可獲利。【股票與商情】已近谷底，即將上漲。【等待的人】會來，遲到。【尋人】會自動回家。【失物】耐心尋找可得。【考試】成績良好。【開張或改行】吉。

【靈數】③④⑫⑬㉑㉒㉚㉛㊴㊵㊽㊾

37 ䷷ **火山旅 離上艮下 旅途辛酸**(易卦56卦)

山上有火鳥巢焚　陰風西火不久長
異教邪說倫理敗　歸宗居家香火傳　**【下中籤】**

◆應於午月(國曆6月5日至7月6日)。

【願望或資金商借】小願望或小錢尚可。大宏願或大錢商借無望。【婚事】難成之凶緣。【戀愛】失敗。【買賣】障礙多，談不攏。【股票與商情】波動大，此去會上漲。【等待的人】來遲或不來。【尋人】遠走高飛，不容易知其下落。【失物】已落入他人之手。【考試】成績差。【開張或改行】凶。

【靈數】⑤⑨⑭⑱㉓㉗㉜㊱㊶㊺(僅供參考)

38 ䷢ **火地晉 離上坤下 前途光明**(易卦35卦)

日出地上曙光現　初進守中漸高升
巡運過山大明時　萬里鵬程日中天　**【上下籤】**

◆應於卯月(國曆3月5日至4月4日)。

【願望或金錢的調度】得強有力的資助。【婚姻】大吉。【戀愛】成功。【股票與商情】持續上漲。【買賣】順利獲益。【等待的人】會來，並帶來好消息。【尋人】雖遠走高飛，不久就能知其下落。【失物】能得。南方或西南方。【考試】成績優良。【開張，改行或喬遷】大吉。

【靈數】⑤⑨⑭⑱㉓㉗㉜㊱㊶㊺(僅供參考)

41 ䷡ **雷天大壯 震上乾下 陽盛剛強**(易卦34卦)

天上雷鳴志氣壯　陰天霹靂威聲揚
衝天透地迎新芽　達天自命其道昌　**【上下籤】**

◆應於卯月(國曆3月5日至4月4日)。

【願望或金錢的調度】如願，切忌貪得無厭。【婚事與戀愛】成功，以禮相待。【買賣】獲利。但此去要小心。【股票與商情】漲勢凌厲，見好就收，可獲利了結。【等待的人】不久會來。【尋人】遠走高飛，難知下落。【失物】難尋。【開張，改行或喬遷】可按計畫進行。【考試】可得良好成績。

【靈數】①⑥⑩⑮⑲㉔㉘㉝㊲㊷㊻（參考）

42 ䷵雷澤歸妹　震上兌下　浮雲蔽日（易卦54卦）

雷鳴澤上顯威嚴　隨夫歸來安家室
春時情動雖甚喜　必須內賢始克終　【中上籤】

◆應於申月（國曆8月7日至9月6日）。

【願望或資金的商借】不利。【婚事與戀愛】孽緣。雖得一時成功，仍以悲劇收場。【買賣】看似順利。其實虧損失敗。【股票與商情】起伏大，走跌。【等待的人】失約不來，女性遲來。【尋人】家庭失和或感情因素出走。危險。速尋東方或西方。【失物】難尋。【開張或改行】不宜。【考試】成績差。

【靈數】①⑥⑩⑮⑲㉔㉘㉝㊲㊷㊻（參考）

43 ䷶雷火豐　震上離下　復興重明（易卦55卦）

日出東方春雷鳴　光復神州興文化
時來運轉自東起　迷途重明宗始祖　【上下籤】

◆應於戌月（國曆10月8日至11月6日）。

【願望或資金的商借】順利。【婚事】吉緣。【戀愛】成功。【買賣】成功獲利。【股票與商情】漲價強勁，慎防反轉。【等待的人】會來。【尋人】不久會自動回家或知其下落。【失物】冷靜尋找可獲。東方或南方。【考試】成績優秀。【開張，改行或喬遷】吉。

【靈數】

③④⑨⑫⑬⑱㉑㉒㉗㉚㉛㊱㊴㊵㊺㊽㊾

44 ䷲震為雷　震上震下　聲名四揚（易卦51卦）

雷聲隆隆起東方　雖險無害終有成
歷險大川復興時　龍現人和世界平　【中中籤】

◆應於亥月（國曆11月7日至12月6日）。

【願望或資金的商借】排除困難可成。【婚事與戀愛】雖有波瀾阻礙，終能成功之良緣。【買賣】獲利。【股票與商情】價格近高檔，謹慎因應。【等待的人】會早到。【尋人】遠走高飛。有生命之虞。速尋東方。【失物】爭取時效，速尋東方高地。【考試】成績良好。【開張，改行或喬遷】吉。

③④⑨⑫⑬⑱㉑㉒㉗㉚㉛㊱㊴㊵㊺㊽㊾

45 ䷟雷風恒　震上巽下　維持綱常（易卦32卦）

雷風相搏又相應　天道恒常日月轉
禮祖孝親子孫賢　君子宜恒正綱常　【上下籤】

◆應於寅月（國曆2月4日至3月4日）。

【願望或資金的商借】能成。【婚事與戀愛】長久和好之良緣。【買賣】順利。【股票與商情】穩定之盤局，擇優投資。【等待的人】會來。【尋人】尋找費時，但可平安歸來或知其下落。【失物】遺放在室內，能起出。在東南方。【考試】成績良好。【開張，改行或喬遷】不宜，維持現狀。

【靈數】③④⑨⑫⑬⑱㉑㉒㉗㉚㉛㊱㊴㊵㊺㊽㊾

46 ䷧ 雷水解 震上坎下 爭取時間（易卦40卦）

水面雷鳴萌機動　冬去春來冰已解
船纜解開百魚跳　刀剖牛角努氣力　【下上籤】

◆應於丑月（國曆1月5日至2月3日）。
【願望或資金的商借】可成，勿躊躇以坐失良機。【婚事與戀愛】可獲成功之良緣，不能猶豫不決。【買賣】有利可圖。【股票與商情】春天的燕子來了，底部回升。【等待的人】會來，且懷善意。【尋人】不久可知下落。【失物】可獲。【考試】成績好。【開張或改行】把握時機，趁早進行。

【靈數】①③⑩⑫⑲㉑㉘㉚㊲㊻㊽（參考）

47 ䷽ 雷山小過 震上艮下 懦過害大（易卦62卦）

雷山兩側各相背　小過于大欠順利
守中持正無大咎　小事得意大不吉　【下中籤】

◆應於卯月（國曆3月5日至4月4日）。
【願望或資金的商借】小願望可成。大期望或大錢不易成功。【婚事】不和與別離之凶緣。【戀愛】持續不久。【買賣】估價錯誤而損失。【股票與商情】：目前低價，將上漲，之後再走跌。【等待的人】不來。【尋人】下落不明。【失物】不易找回。【開張，改行或喬遷】凶。【考試】成績差。

【靈數】③⑨⑫⑱㉑㉗㉚㊱㊴㊺㊽（參考）

48 ䷏ 雷地豫 震上坤下 豫知幾微（易卦16卦）

地上春雷始震鳴　冬眠萬物出新芽
領袖介石貞終吉　復國崇德配祖考　【上下籤】

◆應於午月（國曆6月5日至7月6日）。
【願望或資金的商借】謹慎處理可成。【婚事與戀愛】天定良緣可成。【股票與商情】買氣強，價格高。【所等待的人】會來。【尋人】沈迷於歡樂場所，任其發展則後果不堪想像。東方或西南方。【失物】耽誤過久就找不回來。【考試】成績良好。【開張，改行或喬遷】吉，可依規劃推動。

【靈數】③⑨⑫⑱㉑㉗㉚㊱㊴㊺㊽

51 ䷈ 風天小畜 巽上乾下 能繫不固（易卦9卦）

風日相遇不雨天　柔懿文德初相應
小畜西郊施未行　夫妻反目不能正　【下下籤】

◆應於子月（國曆12月7日至1月4日）。
【願望與資金的商借】有障碍而不成。【婚事與戀愛】不易成、不和睦之凶緣。【資金商借】難得。【買賣】難成。【股票與商情】難上漲。【等待的人】中途變卦而不來。【尋人】家庭不和而出走。有色情關係。不易找到。【失物】難尋。可翻開某物件下面看看。

【考試】成績差。【開張】不吉。
【靈數】①⑥⑩⑮⑲㉔㉘㉝㊲㊷㊻(僅供參考)

52 ☴☱ 風澤中孚　巽上兌下　上下相應(易卦61卦)

風澤相遇中有信　人能抱中實內虛
正如爪子慈母心　立誠篤信無不應　【中上籤】

◆應於酉月(國曆9月7日至10月7日)。
【願望或資金的商借】誠意商借則順利。【婚事】良緣。【戀愛】誠懇可成。【買賣】順利。【股票與商情】盤整，小獲利。【等待的人】會來。【尋人】不用擔心，會自動回來。【失物】遺失於室內或落入仁人君子之手會完璧歸趙。【考試】成績良好。【開張，改行或喬遷】可，但勿勉強。
【靈數】①⑥⑩⑮⑲㉔㉘㉝㊲㊷㊻(僅供參考)

53 ☴☲ 風火家人　巽上離下　各正其位(易卦37卦)

風火相助明倫理　家人相扶重溫暖
長幼有序男女別　女順主內男長外　【上中籤】

◆應於未月(國曆7月7日至8月6日)。
【運氣】家道吉祥幸福。【婚事】和好幸福之良緣。【戀愛】可成。【買賣】順利且獲利。【股票與商情】維持高檔，以後會下跌。【等待的人】會來，且帶來好消息。【尋人】不久會回來。【失物】遺放於室內。不久可起出。【考試】成績好。【開張】吉，有女人加入更佳。

【改行或喬遷】維持現狀吉。
【靈數】③④⑨⑫⑬⑱㉑㉒㉗㉚㉛㊱㊴㊵㊺㊽㊾

54 ☴☳ 風雷益　巽上震下　先損後益(易卦42卦)

風助雷威萬物振　積極努力首為公
利人益己效果宏　祖德天祐多助功　【上下籤】

◆應於申月(國曆8月7日至9月6日)。
【願望與資金的調度】可成。【婚事】良緣天成。【戀愛】可成。【買賣】獲大利。【股票與商情】價格上漲，宜逢高獲利了結。【等待的人】來，且帶來吉報。【尋人】不久自動回家或知其下落。【失物】可找到。在東南方。【考試】獲得優等成績。【開張，改行或喬遷】積極展開均吉。【靈數】③④⑨⑫⑬⑱㉑㉒㉗㉚㉛㊱㊴㊵㊺㊽㊾

55 ☴☴ 隨風巽　巽上巽下　申命行事(易卦57卦)

上下重巽隨風起　孤舟得水離沙灘
君子崇祖復倫理　上風下隨聖道行　【中上籤】

◆應於巳月(國曆5月5日至6月4日)。
【願望或資金商借】小額資金可成。【婚事】有波折，委託有力人士斡旋可成。【戀愛】坦誠應對可成。【買賣】獲小利。【股票商情】價格起伏。此後會漲。【等待的人】來遲，主動邀請會來。【尋人】潛居親友家。積極勸說可回。【失物】過久難找回。【考試】中等。

【開張喬遷】不勉強。
【靈數】③④⑨⑫⑬⑱㉑㉒㉗㉚㉛㊱㊴㊵㊺㊽㊾

56 ䷺ 風水渙　巽上坎下　意志不堅（易卦59卦）

水面風起船將動　患難將消上已應
唯獨道淺民渙散　宜歸宗教假祖廟　【下中籤】

◆應於辰月（國曆4月5日至5月4日）。
【願望或資金的商借】堅定不移可成。【婚事與戀愛】積極進行會成功。【買賣】最初有挫折，終獲成功與利益。【股票與商情】重挫暴跌。【等待的人】意料之外的早來或永遠不來。【尋人】已遠離，不易知其下落。【失物】遺失於外，尋不回。【開張，改行或喬遷】吉。【考試】成績良好。
【靈數】①③⑩⑫⑲㉑㉘㉚㊲㊻㊽（僅供參考）

57 ䷴ 風山漸　巽上艮下　文明漸進（易卦53卦）

山上風木漸漸高　文明進步太空時
恢復倫理崇孝道　尊天祭祖香煙升　【中上籤】

◆應於寅月（國曆2月4日至3月4日）。
【願望或資金的商借】較難，等待時機。【婚事與戀愛】冷靜應對，可獲成功。【買賣】成功與獲利。性急即敗。【股票與商情】價格逐漸上漲。【等待的人】會來，稍遲。【尋人】尋找費時，但平安無事。【失物】尋找費時，但可起出。【考試】成績進步。【開張，改行或喬遷】吉，需完善規劃。
【靈數】③⑨⑫⑱㉑㉗㉚㊱㊴㊺㊽（僅供參考）

58 ䷓ 風地觀　巽上坤下　意誠儀恭（易卦20卦）

風行大地觀宗親　虔誠敬仰子民覺】
】

◆應於酉月（國曆9月7日至10月7日）。
【願望或資金的商借】難。【婚事與戀愛】難成，波折多。【買賣】雖有障礙，不要性急，按步就班可獲利。【股票與商情】價位起伏，此去會下跌。【等人】中途變卦而不能來。【失物】落入他人之手，不易找到。【考試】成績差。【開張改行或喬遷】不得時。
【靈數】③⑨⑫⑱㉑㉗㉚㊱㊴㊺㊽（僅供參考）

61 ䷄ 水天需　坎上乾下　待時得濟（易卦5卦）

天上水火麗光亨　險雖在前剛不陷
飲食需要中正吉　不速者來敬終吉　【中中籤】

◆應於酉月（國曆9月7日至10月7日）。
【願望】無法立刻實現。【婚事與戀愛】性急即敗。【資金的商借】難馬上借到。【買賣】勿貪眼前小利，否則有損。【股票與商情】長期盤整。【等待的人】來遲。【尋人】難尋，但平安無事。在北方或西北方。【失物】須待時日才能起出。【考試】不如意。【開張改行或喬

遷】不宜，靜等時機。【靈數】①⑥⑦⑩⑮⑯⑲㉔㉕㉘㉝㉞㊲㊷㊸㊻

62 ䷻ 水澤節　坎上兌下　節以制度（易卦60卦）

水流澤上留有限　竹長生節而有度
生活操守宜有制　克己修身重氣節　【中上籤】

◆應於子月（國曆12月7日至1月4日）。

【願望或資金商借】暫時無望，耐心等待。【婚事與戀愛】吉。成功與否靠耐心。【買賣】不得時。【股票商情】購買力不弱、低價整理。【等待的人】暫時不來。【尋人】潛匿於附近，不久會回來或知去處。【失物】遺失在室內。【開張改行或喬遷】暫時不宜。【考試】成績良好。【靈數】①⑥⑦⑩⑮⑯⑲㉔㉕㉘㉝㉞㊲㊷㊸㊻

63 ䷾ 水火既濟　坎上離下　中和定位（易卦63卦）

水火相濟萬事成　既成尚須人人得
我得人失仍不足　水火成災不相容　【上上籤】

◆應於寅月（國曆2月4日至3月4日）。

【願望或資金商借】功敗垂成。【婚事與戀愛】不長久，終歸失敗。【買賣】最初順利，中途有礙。【股票商情】末升段高檔，落袋為安。【等待的人】中途折返，不會來。【尋人】可得知下落或一度自動回家。但會再度出走。【失物】一度找到。但再度遺失。【考試】尚可。【開張改行或喬遷】三思。【靈數】③④⑫⑬㉑㉒㉚㉛㊴㊵㊽㊾（僅供參考）

64 ䷂ 雲雷屯　坎上震下　冒險克難（易卦3卦）

雲雷始交新芽動　冒險犯難守正中
君子經綸治倫理　元亨利貞克難功　【上下籤】

◆應於未月（國曆7月7日至8月6日）。

【願望】容忍有恆就有希望。【婚事】好事多磨，有耐心才能得到良緣。【戀愛】中途多障碍，以誠待之就有成功希望。【資金商借】不易達成。【買賣】不如意。【股票商情】持續低迷。【尋人】去處不明。【失物】還在自宅內，速尋東方或北方。【考試】成績差。【開張改行或喬遷】不宜。【靈數】①③④⑩⑫⑬⑲㉑㉒㉘㉚㉛㊲㊴㊵㊻㊽㊾

65 ䷯ 水風井　坎上巽下　修道積德（易卦48卦）

風澤火水人生需　不與苟合井聚泉
井德普施安益常　有待桶繩共效勞　【中下籤】

◆應於辰月（國曆4月5日至5月4日）。

【願望或資金商借】目前無望。【婚事戀愛】平安之良緣。【買賣】不性急，慢慢推進能成。【股票與商情】低價盤整，後勢看好。【等待的人】暫時不會來。【尋人】潛匿於附近，尋找費時，在北方或東南方。【失物】遺失在室內東南方低處。【考試】平平。【開張改行或喬遷】維持現狀。

【靈數】①③④⑩⑫⑬⑲㉑㉒㉘㉚㉛㊲㊴㊵㊻㊽㊾

66 ䷜ **坎為水　坎上坎下　陷入漩渦**（易卦29卦）

險陷重坎習之常　水流行險信念堅
君子道德習教事　剛中尚德往有功　**【中中籤】**

◆應於亥月（國曆11月7日至12月6日）。

【願望或資金商借】難達成。【婚事】障礙多，難成。【戀愛】折磨多，但仍有成功希望。【買賣】不順利。【股票與商情】價格下跌。【等待的人】不來。【尋人】危險，爭取時效尋回。在北方的水邊。【失物】被偷或遺失，不易找回。【考試】落榜。【開張改行或喬遷】凶，再等時機。

【靈數】①⑨⑩⑱⑲㉗㉘㊱㊲㊺㊻（僅供參考）

67 ䷦ **水山蹇　坎上艮下　痲痺凍足**（易卦39卦）

水下有山足難行　嚴寒地凍途難進
唯有尊天敬祖祐　意誠靈通自相應　**【下上籤】**

◆應於酉月（國曆9月7日至10月7日）。

【願望或資金商借】無望。【婚事】多阻礙之凶緣。【戀愛】失敗。【買賣】難，有損失。【股票商情】行情低迷，上漲無望。【等待的人】不來。【尋人】離家出走，可能危險，須報警，若五個月內仍不知下落就絕望了。【失物】耐心尋找可尋獲。【考試】成績差。【開張改行或喬遷】凶，等待時機。

【靈數】⑥⑦⑮⑯㉔㉕㉝㉞㊷㊸（僅供參考）

68 ䷇ **水地比　坎上坤下　治世領袖**（易卦8卦）

地下潤地親順輔　先後比北中貞吉
不寧方來建侯國　遲疑後到其道窮　**【下中籤】**

◆應於申月（國曆8月7日至9月6日）。

【願望】可成。【婚事與戀愛】終必成功之良緣。【資金的商借】順利。【買賣】得利，勿貪。【股票與商情】價低可進場。【等待的人】會來，相談甚歡。【尋人】會自動回來。【失物】可找到在北方或西南方低處或水邊。【考試】成績好。【開張，改行或喬遷】可得挹注，吉。

【靈數】⑥⑦⑮⑯㉔㉕㉝㉞㊷㊸（僅供參考）

71 ䷙ **山天大畜　艮上乾下　充分發揮**（易卦26卦）

天在山中畜大道　積德食祿利大川
踐履篤實發新光　尚賢止剛喜大慶　**【上下籤】**

◆應於丑月（國曆1月5日至2月3日）。

【願望資金商借】困難，誠意努力可成。【婚事戀愛】真誠以赴，必得成功。【買賣】努力奮鬥，出外營商可獲宏利。【股票商情】目前低檔，以後會上漲。【等待的人】中途有阻，多日才來。【尋人】尋找費時，不久會自動歸來。【失物】尋找費時但能找到。【開張改行喬遷】吉。【考試】成績好。

【靈數】⑤⑥⑦⑭⑮⑯㉓㉔㉕㉜㉝㉞㊶㊷㊸

72 ䷨ 山澤損 艮上兌下 損即是益（易卦41卦）

山下澤損而不失　損己益人道德增
尊天法祖蒙賜福　行善修德獲良果　【中上籤】

◆應於申月（國曆8月7日至9月6日）。

【願望或資金的商借】努力即有希望。【婚事與戀愛】貫徹始終可獲成功之良緣。【買賣】初有損，終可挽回而獲利。【股票商情】正處低價，此去會漲。【等待的人】來遲。【尋人】尋找費時，會自動回來。【失物】難尋。【考試】這次考差，下次會有好表現。【開張改行喬遷】勿性急，順其自然。

【靈數】⑤⑥⑦⑭⑮⑯㉓㉔㉕㉜㉝㉞㊶㊷㊸

73 ䷕ 山火賁 艮上離下 脩飾充實（易卦22卦）

日落西山飾暮景　陽得陰助小亨利
文明以止難折獄　飾外文彩不久長　【下中籤】

◆應於子月（國曆12月7日至1月4日）。

【願望資金商借】小錢容易大錢難。【婚事戀愛】能成，但會因估計對方過高而失望。【買賣】逢高出貨。【股票商情】低檔，此去會漲。【等待的人】會來，但帶給您失望。【尋人】不久可回。可能潛居在南方或東北方親朋家。【失物】可得。【考試】比預期高的的成績。

【開張改行或喬遷】量力而行。

【靈數】⑤⑨⑭⑱㉓㉗㉜㊱㊶㊺（僅供參考）

74 ䷚ 山雷頤 艮上震下 言食養正（易卦27卦）

上靜下動用口義　觀頤自求正養利
天地養物聖養賢　慎言節食口養身　【中上籤】

◆應於酉月（國曆9月7日至10月7日）。

【願望或資金商借】誠心可成。【婚事】留意對方健康問題。【戀愛】勿意亂情迷，錯估對方。【買賣】誠實不欺可獲利。【股票與商情】仍處低迷，未來有大行情。【等待的人】不來。【尋人】尚未遠離，潛匿在東方至北方。【考試】有待加強。

【開張改行或喬遷】不得時。【失物】還在屋內。

【靈數】③⑨⑫⑱㉑㉗㉚㊱㊴㊺㊽（僅供參考）

75 ䷑ 山風蠱 艮上巽下 破邪顯正（易卦18卦）

山下之風皿上蟲　腐蝕敗損惡已極
貞正除邪始治平　尚待丁狀行元亨　【下下籤】

◆應於寅月（國曆2月4日至3月4日）。

【願望或資金商借】得不到。【婚事】多障碍之孽緣。【戀愛】一刀兩斷為宜。【買賣】不成，改行為佳。【股票商情】正處低檔，此去會上漲。【等人】中途有事不來。【尋人】離家出走，恐有生命危險。【失物】如不速尋即找不回。【考試】成績差。【開張改行或喬遷】勇敢果斷才能時來運轉。

【靈數】③⑨⑫⑱㉑㉗㉚㊱㊴㊺㊽（僅供參考）

76 ䷃ 山水蒙　艮上坎下　蒙以養正（易卦4卦）

山下暗室陷稚童　童蒙求我初筮告
再瀆不告以養正　蒙亨之吉順利貞　【中下籤】

◆應於酉月（國曆9月7日至10月7日）。

【願望】難達成。【婚事】機會渺茫。【戀愛】因缺乏勇氣而失敗。【資金商借】難成。【買賣】不順利。【股票商情】價格不穩，此去會上漲。【等待的人】來遲。【尋人】被誘惑而出走。長時間尋找可得，在北方或東北。【失物】嚴密搜查可獲。【考試】成績差。【開張改行與喬遷】暫時不宜。

【靈數】⑥⑦⑮⑯㉔㉕㉝㉞㊷㊸（僅供參考）

77 ䷳ 艮為山　艮上艮下　靜而後動（易卦52卦）

山山相連始有終　恬淡寡欲修靜止
不動不搖不相應　胸有成竹靜待動　【中下籤】

◆應於巳月（國曆5月5日至6月4日）。

【願望或資金商借】不成。【婚事】有阻礙。【戀愛】單相思。【買賣】毛病百出、不如意。【股票與商情】價位高檔盤旋，操作不易。【等待的人】不會來。【尋人】行方不明。【失物】不易找回。往東北方高處試試看。【考試】成績差。【開張】不得時。【改行或喬遷】凶。維持現狀。

【靈數】③⑨⑫⑱㉑㉗㉚㊱㊴㊺㊽（僅供參考）

78 ䷖ 山地剝　艮上坤下　小人勢長（易卦23卦）

山附地上剝坍象　小人長得君子失
往則不利得不用　就地安宅待剝變　【下下籤】

◆應於巳月（國曆5月5日至6月4日）。

【願望或資金商借】不成。【婚事】凶緣。停止接觸為上計。【戀愛】被拒於外或悲劇收場。【買賣】失敗損財。【股票商情】大跌價之象。【等待的人】不會來，來了也是不歡而散。【尋人】有生命危險，速尋東北或西南方的山上或水邊。【失物】找不回來。【考試】成績差或落榜。【開張改行喬遷】凶。

②⑤⑧⑪⑭⑰⑳㉓㉖㉙㉜㉟㊳㊶㊹㊼

81 ䷊ 地天泰　坤上乾下　天人合一（易卦11卦）

小往大來君子通　三陽開泰迎新春
天地為人志道同　國泰民安太平治　【上中籤】

◆應於寅月（國曆2月4日至3月4日）。

【願望或資金商借】順利。【婚姻】和好幸福之良緣。【戀愛】情投意合。【買賣】順利而得宏利。

【股票商情】現在的行情高，此去會下跌。【等待的人】帶好的回報來。【尋人】有感情的關連，躲在朋友或親戚家裡。不久可找到。【失物】不久可找到。【考試】成績良好。【開張改行或喬遷】吉。
【靈數】⑤⑥⑦⑭⑮⑯㉓㉔㉕㉜㉝㉞㊶㊷㊸

82 ䷒ 地澤臨 坤上兌下 得力之臣（易卦19卦）

澤臨地下潤浸悅　臨止大亨天之道
剛中漸長臣順命　保民无彊教无窮　【上下籤】

◆應於丑月（國曆1月5日至2月3日）。
【願望或資金商借】均可達成。【婚事】百年和好之良緣。【戀愛】成功。【買賣】一帆風順得利，性急即敗。【股票商情】買氣強，可長線獲利。【等人】一定來，且帶來歡笑。【尋人】不久會自動回家或下落分明。尋找西方或東方。【失物】可以找到。【考試】成績好。【開張，改行或喬遷】吉。
【靈數】⑤⑥⑦⑭⑮⑯㉓㉔㉕㉜㉝㉞㊶㊷㊸

83 ䷣ 地火明夷 坤上離下 隱正藏明（易卦36卦）

日落地下光被傷　東方文明被暗算
小人妒嫉我道深　見險雷鳴報平安　【下中籤】

◆應於酉月（國曆9月7日至10月7日）。
【願望或資金商借】不得要領。【婚事】勞苦與障礙多之凶緣。【戀愛】不成。【買賣】不順利。【股票與商情】價格走低。【等待的人】不會來。【尋人】匿居附近。在西南方或南方。【失物】被掩在某物件下。尋找西南方。【考試】成績差。【開張改行或喬遷】凶。
【靈數】⑤⑨⑭⑱㉓㉗㉜㊱㊶㊺（僅供參考）

84 ䷗ 地雷復 坤上震下 復我東主（易卦24卦）

地上雷動復東主　七日來復齋禮禱
復我文化傳道統　惑迷人性重復覺　【中上籤】

◆應於子月（國曆12月7日至1月4日）。
【願望或資金商借】成功在望，性急即敗。【婚事與戀愛】是逐漸發展而得到幸福之良緣。【買賣】有利，不可性急。【股票商情】價格逐漸上漲。
【等待的人】姍姍來遲。【尋人】可望於一星期內自動回家或知道下落。【失物】能找到，尋找東方或西南方。
【考試】進步。【開張改行喬遷】吉。
【靈數】③⑨⑫⑱㉑㉗㉚㊱㊴㊺㊽（僅供參考）

85 ䷭ 地風升 坤上巽下 上進升化（易卦46卦）

地下木苗進無止　風迎雷澤來相助
發奮進修順道進　同登壽域會始祖　【中上籤】

◆應於酉月（國曆9月7日至10月7日）。
【願望或資金商借】成功，勿操之過急。【婚事】前途燦爛之良緣。【戀愛】可成，但不可太性急。【買賣】

如意獲利。【股票商情】大漲。【等待的人】來遲。【尋人】費時，然平安無事。速尋西南方或東南方。【失物】尋找費時，在西南或東南方。【考試】成績良好。【開張，改行或喬遷】吉。

【靈數】③⑨⑫⑱㉑㉗㉚㊱㊴㊺㊽（僅供參考）

86 ䷆ 地水師 坤上坎下 戰事領導（易卦7卦）

地下水動戰爭起　容民畜眾師領導
應中行險失律凶　小人亂邦賞正功　【下下籤】

◆應於申月（國曆8月7日至9月6日）。

【願望或資金商借】困難。【婚事】難成，非良緣。【戀愛】不成功。【資金商借】不能立刻借到。【買賣】有阻礙，勿性急。【股票與商情】行情起伏。【尋人】因失和而離家出走者，趕快找回，否則有生命危險。在西南方或北方。【失物】找不回來了。【考試】成績較差。【開張改行或喬遷】不宜。

【靈數】⑥⑦⑮⑯㉔㉕㉝㉞㊷㊸（僅供參考）

87 ䷎ 地山謙 坤上艮下 恭虛和讓（易卦15卦）

地中有山動則險　以山高讓地居上
君子言行同踐謙　先屈後伸有終亨　【中上籤】

◆應於戌月（國曆10月8日至11月6日）。

【願望】誠實以待即可成就。【婚事戀愛】和好順利幸福之良緣。【資金商借】大錢商借無望。【買賣】利薄，但順利。【股票商情】景氣蕭條，此去會上漲。【等人】會來。【尋人】不久會自動回家。【失物】能找到。在東北或西南某物件下面。【考試】成績良好。【開張改行喬遷】可，性急不利。

【靈數】②⑤⑧⑪⑭⑰⑳㉓㉖㉙㉜㉟㊳㊶㊹㊼

88 ䷁ 坤為地 坤上坤下 萬物資生（易卦2卦）

地中有地歸藏存　柔順厚生利牝馬
用六永貞靜則清　先迷後得覺元亨　【中中籤】

◆應於亥月（國曆11月7日至12月6日）。

【願望】不能馬上達到。【婚事】有希望。【戀愛】能成，勿性急。【資金商借】不能立刻談成。【買賣】受阻，【股票商情】價位便宜可買進。【等人】不來，一段日子就有希望。【尋人】躲在附近，涉感情因素。【失物】不在室內就遺失了。西南方低處。【考試】平平。【改行喬遷】不得其時。

【靈數】②⑤⑧⑪⑭⑰⑳㉓㉖㉙㉜㉟㊳㊶㊹㊼

十二星座開運大法

文／黃家騁

◆**星座的陰陽**

陽性星座：積極、主動、陽剛、樂觀、專斷、外向。白羊、雙子、獅子、天秤、人馬、寶瓶六星座。

陰性星座：消極、被動、陰柔、悲觀、自制、內向。包括金牛、巨蟹、室女、天蝎、摩羯、雙魚六星座。

◆**星座的元素**

火象星座：生命、個體、開創。白羊、獅子和人馬。

地象星座：物質、事業、佔有。金牛、室女和摩羯。

風象星座：人際、親情、關係。雙子、天秤和寶瓶。

水象星座：隱遁、死亡、結束。巨蟹、天蝎和雙魚。

◆**星座的性質**

◇基本星座：代表親切熱忱、心智快捷；不體諒人、專斷自為。白羊座、巨蟹座、天秤座、摩羯座。

◇固定星座：代表富洞徹力、記憶力佳；頑固堅持、自我中心。金牛座、獅子座、天蝎座、寶瓶座。

◇變動星座：代表心智靈巧、多才多藝；缺乏恆心、性情善變。雙子座、室女座、人馬座、雙魚座。

◆**星座基本認識**

白羊座：火星守護。陽性、火象、基本宮。砲彈之火。象徵定點燃爆的火。

獅子座：太陽守護。陽性、火象、固定宮。陽光之火。象徵絢耀八方的火。

人馬座：木星守護。陽性、火象、變動宮。火山之火。象徵突發震撼的火。

金牛座：金星守護。陰性、地象、固定宮。沃野之土。象徵廣大肥沃的土。

室女座：水星守護。陰性、地象、變動宮。山丘之土。象徵起伏曲折的土。

摩羯座：土星守護。陰性、地象、基本宮。地球之土。象徵廣闊堅實的土。

雙子座：水星守護。陽性、風象、變動宮。春暖之風。象徵初春和暖的風。

天秤座：金星守護。陽性、風象、基本宮。秋爽之風。象徵秋涼乾爽的風。

寶瓶座：天王守護。陽性、風象、固定宮。勁暴之風。象徵勁悍驚暴的風。

巨蟹座：月球守護。陰性、水象、基本宮。江湖之水。象徵屈曲環抱的水。

天蝎座：冥王守護。陰性、水象、固定宮。淵泉之水。象徵深不可測的水。

雙魚座：海王守護。陰性、水象、變動宮。海洋之水。象徵廣袤無邊的水。

【黃道十二宮】

【白羊座】主動、進取、誠實、單純、勇敢、熱情、自我肯定。

【金牛座】龐大、堅固、信心、佔有、穩定、保守、物質主義。

【雙子座】知識、聯絡、機智、好奇、適應、雙重、親戚關係。

【巨蟹座】深思、反省、保護、專制、記憶、母愛、失去自我。

【獅子座】圓滑、權力、光輝、創造、自信、驕傲、野心勃勃。

【室女座】能力、服務、勤勞、精確、物質、貞潔、講求完美。

【天秤座】法律、和諧、平衡、關係、現實、衰敗、憤世嫉俗。

【天蠍座】經驗、探險、繁衍、規勸、極樂、多謀、隱密動機。

【人馬座】同情、清楚、慾望、願望、新生、樂觀、理想主義。

【摩羯座】順從、規律、優秀、負責、節儉、嚴肅、社會地位。

【寶瓶座】友誼、依賴、理性、人性、獨立、革新、人類思想。

【雙魚座】滿足、犧牲、鼓舞、感情、戲劇、同情、善解人意。

女＼男	白羊 金牛 雙子 巨蟹	獅子 室女 天秤 天蠍	人馬 摩羯 寶瓶 雙魚
白羊	吉平利凶	吉平凶平	吉凶利平
金牛	平吉平利	凶吉平凶	平吉凶利
雙子	利平吉平	利凶吉平	凶平吉凶
巨蟹	凶利平吉	平利凶吉	平凶平吉
獅子	吉凶利平	吉平利凶	吉平凶平
室女	平吉凶利	平吉平利	凶吉平凶
天秤	凶平吉凶	利平吉平	利凶吉平
天蠍	平凶平吉	凶利平吉	平利凶吉
人馬	吉平凶平	吉凶利平	吉平利凶
摩羯	凶吉平凶	平吉凶利	平吉平利
寶瓶	利凶吉平	凶平吉凶	利平吉平
雙魚	平利凶吉	平凶平吉	凶利平吉

◇白羊（牡羊）座：對應生肖為狗。

- 星座意義：是掌握著生命開始及頭部的星座。三月二十、廿一日—四月十九、二十日。
- 星座句訣：我是（I Am）。
- 星座字訣：創始、逞強。
- 星座優點：具有領導能力、掌控、先驅、自信、勇敢。
- 星座缺點：拒絕批評、好管閒事、專制弄權、無耐心。
- 追求的事：有衝鋒陷陣精神，追求冒險的機會。
- 有利條件：毅力、勇氣。
- 不利條件：好鬥心理、好勝心強。
- 感情表現：感情起伏極快。
- 示愛方式：直言不諱。
- 渴望的事：摩登、花俏式的生活伴侶。
- 喜歡的事：大自然、戶外活動。
- 害怕的事：不被人注意。
- 尋求的事：冒險的機會。
- 假日活動：致力於個人的計劃或體育活動。
- 日常開銷：選購新式電子器材、機械零件或體育用品。
- 吉祥顏色：強烈鮮明和不和諧色彩，如鮮紅色。
- 吉祥寶石：紅寶石、紫水晶、紅色石頭。
- 吉祥物品：鐵質的鳥形飾物。
- 吉祥花卉：翠菊、油菜花、紅茶花，忌八仙花。
- 開運調酒：杏仁酒、伏特加、萊姆飲料。
- 吉祥數字：9、18、27、36，忌4、7。
- 吉祥日子：星期二最佳。

【性格】精力十足，在邁向成功路上喜愛挑戰、冒險，一路領先，毅力令人欽佩。個性暴躁、衝動、易怒，具侵略性。

【職業】探險家、金屬鑄造工、工程師、機匠、救火員、軍品製造商、牙醫、職業運動員、工會領袖等。

【愛情】對人熱情，感情豐富，性慾強烈，對異性的追求和戀愛的態度積極而主動。是個調情聖手，也易有精神困擾。

【理財】認為錢可買到一切，賭博也必有把握贏，錢來得快，去得也快。並非有錢人，對錢財淡薄，但努力追求財富。

【事業】具開創精神，凡事爭先，會成為發現者或探險家並從中得到滿足。從事競爭性的工作，必能發揮過人的精力。

【健康】需要鐵質多吃白菜、胡蘿蔔、洋蔥、菠菜等。補充鉀以強化腎與肌肉功能，多吃香蕉、葡萄、米麵和馬鈴薯。

◇金牛座：對應生肖為雞。

四月二十、廿一日—五月二十、廿一日。

- 星座意義：是陰性、豐富而多產的星座。
- 星座句訣：我擁有（I Have）。
- 星座字訣：建立、和諧。

•星座優點：穩定、安全、持久、實際、藝術、堅持、誠實。
•星座缺點：頑固貪婪、自我意識、倔強、堅持、剛愎、耽溺。
•追求的事：安定、穩重，一切以大局著想，喜愛追求穩固性。
•有利條件：努力、堅持不懈。
•不利條件：懶惰、放縱。
•感情表現：感情豐沛、愛財如命。
•示愛方式：死心塌地和不厭其煩。
•渴望的事：戀情纏綿悱惻和擅於烹調的伴侶。
•喜歡的事：到鄉林和田野中去。
•害怕的事：具有一切穩固的基礎。
•尋求的事：生活習慣被改變。
•假日活動：烹飪美食和園藝。
•日常開銷：購買起居用品和最新出品的零嘴。
•吉祥顏色：柔和而悅目色彩，如紅橙黃和奶油色。
•吉祥寶石：藍瑪瑙、蛋白石、翡翠、珊瑚。
•吉祥物品：銅質的甲蟲飾物、木雕、油畫。
•吉祥花卉：康乃馨、海芋、菖蒲，忌延命菊。
•開運調酒：琴酒、萊姆飲料。
•吉祥數字：6、15、24、33。
•吉祥日子：星期五最佳。

【性格】崇尚美育、藝術和羅曼蒂克的特質。生活日用節省，作事勤勉有耐心，但固執己見，有耐心的完成既定目標。

【職業】廚師、雕刻家、畫家、園藝家、商人、建築師、歌唱家、經濟學者、經紀人、珠寶商等。

【愛情】熱情洋溢，經常對伴侶說：「你是我的！」感情方面佔有慾強但誠實可靠。如果對方負心也難逃激烈的報復。

【理財】好逸惡勞的好命人，花錢是為滿足口腹之慾，不喜歡和人分享財富，有積蓄的好習慣，對黃金、珠寶有興趣。

【事業】有藝術、美感特質，缺少開拓精神，能活用優秀的感官來發揮專長。對氣味、色彩和造型有卓越敏感的能力。

【健康】需要鉀以消除疲勞，調節心臟功能，多吃白菜、柿、韭菜、蘑菇、海藻等；多吃熟食，過量飲食會造成肥胖。

◇雙子座：對應生肖為猴。

五月二十、廿一日—六月二十、廿一日。

•星座意義：是活潑生動，充滿朝氣的星座。
•星座句訣：我想（I Think）。
•星座字訣：交通、資訊、適應性。
•星座優點：多才多藝、易變、靈巧、適應、聰明。
•星座缺點：一心二用、不專心、善變、變動、緊張、嘮叨。
•追求的事：聰明好奇，有知識、多才多藝，追求新潮知識。

・有利條件：聰慧、通變、不停的變化。
・不利條件：多疑、躁動、缺乏耐性。
・感情表現：愛玩、愛說。
・示愛方式：非常迷人而冗長。
・渴望的事：絕無僅有，出色的伴侶。
・喜歡的事：閒聊、看書。
・害怕的事：新潮、時髦。
・尋求的事：必須保持沈默。
・假日活動：觀光旅遊與認識新朋友。
・日常開銷：外出訪友或購買書籍。
・吉祥顏色：單調色調如橙、紫、水晶藍。
・吉祥寶石：水晶、綠玉石、瑪瑙、條紋石。
・吉祥物品：書籍、獎狀、風鈴、水銀、白金飾物。
・吉祥花卉：茉莉、玫瑰、薔薇、洋繡球、忍冬。
・開運調酒：薄荷酒、琴酒。
・吉祥數字：5、14、23、32，忌3、6、9。
・吉祥日子：星期三最佳。

【性格】聰明靈巧，多才多藝，一生追求知識，易適應環境，人際關係良好。雙重人格，一生會經歷多種不同的生活。

【職業】記者、廣電等播音員、幼稚園教師、作家、編輯、秘書、旅行業者、司機、推銷員、接線生等。

【愛情】感情和婚姻上會作聰明的選擇，卻對感情不夠深入，甚至不負責任，而其多變的性格，經常會造成兩次婚姻。

【理財】多才多藝、頭腦靈活，會作生意，賺錢容易，但不在乎錢財，對存錢沒興趣，想買就買，也不喜歡討價還價。

【事業】有良好判斷力和適應力，不要從事單調冗長工作，需要不斷發掘新的興趣，喜歡變化和展現語言才能的工作。

【健康】攝取磷質使代謝正常，多吃麵食、韭菜、洋蔥、紅柿、蘋果、葡萄乾和魚類；兒童飲食過量會變得愛哭愛鬧。

◇巨蟹座：對應生肖為羊。

六月廿一、廿二日－七月廿二、廿三日。

・星座意義：是女性化而多產的星座。
・星座句訣：我感覺（I Feel）。
・星座字訣：感覺、生產力。
・星座優點：堅持、固執、倔強、母性、守舊、愛家、重情。
・星座缺點：敏感善變、難以取悅、易怒、過敏、膽怯、自私。
・追求的事：各項計劃都要求「盡善盡美」。
・有利條件：謹慎、真摯、真誠、深居簡出。
・不利條件：自憐、善驚、粗心大意。
・感情表現：重情戀舊而敏感，
・示愛方式：溫柔的。
・渴望的事：被保護與護衛家人。

・喜歡的事：逃避現實。
・害怕的事：沒有可靠的依賴。
・尋求的事：每項計劃盡善盡美。
・假日活動：到有水的地方
・日常開銷：為了自己的家與家人花費支出。
・吉祥顏色：彩虹色彩，如橘黃、綠、藍綠等。
・吉祥寶石：珍珠、水晶、翡翠、黑縞瑪瑙。
・吉祥物品：銀質的新月形飾物、銀器、骨董家具。
・吉祥花卉：百合、鈴蘭、薑花、九重葛，忌紫丁香。
・開運調酒：哈蜜瓜酒、伏特加。
・吉祥數字：2、11、20、29，忌3、6、9。
・吉祥日子：星期四最佳。

【性格】敏感、自衛性強，愛做家事。具同情心、膽小而多愁善感，想像力佳，有時熱情過度。喜歡助人有母愛特質。

【職業】幼稚園教師、家政專家、旅館業者、商人、護士、漁夫、博物館館員、歷史學家、造船專家等。

【愛情】愛情長跑式的戀愛和婚姻，經由婚姻獲得安全感和保障，對伴侶強烈的束縛，能得到婚姻和配偶方面的利益。

【理財】謹慎節儉，重視錢財，節省又會存錢；羨慕父親成就，深具賺錢能力，若結合親友的財力和智慧，必能成功。

【事業】適合經商，天生能給人安全感。適合從事土地買賣與菜園經營。女性則是優良的看護，適合照顧嬰兒和小孩。

【健康】補充碘能增強甲狀腺功能，抑制肥胖，多吃海產類、白菜、洋蔥等。補充磷質，多吃胡蘿蔔、草莓、橄欖等。

◇獅子座：對應生肖為馬。

七月廿三、廿四日—八月廿二、廿三日。

・星座意義：是雄渾有力而充滿野性的星座。
・星座句訣：我要（I Will）。
・星座字訣：表達感情思想、影響。
・星座優點：仁慈、助人、親和、高貴、樂觀。
・星座缺點：自大狂傲、自我主義、支配、掌握、自大、專橫。
・追求的事：一生有崇高的理想，並全力以赴。
・有利條件：權貴關係、與高階層的連繫。
・不利條件：武斷、勢利、過分的自尊心。
・感情表現：才華出眾、愛出風頭。
・示愛方式：容人雅量與慷慨大方。
・渴望的事：引以自豪的資本。
・喜歡的事：參加盛會與社交活動。
・害怕的事：崇高的理想。
・尋求的事：不失面子。
・假日活動：享受日光浴與五星級大飯店的生活。
・日常開銷：購買昂貴首飾與奢侈品。

- 吉祥顏色：全光譜色調，如黃、橙、金、紅色。
- 吉祥寶石：白鑽石、紅寶石、橄欖石、風信子石。
- 吉祥物品：金質太陽飾物、黃金、汽車、古錢。
- 吉祥花卉：水仙、劍蘭、向日葵、金盞花、忌夜來香。
- 開運調酒：黑可可酒、伏特加。
- 吉祥數字：1、10、19、28，忌2、5、8。
- 吉祥日子：星期日最佳。

【性格】有領袖慾能成為老闆或領袖。擁有不屈不撓的意志和冒險精神，野心勃勃想爬上巔峰；居家生活堂皇、炫誇。

【職業】喜劇演員、舞蹈家、藝術老師、青年工作者、職業運動員、占星家、珠寶商、警衛、政治家等。

【愛情】對感情忠實而專注，並且會將熱情與忠貞毫不保留地表現出來，需要伴侶的尊敬與崇拜，婚姻上容易出問題。

【理財】驕傲自負眼界高，生活日用奢華，但有賺錢本領，能成為富商巨賈，在政界也能嶄露頭角，喜歡花錢交朋友。

【事業】熱愛工作，需要能發揮才華的工作，會全力以赴。有領導能力，若上級打壓易另謀他就，或獨立創業當老闆。

【健康】需要硫以健壯骨骼，多吃酸菜、洋蔥、白菜、杏仁和柑桔。避免缺鈣保持健康，多吃蜂蜜、檸檬、鮮桔汁等。

◇室（處）女座：對應生肖為蛇。

八月廿三、廿四日—九月廿二、廿三日。

- 星座意義：是柔順而蠻荒的星座。
- 星座句訣：我分析（I Analyze）。
- 星座字訣：識別辨明、服務。
- 星座優點：精密、分析、勤勉、節儉、綱領、純潔。
- 星座缺點：愛批評人、挑剔、吹毛求庇、嚴苛、憂鬱、學究。
- 追求的事：勤奮努力、服從、認真負責、有計劃，是實踐家。
- 有利條件：精益求精、實事求是。
- 不利條件：古板、冷漠、缺乏勇氣。
- 感情表現：勤儉慎重而值得信賴。
- 示愛方式：躊躇不前。
- 渴望的事：他的情趣能得到欣賞。
- 喜歡的事：倘徉在自己的小天地中。
- 害怕的事：一絲不苟的實現他的計劃。
- 尋求的事：無法達到盡善盡美。
- 假日活動：修閒在無安全顧慮的地方。
- 日常開銷：購買價美物廉實用的打折商品。
- 吉祥顏色：深或模糊色，如黃綠、紫、藍。
- 吉祥寶石：碧玉、粉紅色玉、燧石。
- 吉祥物品：木製品、文具、書籍、書架。
- 吉祥花卉：茉莉、桔梗、大理花、忌白蘭。

・開運調酒：櫻桃酒、琴酒、萊姆飲料。
・吉祥數字：5、14、23、32，忌3、6、9。
・吉祥日子：星期五最佳。

【性格】追求知識，作事勤勉，處理事物井井有條。專心事業，但愛小題大作，對工作理想、同事等，難免斤斤計較。

【職業】會計師、作家、簿記員、店員、營養專家、編輯、家庭教師、郵差、雜貨商、推銷員、祕書等。

【愛情】欣賞有效率和實行力，長於思考分析和能溝通的伴侶。能夠理性看待婚姻和伴侶，但有時會傷害到雙方情感。

【理財】堅信「存一分、賺一分」。不喜歡冒險投資，謹慎節儉，恐懼負債，寧可喪失發財機會，但也可能因小失大。

【事業】挑剔的完美主義者，能完成各項任務。創造力和表現力不足，可從事家政、會計到機要祕書等，都可以勝任。

【健康】補充鈣可抗疲勞，多吃乳品、乾酪、核桃、杏仁、洋蔥等。補充硫以增強腸道能力；薄荷有興奮與殺菌作用。

◇天秤座：對應生肖為龍。

九月廿三、廿四日—十月廿二、廿三日。

・星座意義：是男性與半成熟的星座。
・星座句訣：我衡量（我考慮）（I Balance）。
・星座字訣：衡量權衡、合夥。
・星座優點：魅力、殷勤、和善、高雅、公正。
・星座缺點：優柔寡斷、悠閒散漫、猶疑、性懦、輕浮、依賴。
・追求的事：愛與美的化身，一生追求摯愛情誼。
・有利條件：優雅、和善、樂於助人。
・不利條件：猶疑賣弄、光說不練。
・感情表現：一心想使別人滿意自己。
・示愛方式：表達愛情的方式很浪漫。
・渴望的事：姐妹一般的情誼。
・喜歡的事：參加盛大的宴會。
・害怕的事：無微不至的關懷。
・尋求的事：沒有得到大家的愛。
・假日活動：充滿詩情畫意的地方。
・日常開銷：購買化妝品、鮮花、看各種藝術表演。
・吉祥顏色：有暗影的色彩如綠、黃、深紅、白色。
・吉祥寶石：鑽石、蛋白石、純綠寶石。
・吉祥物品：銅質的心形飾物、珠簾、花瓶、扇子。
・吉祥花卉：黃玫瑰、八仙花、非洲菊、大波斯菊、芙蓉。
・開運調酒：伏特加、萊姆飲料。
・吉祥數字：6、15、24、33，忌1、4、7。
・吉祥日子：星期五最佳。

【性格】一生尋求愛與美，具審美觀，充滿羅曼蒂克，社交能力強，對於藝術、時尚、美感、音樂、芭蕾舞、歌劇等。

【職業】美容師、服裝設計師、接待員、估價員、外交官、雜耍演員、走鋼索演員，藝術家、女飾商等。

【愛情】優柔寡斷，因心軟結婚或因金錢、資產、共同興趣、美色或外形而抉擇婚姻，可能陷入失望，造成婚姻危機。

【理財】人際關係佳，應酬多，交際費多，花錢買成套裝備，愛美保養不惜花大錢；是討價還價高手，喜歡不勞而獲。

【事業】具有藝術細胞和創造力，擅長設計工作，或優雅、舒適、美感、藝術的工作，適合合夥事業而不適合當老闆。

【健康】飯前吃桔子汁和生菜沙拉可降低血糖、改善面色；多吃蕃茄蘿蔔沙拉有益健康，喝鮮蘋果汁可淨化身體毒素。

◇天蠍（蠍）座：對應生肖為兔。

十月廿三、廿四日—十一月廿一、廿二日。

・星座意義：是女性與多產的星座。
・星座句訣：我欲、我需要（I Desire）。
・星座字訣：產生創建、滲透貫穿、不合離異。
・星座優點：機智、謀略、堅決、敏銳、沉穩。
・星座缺點：佔有慾強、苦惱、困擾、激烈、暴力、多疑。
・追求的事：堅持固執的性格，追求摯熱的真情。
・有利條件：毅力、機謀。
・不利條件：疑妒、陰狠、不知變通。
・感情表現：有強烈慾望、堅持原則。
・示愛方式：錯綜複雜的。
・渴望的事：找到一個寬容的伴侶。
・喜歡的事：去尋覓珍奇稀有之物。
・害怕的事：別人不真誠。
・尋求的事：絕對與佔有。
・假日活動：改變自己房間的擺設，或在家裏修修補補的。
・日常開銷：用於得不償失的事情。
・吉祥顏色：黝暗而激烈色度如藍綠、暗紅、棕色。
・吉祥寶石：黃玉、血石、紅寶石、天然磁石。
・吉祥物品：龍形飾品、鐵鎚、鉗子、剪刀、毛筆。
・吉祥花卉：石楠、桂花、睡蓮、馬纓丹、忌薑花。
・開運調酒：野莓酒。
・吉祥數字：9、18、27、36，忌4、6。
・吉祥日子：星期三最佳。

【性格】情慾旺盛，遇事苛求固執，私生活和經營上十分隱密，情慾不滿足，對愛情很專一，但也容易顯現善妒特質。

【職業】心理醫生、偵探、徵信業者、政客、冒險家、藥商、企業家、軍火商、保險推銷、殯葬業者等。

【愛情】佔有慾和妒忌心強，因深深的榮譽和承諾感，對婚姻要求配偶完全忠貞，若無法完全掌控，易造成婚姻破裂。

【理財】迷信金錢萬能，對財物有興趣，認為錢就是權。花錢謹慎，卻不吝嗇，佔有慾強，會用錢來擁有想要的一切。

【事業】擁有權力、財富、名聲和地位，需要有成就感的工作，如專精的學術研究工作，而無法忍受單調的例行公事。

【健康】需要鐵多吃些香菜、菠菜、芹菜、杏仁與生胡蘿蔔；需要鎂以抗衰老，多吃玉米、海棗等，蒜可降低膽固醇。

◇人馬（射手）座：對應生肖為虎。

十一月廿二、廿三—十二月二十、廿一日。

・星座意義：是男性與不生育的星座。
・星座句訣：我看、依我看（I See）。
・星座字訣：察覺理解、熱望追求、抱負。
・星座優點：忠誠、虔誠、忠實、慷慨、樂觀、理想主義。
・星座缺點：粗心、誇耀、逸樂好玩、狂熱、揮霍。
・追求的事：自由，愛好自然，追求智慧、理想。
・有利條件：運氣、樂觀、正直。
・不利條件：偏激、魯莽、過分直率。
・感情表現：熱情洋溢、助人為樂。
・示愛方式：熱烈的。
・渴望的事：能協助他事業的手。
・喜歡的事：在大自然裏散步與騎馬。
・害怕的事：健康的娛樂。
・尋求的事：妥協。
・假日活動：郊遊或露營。
・日常開銷：豪華的生活。
・吉祥顏色：豐富或混合色彩如藍色、黃色、紅色。
・吉祥寶石：紅玉、綠松石、深紅石榴石、翡翠。
・吉祥物品：青銅質星形飾物、馬車、燭台、弓箭、綠帶。
・吉祥花卉：山百合、丈心蘭、天堂鳥，忌薔薇。
・開運調酒：黑醋栗、萊姆飲料。
・吉祥數字：3、12、21、30，忌1、4、7。
・吉祥日子：星期四最佳。

【性格】樂觀友善，快樂和幸運一同到來。熱愛玩樂，是好運動員。開朗而不受拘束，凡事顯現不在乎，卻勇往直前。

【職業】教授、學者、律師、法官、旅遊業、探險家、運動員、出版商、獸醫、民意代表、牧師、編輯等。

【愛情】大男人主義傾向，不善處理感情和婚姻，會以寬容態度對待伴侶；但也有幸福的婚姻生活，而且會天長地久。

【理財】對錢不在乎、不細心，流於揮霍，身無一物。有學識智慧但對賺錢外行，賺錢靠一時運氣、機會或貴人相助。

【事業】喜歡接受挑戰，事業上需求成就感。少數創業致富，但多數終生從事辦公室或工廠裏工作，而非心甘情願的。

【健康】需要鐵多吃深綠色葉蔬菜，補充鈉加強血液循環如洋蓍草、車前草、蘿蔔、魚類等。蒲公英沙拉對肝膽有益。

◇摩羯座：對應生肖為牛。

十二月廿一、廿二日—一月十九、二十日。

- 星座意義：是女性與半吉凶的星座。
- 星座句訣：我用、我用看看（I Use）。
- 星座字訣：經營管理、支配控制、野心。
- 星座優點：深富折衝手腕、外交、權謀、保守、可靠、毅力。
- 星座缺點：嚴肅、保守、消極、偽善、欺瞞、悲觀、壓抑。
- 追求的事：努力成就，晚發晚成，追求至高成就和至真至善。
- 有利條件：實力、時間。
- 不利條件：悲觀、憂鬱、疑慮。
- 感情表現：深思熟慮、從容不迫。
- 示愛方式：富於理智。
- 渴望的事：能擔負起家庭責任的伴侶。
- 喜歡的事：辛勤的工作。
- 害怕的事：遲到。
- 尋求的事：參與其事。
- 假日活動：登山、下棋、洞穴探秘。
- 日常開銷：建立、擴大自己物質世界的成就而投資花費。
- 吉祥顏色：平淡色度，如藍紫、靛色、灰色。
- 吉祥寶石：月長石、黑玉、紅玉、土耳其玉。
- 吉祥物品：鉛質盾形物、煙灰缸、圖章、枴杖。
- 吉祥花卉：康乃馨、紫丁香、滿天星、忌百合。
- 開運調酒：蘋果酒、琴酒。
- 吉祥數字：8、17、26、35，忌3、6、9。
- 吉祥日子：星期六最佳。

【性格】深具野心，行事謹慎，會運用周遭事物來完成理想。步步為營，且有耐心等待成功到來，能堅持到底不放棄。

【職業】水泥匠、效率專家、園丁、批發商、建築商、勞工、夜間警衛、夜班工、水電工、參謀等。

【愛情】完美主義傾向，對於婚姻及伴侶忠貞，生活嚴謹，不會盲目婚姻，所以事業晚成，婚姻也容易耽誤而致晚婚。

【理財】在因苦中成長的窮小子，對錢取之有道。堅信「一分耕耘，一分收穫」。節儉成性，雖省吃儉用，仍不富有。

【事業】忠誠正直，不適宜從商或合夥，但成就事業並不難，憑個人的能力和堅持，終能出人頭地，幸運自然會降臨。

【健康】補充鈣多吃燕麥片、米飯、花粉、蛋黃、乾酪，扁豆等。少吃肉多吃蔬菜、草莓、胡蘿蔔，可增強肝膽功能。

◇**寶瓶座：對應生肖為鼠**。

元月二十、廿一日—二月十八、十九日。

• 星座意義：是男性、無效果及革命的星座。

• 星座句訣：我知道（I Know）。

• 星座字訣：認識（I Know）、利他（I Altruism）

• 星座優點：人道主義、愛他、獨立、自由、科學。

• 星座缺點：倔強、唐突、矛盾、好辯、古怪叛逆。

• 追求的事：獨立自主、追求自由民主，發揮創意。

• 有利條件：改革、創新精神。

• 不利條件：執著、叛逆、漫不經心。

• 感情表現：充滿新奇點子、善於推銷自我。

• 示愛方式：柏拉圖精神。

• 渴望的事：創造性的友誼。

• 喜歡的事：自由自在、沒有約束。

• 害怕的事：到與眾不同的地方去。

• 尋求的事：人和事物的內在本質。

• 假日活動：要不討厭假日，要不稀奇古怪的消遣方式。

• 日常開銷：對落難的親朋好友給與經濟上的支助。

• 吉祥顏色：強烈突出色彩，如紫色、靛色、天藍。

• 吉祥寶石：藍寶石、黑珍珠、紫水晶。

• 吉祥物品：鉑質的螺形飾品、豎琴、羽毛、胭脂、水彩筆。

• 吉祥花卉：苜蓿、水仙、茶花、山茶，忌向日葵。

• 開運調酒：草莓酒。

• 吉祥數字：4、13、22、31，忌2、5、8。

• 吉祥日子：星期六最佳。

【性格】思想超越，愛好自由、獨立，有創造力。深具吸引力，富直覺力和發明創意，一生中有不可測的好運或災厄。

【職業】學者、廣告業者、神經專家、玄學家、脊椎指壓治療者、廣播員、發明家、推銷員、工程師等。

【愛情】需要自由、開朗、不尋常和有教養的伴侶，希冀在婚姻中追求自己的樂趣，而不願被責任、義務和子女綁住。

【理財】矛盾性格，有時慷慨有時吝嗇。人道精神顯現慈善，喜炫耀財力，誇大其辭。財務常有突好突壞的意外變化。

【事業】有關知識性和學術性的研究或事業，必會順利和幸運的。從商要小心，容易相信人，又重感情，易招致損失。

【健康】需要鈉質以促進血液循環，多吃草莓。補充磷質和鹼性食物，多吃蘑菇、杏仁、葡萄和洋蔥等，吃魚少吃肉。

◇雙魚座：對應生肖為豬。

二月十九、二十日—三月十九、二十日。

- 星座意義：是女性、成熟與多情的星座。
- 星座句訣：我相信（I Believe）。
- 星座字訣：相信、認為、易感動。
- 星座優點：情感細密、同情、憐憫、犧牲、靈悟。
- 星座缺點：聽天由命、濫情、煩惱、膽怯、退隱。
- 追求的事：仁慈善良，人道精神，一生追求理想，博愛眾人。
- 有利條件：虔誠、時機、機運。
- 不利條件：隱晦、消極、對天發誓。
- 感情表現：充滿純真幻夢而浪漫多情。
- 示愛方式：較為被動的。
- 渴望的事：愛的歡愉和豐足的財富。
- 喜歡的事：夢想、錢財、愛情。
- 害怕的事：終南捷徑。•尋求的事：被人遺忘。
- 假日活動：看海去。
- 日常開銷：毫無節制。
- 吉祥顏色：深色或白色如紫紅、藍、綠、白色等。
- 吉祥寶石：水晶、珍珠、珊瑚、藍寶石。
- 吉祥物品：合金製的魚形飾物、鵝卵石、汽球、瓷瓶。
- 吉祥花卉：桃花、金雀花、孤挺花、鬱金香，忌向日葵。
- 開運調酒：蘭姆酒、琴酒。
- 吉祥數字：7、16、25、34，忌2、5、8。
- 吉祥日子：星期四最佳。

【性格】有戲劇天分，服從性強，但行事紊亂。有特異能力，愛做夢，富理想化，凡是息事寧人，卻容易傷害到自己。

【職業】演員舞者、作家詩人、海軍、催眠師、魔術師、麻醉師、護士或醫療業、救生員、劇作家等。

【愛情】浪漫多情，婚姻能為你展開一個新的世界。但對婚姻不切實際的期待，可能由希望、失望而感到上當或受騙。

【理財】理財有過人之處，也可能貪心而破財；軟弱善良，容易被騙，一場歡樂酒宴下，可能獲得大筆的生意及財富。

【事業】能將感情融入，適合藝術、戲劇，舞蹈等專業，如芭蕾舞、藝術舞蹈或劇作家，如有貴人相助，從商可成功。

【健康】需要碘多吃魚、甲殼類海產、洋蔥、葡萄與水芹。硫能抗風濕多吃核桃、杏、花粉等。鳳梨、木瓜可助消化。

黃家騁老師賜教處：台北市文山區萬盛街90號
服務電話：（〇二）二九三三〇〇八四

神相鐵關刀十二宮相法

相命宮法

命宮在印堂。直平圓有光，兩眉不沖吉，忌眉連，忌眉豎；忌眉逼，忌紋沖，忌中正位斷。

相財帛宮法

財帛宮『上停』在天倉，宜滿宜圓；忌天倉陷，忌紋沖，忌髮閉，忌缺陷。

『中停』在在鼻及顴，忌破顴，忌龍宮沖，忌眼露，忌山根無氣貫，忌戊土骨露；忌金甲二櫃削薄，忌井竈大露孔，忌眉不蓋目，忌鬚過命門；忌缺當門齒，忌面紅，忌準紅。

『下停』在地庫，宜地骨朝，宜口紅潤，宜不缺當門牙，宜鬚烏潤清疏，宜兩顴豐滿重頤頷；忌無地閣，忌口角反，忌鬚困口，忌波池、鵝鴨陷，忌口小、口薄、口黑，忌鬚密、鬚硬、鬚焦，鎖喉鬚，開燕尾，鬚開叉。

相昆玉宮法

昆玉宮在眉。宜疏秀、彎長有彩；忌連眉，忌豎毛，忌尾反，忌尾散尾短促，忌逆生，忌異色，忌黃薄；長秀起伏，兄弟和睦；短促疏散，兄弟欠力；反生豎毛，刑尅不睦。

相田宅宮法

田宅宮上在山林，中在兩眼，下在地閣。山林豐滿有氣，祖業可居；眼凹深色，獨自創業有限；地閣隆起特朝，終身豐足；眉高則創業阻，鬚密則晚境憂；天倉衝破，祖業縱有必敗；地閣不朝，晚境田莊必敗。

相子嗣宮法

子嗣宮在眼下龍宮位，名曰淚堂。衝破子女多刑；宜龍宮滿，色黃明；人中深，地閣朝，奸門滿，額無天羅紋沖人奸門；眼眶不烏不深不暗；鬚不密硬粗焦，乳多珠毛，乳頭不破，臍深向上，腹有托，背豐腰厚不陷。

忌天羅紋，多主妻難為子；忌奸門陷黑，主妻病少育；忌眼陷烏，生少子；忌眼下臥蠶有羅網紋，主養他人子；忌眼下　肉起，忌淚堂衝破，忌人中平滿，忌眉如羅漢，忌壽紋過多，忌面色青藍黑暗，滿面斑點；忌乳破無珠，忌乳多毛，臍淺無攔；忌臍下垂，忌腹無托，忌雞胸。

訣云：淚堂暗陷子嗣多傷，三陽光滿兒女成群；龍宮暗陷奸凹，雖生少育；口如吹火人中平，到老無兒；兩眉垂下多生女，兩眼尖長主貴男；臥蠶黑暗又多紋，義男先而有損；兩顴黑陷又帶破，子嗣得而難全；唇光者，子少而身不壽；臍仰者，子早而必無災；血廛頻生，子亦昌隆而又貴；乳珠多聳，子亦結實而少虛；多毛者，主子嗣多生而多尅；乳毛少，主子嗣結足而少刑。

相奴僕宮法

奴僕宮居懸壁位。宜地闊朝元。頦圓頷豐，口大唇紅；棱角朝上，兩顴有勢者吉。忌地閣反，口反、口小、牙疏髮密；兩顴缺陷，顴偏準偏，皆不利於奴僕也。

訣云：圓頦豐頤，侍立多而心腹；唇丹口闊，奴僕盛而心忠；呼聚喝散，無非口闊顴高地朝。施恩報怨，無非眉重鬚密；人中無鬚多怨謗，地閣歪斜狡猾逢。

相妻妾宮法

妻妾宮居奸門位。宜光潤豐滿，無痣無紋，無筋無破吉。忌凹陷，忌黑暗，忌多筋，忌眉棱骨起，忌眉毛沖；忌山根斷，忌眉黃薄，忌準無肉，忌有十字紋，忌華蓋紋沖；忌破顴，忌髮粗硬。

訣云：奸門豐滿妻妾賢能，凹陷黑暗妻防產死；顴骨插天倉，因妻致富；鼻頭圓有肉，得妻掌財；魚尾多生妻必尅，奸門破陷幾重婚；生離死別，無非奸門陷而眉骨高；妾奪妻權，無非右眉豎面左眉伏；頤侵顴，眉壓目，妻妾弄權；右眉豎，奸左黑，妾攘妻位；奸門紋成十字，妻妾死於非命之中；山根紋成八字，妻宮定有刑尅之患；妻防產死，山根年壽有線紋；妻子患無成，華蓋多紋沖本位；顴骨起鋒妻必尅，奸門多筋妻必災；懸針沖印妻必刑；年壽起節妻隔角；眉尾婆娑妻妾多，天倉太陷，妻嗣欠利；奸門青黑訪小產，顴骨太高防難產。

相疾厄宮法

年壽為疾厄宮。山根宜豐滿，有樑柱有肉，色鮮明無斑點，清紋則吉。忌削、忌低、忌紋沖，忌起節、忌山根斷，忌色暗斑痣。

訣云：瑩然光潤總無災，年壽豐隆亦免劫；紋青色暗宿疾纏，薄弱露骨瘦癆疾；青暗年壽不久病來，枯骨尖斜終身疾苦；準頭痣弓主痔病，年壽暗黑主血災；山根青黑催屍殺動，必防將死到來時；鼻位塵埃無法救，倘如占病在垂危；口汞暗烏將終絕，盧醫扁鵲亦難醫。

相遷移宮法

遷移者，位居五嶽，分乎四方，面亦如之。相若南嶽佳，則宜南向之宅；北嶽佳，則直北向之宅；東西亦如之。動驛馬位亦如之，床位亦如之；東南、西南、東北、西北四隅位，宜從天倉、懸壁部位看，倘此四角陷缺，則坐宅、床位、驛馬均不宜向南也。至如問驛馬動否，動之吉凶否，則獨從驛馬上看；明則動吉，暗則動凶，暗主不動。

相官祿宮法

鼻為官，口為祿，印堂為印，兩顴為權，額為貴人，俱宜相配。其餘輔弼、耳目、頤、法令，一概推詳，然後始辨官祿之大小升降也。倘鼻破鼻斷，顴偏眉壓，目反地閣不朝；鬚困口聲破，眼露準紅，唇黑倉庫不豐，面多斑痣鬚連俱忌。

相福德宮法

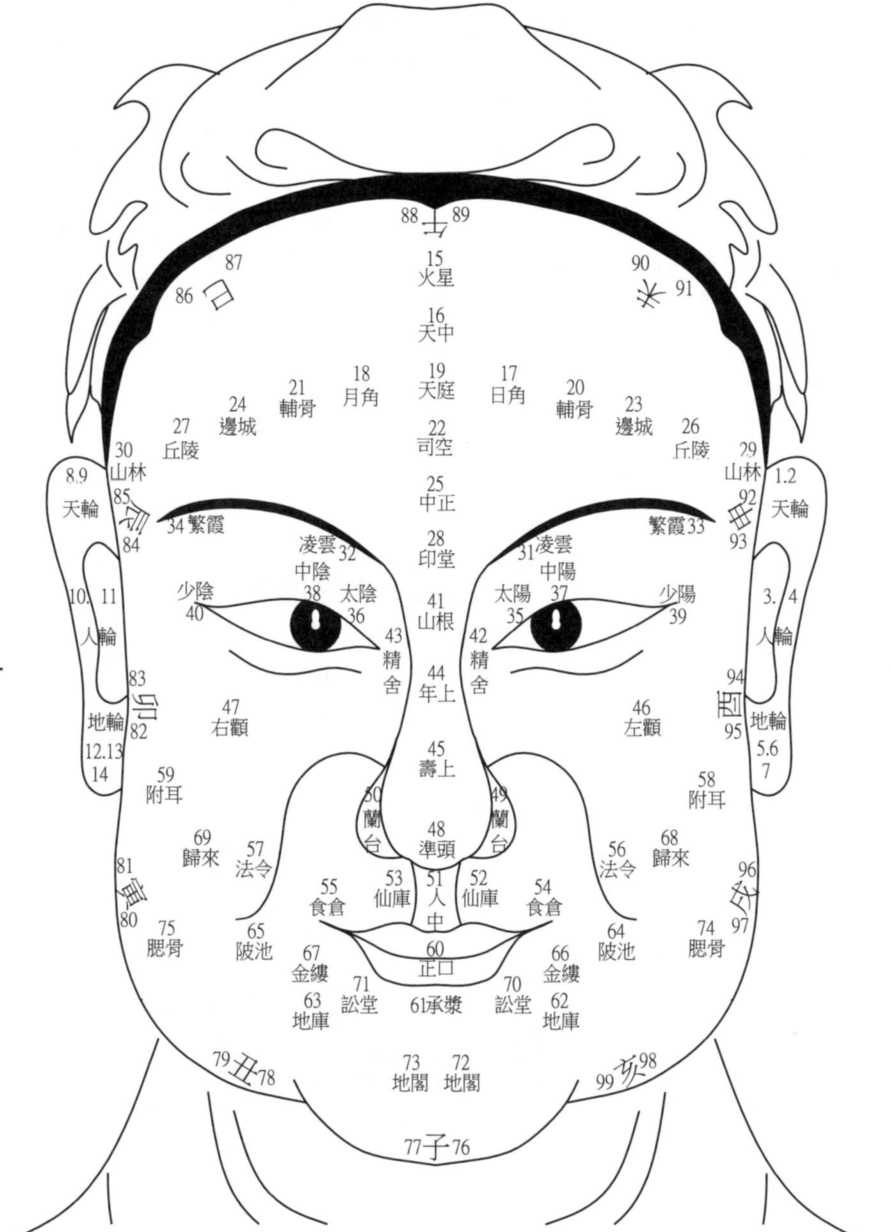
88 午 89
15 火星
87 巳 86
90 未 91
16 天中
18 月角
19 天庭
17 日角
21 輔骨
20 輔骨
24 邊城
23 邊城
27 丘陵
26 丘陵
22 司空
30 山林
29 山林
8.9 天輪
1.2 天輪
25 中正
85 辰 84
92 申 93
34 繁霞
繁霞 33
28 印堂
凌雲 32
31 凌雲
中陰
中陽
少陰 40
38 太陰 36
太陽 37 35
少陽 39
41 山根
10. 11 人輪
3. 4 人輪
43 精舍
42 精舍
44 年上
83 卯 82
94 酉 95
47 右顴
46 左顴
地輪 12.13 14
地輪 5.6 7
45 壽上
59 附耳
58 附耳
50 蘭台
49 蘭台
48 準頭
69 歸來
68 歸來
57 法令
56 法令
81 寅 80
96 戌 97
55 食倉
53 仙庫
51 人中
52 仙庫
54 食倉
75 腮骨
74 腮骨
65 陂池
64 陂池
60 正口
67 金縷
66 金縷
71 訟堂
70 訟堂
61承漿
63 地庫
62 地庫
79 丑 78
99 亥 98
73 地閣
72 地閣
77 子 76

風鑑啟悟 - 百歲流年圖表

福德上居天庭山林位，起則主祖山風水發；丘陵塚墓亦然，有起則為風水所催；又居邊城天中位，起則主有夙根，得神力祖德扶持護吉也。又居兩顴，主家運；如顴沖色暗，必因家運不吉；倘顴有黃明白色，不沖不破，是家運興也；又居臥蠶眼下處，主心田，如心田好，必起臥蠶形，是心田發也；否則多黑暗兼沖龍宮，或起 肉，或生斑點在龍宮位。

相相貌宮法

相貌之法先相掌，次看身，三看面，四揣枕骨。有福之相，掌則潤秀軟，否則粗硬薄削；身直不露筋骨，肌膚潤澤乃為有福；否則露筋露骨，肥瘦俱不合格也。

至相其面，先從五嶽觀看，五嶽豐者為富；次從四瀆觀看，四瀆成者為貴；再分三停，額至眉為初年所主，有輔可行；眼至準為中運所司，有顴可用；人中至地閣為晚運，額與兩頤俱要均全；鬚為晚福，吉凶直判於斯；眉為少年可否，亦從此斷。

訣云：鬚眉為男子之威，密濃多滯；眼睛為一生之殺，暗昧亦衰；骨法不宜暴露，肉色不宜腫浮，精神最宜清爽，色澤最宜黃明，此乃相貌之大概也。

（本「十二宮部位圖」，摘自林吉成著，大元書局出版之「災凶厄難大圖鑑」，每本定價四〇〇元。）

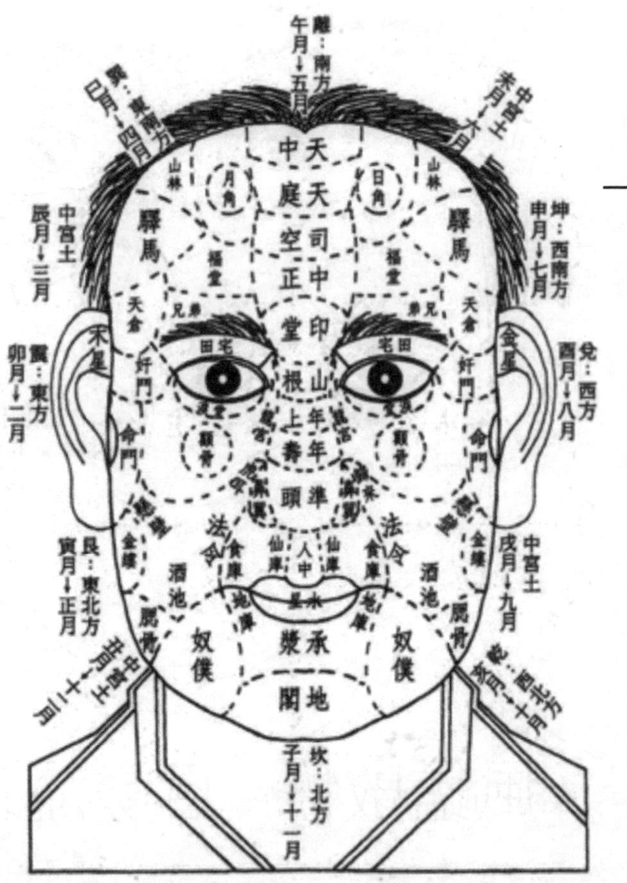

麻衣相法流年運氣部位歌

欲識流年運氣行，男左女右各分形；
天輪一二初年運，三四周流至天城。
天廓垂珠五六七，八九天輪之上停；
人輪十歲及十一，輪飛廓反必相刑。
十二十三並十四，地輪朝口壽康寧；
十五火星居正額，十六天中骨格成。
十七十八日月角，運逢十九應天庭；
輔角二十二十一，二十二歲到司空。
二十三四邊城地，二十五歲逢中正；
二十六歲上丘陵，二十七歲看塚墓。
二十八遇印堂平，二九三十山林部；
三十一歲凌雲志，三十二遇紫氣生。
三十三行繁霞上，三十四有彩霞明；
三十五上太陽位，三十六上會太陰。
中陽正位三十七，中陰三十八主亨；
少陽年當三十九，少陰四十看須真。
山根路遠四十一，四十二造精舍宮；
四十三歲登光殿，四旬有四年上增。
壽上又逢四十五，四十六七兩顴宮；
準頭喜居四十八，四十九入蘭台中。
廷蔚相逢正五十，人中五十一人驚；
五十二三居仙庫，五旬有四食倉盈。

五五得請祿倉米，五十六七法令明；
五十八九遇虎耳，耳順之年遇水星。
承漿正居六十一，地庫六十二三逢；
六十四居陂池內，六十五處鵝鴨鳴。
六十六七穿金縷，歸來六十八九程；
踰矩之年逢頌堂，地閣頻添七十一。
七十二三多奴僕，腮骨七十四五同；
七十六七尋子位，七十八九丑牛耕。
太公之年添一歲，更臨寅虎相偏靈；
八十二三卯兔宮，八十四五辰龍行。
八旬六七巳蛇中，八十八九午馬輕；
九旬九一未羊明，九十二三猴結果。
九十四五聽雞聲，九十六七犬吠耳；
九十八九買豬吞。
若問人生過百歲，順數朝上保長生。
周而復始輪於面；紋痣缺陷禍非輕。
限運並沖明暗辨，更逢破敗屬幽冥。
又兼氣色相刑剋，骨肉破敗苦伶仃。
倘若運逢部位好，順時氣色見光晶。
五嶽四瀆相朝揖，扶搖萬里任飛翔。
誰識神仙真妙訣，相逢談笑世人驚。

周公解夢

【詩曰】夜有紛紛夢 神魂預吉凶 莊周虛幻蝶 呂望兆飛熊
丁固生松貴 江淹得筆聰 黃粱巫峽事 非此莫能窮

天地．日月．星辰類

天門開貴人薦引
狂風大雨人死亡
星入懷主生貴子
雲赤白吉青黑凶
日月入懷子女貴
天地合所求皆得
渡天河主有所吉
雪落家庭主喪事
雲忽遮日主陰私
日月啣山奴欺主
天光照身疾病除
仰面朝天大富貴
雪落身上萬事成
見浮雲謀事不成
禮拜日月大吉昌
乘龍上天主大貴
身受霹震主富貴

日月初出家道昌
天公使有大吉祥
風如吼主遠信至
星落有病及官司
雲開日出凶事散
日月昏暗孕婦吉
天明婦人生貴子
巡天摩星位公卿
雪不沾身主孝服
五色雲主大吉昌
日月落憂沒父母
天星明主公卿至
陰雨晦時主凶事
雷光照身有吉慶
旭光入屋官位至
拜月星燒香大吉
飛上天富貴大吉

霞滿天百事懼悅
日光入屋官位至
天欲曉益壽命吉
風吹人衣主疾病
星列行主流奴婢
雲起四方交易昌
日月合會妻有子
天愈明益壽命吉
赤虹見吉黑虹凶
霜雪降主事不成
黑雲至地時氣病
呑日月當生貴子
天裂有分國之憂
登天上屋得高官
雷從地震主志遂
旭出見光好事至
日初出無雲大吉

流星不落主移居
行路逢雨有酒食
日月照身得重位
天門赤至有大起
忽大風國有號令
持執星宿大富貴
雲霧遊事大吉利
日月欲出有官職
天晴雨散百憂解
上天求妻兒女貴
雪下及時大吉利
旭初出無雲大吉
負抱日月貴侯王
上天取物有王位
日出有光有好事
雷霆作聲官位至
雷聲心畏私居吉

地理、山石、樹木類

樹生掌上憂父母
見筍者生添子孫
盤石安穩無憂慮
地中黑氣上主凶
園林茂盛大吉利
上樹勿折有死傷
門中生果樹有子
登岩抱石官職遷
山中農稼衣食豐
枯木開花子孫興
登大樹名利顯揚
蘭生庭前主添孫
居住高山有喜事
上山毀壞主凶惡

林中樹生添貴子
樹木枯死宅不安
折筍到家女有子
臥於石上主大吉
地動主遷官位吉
入果園中大發財
立樹下貴人仳蔭
草木茂盛家道興
自身取土受賤辱
行山得財福祿至
大木勿折主凶兆
果樹多熟子孫安
上山恐怕祿位至
遊視高山春夏吉

地裂主疾病大凶
林中坐臥病欲癒
樹木凋零主人凶
家中生松事轉豐
運大石家主富貴
堂上地陷主母憂
庭前竹木喜重重
種植樹木大吉昌
抱物上山孕貴子
行走土坡病思除
弁山落地主失位
桑生屋上主有憂
楓生屋上百事遂
身入山中百事吉

石上得利祿大吉
地上高下平主病
果林中行主得財
大樹落葉屋中吉
松生屋上位三公
手弄小石生貴子
修平田地大吉昌
枯木再生子孫興
欲伐大樹多得財
掃地除糞家欲破
糞土堆者錢財眾
與人分花主分散
家中生柏大吉昌
擔木來家得財富

身體齒髮類

身病蟲生得軍職
尿足陽人大吉亨
手足膿血出大吉
露體無衣主大利
頭髮再生主長壽
身拜尊長大吉昌
繩索繫身長命吉
梳頭洗臉百憂去

頭白主長命大吉
身上蟲行病患安
披頭蓋臉官司至
露頭披髮陰人深
剪剃頭髮家內凶
頭禿髮落皆凶事
身生羽翼飛大吉
齒落更生子孫興

面對官者主大吉
頭髮自落憂子孫
身成肥瘦皆為凶
婦人披頭有私情
沐浴遷官疾病除
齒自落之父母凶
脫身走得疾病去
自身白衣人所謀

眉與人齊祿位至
面生瘡黑主子凶
頭生兩角有競爭
身上汗出主凶惡
身之肥瘦皆為凶
枷銷臨身病欲來
與人交易主有私
洗手洗足舊患除

鏡．釵．釧．梳類

照鏡明吉暗者凶
得他人鏡生貴子
金釵成雙增愛妾
銀釧夫妻主相毆
見篦子貴人提攜
見脂粉主大財利

拾得鏡者招好妻
他人弄己鏡妻凶
釵釧相撞妻別凶
花壓妻妾生外心
得篦子者美女至
得粉撲妻生嬌女

把鏡自照遠信至
鏡破主夫妻離別
金釵耀主生貴子
人與梳篦得妻妾
刷牙者病患不癒
手帕者主口舌事

鏡照他人妻妾兇
金釵動有遠行事
花釵妻妾有姦情
牙木梳舊事盡去
得胭脂粉主生女
得針線者萬事就

衣服．鞋類

穿白衣主有人邀
裁衣穿孝衣皆吉
破鏡照人主分散
簪冠登台聯位遷
衣服欲破妻外心
穿錦繡衣子孫榮
執笏染貴人大吉
人穿己履妻有私
女著冠帶主生子
與人衣服主患至
眾人穿紫主情弊
文書用印有名聲
鞋破子孫妻妾病
新授官爵主貴子

新換衣冠祿位至
穿青衣神人助力
與人共衣妻私情
脫靴束帶主有凶
貴人與人衣冠吉
裁衣穿孝服皆吉
穿新袍主添妻妾
洗笏染服新官來
穿麻鞋百事和合
披蓑衣主大恩至
人與公服加官職
眾人穿青家人散
帶印主夢生貴子
腰帶者主官至吉

戴冠登車官欲遷
洗滌衣物皆大吉
穿黃衣皂衣皆吉
與人公服主得職
乞得鞋履人助力
燒毀冠帽欲更官
被油污衣大恩澤
眾人穿紅大吉利
失去衣服妻難產
得靴鞋主奴婢吉
笏破憂凶主不詳
失卻衣時妻難逃
女人穿衫平無事

照鏡明吉暗者凶
自戴幞頭巾帽吉
衣帶自解百事吉
穿藍繡衣妻大利
妻穿夫衣生貴子
失履主奴婢逃走
失去冠帽主要職
新衣灒來百事凶
眾人穿白主官事
好被自蓋得富貴
木履脫時己出厄
與人笏綬主官遷
拾得衣帶祿位至

刀劍．旌節．鐘鼓類

君王隊仗有異言
見做新旗大吉利
打鼓有聲遠人來
見軍兵散主有凶

與人相砍大吉慶
道旌蓋主大吉利
鎗槊主官位吉利
見鼓佳聲歡樂吉

白蓋覆身大吉利
被刀出血分酒餐
手持旌節有恩賞
帶刀劍行有財利

見鼓不鳴凶必至
朋蓋蓋身大吉利
得人刀斧祿位至
旌旗受寵大吉利

得人刀者行人至
抱旌節主貴人扶
刀斧自傷大吉利
磨刀劍鋒快大吉
失落刀劍主破財
與人刀劍皆主凶
甲冑庇身獲吉利
人與三刀作刺吏
迎接旗旛大富貴
女人帶刀大吉慶
與人分傘主分散
女人拔刀主有子
鐘鼓大鳴福祿至
看放煙火憂散拔
持刀刺人主失利
旗旛自出主疾病
剪刀折斷妻妾凶
剪刀主分財之事
拔刀出行主大吉
鐘磬有聲遠人來
劍在床頭大吉利
刀落水中妻妾亡
旌旗引入山立凶
剪刀剪物主得財

帝王・神佛・鬼魅類

帝王宣召有驚喜
看太子陳事大吉
畫神佛者得人欽
入神廟神動大吉
和尚尼姑看經悶
神佛不成形大凶
身受戒行者子孝
男子化為尼姑凶
與聖賢說話大吉
王侯並坐大吉利
后妃呼召飲有病
諸佛菩薩大吉利
拜佛欲動有大財
僧師教授唸經吉
被鬼神打大不祥
燒香禮拜皆大吉
仙聖到家福祿至
見老君言有仙分
先祖考言求食吉
來見貴人不得凶
太子召大喜吉利
法師登座有疾病
看神佛者妻有子
與神女通得貴子
堂上神佛大吉利
造旛蓋者大吉利
與鬼聞者主延壽
看老君陳事大吉
白衣召作使死亡
使命入門大吉利
天子賜坐有財利
老君真人皆大吉
佛共人言有福助
道士女冠言語吉
與尼姑交主失財
迎神賽社有外財
祭祀神道大吉利
佛神嗔怒皆不吉
人云死者得長命

屋宇・城郭類

上高堂大富貴至
入王侯府庫大吉
城郭擴大財喜多
登赤城郭主大吉
上屋破壞家道凶
堂上有棺身安樂
屋宅更新主大吉
居出宅主妻喜事
上樓閣壇俱大吉
屋下穿身有暗昧
與婦人爭屋主吉
妻男牆下官位至
死央瓦落婦爭間
入寺院中生貴子
高樓飲酒富貴至
家起高樓安穩事
行道觀見仙主吉
蓋城上屋大吉利
正堂倒陷家主凶
風吹屋動主遷移
搬移破屋得美妻
洒掃宅舍遠人來
起盍倉庫福祿至
屋樑忽析主大凶
牆上掘土世更改
屋中生馬男信至
修理田舍有大喜
入帝王宮行大吉
上城為人所拽吉
城中行凶出門吉
坐宮廷中主大吉
入倉庫中大吉昌
遷入他人新宅吉
人或典房主官位
典賣典舍主失位
踰牆度宅險事去
遷移尼寺主病至
軍人入宅主大吉
屋中生草家欲空
神廟廣大事事吉
拜朝廷者大富貴
上城被執官職顯
連城青色有喜吉
上屋主富出園吉
覆盍屋宇長命吉
倉庫崩壞百事凶
家道貧窮大吉利
屋宅無人主死亡
與人事屋主大凶
院宅坑下主死亡
寺舍有經病人痊
屋上生松柏益壽

門戶・灶・井・廚類

門自開妻有私情
新開門戶大富貴
城門大開主口舌
門戶敗壞主大凶
門戶裂開主大吉
門戶大開大吉利
門前坑溝事不成
門扇自折奴僕走
門戶忽開主大吉
門更新主生貴子
宮城塞者口舌至
屋開小門主私情
門戶高大主富貴
門戶破碎有凶事
門戶閉塞不通事
門戶內無人大凶
修移門戶大吉利
穿井見水遠信至
井中照身祿位至
井水負泥出主財
窺井有聲口舌生
家住井中長子凶
灶下流水有橫財
修造廚灶大吉利
石為門戶主壽命
井自損壞家大敗
身處井中疾病凶
伏藏井中刑獄事
人云出井喜氣至
器皿落井有喜事
灶下燃火有聲名
灶下吹風家破散
門前生草作刺史
井前沸溢主得財
屋在井中主見病
井水欲乾家欲敗
淘井造井主大貴
在官廚中得財祿
灶釜破財有死亡
灶下器鳴主口舌
天火燒門主喪事
井枯涸者家財散
取井水清吉渾凶
井中有魚身主貴
醉落井中官事至
自炊臼者妻妾亡
屋有二灶事不成

金銀・財寶類

金銀珠寶主富貴
錢春夏吉秋冬凶
玉積如山大富貴
贈彩帛者主有權
鉛與錫者主得財
得金主環生貴子
與人衣服官事至
銅鐺主有口舌至
金銀珠玉大吉利
拾得錢物皆大吉
得玉碗器物皆吉
得布帛遠親來至
與人絲帛大凶惡
鑲嵌器物疾病去
人賜絹帛大吉昌
得銅物主大富貴
金銀杯皿生貴子
還人錢物病疾去
得他人麻布衣凶
尋絲絹主進入口
箱器主口舌之事
珠玉滿懷主大凶
貴人賜綾錦官至
見鐵器物主得財
金銀作鐺器大吉
家中分財主離散
紡織者主壽命長
經營者主被人辱

床帳毯褥類

床帳出門者妻亡
好被自蓋主大吉
帳幔壞者妻子病
換蓆入吉出則凶
洗床帳則主大吉
床帳破損妻欲亡
手帕縛布病患至
床腳新換奴僕凶
床帳改主官遷移
毯褥鋪陳萬事穩
毀簾幔者妻有姦
舒展床帳大富貴
血在床妻妾有姦
毛扇忽持官事至
薦蓆入吉出者凶
新安床帳遠人來
床帳收換移居吉
見好枕有貴人扶
新簾者主得好妻
蒲蓆合坐得官位
蓆簟者主有力助
破蓆者主失官位
上床臥者大凶惡
床上有蟻主不祥
見手帕主有口舌
開帳幔主有酒食

家具類

得鼎者主得大財
桶無水者主大凶
鐺盞破主有惡事
匙主益妻妾子孫
椶盆脫底主財散
鎚鑽者主侵害事
人送大桶主得利
繩索斷者主凶惡
銅鐺者主口舌至
大小盆者主團圓
釜溢者主得大財
碾衣石移居大吉
筋主益田宅奴僕
火盆甕器大富貴
鎚欲舉動有人扶
燻籠者益增產業
鐵鍋破主喪事來
得盆子者所求得
玉石器主有人助
磁碗者主酒食至
鋸主有斷決之事
洗面盆者美妾至
鏨主被驅者大吉
人與秤者主權位
人與鏨者得拾金
桶盛水者主大吉
銅鐵破主喪事來
磁碟者主口舌至
盆主益倉庫大吉
桌架於宅事不成
熨斗盛火好事成
繩索主長命大吉
人與帚者主得官

男女類

夫妻宴會主相別
抱小兒女主口舌
夫妻相駕主疾病
夫妻相打欲和會
夫妻分釵主別離
同婦人行主失財
見嫁娶及孝主凶
抱婦人主有喜事

與婦人交有邪祟
婦人與夫人大吉
交接男子主失財
見婦人陰主口舌
貧窮兵居主大吉
人云不用汝大吉
一切貴人皆吉利

新生男女主大吉
夫妻各與梳頭吉
妻著錦衣生貴子
來見貴人不得凶
合伴同行凶事至
婦人赤身主大吉
身癱走得疾病去

與婦人共坐大吉
兄弟分別口舌臨
妻有孕主外私情
使命入門大吉利
人在外呼之召凶
拜尊長者大吉慶

抱夫主人得財喜
夫妻相拜主分散
男人裸體命通達
王侯並坐大吉利
我欲共汝去夫凶
人云大好者即凶

垢污沐浴類

屎尿污身主得財
受辱罵惹人詞訟
污泥衣裳主產凶
失大小便主失財
廁中干涸主家破

建廁所主有財喜
淘廁者主得橫財
洗頭遷居疾病除
在泥中所求不成
糞土堆積主得財

大便滿地主富貴
上廁在尿尿中吉
廁中屎溢大吉利
男女沐浴上床凶
糞中坐者主大凶

泥污衣衫主身辱
挑糞回家大吉利
廁屋上臥主得財
落廁出吉不出凶
沐浴塵上疾病安

文書．筆硯．兵器類

几上有書祿位至
得大赦者宅舍凶
挽弓弦斷主凶惡
征人初出事未成
他人送筆主才進
見讀書者大聰明
受職上官財物來
弓弩相鬥主爭論
率眾破賊所求得
佩印公爵主大吉
手弄筆硯主遠信

人與墨者文章進
各類經書大富貴
就人卜易主疾病
已射人必主遠行
將卒隨行主喜事
佩印信者名譽出
觀人讀書生貴子
打球者主得虛名
披甲仗劍得高官
見軍兵敗主凶事
人拿己筆文章退

君王隊伍有異名
五色紙者大益財
詩詞書寫主大吉
受人紙錢主大吉
人送弓弩得人助
征人回者主疾病
佩印執飾主移居
得日曆者中黃中
見子主添丁進口
戈鉞有光祿位至

持弓矢者主大吉
在軍陣中主大進
吞五色紙詩書貴
有人教書大富貴
公座移動主遷官
弩弦難上兄弟散
兵馬入城福祿至
緩印改遷生貴子
封書信者主通達
人躬己有行人至

田園．五穀．耕種類

田中生草主得財
粳精米者有財吉
種菜主長命富貴
得米穀者主大吉
教人耕種遠行至
使人種田地大吉
萌芽者主凶事連
麻索在身主祿至

破壞田地主大吉
種田廣大有祿位
喬麥麵餅官事至
米麥相排大吉利
大小麥主妻私心
身在禾中大吉利
買人田宅主遷職
麻生如林大吉利

見禾豐收富貴長
屋上生禾宜位吉
自種田禾主出行
五穀茂盛主得財
大豆苗葉子孫凶
穀穗齊秀大吉利
割收田禾家居安
手中拿穀主福祿

見麥稻主得大財
得禾忽失主得志
坐臥米麥主大吉
見種田者祿位至
粟麥必有猷物至
米谷堆吉散主凶
酒麵必主枉屈事
麥糠相交家欲儉

船車．出行類

船飛行主大富貴

乘船渡江河得官

船中有水主得財

以羊駕車事不常

備馬者主遠行事
與人同船主移居
乘船橋下過大吉
身臥船中主有凶
乘船看花酒食至
車載不起厄事去
行車白馬主大吉

乘船看日月得職
遠行出入命通達
病人乘船必主死
執火入船主大吉
船車破碎主不祥
車入門主有凶事
駕車遊行祿位至

乘船過日月主富
乘船風帆大吉利
船擱在岸是非厄
家中乘船主無財
車輪破夫婦相別
病人上車主大凶
四馬駕車吉反凶

乘船飲酒遠客至
乘船見舵主安穩
助父乘船官位至
車輪折倒主破財
車不行所求不遂
喪車過者主災散
車行主百事順利

道路．橋梁類

見四路通名利遂
見市中無人主凶
橋上坐主祿位至
橋上呼喚訟得理

道中得財主通達
大道崩陷主失財
夫妻入市主置產
新造橋者大相合

道泥荊棘事不成
修橋梁者萬事通
見橋壞主有官事
橋柱折者子孫凶

橋路上住者皆凶
見渡橋主有官事
攜手上橋妻有孕
橋斷者主有口舌

飲食類

請人飲酒主長命
食薤者主有重喪
與貴人對飲大吉
與人吃蜜大吉利
食羊肉於堂上吉
刀割豬肉主生疾
食油鹽醬酸豉吉
食餅食飯心不遂
食柿桃離而復合
食粟者主有分離

與人飲酒有口舌
飲食者主哭泣事
食生果者主凶至
飲水者主得大利
食犬肉主有爭訟
食生肉凶熟肉吉
食雞鴨等肉皆吉
食菜見菜黃主凶
食棗者主生貴子
食梨者主失財帛

與人吃主富貴至
飲酒至醉主疾病
人請吃酥酪主喜
見饅頭未吃主氣
食豬肉主疾病至
食自死肉主離別
食饅頭主口舌散
食瓜子主生貴子
食蒜者主有災害
食茄者主妻有子

筵會客人家欲破
貴人賜宴主疾病
與人吮乳尊親至
死人食者主疾病
嘔吐者病人生瘥
食鵝肉主亡疾病
食爛瓜主生疾病
食柿食柑主疾病
食桑椹主生貴子
食蔥韭主有爭鬥

相罵打鬥類

被人殺害者大吉
持刀相殺見血吉
刀斧自傷主大吉
斷頭而行主大喜
被妻妾打者主凶
兄弟相打大吉利
被罵佯顛大貴至
殺羊打羊主病凶
殺牛食肉主生財
被殺害吉伏藏凶

殺死他人大富貴
刀傷出血主酒食
手措折者主了病
被人腳踢主求財
被人打者主得力
看見殺人主大吉
與人互罵者主吉
殺鳥雀妻妾災難
殺驢騾馬有酒食
身生羽翼飛大吉

持刀自殺者大吉
刺刀見血主大吉
持刀砍人自失財
被人刺入出快利
女人相打主病至
被人簽刺大吉昌
受人淩辱主得財
殺虎豹主得重印
殺龜者主有喪事
被辱罵惹人詞訟

殺人血污衣得財
炙身見血流大吉
人砍頭腦中二吉
打妻妾者主失力
家中人鬥主分散
向人叩頭百事吉
殺豬犬者大吉利
殺牛鹿者大富貴
殺雞鵝鴨主大吉
與惡人言有口舌

水．火類

水上行者主大吉

水上立者主凶事

火燒日月有人助

火燒河水長命吉

眾人圍爐和合吉
火燒自屋主興旺
火焰炎炎主發財
連水遶身有訟獄
大河澄清大吉祥
宅中火光大吉昌
火把燒井主病至

盜賊．刑事．牢獄類

入獄受災大榮貴
被人綁主疾病至
拷訊杖責主大吉
與賊同行大吉利
枷鎖怕怖主分散
坐獄中必有恩赦
被人作賤者大吉
繩索繫身大吉利
為吏所錄有急事

塚墓．棺槨類

塚墓高者大吉利
空野無人主遠行
塚墓上開花大吉
開棺與死人言凶
死人出棺外客至

歡樂．疾病．死亡類

與人哭泣有慶賀
霧齒哭者有爭訟
懷中琵琶得人助
堂上歌樂主喪事
自疾病者主有喜
病人起者必定死
病臥為人扶加官
見先亡尊親大吉

飛禽．走獸類

乘龍入水有貴位
獅子叫吼名聲震
猛虎大吼主得官

水流洋洋有新婚
見燭者主大發財
火從地生疾病至
執火乘行官位至
人家有水兒子亡
江海漲漫大吉昌
聽選燃火作明府
枷鎖入宅主大凶
牢獄臭污百事吉
吏引入司主大吉
自以杖決恥辱生
己身作賊所永得
入牢獄主有大貴
盜賊自入獄大凶
入官詞訟主大吉
新塚棺槨主憂除
塚墓門開百事吉
開棺見死人者吉
棺殮死人主得財
放聲大哭歡樂至
床上哭泣主大凶
他人作樂有有理
吹笙者主有更改
病人歌唱主大凶
病人裝車必死亡
死人復活主有信
小兒死者主口舌
鳳凰主有貴人助
龍眠水中求事遂
熊龍主身生貴子

水上火出主大吉
自在水中大吉利
廚中火出主急事
大火燒天主國安
火煙黑色主疾病
河水沙石益文章
燒人臭穢主大吉
強賊入宅主家破
枷鎖折損口舌散
牢獄崩壞有赦吉
邀人入官主酒食
身被羅網主官非
被人懲罰祿位至
使人入獄得財吉
赶賊行見者大吉
塚墓上有雲氣吉
塚墓上明吉暗凶
棺浮水上得大財
抬棺入宅祿位至
身著孝服官祿至
見歌舞者口舌至
他人與笛有名聲
吹笛打鼓有吉慶
病人哭笑疾病除
死人哭泣主口舌
見人死自死者吉
問弔他人主生子
鶴鳴者祿位大顯
鳳集掌上母病至
龍當門者大吉昌

火燒山野大顯達
自落水中不出凶
飲水不休得大財
燈燭光明主大吉
火把行路大通達
身在火中貴人扶
惡人相引疾病至
赶賊入市不出凶
枷鎖臨身疾病至
獄中死者官事散
被官打身主孝服
被羅網罩主酒食
貴人走脫疾病除
貴人走馬官事明
見棺水土得大財
塚墓生樹主折凶
空野無人主遠行
墓中棺自出大吉
遠人來悲泣主凶
家中歡喜百事吉
與人拍板有口舌
病重者主有凶事
死人哭壞者得財
死人立者主大凶
子死者有添喜事
虎入宅中官職重
鶴入懷中生貴子
孔雀飛舞有文章

鶴駕車主征代事
燕飛入懷妻生子
來龍上山所求遂
雀相爭門有官事
貓捕鼠者主得財
雞在樹下主得財
鵝鴨同游添好妾
婦人見龍生貴子
白猿主有祿位得
群兔上未得貴官

六畜類

黃牛來家主富貴
殺豬吉豬自死凶
群馬奔逃百凶解
走馬來往文書事
水牛來家主喪事
騎牛入城有喜臨
騎羊上街主得財
犬吠主人失財凶

蛇．虫．鼠．蟻類

鳴赴蛇來人引薦
蜂螫人腳有財喜
蠶飛不繭主人吉
鼠奔走主有善事
龍蛇殺人主大凶
蛇行水內主遷榮
螻蟈主有不明事
飛蛾入燈他人敗

魚．蝦．水族類

龜入井宅富貴至
搶魚食魚主小疾
鯉魚妻有孕貴吉
林中漁臘事不成
見鱉者主有得財
蝦蛤鳴走有口舌

猛狼不動見官吉
駕鶴者主祿位至
燕子至有遠客來
龍入井中官被辱
騎虎行者惡事無
麒麟者名振天下
鶴上天小有口舌
洗雞得官鳴口舌
鸜鵒婦人主口舌
孔雀者主大吉利

牛出門好事立至
水牛主先祖索食
豬豚變人官事至
乘白馬主疾病至
馬入室主姦情事
牽牛羊來家歡樂
牛角有血主三公
犬吠人鬼來求食

龍蛇入門主得財
蛇咬人主得大財
蜂螮交戲事不成
蚯蚓主田宅大吉
蜈蚣咬人壽命吉
蛇繞身者生貴子
蛇隨人去妻外心
蚊子咬人主有失

魚飛水上百事散
龜蛇相同主生財
大魚揚動主聲名
群魚游水主有財
小魚生子大吉利
水蛭主女人失財

鳧入宅中有大凶
狼啖腳者主不行
放鶴者主得財吉
飛鳥入懷主吉利
見飛龍官位大顯
獐鹿在家益官祿
鳩鳴者婦人有喜
鴛鴦散去主妻凶
空中鳥鳴主妻亡
活鳥在園百憂去

馬舞庭前凶事散
牛上山坡大吉昌
牽牛上山主富貴
豬羊搔癢主口舌
屋中生馬主大吉
乘馬快喜鈍主凶
罪人走馬厄事去
騎驢騾主得財吉

鼠咬人衣所求得
龍蛇入灶有官至
蛇入懷中生貴子
見蚰蜒主小財吉
促織聲繁有小惱
蛇黃白主有官事
蛇多者主陰司事
蜈蚣咬人壽命吉

井內有魚遷官至
張網捕魚大吉利
見龜者主女人貴
乾魚下水命復通
蝦變魚主失財物
蛤蜊主老來生子

龍死亡主得貴位
駱駝豹豸行重印
豺狼惡犬有盜賊
鴉雀相噪主酒食
雞抱卵主有大喜
乘龍入市主貴位
白象江豬官位至
山猴主有爭訟端
捉住飛鳥遠信至

被馬咬有祿位至
馬行千里大喜至
牛觸人凡事不成
牛生犢所求皆得
羊作豬行行人至
披洗放馬皆喜事
馬駝錢物失祿位

蜻蜓對飛美人來
白鼠引路人提攜
蛇化龍行貴人助
蛇入谷道有口舌
蝙蝠群飛陰事良
蠅污人衣必有讒
蛇赤黑口舌青吉
蜣螂作堆主失財

人捕魚主食皆吉
水中釣魚大吉利
見螺主在外不病
捉龜者主喪事至
身坐魚蟲病患除
見螃蟹主百病散

【道家開運祭解疏文】

開市大吉文疏

祝 頌 伏 以
天清地靈。吉日良時。天地開張。萬事長興。一
泗天下　南贍部洲
主事〇〇〇家住〇（縣市）〇（鄉鎮市區）〇（路
街）〇（段）（巷）〇（弄）〇（號）〇（樓）
開市大吉
信士〇〇〇敬備清茶。香花。四果。清圓。發
粿。牲禮。糖餅。天庫。地庫。大壽金。金銀財寶
等。列在桌前。伏望慈納。
神必降臨。香煙拜請。神通萬里。神威顯赫。
焚香拜請　合壇諸官將。八卦祖師。觀音佛祖。
關聖帝君。天上聖母。五方財神。福德正神。西方
三聖。道祖太上老君。代天巡狩王爺公。年值功
曹。太歲星君。六丁六甲神兵神將大將軍。三界
十方神。俯鑒下情。祈求庇佑。開市大吉。四時平
安。八節吉慶。財源廣進。通天財氣。祈求家運順
昌。財運興旺。
來者焚香總拜請歸於聖金送眾仙
奉送　奉送　奉送
天運〇年〇月〇日〇時吉旦

祈賜文昌科甲文疏

伏 以　天清地靈　日月光明　智慧玄竅
一泗天下　南贍部洲
主事〇〇〇家住〇縣市〇路街〇段〇巷〇弄〇號〇樓
信士〇〇〇敬備清茶。香花。四果。糖餅。天
庫。地庫。金銀財寶等。列在案前。伏望慈納。通
天玄竅。
神必降臨。香煙拜請。神威顯赫。
焚香拜請
合壇諸官將。八卦祖師。觀音佛祖。孔子先師。
文昌帝君。關聖帝君。孚佑大帝。朱衣星君。魁斗
星君。福德正神。太歲星君。文曲星君。六丁六甲
神兵神將大將軍。俯鑒下情。
祈求庇佑。智慧開竅。科甲功名。得配天地。刪
述六經五文。垂憲萬世。學貫玄精。鳥篆蟲書。啟
宇宙之文明。祈求賜福。啟聰明。速降來臨。虔心
拜請　來者焚香總拜請
歸於聖金送眾仙
奉送　奉送　奉送
天運〇年〇月〇日〇時吉旦

恭祝玉皇上帝萬壽疏文

呈進 伏以　天德巍峨　萬彙均沾化育
神恩浩蕩　四民共賴維持

今據　南贍部洲　地址○○○○○○○○○○○
善信○○○歲次　年　月　日　時建瑞生
茲逢　天誕佳期　天運　年正月初九日　欣逢
昊天金闕至尊　玉皇上帝　聖誕之良辰吉日　善信及
闔家人等謹具香燈果品　齋蔬妙供　並修疏文一封
誠心誠意　敬獻於
昊天金闕至尊　玉皇上帝　陛下大天尊
恭祝　昊天金闕至尊　玉皇上帝　陛下大天尊　聖
壽無疆　至尊玉皇壽無疆　瑞氣祥光照四方　神恩浩
蕩兆民仰　澤被群生德益彰
祈願　闔家平安　萬事如意　四時無災　八節有慶
納福迎祥　事業順利　財源廣進　家道興旺　所求如
意　大降吉祥　伏願　尊座默佑　臨宅庇蔭
恭此　上奉　昊天金闕至尊　玉皇上帝　陛下大天尊
信士：　印　模
暨闔家人等　叩謝神恩
天運歲次　年　正　月　初九　日
俯拜上申

祈求五路財神賜財疏文

呈進　伏以　五路八達財源廣　求之則應　財神顯
赫近遠來　感而遂通　今據　南贍部洲　地址○○
善信○○○歲次　年　月　日　時建（瑞）生
伏冀　善信　年路不安　月令不順　日常不利　時
又欠妥　以致生意不振　事業不張　財源耗散　命運
乖蹇
為今　吉日良辰　虔備鮮花　五果　香楮供品　奉
儀　天庫金　地庫金　水庫金　五路財神金　上奉
涓今　天運歲次　年　月　日　時　奉道酬恩
叩請
中路財神趙公明　五方八路送財來
東路財神招寶天尊蕭昇　東方祈求東方來
南路財神招財使者陳九公　南方祈求南方進
西路財神納珍天尊曹寶　西方祈求西方應
北路財神利市仙官姚少司　北方祈求北方發
伏願　春迎百福　夏納千祥　秋無災厄　冬有喜慶
百事亨通　福門大開　禍門緊閉　移凶化吉　解禍成
祥　大吉大利
恭請　五路財神星君　納受
謹疏奉表拜進聞
善信　印模
暨闔家人等　叩拜百拜
天運歲次　年　月　日　俯拜上申

恭安神座疏文

呈進　伏以　聖德無私　廣垂濟度之恩
萬德玄福　普被敦仁之化
今據　南贍部洲　地址○○○○○
善信○○○歲次　年　月　日　時瑞建生

天運歲次　年　月　日吉日良辰
恭安神座　坐鎮本宅　誠惶誠恐　叩首頓首　一心
禮請
諸天諸神菩薩　眾神聖駕　慈悲作主
善信〇〇〇
謹率闔家人等　虔誠奉敬鮮花　素果　燭　湯圓
發粿　金銀財寶　眾神領收
恭請〇〇〇〇〇〇鎮守本宅　神恩廣被　神靈顯
赫　鎮宅光明
叩請
神靈顯赫家安泰　無災無禍福常來　祈求　庇佑
合家老少平安　身體健康　事業興隆　財源廣進　富
貴興旺　前途光明　家門迪吉　夫妻和順　子孝孫賢
男添百福　女納千祥　四時無災
八節有慶　家宅安泰　大吉大利
恭此上聞
善信
暨闔家人等　叩拜百拜
天運歲次　年　月　日　俯拜上申

祭拜歷代祖先疏文

呈進　伏以　日吉良時　躬身拜請
今據　南贍部洲〇〇〇　地址〇〇〇
堂下裔孫〇〇〇及闔家人等　泣首頓首
堂上　氏歷代始　大高曾祖　考妣　祖公　祖媽一
派家親
今有　堂上裔孫暨合眷等　維
天運年　月　日　為　之事
敬備　三牲酒筵　齋蔬果品　金銀財寶　開壺酌酒
拜請祖公　祖媽　到座領受　聖筊證明
一來到座　二來領受　三來庇佑　堂下裔孫　闔家
人等　老幼平安　百福並至　千祥雲集　萬事皆吉
家業興隆　再來酌酒　拜請　祖公　祖媽　寬寬飲酒
寬寬領受
裔孫闔家人等　具備金銀財寶　奉上列位　祖公
祖媽
打開金箱　玉庫炳燈　紅火交化　共燒各領　再來
酌酒　裔孫擺下　小小酒筵　不敢久列祖前
伏乞　祖公　祖媽　各歸原位　後若有事再請
伏乞　歸臨　稽首奉送
堂下裔孫　闔家人等　上奉疏文
堂下裔孫　印　模
闔家人等　叩首百拜
天運歲次　年　月　日　上奉拜請

拜地基主疏文

呈進　伏以　天德巍峨　萬彙均沾化育
神恩浩蕩　四民共賴維持
今據　南贍部洲〇〇〇　地址〇〇〇〇〇
善信〇〇〇歲次　年　月　日　時瑞建生

今逢○○○節日（新居入宅 清明 端午 中秋 過年）
誠心虔備 牲醴 菜飯 茗茶 果品 金銀財寶 不
腆之儀 並修疏文一道 誠心誠意 拈香敬供於本宅
地基主（向廚房內拜）
維神正直 德可配天 守護吾宅 永錫無邊
家園光彩 歡欣無限 敬備蔬食 聊表誠堅
恭此 尚饗
善信○○○○○ 暨合家人等 叩謝神恩
恭請 地基主 納受 謹疏奉表拜進
聞
善信　　印　模
暨闔家人等 叩拜百拜
天運歲次　　年　　月　　日
俯拜上申

求姻緣疏文

伏以 瑞氣靄祥雲 迎戶樹交柯 錦常雙璧合
彩帷開翡翠 當門花並蒂 玉樹萬枝榮
今據 南贍部洲○○○ 地址○○○○○○善信
○○○○○○
歲次　　年　　月　　日　　時瑞建生
祈求
月老星君 桃花仙娘 合仙師 一切神 祇 有
求必應 光降姻緣 速降來臨 締結良緣 花開並蒂
姻緣相配 誠心虔備 齋蔬果品 香楮清酌之儀 妙
供聖神菩薩
光降供筵 答謝 聖恩宏德 謹選吉日
天運歲次　年　月　日　時
奉道酬恩
伏願
金石同心 心心相印 情投意合 恩恩愛愛 鳳凰
于飛 連枝相依 相知相惜 意篤情深 愛心永恆
甜蜜相愛
謹虔誠 拜請
月老星君 桃花仙娘 合仙師 大降 吉祥 伏
具採納
庇佑 花好月圓 愛情永恆 鴛鴦壁合 相親相愛
魚水情深 不離不棄 鸞鳳和鳴 比翼雙飛
不勝銘感之至 全具疏文百拜叩謝
謹疏上申
立疏叩求人　　印　模
叩首百拜
天運　年　月　日 稽首誠心叩求

祭拜福德正神疏文

伏 以
天澤宏開 福德權施操利祿
神恩垂佑 正神廣施渡有緣
今據 南贍部洲 地址○○○
善信○○○歲次　年　月　日　時瑞建生

合家〇〇〇〇〇、〇〇〇〇等

謹致　福德正神之前　惟　神權操勝　澤被群生有

財之道

信士偕家人等　常叨利祿之施　詎無報酬之念　誠

心虔備　齋蔬果品　香楮清酌之儀

妙供「福德正神」供筵　答謝聖恩宏德　謹選吉

旦

天運　年　月　日　時　奉道酬恩

伏冀

神賜良緣得福財祿　求之有應　疏困解難

德潤慈佑　豈敢強求　盼望惠賜　權衡鑒察

祈　求

事業鴻運　財源廣進　利市亨通　買賣興旺　闔家

平安

善信〇〇〇　願行善　積功德　迴向社會信眾

不勝銘感之至　全具疏文百拜叩謝　謹疏上

申

立疏叩求人　　叩首百拜

天運　年　月　日叩謝神恩

【佛家開運課誦經咒】

觀音菩薩偈

觀音菩薩妙難酬，清淨莊嚴累劫修，

三十二應徧塵剎，百千萬劫化閻浮，

瓶中甘露常時洒，手內楊柳不計秋，

千處祈求千處現，苦海常作度人舟。

爐香讚

爐香乍爇。法界蒙薰。諸佛海會悉遙聞。隨處結祥雲。誠意方殷。諸佛現全身。南無香雲蓋菩薩摩訶薩（三稱）。

淨口業真言

嗡。修利修利。摩訶修利。修修利。娑婆訶。

淨身業真言

嗡。修多利。修多利。修摩利。修摩利。娑婆訶。

淨意業真言　嗡。縛日囉。怛訶賀斛。

安土地真言

南無三滿多。母馱喃。嗡。度嚕度嚕。地尾娑婆訶。

普供養真言（虛空藏菩薩普供養真言）

嗡。誐誐曩。三婆縛。伐日囉斛。

楊枝淨水讚

楊枝淨水。遍灑三千。性空八德利人天。福壽廣增延。滅罪消愆。火燄化紅蓮。

南無清涼地菩薩摩訶薩（三稱）。

南無大悲觀世音菩薩（三稱）

法華偈

六萬餘言七軸裝。無邊妙義廣含藏。

白玉齒邊流舍利。紅蓮舌上放毫光。

喉中甘露涓涓潤。口內醍醐滴滴涼。

假饒造罪過山嶽。不須妙法兩三行。

觀世音菩薩心咒 嗡 嘛呢唄咩吽

千手千眼觀世音菩薩心咒 嗡 嘛呢咩吽些

千手千眼觀世音菩薩大悲陀羅尼心咒

嗡 乏及喇達爾嘛赫利

南無本師釋迦牟尼佛（三稱）

開經偈

無上甚深微妙法。百千萬劫難遭遇。

我今見聞得受持。願解如來真實義。

七佛滅罪真言

離婆離婆地。求訶求訶帝。陀羅尼帝。尼訶囉帝。毗黎你帝。摩訶伽帝。真陵乾帝。娑婆訶。

補闕真言

南無喝囉怛那哆囉夜耶。佉囉佉囉。俱住俱住。摩囉摩囉。虎囉。吽。賀賀。蘇怛拏。吽。潑抹拏娑婆訶。

圓滿補闕真言 唵。呼嚧呼嚧。社曳穆契。娑訶。

三皈依

自皈依佛。當願眾生。體解大道。發無上心。自皈依法。當願眾生。深入經藏。智慧如海。自皈依僧。當願眾生。統領大眾。一切無礙。和南聖眾。

迴向文

願此殊勝功德。迴向法界有情。

盡除一切罪障。共成無上菩提。

迴向文

願以此功德 迴向某某某 上報四重恩 下濟三途苦

若有見聞者 悉發菩提心 盡此一報身 同生極樂國

諸佛菩薩真言心咒

■**四臂觀音心咒：**嗡嘛呢唄咩吽。

■**阿彌陀佛心咒：**嗡、阿彌爹瓦唅。

■**藥師如來本尊心咒：**爹雅他、嗡、別卡子也、別卡子也、嘛哈別卡子也、然紮、沙蒙嘎爹、梭哈。

■**大日如來本尊心咒：**嗡、阿尾囉吽坎。

■**釋迦牟尼佛本尊心咒：**嗡、牟尼、牟尼、嘛哈穆那耶、梭哈。

■**準提佛母本尊心咒：**嗡、折戾、主戾、准提、梭哈。

■**準提佛母長咒：**南無薩多喃、三藐三菩陀、俱只喃、怛侄他、唵、折戾、主戾、准提、娑婆訶。

■**文殊菩薩心咒：**嗡、阿惹巴雜拿、地。

■**普賢菩薩心咒：**嗡、三昧耶、薩怛番。

■**紅觀音心咒：**嗡阿吽、啥、嗡嘛呢啤咩吽。

■**金剛界大日如來心咒：**嗡、縛日囉、馱都、鑁。

■**金剛薩埵真言：**嗡、貝雜薩埵、吽。

■**蓮華生大士心咒：**嗡阿吽、別笰古魯、卑媽、悉地吽。

■**地藏菩薩滅定業咒：**嗡、鉢囉末鄰陀甯、梭哈。

■彌勒菩薩心咒：嗡、梅怛梨耶、阿、梭哈。

■綠度母觀音心咒：嗡、達列、都達列、都列、梭哈。

■佛眼佛母尊心咒：嗡、勃陀、魯婆爾、梭哈。

■不動明王真言：南無三滿多、縛日囉、年憾。

■馬頭觀音心咒：嗡、阿密哩都、納婆縛、吽發吒。

■虛空藏菩薩真言：嗡、縛日囉、囉多那、吽。

■大隨求菩薩心咒：嗡、跋囉跋囉、三跋囉三跋囉、印捺哩利也、尾成達尼、吽吽、嚕嚕、左隸、梭哈。

■孔雀明王真言：嗡、摩諭吉羅帝、梭哈。

■愛染明王真言：吽吒枳吽惹。

■大寶法王嘎瑪巴心咒：嗡、古魯、嘎瑪巴、悉地吽。

■黃財神心咒：嗡、針巴拉、雜冷、雜那耶、梭哈。

■黑財神心咒：嗡、煙雜尼目抗、雜嘛咧、梭哈。

■白財神心咒：嗡、白嘛卓打、阿雅、曾把拉、啥打雅、吽拍。

■紅財神心咒：嗡、臧巴拉、炸念乍耶、達南美地、啥以、梭哈。

■綠財神心咒：嗡、臧巴拉、炸念乍耶、梭哈。

■六道金剛咒：啊啞夏沙嘛哈。

■時輪金剛心咒：嗡阿吽、恰嘛拉、瓦拉雅、梭哈。

■普巴金剛心咒：嗡、別炸嘰列嘰那也、沙爾娃、必年、泵、吽、呸。

■文殊菩薩五字智慧真言：阿囉跛者娜。

■蓮華生大士心咒：嗡、別媽別炸、吽。

■大密宗根本咒：媽媽、闍陵、沙面達。

■多聞天王心咒：嗡、白夏哇那耶、梭哈。

■十輪金翅鳥心咒：嗡、把請、梭哈。

■長壽佛心咒：嗡、阿媽惹尼、租文底也、梭哈。

■大威德金剛心咒：嗡、啊果地嘎、雅曼達嘎、吽呸。

■大白傘蓋佛母咒：嗡、沙爾娃、打他嘎多、阿尼卡、西打、打把借、吽呸、吽嘛嘛、吽聶、梭哈。

■白教馬爾巴尊者心咒：嗡阿、迦爾嘛、巴喜、吽。

■大寶樓閣心咒：嗡、媽聶、別炸、吽。

■大白傘蓋堅甲咒：吽、嗎嗎、吽聶、梭哈。

【開運必讀聖經】

【老子道德經】

上篇

一章

道可道，非常道。名可名，非常名。無，名天地之始；有，名萬物之母。故常無，欲以觀其妙；常有，欲以觀其徼。此兩者同出而異名，同謂之玄。玄之又玄，衆妙之門。

二章

天下皆知美之爲美，斯惡已；皆知善之爲善，斯不善已。故有無相生，難易相成，長短相較，高下相傾，音聲相和，前後相隨。是以聖人處無爲之事，行不言之教；萬物作焉而不辭，生而不有，爲而不恃，功成而弗居。夫唯弗居，是以不去。

三章

不尚賢，使民不爭；不貴難得之貨，使民不爲盜；不見可欲，使民心不亂。是以聖人之治，虛其心，實其腹，弱其志，強其骨。常使民無知無欲。使夫智者不敢爲也。爲無爲，則無不治。

四章

道沖，而用之或不盈。淵兮似萬物之宗；挫其銳，解其紛，和其光，同其塵，湛兮似或存。吾不知誰之子，象帝之先。

五章

天地不仁，以萬物爲芻狗；聖人不仁，以百姓爲芻狗。天地之間，其猶橐籥乎？虛而不屈，動而愈出。多言數窮，不如守中。

六章

谷神不死，是謂玄牝。玄牝之門，是謂天地根。綿綿若存，用之不勤。

七章

天長地久。天地所以能長且久者，以其不自生，故能長生。是以聖人後其身而身先；外其身而身存。非以其無私邪？故能成其私。

八章

上善若水。水善利萬物而不爭，處衆人之所惡，故幾於道。居善地，心善淵，與善仁，言善信，正善治，事善能，動善時。夫唯不爭，故無尤。

九章

持而盈之，不如其已；揣而銳之，不可長保。金玉滿堂，莫之能守；富貴而驕，自遺其咎。功遂身退，天之道。

十章

載營魄抱一，能無離乎？專氣致柔，能嬰兒乎？滌除玄覽，能無疵乎？愛國治民，能無爲乎？天門開闔，能爲雌乎？明白四達，能無知乎？生之畜之，生而不有，爲而不恃，長而不宰，是謂玄德。

十一章

三十輻共一轂，當其無，有車之用。埏埴以爲器，當其無，有器之用。鑿戶牖以爲室，當其無，有室之用。故有之以爲利，無之以爲用。

十二章

五色令人目盲；五音令人耳聾；五味令人口爽；馳騁畋獵，令人心發狂；難得之貨，令人行妨。是以聖人爲腹不爲目，故去彼取此。

十三章

寵辱若驚，貴大患若身。何謂寵辱若驚？寵爲下，得之若驚，失之若驚，是謂寵辱若驚。何謂貴大患若身？吾所以有大患者，爲吾有身，及吾無身，吾有何患？故貴以身爲天下，若可寄天下；愛以身爲天下，若可託天下。

十四章

視之不見，名曰夷；聽之不聞，名曰希；搏之不得，名曰微。此三者不可致詰，故混而爲一。其上不皦，其下不昧。繩繩不可名，復歸於無物。是謂無狀之狀，無物之象，是謂惚恍。迎之不見其首，隨之不見其後。執古之道，以御今之有。能知古始，是謂道紀。

十五章

古之善爲士者，微妙玄通，深不可識。夫唯不可識，故強爲之容。豫兮若冬涉川，猶兮若畏四鄰，儼兮其若客，渙兮若冰之將釋，敦兮其若樸，曠兮其若谷，渾兮其若濁。孰能濁以靜之徐清？孰能安以動之徐生？保此道者不欲盈。夫唯不盈，故能蔽而新成。

十六章

致虛極，守靜篤。萬物並作，吾以觀復。夫物芸芸，各復歸其根。歸根曰靜，是謂復命。復命曰常。知常曰明。不知常，妄作凶。知常容，容乃公，公乃全，全乃天，天乃道，道乃久，沒身不殆。

十七章

太上，下知有之；其次，親而譽之；其次，畏之；其次，侮之。信不足焉，有不信焉。悠兮其貴言。功成事遂，百姓皆謂我自然。

十八章

大道廢，有仁義；慧智出，有大僞；六親不和，有孝慈；國家昏亂，有忠臣。

十九章

絕聖棄智，民利百倍；絕仁棄義，民復孝慈；絕巧棄利，盜賊無有。此三者，以爲文不足，故令有所屬。見素抱樸，少私寡欲。

二十章

絕學無憂。唯之與阿，相去幾何？善之與惡，相去若何？人之所畏，不可不畏。荒兮其未央哉！衆人熙熙，如享太牢，如春登臺。我獨泊兮其未兆，如嬰兒之未孩。傫傫兮若無所歸。眾人皆有餘，而我獨若遺。我愚人之心也哉，沌沌兮！俗人昭昭，我獨昏昏。俗人察察，我獨悶悶。澹兮其若海，飂兮若無止。眾人皆有以，而我獨頑且鄙。我獨異於人，而貴食母。

二十一章

孔德之容，惟道是從。道之為物，惟恍惟惚。惚兮恍兮，其中有象；恍兮惚兮，其中有物。窈兮冥兮，其中有精；其精甚眞，其中有信。自今及古，其名不去，以閱眾甫。吾何以知眾甫之狀哉？以此。

二十二章

曲則全，枉則直，窪則盈，敝則新，少則得，多則惑。是以聖人抱一為天下式。不自見，故明；不自是，故彰；不自伐，故有功；不自矜，故長。古之所謂曲則全者，豈虛言哉！誠全而歸之。

二十三章

希言自然。故飄風不終朝，驟雨不終日。孰為此者？天地。天地尚不能久，而況於人乎？故從事於道者，道者同於道；德者同於德；失者同於失。同於道者，道亦樂得之；同於德者，德亦樂得之；同於失者，失亦樂得之。信不足焉，有不信焉。

二十四章

企者不立，跨者不行。自見者不明，自是者不彰，自伐者無功，自矜者不長。其於道也，曰：餘食贅行。物或惡之，故有道者不處。

二十五章

有物混成，先天地生。寂兮寥兮，獨立不改，周行而不殆，可以為天下母。吾不知其名，字之曰道，強為之名曰大。大曰逝，逝曰遠，遠曰反。故道大，天大，地大，人亦大。域中有四大，而人居其一焉。人法地，地法天，天法道，道法自然。

二十六章

重為輕根，靜為躁君。是以君子終日行不離輜重，雖有榮觀，燕處超然。奈何萬乘之主，而以身輕天下？輕則失本，躁則失君。

二十七章

善行無轍跡，善言無瑕讁，善數不用籌策，善閉無關楗而不可開，善結無繩約而不可解。是以聖人常善救人，故無棄人；常善救物，故無棄物，是謂襲明。故善人者，不善人之師；不善人者，善人之資。不貴其師，不愛其資，雖智大迷，是謂要妙。

二十八章

知其雄，守其雌，為天下谿。為天下谿，常德不離，復歸於嬰兒。知其白，守其黑，為天下式。為天下式，常德不忒，復歸於無極。知其榮，守其辱，為天下谷。為天下谷，常德乃足，復歸於樸。樸散則為器，聖人用之則爲官長，故大制不割。

二十九章

將欲取天下而爲之，吾見其不得已。天下神器，不可爲也，爲者敗之，執者失之。故物或行或隨，或歔或吹，或強或羸，或挫或隳。是以聖人去甚，去奢，去泰。

三十章

以道佐人主者，不以兵強天下。其事好還。師之所處，荊棘生焉。大軍之後，必有凶年。善者果而已，不敢以取強。果而勿矜，果而勿伐，果而勿驕，果而不得已，果而勿強。物壯則老，是謂不道，不道早已。

三十一章

夫佳兵者，不祥之器，物或惡之，故有道者不處。君子居則貴左，用兵則貴右。兵者不祥之器，非君子之器，不得已而用之，恬淡爲上。勝而不美，而美之者，是樂殺人。夫樂殺人者，則不可得志於天下矣。吉事尚左，凶事尚右。偏將軍居左，上將軍居右。言以喪禮處之。殺人之衆，以悲哀泣之，戰勝，以喪禮處之。

三十二章

道常無名，樸，雖小，天下莫能臣也。侯王若能守之，萬物將自賓。天地相合，以降甘露，民莫之令而自均。始制有名，名亦既有，夫亦將知止，知止可以不殆。譬道之在天下，猶川谷之於江海。

三十三章

知人者智，自知者明。勝人者有力，自勝者強。知足者富，強行者有志，不失其所者久，死而不亡者壽。

三十四章

大道氾兮，其可左右。萬物恃之而生而不辭，功成不名有，衣養萬物而不爲主。常無欲，可名於小；萬物歸焉而不爲主，可名爲大。以其終不自爲大，故能成其大。

三十五章

執大象，天下往。往而不害，安平太。樂與餌，過客止。道之出口，淡乎其無味，視之不足見，聽之不足聞，用之不足既。

三十六章

將欲歙之，必固張之，將欲弱之，必固強之。將欲廢之，必固興之。將欲奪之，必固與之。是謂微明。柔弱勝剛強。魚不可脫於淵，國之利器不可以示人。

三十七章

道常無爲而無不爲，侯王若能守之，萬物將自化。化而欲作，吾將鎭之以無名之樸。無名之樸，夫亦將無欲。不欲以靜，天下將自定。

下篇

三十八章

上德不德，是以有德；下德不失德，是以無德。上德無爲而無以爲，下德爲之而有以爲。上仁爲之而無以為，上義為之而有以為。上禮為之，而莫之應，則攘臂而扔之。故失道而後德，失德而後仁，失仁而後義，失義而後禮。夫禮者忠信之薄，而亂之首。前識者，道之華，而愚之始。是以大丈夫處其厚，不居其薄，處其實，不居其華。故去彼取此。

三十九章

昔之得一者，天得一以清，地得一以寧，神得一以靈，谷得一以盈，萬物得一以生，侯王得一以為天下貞。其致之。天無以清將恐裂，地無以寧將恐發，神無以靈將恐歇，谷無以盈將恐竭，萬物無以生將恐滅，侯王無以貴高將恐蹶。故貴以賤為本，高以下為基。是以侯王自謂孤、寡、不穀，此非以賤為本邪？非乎？故至譽無譽。不欲琭琭如玉，珞珞如石。

四十章

反者道之動；弱者道之用。天下萬物生於有，有生於無。

四十一章

上士聞道，勤而行之；中士聞道，若存若亡；下士聞道，大笑之；不笑不足以為道。故建言有之：明道若昧，進道若退，夷道若纇。上德若谷，大白若辱，廣德若不足，建德若偷，質德若渝。大方無隅，大器免成，大音希聲，大象無形，道隱無名。夫唯道，善貸且成。

四十二章

道生一，一生二，二生三，三生萬物。萬物負陰而抱陽，沖氣以為和。人之所惡，唯孤、寡、不穀，而王公以為稱。故物或損之而益，或益之而損。人之所教，我亦教之，強梁者不得其死，吾將以為教父。

四十三章

天下之至柔，馳騁天下之至堅，無有入無間。吾是以知無為之有益。不言之教，無為之益，天下希及之。

四十四章

名與身孰親？身與貨孰多？得與亡孰病？是故甚愛必大費，多藏必厚亡。知足不辱，知止不殆，可以長久。

四十五章

大成若缺，其用不弊；大盈若沖，其用不窮。大直若屈，大巧若拙，大辯若訥。躁勝寒，靜勝熱，清靜為天下正。

四十六章

天下有道，卻走馬以糞；天下無道，戎馬生於郊。禍莫大於不知足，咎莫大於欲得。故知足之足，常足矣。

四十七章

不出戶，知天下；不闚牖，見天道。其出彌遠，其知彌少。是以聖人不行而知，不見而名，不為而成。

四十八章

為學日益，為道日損。損之又損，以至於無為，無為而無不為。取天下常以無事，及其有事，不足以取天下。

四十九章

聖人無常心，以百姓心為心。善者，吾善之；不善者，吾亦善之，德善。信者，吾信之；不信者，吾亦信之，德信。聖人在天下歙歙焉，為天下渾其心，聖人皆孩之。

五十章

出生入死。生之徒十有三，死之徒十有三，人之生，動之死地，亦十有三。夫何故？以其生生之厚。蓋聞善攝生者，陸行不遇兕虎，入軍不被甲兵，兕無所投其角，虎無所措其爪，兵無所容其刃，夫何故？以其無死地。

五十一章

道生之，德畜之，物形之，勢成之。是以萬物莫不尊道而貴德。道之尊，德之貴，夫莫之命而常自然。故道生之，德畜之，長之育之，亭之毒之，養之覆之。生而不有，為而不恃，長而不宰，是謂玄德。

五十二章

天下有始，以為天下母。既得其母，以知其子；既知其子，復守其母，沒身不殆。塞其兌，閉其門，終身不勤；開其兌，濟其事，終身不救。見小曰明，守柔曰強。用其光，復歸其明，無遺身殃。是為習常。

五十三章

使我介然有知，行於大道，惟施是畏。大道甚夷，而民好徑。朝甚除，田甚蕪，倉甚虛；服文綵，帶利劍，厭飲食，財貨有餘，是謂盜夸。非道也哉！

五十四章

善建者不拔，善抱者不脫，子孫以祭祀不輟。修之於身，其德乃真；修之於家，其德乃餘；修之於鄉，其德乃長；修之於邦，其德乃豐；修之於天下，其德乃普。故以身觀身，以家觀家，以鄉觀鄉，以邦觀邦，以天下觀天下。吾何以知天下然哉？以此。

五十五章

含德之厚，比於赤子。蜂蠆虺蛇不螫，猛獸不據，攫鳥不搏。骨弱筋柔而握固，未知牝牡之合而朘作，精之至也。終日號而不嗄，和之至也。知和曰常，知常曰明，益生曰祥，心使氣曰強。物壯則老，是謂不道，不道早已。

五十六章

知者不言，言者不知。塞其兌，閉其門，挫其銳，解其紛，和其光，同其塵，是謂玄同。故不可得而親，不可得而疏，不可得而利，不可得而害，不可得而貴，不可得而賤，故為天下貴。

五十七章

以正治國，以奇用兵，以無事取天下。吾何以知其然哉？以此。天下多忌諱，而民彌貧；民多利器，國家滋昏；人多伎巧，奇物滋起；法令滋彰，盜賊多有。故聖人云：我無為而民自化，我好靜而民自正，我無事而民自富，我無欲而民自樸。

五十八章

其政悶悶，其民淳淳；其政察察，其民缺缺。禍兮福之所倚，福兮禍之所伏。孰知其極？其無正。正復為奇，善復為妖。人之迷，其日固久。是以聖人方而不割，廉而不劌，直而不肆，光而不燿。

五十九章

治人事天莫若嗇。夫唯嗇，是以早服；早服謂之重積德；重積德則無不克；無不克則莫知其極；莫知其極，可以有國；有國之母，可以長久。是謂深根固柢，長生久視之道。

六十章

治大國，若烹小鮮。以道莅天下，其鬼不神；非其鬼不神，其神不傷人；非其神不傷人，聖人亦不傷人。夫兩不相傷，故德交歸焉。

六十一章

大國者下流，天下之交，天下之牝。牝常以靜勝牡，以靜為下。故大國以下小國，則取小國；小國以下大國，則取大國。故或下以取，或下而取。大國不過欲兼畜人，小國不過欲入事人。夫兩者各得其所欲，大者宜為下。

六十二章

道者萬物之奧，善人之寶，不善人之所保。美言可以示，尊行可以加人。人之不善，何棄之有？故立天子，置三公，雖有拱璧以先駟馬，不如坐進此道。古之所以貴此道者何？不曰：求以得，有罪以免邪？故為天下貴。

六十三章

為無為，事無事，味無味。大小多少，報怨以德。圖難於其易，為大於其細。天下難事，必作於易；天下大事，必作於細。是以聖人終不為大，故能成其大。夫輕諾必寡信，多易必多難。是以聖人猶難之，故終無難矣。

六十四章

其安易持，其未兆易謀，其脆易泮，其微易散。為之於未有，治之於未亂。合抱之木，生於毫末；九層之臺，起於累土；千里之行，始於足下。為者敗之，執者失之。是以聖人無為故無敗，無執故無失。民之從事，常於幾成而敗之。慎終如始，則無敗事。是以聖人欲不欲，不貴難得之貨；學不學，復眾人之所過。以輔萬物之自然，而不敢為。

六十五章

古之善爲道者，非以明民，將以愚之。民之難治，以其智多。故以智治國，國之賊；不以智治國，國之福。知此兩者亦稽式。常知稽式，是謂玄德。玄德深矣遠矣；與物反矣，然後乃至大順。

六十六章

江海所以能爲百谷王者，以其善下之，故能爲百谷王。是以欲上民，必以言下之；欲先民，必以身後之。是以聖人處上而民不重；處前而民不害，是以天下樂推而不厭。以其不爭，故天下莫能與之爭。

六十七章

天下皆謂我道大，似不肖。夫唯大，故似不肖。若肖，久矣其細也夫。我有三寶，持而保之。一曰慈，二曰儉，三曰不敢爲天下先。慈故能勇，儉故能廣，不敢爲天下先，故能成器長。今舍慈且勇，舍儉且廣，舍後且先，死矣！夫慈，以戰則勝，以守則固。天將救之，以慈衛之。

六十八章

善爲士者不武，善戰者不怒，善勝敵者不與，善用人者爲之下。是謂不爭之德，是謂用人之力，是謂配天，古之極。

六十九章

用兵有言，吾不敢爲主而爲客，不敢進寸而退尺。是謂行無行，攘無臂，扔無敵，執無兵。禍莫大於輕敵，輕敵幾喪吾寶。故抗兵相加，哀者勝矣。

七十章

吾言甚易知，甚易行。天下莫能知，莫能行。言有宗，事有君。夫唯無知，是以不我知。知我者希，則我者貴。是以聖人被褐懷玉。

七十一章

知不知，上；不知知，病。聖人不病，以其病病。夫唯病病，是以不病。

七十二章

民不畏威，則大威至。無狎其所居，無厭其所生。夫唯不厭，是以不厭。是以聖人自知不自見，自愛不自貴。故去彼取此。

七十三章

勇於敢則殺，勇於不敢則活。此兩者，或利或害，天之所惡，孰知其故？是以聖人猶難之。天之道，不爭而善勝，不言而善應，不召而自來，繟然而善謀。天網恢恢，疏而不失。

七十四章

民不畏死，奈何以死懼之？若使民常畏死，而爲奇者，吾得執而殺之，孰敢？常有司殺者殺。夫代司殺者殺，是謂代大匠斲。夫代大匠斲者，希有不傷其手矣。

七十五章

民之饑，以其上食稅之多，是以饑。民之難治，以其上之有為，是以難治。民之輕死，以其求生之厚，是以輕死。夫唯無以生為者，是賢於貴生。

七十六章

人之生也柔弱，其死也堅強。萬物草木之生也柔脆，其死也枯槁。故堅強者死之徒，柔弱者生之徒。是以兵強則不勝，木強則兵。強大處下，柔弱處上。

七十七章

天之道，其猶張弓與！高者抑之，下者舉之；有餘者損之，不足者補之。天之道，損有餘而補不足；人之道則不然，損不足以奉有餘。孰能有餘以奉天下？唯有道者。是以聖人為而不恃，功成而不處，其不欲見賢。

七十八章

天下莫柔弱於水，而攻堅強者莫之能勝。以其無以易之。弱之勝強，柔之勝剛，天下莫不知，莫能行。是以聖人云，受國之垢，是謂社稷主；受國不祥，是謂天下王。正言若反。

七十九章

和大怨，必有餘怨，安可以為善？是以聖人執左契，而不責於人。有德司契，無德司徹。天道無親，常與善人。

八十章

小國寡民，使有什伯之器而不用，使民重死而不遠徙。雖有舟輿，無所乘之；雖有甲兵，無所陳之。使民復結繩而用之。甘其食，美其服，安其居，樂其俗。鄰國相望，雞犬之聲相聞，民至老死不相往來。

八十一章

信言不美，美言不信。善者不辯，辯者不善。知者不博，博者不知。聖人不積，既以為人，己愈有；既以與人，己愈多。天之道，利而不害；聖人之道，為而不爭。

【太上感應篇】

太上曰：禍福無門，唯人自召。善惡之報，如影隨形。

是以大地有司過之神。依人所犯輕重，以奪人算。算減則貧耗，多逢憂患，人皆惡之，刑禍隨之，吉慶避之，惡星災之，算盡則死。又有三台北斗神君，在人頭上，錄人罪惡，奪其紀算。又有三尸神，在人身中，每到庚申日，輒上詣天曹，言人罪過。月晦之日，灶神亦然。凡人有過，大則奪紀，小則奪算。其過大小，有數百事，欲求長生者，先須避之。是道則進，非道則退。不履邪徑，不欺暗室。積德累功，慈心於物。忠孝友悌，正己化人，矜孤恤寡，敬老懷幼。昆蟲草木，猶不可傷。宜憫人之凶，樂人之善，濟人之急，救人之危。

見人之得，如己之得。見人之失，如己之失。不彰人短，不衒己長。遏惡揚善，推多取少。受辱不怨，受寵若驚。施恩不求報，與人不追悔。所謂善人，人皆敬之。天道佑之，福祿隨之。眾邪遠之，神靈衛之，所作必成，神仙可冀。

夫欲求天仙者，當立一千三百善。欲求地仙者，當立三百善。若或非義而動，背理而行。以惡為能，忍作殘害。陰賊良善，暗侮君親。慢其先生，叛其所事。誑諸無識，謗諸同學。虛誣詐偽，攻訐宗親。剛強不仁，狠戾自用。是非不當，向背乖宜。虐下取功，諂上希旨。受恩不感，念怨不休。輕蔑天民，擾亂國政。賞及非義，刑及無辜。殺人取財，傾人取位。誅降戮服，貶正排賢。凌孤逼寡，棄法受賂。以直為曲，以曲為直。入輕為重，見殺加怒。知過不改，知善不為。自罪引他，壅塞方術。訕謗賢聖，侵凌道德。射飛逐走，發蟄驚棲，填穴覆巢，傷胎破卵。願人有失，毀人成功。危人自安，減人自益。以惡易好，以私廢公。竊人之能，蔽人之善。形人之醜，訐人之私。耗人貨財，離人骨肉。侵人所愛，助人為非，逞志作威，辱人求勝。敗人苗稼，破人婚姻。苟富而驕，苟免無恥。認恩推過，嫁禍賣惡。沽買虛譽，包貯險心。挫人所長，護己所短。乘威迫脅，縱暴殺傷。無故剪裁，非禮烹宰。散棄五穀，勞擾眾生。破人之家，取其財寶。

決水放火，以害民居，紊亂規模，以敗人功，損人器物，以窮人用。見他榮貴，願他流貶。見他富有，願他破散。見他色美，起心私之。負他貨財，願他身死。干求不遂，便生咒恨。見他失便，便說他過。見他體相不具而笑之。見他才能可稱而抑之。埋蠱厭人，用藥殺樹。恚怒師傅，抵觸父兄。強取強求，好侵好奪。擄掠致富，巧詐求遷。賞罰不平，逸樂過節。苛虐其下，恐嚇於他。怨天尤人，呵風罵雨。鬥合爭訟，妄逐朋黨。用妻妾語，違父母訓。得新忘故，口是心非。貪冒於財，欺罔其上。造作惡語，讒毀平人。毀人稱直，罵神稱正，棄順效逆，背親向疏。

指天地以證鄙懷，引神明而鑒猥事。施與後悔，假借不還。分外營求，力上施設。淫慾過度，心毒貌慈。穢食餧人，左道惑眾。短尺狹度，輕秤小升。以偽雜真，採取姦利。壓良為賤，謾驀愚人，貪婪無厭，咒詛求直。嗜酒悖亂，骨肉忿爭。男不忠良，女不柔順。不和其室，不敬其夫。每好矜誇，常行妒忌。

無行於妻子，失禮於舅姑。輕慢先靈，違逆上命。作為無益，懷挾外心。自咒咒他，偏憎偏愛。越井越灶，跳食跳人。損子墮胎，行多隱僻。晦臘歌舞，朔旦號怒。

對北涕唾及溺，對灶吟詠及哭。又以灶火燒香，穢柴作食。夜起裸露，八節行刑。唾流星，指虹霓。輒指三光，久視日月，春月燎獵，對北惡罵。無故殺龜打蛇，如是等罪，司命隨其輕重，奪其紀算。算盡則死，死有餘責，乃殃及子孫。又諸橫取人財者，乃計其妻子家口以當之，漸至死喪。若不死喪，則有水火盜賊，遺亡器物，疾病口舌諸事，以當妄取之直。又枉殺人者，是易刀兵而相殺也。

取非義之財者，譬如漏脯救飢，鴆酒止渴，非不暫飽，死亦及之。夫心起於善，善雖未為，而吉神已隨之。或心起於惡，惡雖未為，而凶神已隨之。其有曾行惡事，後自改悔，諸惡莫作，眾善奉行。久久必獲吉慶，所謂轉禍為福也。故吉人語善，視善，行善。一日有三善，三年天必降之福。凶人語惡、視惡、行惡，一日有三惡，三年天必降之禍，胡不勉而行之。

太上感應篇靈驗記

◎感應篇福親靈驗

錢塘汪源童年時。得見是篇。即欣喜誦讀。毅然有遵行之志。以父靜虛公欲鏤板未就。遂捐產成刻。且多方募善士等各出貲財。印送萬部。一日夢父謂曰。汝不但善成我志。且勸善共施。我已超昇天堂。汝母亦享高壽。眾人共汝。俱已名著善籍矣。後果如其言。

◎感應篇致富靈驗

松江張德甫每日虔誦感應篇。身體力行。生二子。田八百餘畝。年老分析。各授感應篇一帙。戒曰。為人之道。盡在於是。即作家之法。亦不外是。汝曹當如我力行之。二子問曰。篇中豈有作家法乎。父曰算減則貧耗。蓋言人所以貧也。福祿隨之。蓋言人所以富也。此即作家法也。後二子奉持如父命。事母孝。置產三千餘頃。富甲一郡。

◎感應篇登第靈驗

錢塘何喬雲。為諸生時。日誦感應篇。其父蘭旌。未之知也。一日父夢老叟謂之曰。汝子奉行感應篇甚力。今科中式矣。後至子館。果見是書。因思前夢不爽。及發榜果中。後兩科又登進士。

黃巖楊琛家極貧。見鄉人刻感應篇。欲助無力。勉刊第十七號一板。忽夢神告曰。已如君所刻中矣。後果中第十七名進士。

◎感應篇誕子靈驗

河間楊守業六旬無子。深以為憂。因閱是篇而遵行日誦。戊寅年疾革復甦。謂家人曰。適到冥司。見一官持簿點名。言我命該無子。只因奉行感應篇。當增祿壽。更賜一子。明年果生子。

太原王孝卿家貲百萬。五十無嗣。或勸刊施此篇。眾妾皆不信。獨錢姓妾慨然力行印施萬卷。是年錢姓妾生一子。年十六入泮。

仙居王竺。生男王淨。四歲病亡。哀痛情切。發心刻施此篇。求亡兒再投妾腹。後果有娠。夢到黃巖定光觀。抱淨回家。繼覺胎動。生男宛肖淨。兩生一體。骨肉重圓。

◎感應篇延壽靈驗

瑞安王鳳。棄業醫。奉行感應篇虔心持誦。且刻施勸行。一日病危。被二卒攝去。至中途。見二神立空中。一黃衣者曰。此王鳳也。素奉行感應篇。可速放回。二卒唯唯。王足疲不前。二卒扶之歸。時已三鼓。家人方徬徨。王忽甦。備述其書。霍然而起。竟得高壽。

錢塘金鏡。聞蔡虎臣先生新註感應篇成。慨然欲捐貲付梓。適其妻病篤。恍見白衣人示曰。爾夫欲刻感應篇。應增爾壽。嗣後可告世人篤信奉行。刊印廣施。天福無量。

◎感應篇免厄靈驗

錢塘文學許廷俞。虔奉感應篇。手書一軸。懸於密室。朝夕禮誦。以便遵行。一夜大盜肆劫。掠入其懸奉寶書處。迷惘移時。莫知所向。心懼而遁。許後知其故。益發心募刻。而勸人持行焉。

◎感應篇癒病靈驗

進士沈球。因妻項氏甫娠。得病危甚。發心刊送感應篇。作小卷施人。使人便於持誦。庶幾由誦而覺。由覺而行。刊成。梓人捧板至門。項氏遂產。母子俱慶。

【太上老君說常清靜經】

老君曰：大道無形，生育天地；大道無情，運行日月；大道無名，長養萬物；吾不知其名，強名曰道。

夫道者：有清有濁，有動有靜；天清地濁，天動地靜；男清女濁，男動女靜。降本流末，而生萬物。清者濁之源，動者靜之基。人能常清靜，天地悉皆歸。

夫人神好清，而心擾之；人心好靜，而慾牽之。常能遣其欲而心自靜，澄其心而神自清。自然六欲不生，三毒消滅。所以不能者，為心未澄，欲未遣也。

能遣之者，內觀其心，心無其心；外觀其形，形無其形；遠觀其物，物無其物。三者既悟，唯見於空。觀空亦空，空無所空；所空既無，無無亦無。無無既無，湛然常寂；寂無所寂，欲豈能生？欲既不生，即是真靜。真常應物，真常得性；常應常靜，常清靜矣。如此清靜，漸入真道。既入真道，名為得道。雖名得道，實無所得。為化眾生，名謂得道。能悟之者，可傳聖道。

老君曰：上士無爭，下士好爭。上德不德，下德執德。執著之者，不名道德。

眾生所以不得真道者，為有妄心。既有妄心，即驚其神。既驚其神，即著萬物。既著萬物，即生貪求。既生貪求，即是煩惱。煩惱妄想，憂苦身心；便遭濁辱，流浪生死，常沉苦海，永失真道。真常之道，悟者自得。得悟道者，常清靜矣。

【三字經】

人之初，性本善；性相近，習相遠。苟不教，性乃遷；
教之道，貴以專。昔孟母，擇鄰處；子不學，斷機杼。
竇燕山，有義方；教五子，名俱揚。養不教，父之過；
教不嚴，師之惰。子不學，非所宜；幼不學，老何爲。
玉不琢，不成器；人不學，不知義。爲人子，方少時；
親師友，習禮儀。香九齡，能溫席；孝於親，所當執。
融四歲，能讓梨；弟於長，宜先知。首孝弟，次見聞；
知某數，識某文。一而十，十而百；百而千，千而萬。
三才者，天地人；三光者，日月星。三綱者，君臣義；
父子親，夫婦順。曰春夏，曰秋冬；此四時，運不窮。
曰南北，曰西東；此四方，應乎中。曰水火，木金土；
此五行，本乎數。十干者，甲至癸；十二支，子至亥。
曰江河，曰淮濟；此四瀆，水之紀。曰岱華，嵩恆衡；
此五岳，山之名。曰士農，曰工商；此四民，國之良。
曰仁義，禮智信；此五常，不容紊。地所生，有草木；
此植物，遍水路。有蟲魚，有鳥獸；此動物，能飛走。
稻粱菽，麥黍稷；此六穀，人所食。馬牛羊，雞犬豕；

此六畜，人所飼。曰喜怒，曰哀懼；愛惡欲，七情具。
青赤黃，及黑白；此五色，目所識。酸苦甘，及辛鹹；
此五味，口所含。羶焦香，及腥朽；此五臭，鼻所嗅。
匏土革，木石金；絲與竹，乃八音。曰平上，曰去入；
此四聲，宜調協。高曾祖，父而身；身而子，子而孫。
自子孫，至玄曾；乃九族，人之倫。父子恩，夫婦從；
兄則友，弟則恭；長幼序，友與朋。君則敬，臣則忠；
此十義，人所同。當順敘，勿違背。斬齊衰，大小功；
至緦麻，五服終。禮樂射，御書數；古六藝，今不具。
惟書學，人共遵；既識字，講說文。有古文，大小篆；
隸草繼，不可亂。若廣學，懼其繁；但略說，能知原。
凡訓蒙，須講究；詳訓詁，明句讀。爲學者，必有初；
小學終，至四書。論語者，二十篇；群弟子，記善言。
孟子者，七篇止；講道德，說仁義。作中庸，乃曾子；
自修齊，至平治。孝經通，四書熟；如六經，始可讀。
詩書易，禮春秋；號六經，當講求。有連山，有歸藏；
有周易，三易詳。有典謨，有訓誥；有誓命，書之奧。
我周公，作周禮；著六官，存治體。大小戴，註禮記；
述聖言，禮樂備。曰國風，曰雅頌；號四詩，當諷詠。
詩既亡，春秋作；寓褒貶，別善惡。三傳者，有公羊；
有左氏，有穀梁。經既明，方讀子；撮其要，記其事。
五子者，有荀揚；文中子，及老莊。經子通，讀諸史；

考世系，知終始。自羲農，至黃帝；號三皇，居上世。
唐有虞，號二帝；相揖遜，稱盛世。夏有禹，商有湯；
周文武，稱三王。夏傳子，家天下；四百載，遷夏社。
湯伐夏，國號商；六百載，至紂亡。周武王，始誅紂；
八百載，最長久。周轍東，王綱墜；逞干戈，尚遊說。
始春秋，終戰國；五霸強，七雄出。嬴秦氏，始兼併；
傳二世，楚漢爭；高祖興，漢業建。至孝平，王莽篡。
光武興，爲東漢；四百年，終於獻。魏蜀吳，爭漢權；
號三國，迄兩晉；宋齊繼，梁陳承。爲南朝，都金陵。
北元魏，分東西；宇文周，與高齊。迨至隋，一土宇；
不再傳，失統緒；唐高祖，起義師。除隋亂，創國基。
二十傳，三百載；梁滅之，國乃改。梁唐晉，卽漢周；
稱五代，皆有由。炎宋興，受周禪；十八傳，南北混。
遼與金，皆稱帝；元滅金，絕宋世。輿圖廣，超前代。
九十年，國祚廢；太祖興，國大明。號洪武，都金陵；
迨成祖，遷燕京；十六世，至崇禎。權閹肆，寇如林；
李闖出，神器焚；清世祖，膺景命。靖四方，克大定。
由康雍，歷乾嘉；民安富，治績誇。道咸間，變亂起；
始英法，擾都鄙；同光後，宣統弱。傳九帝，滿清殁。
革命興，廢帝制；立憲法，建民國。古今史，全在茲；
載治亂，知興衰。史雖繁，讀有次；史記一，漢書二；
後漢三，國志四；皆證經，參通鑑。讀史者，考實錄；

通古今，若親目。口而誦，心而惟；朝於斯，夕於斯。
昔仲尼，師項橐；古聖賢，尚勤學。趙中令，讀魯論；
彼既仕，學且勤。披蒲編，削竹簡；彼無書，且知勉。
頭懸梁，錐刺股；彼不教，自勤苦。如囊螢，如映雪；
家雖貧，學不輟。如負薪，如掛角；身雖勞，猶苦卓。
蘇老泉，二十七；始發憤，讀書籍。彼既老，猶悔遲；
爾小生，宜早思。若梁灝，八十二；對大廷，魁多士。
彼既成，眾稱異；爾小生，宜立志。瑩八歲，能詠詩；
泌七歲，能賦碁。彼穎悟，人稱奇；爾幼學，當效之。
蔡文姬，能辨琴；謝道韞，能詠吟。彼女子，且聰敏；
爾男子，當自警。唐劉晏，方七歲；舉神童，作正字。
彼雖幼，身已仕；爾幼學，勉而致。犬守夜，雞司晨；
苟不學，曷爲人。蠶吐絲，蜂釀蜜；人不學，不如物。
幼而學，壯而行；上致君，下澤民。揚名聲，顯父母；
光於前，裕於後。人遺子，金滿籯；我教子，惟一經。
勤有功，戲無益；戒之哉，宜勉力。

【千字文】

天地玄黃，宇宙洪荒。日月盈昃，辰宿列張。
寒來暑往，秋收冬藏。閏餘成歲，律呂調陽。
雲騰致雨，露結爲霜。金生麗水，玉出崑岡。
劍號巨闕，珠稱夜光。果珍李柰，菜重芥薑。
海鹹河淡，鱗潛羽翔。龍師火帝，鳥官人皇。

始制文字，乃服衣裳。推位讓國，有虞陶唐。
弔民伐罪，周發殷湯。坐朝問道，垂拱平章。
愛育黎首，臣伏戎羌。遐邇壹體，率賓歸王。
鳴鳳在樹，白駒食場。化被草木，賴及萬方。
蓋此身髮，四大五常。恭惟鞠養，豈敢毀傷。
女慕貞絜，男效才良。知過必改，得能莫忘。
罔談彼短，靡恃己長。信使可覆，器欲難量。
墨悲絲染，詩讚羔羊。景行維賢，剋念作聖。
德建名立，形端表正。空谷傳聲，虛堂習聽。
禍因惡積，福緣善慶。尺璧非寶，寸陰是競。
資父事君，曰嚴與敬。孝當竭力，忠則盡命。
臨深履薄，夙興溫凊。似蘭斯馨，如松之盛。
川流不息，淵澄取映。容止若思，言辭安定。
篤初誠美，慎終宜令。榮業所基，藉甚無竟。
學優登仕，攝職從政。存以甘棠，去而益詠。
樂殊貴賤，禮別尊卑。上和下睦，夫唱婦隨。
外受傅訓，入奉母儀。諸姑伯叔，猶子比兒。
孔懷兄弟，同氣連枝。交友投分，切磨箴規。
仁慈隱惻，造次弗離。節義廉退，顛沛匪虧。
性靜情逸，心動神疲。守真志滿，逐物意移。
堅持雅操，好爵自縻。都邑華夏，東西二京。
背邙面洛，浮渭據涇。宮殿盤鬱，樓觀飛驚。

圖寫禽獸，畫綵仙靈。丙舍傍啟，甲帳對楹。
肆筵設席，鼓瑟吹笙。升階納陛，弁轉疑星。
右通廣內，左達承明。既集墳典，亦聚群英。
杜稿鍾隸，漆書壁經。府羅將相，路俠槐卿。
戶封八縣，家給千兵。高冠陪輦，驅轂振纓。
世祿侈富，車駕肥輕。策功茂實，勒碑刻銘。
磻溪伊尹，佐時阿衡。奄宅曲阜，微旦孰營。
桓公匡合，濟弱扶傾。綺迴漢惠，說感武丁。
俊乂密勿，多士寔寧。晉楚更霸，趙魏困橫。
假途滅虢，踐土會盟。何遵約法，韓弊煩刑。
起翦頗牧，用軍最精。宣威沙漠，馳譽丹青。
九州禹跡，百郡秦并。嶽宗恒岱，禪主云亭。
雁門紫塞，雞田赤城。昆池碣石，鉅野洞庭。
曠遠綿邈，巖岫杳冥。治本於農，務茲稼穡。
俶載南畝，我藝黍稷。稅熟貢新，勸賞黜陟。
孟軻敦素，史魚秉直。庶幾中庸，勞謙謹敕。
聆音察理，鑒貌辨色。貽厥嘉猷，勉其祗植。
省躬譏誡，寵增抗極。殆辱近恥，林皋幸即。
兩疏見機，解組誰逼。索居閒處，沉默寂寥。
求古尋論，散慮逍遙。欣奏累遣，慼謝歡招。
渠荷的歷，園莽抽條。枇杷晚翠，梧桐早凋。
陳根委翳，落葉飄颻。遊鵾獨運，凌摩絳霄。
耽讀翫市，寓目囊箱。易輶攸畏，屬耳垣牆。
具膳餐飯，適口充腸。飽飫烹宰，飢厭糟糠。
親戚故舊，老少異糧。妾御績紡，侍巾帷房。
紈扇圓潔，銀燭煒煌。晝眠夕寐，藍筍象床。
弦歌酒宴，接杯舉觴。矯手頓足，悅豫且康。
嫡後嗣續，祭祀烝嘗。稽顙再拜，悚懼恐惶。
牋牒簡要，顧答審詳。骸垢想浴，執熱願涼。
驢騾犢特，駭躍超驤。誅斬賊盜，捕獲叛亡。
布射遼丸，嵇琴阮嘯。恬筆倫紙，鈞巧任釣。
釋紛利俗，並皆佳妙。毛施淑姿，工顰妍笑。
年矢每催，曦暉朗曜。璇璣懸斡，晦魄環照。
指薪修祜，永綏吉劭。矩步引領，俯仰廊廟。
束帶矜莊，徘徊瞻眺。孤陋寡聞，愚蒙等誚。
謂語助者，焉哉乎也。

【金剛般若波羅蜜經】

姚秦三藏法師鳩摩羅什譯

第一章

如是我聞，一時佛在舍衛國祇樹給孤獨園，與大比丘眾千二百五十人俱。爾時，世尊食時，著衣持缽，入舍衛大城乞食。於其城中，次第乞已，還至本處。飯食訖，收衣缽，洗足已，敷座而坐。

第二章

時，長老須菩提，在大眾中，即從座起，偏袒右肩，右膝著地，合掌恭敬而白佛言：「希有！世尊。如來善護念諸菩薩，善付囑諸菩薩。世尊！善男子、善女人，發阿耨多羅三藐三菩提心，云何應住？云何降伏其心？」

佛言：「善哉！善哉！須菩提！如汝所說，如來善護念諸菩薩，善付囑諸菩薩。汝今諦聽，當為汝說。善男子、善女人，發阿耨多羅三藐三菩提心，應如是住，如是降伏其心。」

「唯然！世尊！願樂欲聞。」

第三章

佛告須菩提：「諸菩薩摩訶薩，應如是降伏其心：所有一切眾生之類—若卵生、若胎生、若濕生、若化生；若有色、若無色；若有想、若無想；若非有想非無想，我皆令入無餘涅槃而滅度之。如是滅度無量無數無邊眾生，實無眾生得滅度者。何以故？須菩提！若菩薩有我相、人相、眾生相、壽者相，即非菩薩。」

第四章

復次：「須菩提！菩薩於法，應無所住行於布施。所謂不住色布施，不住聲、香、味、觸、法布施。須菩提！菩薩應如是布施，不住於相何以故？若菩薩不住相布施，其福德不可思量。須菩提！於意云何？東方虛空可思量不？」

「不也，世尊！」

「須菩提！南西北方，四維上下虛空可思量不？」

「不也。世尊！」

「須菩提！菩薩無住相布施，福德亦復如是不可思量。須菩提！菩薩但應如所教住！」

第五章

「須菩提！於意云何？可以身相見如來不？」

「不也，世尊！不可以身相得見如來。何以故？如來所說身相即非身相。」

佛告須菩提：「凡所有相皆是虛妄。若見諸相非相即見如來。」

第六章

須菩提白佛言：「世尊！頗有眾生得聞如是言說章句，生實信不？」

佛告須菩提：「莫作是說！如來滅後後五百歲，有持戒修福者，於此章句能生信心，以此為實。當知是人不於一佛、二佛、三四五佛而種善根，已於無量千萬佛所種諸善根。聞是章句，乃至一念生淨信者；須菩提！如來悉知悉見，是諸眾生得如是無量福德。何以故？是諸眾生無復我相、人相、眾生相、壽者相、無法相，亦無非法相。何以故？是諸眾生若心取相，即為著我、人、眾生、壽者。若取法相，即著我、人、眾生、壽者。何以故？若取非法相，即著我、人、眾生、壽者。是故不應取法，不應取非法。以是義故，如來常說汝等比丘！知我說法，如筏喻者法尚應捨，何況非法？」

第七章

「須菩提！於意云何？如來得阿耨多羅三藐三菩提耶？如來有所說法耶？」

須菩提言：「如我解佛所說義，無有定法名阿耨多羅三藐三菩提；亦無有定法如來可說。何以故？如來所說法，皆不可取不可說；非法、非非法。所以者何？一切賢聖，皆以無為法，而有差別。」

第八章

「須菩提！於意云何？若人滿三千大千世界七寶，以用布施。是人所得福德，寧為多不？

須菩提言：「甚多。世尊！何以故？是福德，即非福德性。是故如來說福德多。」

「若復有人，於此經中，受持乃至四句偈等，為他人說，其福勝彼。何以故？須菩提！一切諸佛及諸佛阿耨多羅三藐三菩提法，皆從此經出。須菩提！所謂佛法者，即非佛法。」

第九章

「須菩提！於意云何？須陀洹能作是念，我得須陀洹果不？」

須菩提言：「不也。世尊！何以故？須陀洹名為入流，而無所入；不入色、聲、香、味、觸、法。是名須陀洹。」

「須菩提！於意云何？斯陀含能作是念，我得斯陀含果不？」

須菩提言：「不也。世尊！何以故？斯陀含名一往來，而實無往來，是名斯陀含。」

「須菩提，於意云何？阿那含能作是念，我得阿那含果不？」

須菩提言：「不也。世尊！何以故？阿那含名為不來，而實無不來，是故名阿那含。」

「須菩提！於意云何？阿羅漢能作是念，我得阿羅漢道不？」

須菩提言：「不也。世尊！何以故？實無有法名阿羅漢。世尊！若阿羅漢作是念，我得阿羅漢道，即為著我、人、眾生、壽者。世尊！佛說我得無諍三昧，人中最為第一，是第一離欲阿羅漢。世尊！我不作是念：『我是離欲阿羅漢。』世尊！我若作是念，我得阿羅漢道，世尊則不說須菩提是樂阿蘭那行者，以須菩提實無所行，而名須菩提，是樂阿蘭那行。」

第十章

佛告須菩提：「於意云何？如來昔在燃燈佛所，於法有所得不？」

「不也，世尊！如來在燃燈佛所，於法實無所得。」

「須菩提！於意云何？菩薩莊嚴佛土不？」

「不也。世尊！何以故？莊嚴佛土者，即非莊嚴，是名莊嚴。」

「是故，須菩提！諸菩薩摩訶薩，應如是生清淨心，不應住色生心，不應住聲、香、味、觸、法生心，應無所住而生其心。須菩提！譬如有人，身如須彌山王，於意云何？是身為大不？」

須菩提言：「甚大。世尊！何以故？佛說非身，是名大身。」

第十一章

「須菩提！如恆河中所有沙數，如是沙等恆河，於意云何？是諸恆河沙，寧為多不？」

須菩提言：「甚多。世尊！但諸恆河，尚多無數，何況其沙？」

「須菩提！我今實言告汝，若有善男子、善女人，以七寶滿爾所恆河沙數三千大千世界，以用布施，得福多不？」

須菩提言：「甚多。世尊！」

佛告須菩提：「若善男子、善女人，於此經中，乃至受持四句偈等，為他人說，而此福德，勝前福德。」

第十二章

復次：「須菩提！隨說是經，乃至四句偈等，當知此處，一切世間天、人、阿修羅，皆應供養，如佛塔廟。何況有人，盡能受持、讀誦。須菩提！當知是人，成就最上第一希有之法；若是經典所在之處，即為有佛，若尊重弟子。」

第十三章

爾時，須菩提白佛言：「世尊！當何名此經？我等云何奉持？」

佛告須菩提：「是經名為金剛般若波羅蜜，以是名字，汝當奉持。所以者何？須菩提！佛說般若波羅蜜，即非般若波羅蜜，是名般若波羅蜜。

「須菩提！於意云何？如來有所說法不？」

須菩提白佛言：「世尊！如來無所說。」

「須菩提！於意云何？三千大千世界所有微塵，是為多不？」

須菩提言：「甚多。世尊！」

「須菩提！諸微塵，如來說非微塵，是名微塵。如來說世界非世界，是名世界。須菩提，於意云何？可以三十二相見如來不？」

「不也。世尊！不可以三十二相得見如來。何以故？如來說三十二相，即是非相，是名三十二相。」

「須菩提！若有善男子、善女人，以恆河沙等身命布施，若復有人，於此經中，乃至受持四句偈等，為他人說，其福甚多！」

第十四章

爾時，須菩提聞說是經，深解義趣，涕淚悲泣，而白佛言：「希有！世尊。佛說如是甚深經典，我從昔來所得慧眼，未曾得聞如是之經。世尊！若復有人得聞是經，信心清淨，即生實相。當知是人成就第一希有功德。世尊！是實相者，則是非相，是故如來說名實相。世尊！我今得聞如是經典，信解受持不足為難，若當來世後五百歲，其有眾生，得聞是經，信解受持，是人即為第一希有。何以故？此人無我相、人相、眾生相、壽者相，所以者何？我相，即是非相；人相、眾生相、壽者相，即是非相。何以故？離一切諸相，則名諸佛。」

佛告須菩提：「如是，如是！若復有人，得聞是經，不驚、不怖、不畏，當知是人，甚為希有。何以故？須菩提！如來說第一波羅蜜，即非第一波羅蜜，是名第一波羅蜜。須菩提！忍辱波羅蜜，如來說非忍辱波羅蜜，是名忍辱波羅蜜。何以故？須菩提！如我昔為歌利王割截身體，我於爾時，無我相、無人相、無眾生相，無壽者相。何以故？我於往昔節節支解時，若有我相、人相、眾生相、壽者相，應生瞋恨。須菩提！又念過去於五百世，作忍辱仙人，於爾所世，無我相、無人相、無眾生相、無壽者相。是故，須菩提！菩薩應離一切相，發阿耨多羅三藐三菩提心，不應住色生心，不應住聲、香、味、觸、法生心，應生無所住心。若心有住，即為非住。是故佛說菩薩心，不應住色布施。須菩提！菩薩為利益一切眾生故，應如是布施。如來說一切諸相，即是非相；又說一切眾生，即非眾生。須菩提！如來是真語者、實語者、如語者、不誑語者、不異語者。須菩提！如來所得法，此法無實無虛。須菩提！若菩薩心住於法，而行布施，如人入闇，即無所見。若菩薩心不住法，而行布施，如人有目日光明照，見種種色。須菩提！當來之世，若有善男子、善女人，能於此經受持讀誦，即為如來，以佛智慧，悉知是人，悉見是人，皆得成就無量無邊功德。」

第十五章

「須菩提！若有善男子、善女人，初日分以恆河沙等身布施；中日分復以恆河沙等身布施；後日分亦以恆河沙等身布施，如是無量百千萬億劫，以身布施。若復有人，聞此經典，信心不逆，其福勝彼。何況書寫、受持、讀誦、為人解說。須菩提！以要言之，是經有不可思議，不可稱量，無邊功德，如來為發大乘者說，為發最上乘者說，若有人能受持、讀誦、廣為人說，如來悉知是人、悉見是人，皆得成就不可量、不可稱、無有邊、不可思議功德，如是人等，即為荷擔如來阿耨多羅三藐三菩提。何以故？須菩提！若樂小法者，著我見、人見、眾生見、壽者見，即於此經，不能聽受讀誦，為人解說。 須菩提！在在處處，若有此經，一切世間天人、阿修羅所應供養，當知此處，則為是塔，皆應恭敬，作禮圍遶，以諸華香而散其處。」

第十六章

復次：「須菩提！善男子、善女人，受持讀誦此經，若為人輕賤，是人先世罪業，應墮惡道。以今世人輕賤故，先世罪業，即為消滅，當得阿耨多羅三藐三菩提。須菩提！我念過去無量阿僧祇劫，於燃燈佛前，得值八百四千萬億那由他諸佛，悉皆供養，承事無空過者。若復有人，於後末世，能受持讀誦此經，所得功德，於我所供養諸佛功德，百分不及一，千萬億分，乃至算數譬喻所不能及。須菩提！若善男子、善女人，於後末世，有受持讀誦此經，所得功德，我若具說者，或有人聞，心即狂亂，狐疑不信。須菩提！當知是經義不可思議，果報亦不可思議。」

第十七章

爾時，須菩提白佛言：「世尊，善男子、善女人，發阿耨多羅三藐三菩提心，云何應住？云何降伏其心？」

佛告須菩提：「善男子、善女人，發阿耨多羅三藐三菩提心者，當生如是心：我應滅度一切眾生；滅度一切眾生已，而無有一眾生實滅度者，何以故？須菩提若菩薩有我相、人相、眾生相、壽者相，即非菩薩。所以者何？須菩提！實無有法，發阿耨多羅三藐三菩提心者。須菩提！於意云何？如來於燃燈佛所，有法得阿耨多羅三藐三菩提不？」

「不也。世尊！如我解佛所說義，佛於燃燈佛所，無有法得阿耨多羅三藐三菩提。」

佛言：「如是！如是！須菩提！實無有法，如來得阿耨多羅三藐三菩提。須菩提！若有法如來得阿耨多羅三藐三菩提者，燃燈佛即不與我授記：『汝於來世當得作佛，號釋迦牟尼。』以實無有法，得阿耨多羅三藐三菩提，是故燃燈佛與我授記，作是言：『汝於來世，當得作佛，號釋迦牟尼。』何以故？如來者，即諸法如義。若有人言：如來得阿耨多羅三藐三菩提，須菩提！

實無有法，佛得阿耨多羅三藐三菩提。須菩提！如來所得阿耨多羅三藐三菩提，於是中無實無虛。是故如來說一切法，皆是佛法。須菩提！所言一切法者，即非一切法，是故名一切法。須菩提！譬如人身長大。

須菩提言：「世尊！如來說人身長大，則為非大身，是名大身。」

「須菩提！菩薩亦如是。若作是言：『我當滅度無量眾生。』則不名菩薩。何以故？須菩提！實無有法，名為菩薩。是故佛說：『一切法，無我、無人、無眾生、無壽者。』須菩提！若菩薩作是言：『我當莊嚴佛土。』是不名菩薩。何以故？如來說莊嚴佛土者，即非莊嚴，是名莊嚴。須菩提！若菩薩通達無我法者，如來說名真是菩薩。」

第十八章

「須菩提！於意云何？如來有肉眼不？」

「如是，世尊！如來有肉眼。」

「須菩提！於意云何？如來有天眼不？」

「如是，世尊！如來有天眼。」

「須菩提！於意云何？如來有慧眼不？」

「如是，世尊！如來有慧眼。」

「須菩提！於意云何？如來有法眼不？」

「如是，世尊！如來有法眼。」

「須菩提！於意云何？如來有佛眼不？」

「如是，世尊！如來有佛眼。」

「須菩提！於意云何？如恆河中所有沙，佛說是沙不？」

「如是，世尊！如來說是沙。」

「須菩提！於意云何？如一恆河中所有沙，有如是沙等恆河，是諸恆河所有沙數佛世界，如是寧為多不？」

「甚多。世尊！」

佛告須菩提：「爾所國土中，所有眾生若干種心，如來悉知。何以故？如來說諸心，皆為非心，是名為心。所以者何？須菩提！過去心不可得，現在心不可得，未來心不可得。」

第十九章

「須菩提！於意云何？若有人滿三千大千世界七寶，以用布施，是人以是因緣，得福多不？」

「如是，世尊！此人以是因緣，得福甚多。」

「須菩提！若福德有實，如來不說得福德多，以福德無故，如來說得福德多。」

第二十章

「須菩提！於意云何？佛可以具足色身見不？」

「不也，世尊！如來不應以具足色身見。何以故？如來說具足色身，即非具足色身，是名具足色身。」

「須菩提！於意云何？如來可以具足諸相見不？」

「不也，世尊！如來不應以具足諸相見。何以故？如來說諸相具足，即非諸相具足，是名諸相具足。」

第二十一章

「須菩提！汝勿謂如來作是念：我當有所說法。莫作是念！何以故？若人言如來有所說法，即為謗佛，不能解我所說故。須菩提！說法者，無法可說，是名說法。」

爾時，慧命須菩提白佛言：「世尊！頗有眾生，於未來世，聞說是法，生信心不？」

佛言：「須菩提！彼非眾生，非不眾生。何以故？須菩提！眾生，眾生者，如來說非眾生，是名眾生。」

第二十二章

須菩提白佛言：「世尊！佛得阿耨多羅三藐三菩提，為無所得耶？」

佛言：「如是！如是！須菩提！我於阿耨多羅三藐三菩提，乃至無有少法可得，是名阿耨多羅三藐三菩提。」

第二十三章

復次：「須菩提！是法平等，無有高下，是名阿耨多羅三藐三菩提。以無我、無人、無眾生、無壽者，修一切善法，則得阿耨多羅三藐三菩提。須菩提！所言善法者，如來說即非善法，是名善法。」

第二十四章

「須菩提！若三千大千世界中，所有諸須彌山王，如是等七寶聚，有人持用布施。若人以此般若波羅蜜經，乃至四句偈等，受持、讀誦，為他人說，於前福德，百分不及一，百千萬億分，乃至算數譬喻所不能及。」

第二十五章

「須菩提！於意云何？汝等勿謂如來作是念：『我當度眾生。』須菩提！莫作是念！何以故？實無有眾生如來度者。若有眾生如來度者，如來即有我、人、眾生、壽者。須菩提！如來說有我者，則非有我，而凡夫之人，以為有我。須菩提！凡夫者，如來說則非凡夫，是名凡夫。」

第二十六章

「須菩提！於意云何？可以三十二相觀如來不？」

須菩提言：「如是！如是！以三十二相觀如來。」

佛言：「須菩提！若以三十二相觀如來者，轉輪聖王即是如來。」

須菩提白佛言：「世尊！如我解佛所說義，不應以三十二相觀如來。」

爾時，世尊而說偈言：「若以色見我，以音聲求我，是人行邪道，不能見如來。」

第二十七章

「須菩提！汝若作是念：如來不以具足相故，得阿耨多羅三藐三菩提。」須菩提！莫作是念：『如來不以具足相故，得阿耨多羅三藐三菩提。須菩提！汝若作是念，發阿耨多羅三藐三菩提心者，說諸法斷滅。莫作是念！何以故？發阿耨多羅三藐三菩提心者，於法不說斷滅相。」

第二十八章

「須菩提！若菩薩以滿恆河沙等世界七寶，持用布施。若復有人，知一切法無我，得成於忍。此菩薩勝前菩薩所得功德。何以故？須菩提！以諸菩薩不受福德故。」

須菩提白佛言：「世尊！云何菩薩，不受福德？」

「須菩提！菩薩所作福德，不應貪著，是故說：不受福德。」

第二十九章

「須菩提！若有人言：『如來若來、若去；若坐、若臥。』是人不解我所說義。何以故？如來者，無所從來，亦無所去，故名如來。」

第三十章

「須菩提！若善男子、善女人，以三千大千世界碎為微塵；於意云何？是微塵眾，寧為多不？」

須菩提言：「甚多。世尊！何以故？若是微塵眾實有者，佛即不說是微塵眾。所以者何？佛說微塵眾，即非微塵眾，是名微塵眾。世尊！如來所說三千大千世界，則非世界，是名世界。何以故？若世界實有者，即是一合相；如來說一合相，則非一合相，是名一合相。」

「須菩提！一合相者，則是不可說，但凡夫之人，貪著其事。」

第三十一章

「須菩提！若人言：『佛說我見、人見、眾生見、壽者見。』須菩提！於意云何？是人解我所說義不？」

「不也，世尊！是人不解如來所說義。何以故？世尊說我見、人見、眾生見、壽者見，即非我見、人見、眾生見、壽者見，是名我見、人見、眾生見、壽者見。」

「須菩提！發阿耨多羅三藐三菩提心者，於一切法，應如是知、如是見、如是信解，不生法相。須菩提！所言法相者，如來說即非法相，是名法相。」

第三十二章

「須菩提！若有人以滿無量阿僧祇世界七寶，持用布施。若有善男子、善女人，發菩提心者，持於此經，乃至四句偈等，受持讀誦，為人演說，其福勝彼。云何為人演說？不取於相，如如不動。何以故？一切有為法，如夢幻泡影；如露亦如電，應作如是觀。」

佛說是經已，長老須菩提，及諸比丘、比丘尼、優婆塞、優婆夷，一切世間天人、阿修羅，聞佛所說，皆大歡喜，信受奉行。

【妙法蓮華經觀世音菩薩普門品】

姚秦三藏法師鳩摩羅什譯

爾時。無盡意菩薩即從座起。偏袒右肩。合掌向佛而作是言：「世尊。觀世音菩薩以何因緣。名觀世音。」佛告無盡意菩薩：「善男子。若有無量百千萬億眾生。受諸苦惱。聞是觀世音菩薩。一心稱名。觀世音菩薩即時觀其音聲。皆得解脫。若有持是觀世音菩薩名者。設入大火。火不能燒。由是菩薩威神力故。若為大水所漂。稱其名號。即得淺處。若有百千萬億眾生。為求金。銀。琉璃。硨磲。瑪瑙。珊瑚。琥珀。真珠等寶。入於大海。假使黑風吹其船舫。飄墮羅剎鬼國。其中若有乃至一人稱觀世音菩薩名者。是諸人等皆得解脫羅剎之難。以是因緣。名觀世音。」

「若復有人臨當被害。稱觀世音菩薩名者。彼所執刀杖尋段段壞。而得解脫。若三千大千國土。滿中夜叉羅剎。欲來惱人。聞其稱觀世音菩薩名者。是諸惡鬼尚不能以惡眼視之。況復加害。設復有人。若有罪、若無罪。杻械枷鎖檢繫其身。稱觀世音菩薩名者。皆悉斷壞。即得解脫。若三千大千國土滿中怨賊。有一商主將諸商人齎持重寶。經過險路。其中一人作是唱言：『諸善男子。勿得恐怖。汝等應當一心稱觀世音菩薩名號。是菩薩能以無畏施於眾生。汝等若稱名者。於此怨賊當得解脫。』眾商人聞。俱發聲言：『南無觀世音菩薩。』稱其名故。即得解脫。」

「無盡意。觀世音菩薩摩訶薩威神之力。巍巍如是。若有眾生多於淫欲。常念恭敬觀世音菩薩。便得離欲。若多瞋恚。常念恭敬觀世音菩薩。便得離瞋。若多愚癡。常念恭敬觀世音菩薩。便得離癡。無盡意。觀世音菩薩有如是等大威神力。多所饒益。是故眾生常應心念。若有女人設欲求男。禮拜供養觀世音菩薩。便生福德智慧之男。設欲求女。便生端正有相之女。宿植德本。眾人愛敬。無盡意。觀世音菩薩有如是力。若有眾生恭敬禮拜觀世音菩薩。福不唐捐。是故眾生皆應受持觀世音菩薩名號。」

「無盡意。若有人受持六十二億恆河沙菩薩名字。復盡形供養飲食。衣服。臥具。醫藥。於汝意云何。是善男子善女人功德多不。」

無盡意言：「甚多。世尊。」佛言：「若復有人受持觀世音菩薩名號。乃至一時禮拜供養。是二人福正等無異。於百千萬億劫不可窮盡。無盡意。受持觀世音菩薩名號。得如是無量無邊福德之利。」

無盡意菩薩白佛言：「世尊。觀世音菩薩云何遊此娑婆世界。云何而為眾生說法。方便之力。其事云何。」佛告無盡意菩薩：「善男子。若有國土眾生。應以佛身得度者。觀世音菩薩即現佛身而為說法。應以辟支佛身得度者。即現辟支佛身而為說法。應以聲聞身得度者。即現聲聞身而為說法。應以梵王身得度者。即現梵王身而為說法。應以帝釋身得度者。即現帝釋身而為說法。應以自在天身得度者。即現自在天身而為說法。應以大自在天身得度者。即現大自在天身而為說法。應以天大將軍身得度者。即現天大將軍身而為說法。應以毘沙門身得度者。即現毘沙門身而為說法。應以小王身得度者。即現小王身而為說法。應以長者身得度者。即現長者身而為說法。應以居士身得度者。即現居士身而為說法。應以宰官身得度者。即現宰官身而為說法。應以婆羅門身得度者。即現婆羅門身而為說法。應以比丘。比丘尼。優婆塞。優婆夷身得度者。即現比丘。比丘尼。優婆塞。優婆夷身而為說法。應以長者。居士。宰官。婆羅門婦女身得度者。即現婦女身而為說法。應以童男。童女身得度者。即現童男。童女身而為說法。應以天。龍。夜叉。乾闥婆。阿修羅。迦樓羅。緊那羅。摩羅伽。人。非人等身得度者。即皆現之而為說法。應以執金剛神得度者。即現執金剛神而為說法。」

「無盡意。是觀世音菩薩成就如是功德。以種種形。遊諸國土。度脫眾生。是故汝等應當一心供養觀世音菩薩。是觀世音菩薩摩訶薩於怖畏急難之中。能施無畏。是故。此娑婆世界皆號之為施無畏者。」

無盡意菩薩白佛言：「世尊。我今當供養觀世音菩薩。」即解頸眾寶珠瓔珞。價值百千兩金。而以與之。作是言：「仁者。受此法施。珍寶瓔珞。」時。觀世音菩薩不肯受之。無盡意復白觀世音菩薩言：「仁者。愍我等故。受此瓔珞。」

爾時。佛告觀世音菩薩：「當愍此無盡意菩薩及四眾。天。龍。夜叉。乾闥婆。阿修羅。迦樓羅。緊那羅。摩訶羅伽。人。非人等故。受是瓔珞。」即時觀世音菩薩愍諸四眾。及於天。龍。人。非人等。受其瓔珞。分作二分。一分奉釋迦牟尼佛。一分奉多寶佛塔。

「無盡意。觀世音菩薩有如是自在神力。遊於娑婆世界。」

爾時。無盡意菩薩以偈問曰：

世尊妙相具。我今重問彼。佛子何因緣。名為觀世音。
具足妙相尊。偈答無盡意。汝聽觀音行。善應諸方所。
弘誓深如海。歷劫不思議。侍多千億佛。發大清淨願。
我為汝略說。聞名及見身。心念不空過。能滅諸有苦。
假使興害意。推落大火坑。念彼觀音力。火坑變成池。
或漂流巨海。龍魚諸鬼難。念彼觀音力。波浪不能沒。
或在須彌峰。為人所推墮。念彼觀音力。如日虛空住。
或被惡人逐。墮落金剛山。念彼觀音力。不能損一毛。
或值怨賊繞。各執刀加害。念彼觀音力。咸即起慈心。
或遭王難苦。臨刑欲壽終。念彼觀音力。刀尋段段壞。
或囚禁枷鎖。手足被杻械。念彼觀音力。釋然得解脫。
咒詛諸毒藥。所欲害身者。念彼觀音力。還著於本人。
或遇惡羅剎。毒龍諸鬼等。念彼觀音力。時悉不敢害。
若惡獸圍繞。利牙爪可怖。念彼觀音力。疾走無邊方。
蚖蛇及蝮蠍。氣毒煙火然。念彼觀音力。尋聲自迴去。
雲雷鼓掣電。降雹澍大雨。念彼觀音力。應時得消散。
眾生被困厄。無量苦逼身。觀音妙智力。能救世間苦。
具足神通力。廣修智方便。十方諸國土。無剎不現身。
種種諸惡趣。地獄鬼畜生。生老病死苦。以漸悉令滅。
真觀清淨觀。廣大智慧觀。悲觀及慈觀。常願常瞻仰。
無垢清淨光。慧日破諸闇。能伏災風火。普明照世間。
悲體戒雷震。慈意妙大雲。澍甘露法雨。滅除煩惱焰。
諍訟經官處。怖畏軍陣中。念彼觀音力。眾怨悉退散。
妙音觀世音。梵音海潮音。勝彼世間音。是故須常念。
念念勿生疑。觀世音淨聖。於苦惱死厄。能為作依怙。
具一切功德。慈眼視眾生。福聚海無量。是故應頂禮。

爾時。持地菩薩即從座起。前白佛言：「世尊。若有眾生聞是觀世音菩薩品自在之業。普門示現神通力者。當知是人功德不少。」佛說是普門品時。眾中八萬四千眾生皆發無等等阿耨多羅三藐三菩提心。

【般若波羅蜜多心經】

觀自在菩薩。行深般若波羅蜜多時。照見五蘊皆空。度一切苦厄。舍利子。色不異空。空不異色。色即是空。空即是色。受想行識。亦復如是。舍利子。是諸法空相。不生不滅。不垢不淨。不增不減。是故空中無色。無受想行識。無眼耳鼻舌身意。無色聲香味觸法。無眼界。乃至無意識界。無無明。亦無無明盡。乃至無老死。亦無老死盡。無苦集滅道。無智亦無得。以無所得故。菩提薩埵。依般若波羅蜜多故。心無罣礙。無罣礙故。無有恐怖。遠離顛倒夢想。究竟涅槃。三世諸佛。依般若波羅蜜多故。得阿耨多羅三藐三菩提。故知般若波羅蜜多。是大神咒。是大明咒。是無上咒。是無等等咒。能除一切苦。真實不虛。故說般若波羅蜜多咒。即說咒曰。揭諦揭諦。波羅揭諦。波羅僧揭諦。菩提薩婆訶。

【大悲咒】

南無喝囉怛那哆囉夜耶。南無阿唎耶。婆盧羯帝爍鉢囉耶。菩提薩埵婆耶。摩訶薩埵婆耶。摩訶迦盧尼迦耶。唵。薩皤囉罰曳。數怛那怛寫。南無悉吉栗埵伊蒙阿唎耶。婆盧吉帝室佛囉楞馱婆。南無那囉謹墀。醯唎摩訶皤哆沙咩。薩婆阿他豆輸朋。阿逝孕。薩婆薩哆那摩婆薩哆那摩婆伽。摩罰特豆。怛姪他。唵阿婆盧醯。盧迦帝。迦羅帝。夷醯唎。摩訶菩提薩埵。薩婆薩婆。摩囉摩囉。摩醯摩醯唎馱孕。俱盧俱盧羯蒙。度盧度盧罰闍耶帝。摩訶罰闍耶帝。陀囉陀囉。地唎尼。室佛囉耶。遮囉遮囉。麼麼罰摩囉。穆帝唎。伊醯伊醯。室那室那。阿囉參佛囉舍利。罰沙罰參。佛囉舍耶。呼盧呼盧摩囉。呼盧呼盧醯利。娑囉娑囉。悉唎悉唎。蘇嚧蘇嚧。菩提夜菩提夜。菩馱夜菩馱夜。彌帝唎夜。那囉謹墀。地利瑟尼那。婆夜摩那。娑婆訶。悉陀夜。娑婆訶。摩訶悉陀夜。娑婆訶。悉陀喻藝。室皤囉耶。娑婆訶。那囉謹墀。娑婆訶。摩囉那囉。娑婆訶。悉囉僧阿穆佉耶。娑婆訶。娑婆摩訶阿悉陀夜。娑婆訶。者吉囉阿悉陀夜。娑婆訶。波陀摩羯悉陀夜。娑婆訶。那囉謹墀皤伽囉耶。娑婆訶。摩婆利勝羯囉夜。娑婆訶。南無喝囉怛那哆囉夜耶。南無阿利耶。婆嚕吉帝。爍皤囉夜。娑婆訶。唵悉殿都。漫多囉。跋陀耶。娑婆訶。

【十一面觀音經】

如是我聞。一時。佛在補陀落山為眾說法。爾時觀世音菩薩白佛言。我有神咒。若有眾生。有受持者。除卻一切病患憂苦。消除一切惡業煩惱。除身口意業皆令清淨。心中百千萬億等事。無不成就。

我此神咒有大神驗。一切諸佛讚嘆護念。我於過去無量劫前受持此咒。見十方佛證無生法忍。復得慈悲喜捨平等法門。

一切有情安立於無上道。救諸險難令得安穩。若每日誦一百八遍。萬病消滅壽命長遠。常為十方諸佛護念。財寶衣食令無所乏。獲得眾人恭敬愛念。不復更為一切災橫。鬼蛇刀杖毒葯咒詛。怨賊水火之所能害。遠離怖畏獲得安穩。臨命終時。見十方佛往生極樂。不墮惡趣。

爾時佛讚善哉大士。為諸有情欲宣此咒。我亦受持汝速說之。爾時。觀世音菩薩即說咒曰。

唵 摩訶迦盧尼迦 娑婆訶

說此咒已白佛言。若有男女誦此咒已一遍。十惡五逆一切罪障皆悉消滅。除諸病苦離諸怖畏超生死海到涅槃岸。

若復有人稱念十萬億那由多諸佛名號。不如暫時至心稱念我之名號得福勝彼。宿福薄者不聞此咒及我名。何況輒得受持讀誦。若能至心誦咒念我現身。獲得飛行自在神通變化。如我無異。

復次有人貧窮下賤多受病苦。愚癡暗鈍不辨善惡。若能誦持此咒稱念我名。一切所求定成就。富貴自在無病安樂。得智辯才世出世事無不稱意。乃至證得無上菩提。

若有女人願捨女身。誦持此咒轉女成男。所生之處常在佛前蓮花化生。若在人間得為輪王。恒轉法輪究竟涅槃。

爾時觀世音菩薩說此咒已。一切大眾歡喜讚嘆。遶佛三匝作禮而去。

【高王觀世音真經】

觀世音菩薩。南無佛。南無法。南無僧。佛國有緣。佛法相因。常樂我淨。有緣佛法。南無摩訶般若波羅蜜。是大神咒。南無摩訶般若波羅蜜。是大明咒。南無摩訶般若波羅蜜。是無上咒。南無摩訶般若波羅蜜。是無等等咒。南無淨光秘密佛。法藏佛。獅子吼神足幽王佛。佛告須彌燈王佛。法護佛。金剛藏獅子遊戲佛。

寶勝佛。神通佛。藥師琉璃光王佛。普光功德山王佛。善住功德寶王佛。過去七佛。未來賢劫千佛。千五百佛。萬五千佛。五百花勝佛。百億金剛藏佛。定光佛。六千六佛名號。東方寶光月殿月妙尊者王佛。南方樹根花王佛。西方皂王神通燄花王佛。北方月殿清淨佛。上方無數精進寶首佛。下方善寂月音王佛。無量諸佛。多寶佛。釋迦牟尼佛。彌勒佛。阿 佛。彌陀佛。中央一切眾生。在佛世界中者。行住於地上。及在虛空中。慈憂於一切眾生。各令安穩休息。晝夜修持。心常求誦此經。能滅生死苦。消除諸毒害。南無大明觀世音。觀明觀世音。高明觀世音。開明觀世音。藥王菩薩。藥上菩薩。文殊師利菩薩。普賢菩薩。虛空藏菩薩。地藏王菩薩。清涼寶山億萬菩薩。普光王如來化勝菩薩。念念誦此經。七佛世尊。即說咒曰。「離婆離婆帝。求訶求訶帝。陀羅尼帝。尼訶囉帝。毗離尼帝。摩訶伽帝。真靈乾帝。娑婆訶。」十方觀世音。一切諸菩薩。誓願救眾生。稱名悉解脫。

若有智慧者。慇勤為解說。但是有因緣。讀誦口不絕。誦經滿千篇。念念心不絕。火焰不能傷。刀兵立摧折。恚怒生歡喜。死者變成活。莫言此是虛。諸佛不妄說。高王觀世音。能救諸苦厄。臨危急難中。死者變成活。諸佛語不虛。是故應頂禮。持誦滿千篇。重罪皆消滅。有福堅信者。專攻受持經。念請八大菩薩名號：南無觀世音菩薩摩訶薩。南無彌勒菩薩摩訶薩。南無虛空藏菩薩摩訶薩。南無普賢菩薩摩訶薩。南無金剛手菩薩摩訶薩。南無妙吉祥菩薩摩訶薩。南無除蓋障菩薩摩訶薩。南無地藏王菩薩摩訶薩。南無諸尊菩薩摩訶薩。願以此功德。普及於一切。誦滿一千篇。重罪皆消滅。

【白衣觀音大士靈感神咒】

南無大慈大悲救苦救難廣大靈感觀世音菩薩摩訶薩（三稱三拜）南無佛。南無法，南無僧。

南無救苦救難觀世音菩薩。

怛垤哆。唵。伽囉伐哆。伽囉伐哆。伽訶伐哆。囉伽伐哆。囉伽伐哆。娑婆訶。

天羅神，地羅神，人離難，難離身，一切災殃化為塵。南無摩訶般若波羅蜜。

【藥師咒】

南無薄伽伐帝。鞞殺社。窶嚕薜琉璃。鉢喇婆。喝囉闍也。怛陀揭多耶。阿囉訶帝。三藐三勃陀耶。怛姪他。唵。鞞殺逝。鞞殺逝。鞞殺社。三沒揭帝。娑訶。

【藥師佛心咒】

喋雅他，嗡，貝堪則，貝堪則，瑪哈，貝堪則，喇雜，薩目嘎喋，娑哈。

【安眠咒】

嘿嘿拉尤拔大呀。

【六字大明咒】

嗡嘛呢叭咪吽。

【王禪老祖聖偈】

陰陽日月最長生，可惜天理難分明，今有真聖鬼谷子，一出天下定太平。

富貴吉祥取名不求人

姓名天人地格三才配置吉凶便覽（鴻運閣藏本）

文◎小孔明

2畫之姓
丁卜刀力匕

3畫之姓
于士千山上干
子弓女三小大
上己尸

4畫之姓
王方尤孔毛尹
牛文公元巴亢
今井

5畫之姓
白田石古甘包
史申永世可正
申令以丙仙召
代皮左丘冬令

同

6畫之姓
朱任伊朴安百
伍年米全吉牟
羊守戎印共艮

7畫之姓
江李吳何杜呂
辛余巫車宗谷
池貝甫危利成
伸克汝玎言角
赤足

8畫之姓
林周汪金官季
岳易孟卓沈政
屈杭牧武幸居

宗京
東狃始明松青
兒昌虎

9畫之姓
柯段姚風俞涂
紀柳姜韋侯施
封秋皇禹姬羿
紅柴眉計勇泉
侶帥河祈

10畫之姓
洪孫高徐馬倪
秦夏翁唐袁殷
桂凌城花烏班
家耿祝晉恩宰
桑桃洛秦貢員

11畫之姓
張許康商范章
梅崔麥粕胡梁
曹強麻邢那常
苗尉寇英鹿將
庸狼茅巢紫梧

12畫之姓
黃彭曾邱馮邵
傅童程留阮項
荊堵喻舒喬辜
游涼覃須盛荀
閔賀堯

13畫之姓
莊詹湯楊游賈
雷路解莫

費雍楚虞郁
農廉湛裘義嵩
荻稠暖

14畫之姓
趙溫廖連華赫
熊管褚塗福榮
種郝臺菱鳳齊
僮監裴郤韶銚

15畫之姓
劉郭葉歐樂萬
葛黎談樊厲董
滿魯樓審漆廣
麃諒

16畫之姓
賴陳潘盧駱

錢陶閻蒲衛穆
陸鮑諸鄢龍霍
縣錫冀穎憑

17畫之姓
蔡謝鍾韓鄒蔣
陽館應蔚隆勵
蹇賽遜蓬隸彌
轅繆鞠鄔

18畫之姓
顏簡戴龐闕聶
豐儲鄢鄞魏顛
翼濟蟜濯雛蕭

19畫之姓
鄭薛鄧寶譚關
蟻邊類

20畫之姓
羅鐘藍釋籍藏
嚴黨鐔還寶

21畫之姓
饒顧巍藥襲纏
鐵隱

22畫之姓
蘇龔權藺灌

23畫之姓
蘭巖鑒驛麟礦

24畫之姓
鑪隴靈鷺

25畫之姓
廳觀鑰釁

26畫之姓
灣邏

27畫之姓
鑼鑾驥

（本內容摘自大元書局出版「正宗最新小孔明姓名學」一書，定價四百元。）

小孔明鴻運閣本部撰名標準字典（節錄康熙字典）

1畫之部
一乙
2畫之部
二了人乃入几
刀刁又丁力卜
3畫之部
三万丈上下丸
久乞也于亡兀
凡刃勺千叉口
土士夕大女子
寸小尢尸山川
工已己巳巾干
弋弓才个尸
4畫之部
四不丑中丹予
云互井亢什仁
仃仄仆仇伉今
介仍允元內公
兮凶分切刈匀
勾勿化匹升午
卞卮及友反双
壬天太夫夬夭
孔少尤尺尹屯
巴幻引弔心戈
戶手支文斗斤
方日曰月木欠
止歹殳毋比毛
氏气水火爪父
爻片牙牛犬王

之
5畫之部
五且丕世丘丙
主乍乎仔仕他
仗付仙仞仟代
令以兄冉冊冬
凸凹出刊功加
包北匝匜半占
卡卯去叨古句
号另叩召叭叮
可台叱史右司
囚外失央本奴
奶孕宄它宁宂
尻尼左巧巨市
布平幼弁弗弘
必戊扎斥旦未
末本札朮正母
氐民永氷玄玉
瓜瓦甘生用田
由甲申疋白皮
皿目矛矢石示
禾穴立仝叶丼
乏
6畫之部
六丞任交亦仰
仲件价份仿企
伉伊伋伍佚伏
伐休伙兆充先
光全共并再冰

刑列劣匠匡匹
卉印危灰合吃
各吉吁吊吋同
名后吏吐向回
因在圩圭地多
夙夷夸奸她奼
好妁如妃妄字
存宅宇守安寺
尖屹州帆年庄
式弛忉戌戎扒
扑打扔收考早
旨旬旭曲曳有
朱朴朵朶朽次
此汆汜汀汁氿
求灰朾牝牟百
竹米系缶羊羽
老考而犯耳聿
肉臣自至臼舌
舛舟艮色虫血
行衣西玄
7畫之部
七串亨伯估伴
伶伸伺佈位低
住佐佑何佘余
佛作佟佣克兌
免兵冷初删判
利助努劬劭匣
卵汎邵却即君
吞吟吠否吩含

吮吳吸吹吻吼
吱吽吾告呀呂
呃呆呎吧困坊
圻圾坆址坂均
坍坎坏坐坑壯
夾妓妊妒妖妗
妞妙妝妣好妥
妨妐孚孛孜孝
宋完宏彤尾尿
局屁岔岌岐岑
岏巫希庇床序
延廷弄弟形彤
彷役忌忖忙忍
忒志忘成戒我
扛托扣扢改攸
攻旰旱更李杆
杈杉杏材村杓
夬杖杜杞束杠
步每汎汐汕汗
汙汜汝江池汞
汛汔汏灸灶灼
災牡牠牢犴玎
甫甬甸男町疔
皁矣矻礽私秃
秀究系良見角
言谷豆豕酉貝
赤走足身車辛
辰邑采里況但
似矣別呈吶妏

巡皀求兔妧妏
玹玢玡玟
8畫之部
八乖乳事亞享
京佩佯佰佳使
來侈例侍侏併
侅侖侗供依兒
兔兩其具典冽
函刮到制刷刺
刻刎効卑卒卓
協卦卷卸卹厓
叔取受呢呸咏
周呪咕呱味呵
呷呻呼命阻咄
咆和咖咐咎咈
咚囷囹固坡坤
坦坫坰坷坺坼
垂垃坪夜奄奇
奈奉姐妮妯妹
妻妾姆姁姊姉
始姍妲姑姒姓
委姤孟季宕宓
宗官宙宛宜尚
居屆屈岡岢岧
岩岫承岱岳岵
岷岸帑帕帖帚
帛幸底庖店庚
府廸弨弩彼彿
往征徂忠快忻

忝念忽忿戔或
扳扮扯扱扶批
找技抄把投抗
折抑抛放斧於
旺旻昂昃昆昇
昉昊昌明昏易
昕昀朋服杪杭
杮杯東杲杳杵
杶杷杻杼松板
枇枉枋析枕林
枘枚果枝杰欣
歧武歿殀毒氛
汩汪汭汰汲汶
決汽汾沁沂沃
沆沇沈沌沐沒
沖沙沚沓沏沕
炎炁炊炒炙炅
炖炘炉爬爭爸
牀版牧物狂犺
狃狄狀定玕玖
玓畀甿疚的盂
盲盰直知矽矻
矼社礿祀祁秉
秈穸穹空竺糾
羌肋肌臥臾舍
舠芃艾虎虯虱
軋金長門阜隹
雨青非政並所
房戾帔況

9畫之部
九亟亮侯侵侶
便係促俄俊俏
俐俗俘俚俛保
俟俠信俍俞冒
冤冥冠則剃削
剋前勁勃勇勉
匍南卻即匽厘
厚咧咤咥咨咪
咫咬咯咱咳咸
咽咿哀品哂哄
哇哈哉咮响咭
囿垛型垓垠垢
垣奔奎奏奂契
奕姚姜姝姣姤
姥姦姨姪姬姮
姱姘姹姻姿威
娃姺娍孩孤客
宣宥宧封射屋
峒峙巷帥帝幽
度庤建弈弭象
彥待徇很徊律
後怍快怕怖怙
怛怡怦性怩怪
怫悅怎怨思怠
急怨怗扁抱故
抨披抬抵抹押
抽拂拆拉拍拒
拓拔拖拘招故

斫施旆星映春
昧昨昭是昴昶
昫昞昝昱曷架
枯枰枳枵枷枸
枹柑柁柄柏某
柑染柔柘柙柚
柜柝柞柢查柩
柬柯柰柱柳柴
柵柂歪殄殃殆
殂段毖氓氟沫
沮沱河沸油治
沼沽沾沿況洞
泄泗泆泊泌泓
泔法泖泗泚泛
泝泠泡波泣泥
注泫泮泯泱泳
泉泰玠玨甚炮
炟炫炬炯炭炰
炱炳炷炸炤爰
牁牲牯牴牮狉
狌狎狒狗狙玦
玞玩玫甭甯界
畎畏畈畇疫疣
疤疥癸皆皈皇
盅盃盆盾相盼
盼省眄盱眈眉
眊看盹矜矨砂
研砌砍砑砒祉
祇祈祅禹禺秋

科秒秔秕秏种
秖穿窀突竿
籾籽粁紀紂紃
約紆紅紇紈紉
缸罕美羑羿耐
要耑耏耔耶肘
肓肖肚肛肝肐
彤舢舡芋芍芎
芭芒虹虺虻衍
表衫衩要計訂
訃負貞赳赴趴
軌軍酊酉重釓
閂面革韋音頁
風飛食首香砑
玢玟玠玨泙玪
亭室垚拜致叙
叚昱

10畫之部

十乖毫修俯俱
俵俶俸俺俾倉
倌倍倔倖倘候
倚倡值倪倫倬
倭兼涼准淞清
凋凌凍凄淨剔
剖剡剛剝勍匪
原厝叟員哥哦
哨哩哭哮哲哺
哿唁唄唆唇唆
唏唐唔哪圃圄
埋埃埲城埔埕
夏奘套奚娓娌
娑娘娛娜娟娠
娣娥娩孫宮宰

害宵家宸容展
屐屑峨峭峯島
峻峰峽峴師座
席庫庬庭弱彧
徐徑徒恒恂恃
恍恢恤恨恪恫
恰恐恕恙恥恩
恭息扇拳括拮
拯拱拾持指拿
效敉料旁旂旃
旆旅旻晁晃時
晉晌書朔朕朓
栗栓栖校栩栝
株栲栳核根格
栽桀桁桂桃栴
桄桅框案桌桎
桐桑桓桉欬殉
殷氣氤氧氦洦
洄洊洋洌酒洗
洙洚洛洞津洨
洴洩洪洫洮洱
洲洳洶洵活洽
洿派洼洹烏烟
烈烊烘烙烝烤
烚烜爹牂特牷
狐狡狠猪玷狩
玲玳玻珀珂珉
珊珍珈珓瓞瓴
甡畔留畚畛畜
畝疲疳疴疵疸
疹疼疽疾痂痃
疱病症皋皰益
盌盍盎眙眛眠

真眩矩砭砝砥
砦砰砧砮破砷
砲砢砳秘祐祓
祖祗祚祛祜祝
神祟祠祔祏租
秘秣秤秦秧秩
秬秪窄窅窆窈
站竚竝笈笆笊
笋笏笑粉粍紋
紊納紐紓純紕
紗紘紙級紛紜
紝素紡索缺罘
罔羖羓羔羗翁
翅耆耄耕耗耘
耽耿耻股肢肥
肩肪肫肭肯肱
育肴肸皋臭昪
舀航舫般芙芝
芰芡芣芥芨芩
芫芬芭芮芯花
芳芷芸芹芼芽
芾芻虓虔蚌蚊
蚪蚓蚕蚜蚣蚤
蚋蚧蚨蚩衰袂
衲衵衷衽袁討
訐訊訌訓訕訖
託記訑豈豹豺
貢財起赶躬軒
軔辱迂迄迅邛
酌配酎酒釘釜
針釗閃隻隼馬
骨高髟鬥鬯鬲
鬼桔玷宴玿們

倜借倩砡按洐
坪珊玹珺

11畫之部

乾偃假偈偉偏
偕做停健偵偶
偷冕凰剩副剪
勒動勘務匏匐
匙匭匾匿區厠
參售唱唳唵唾
啡啁啄商問啤
啟啞唷國圇圈
培域執基堂堅
堆夠娑婀娶姸
婁婉婚婢婦婪
娼孰密宿寂寄
寅寇專將尉卿
屜崇崚崎崑崔
崖崗崙崛崢崧
巢差帳帷常庵
庶康庸張彗彫
彩彪彬徘得徒
徜從御悔悃悄
悅悌悍悖悛悟
悉悠患您戚扈
挨振挺挽捆捉
捐捕教敏救敕
敔敗斛斜斬旋
旌族既晚晝晞
晤晦晨曹曼朗
望梁梧桶桷梃
梅梆梏梔梗條
梟梠梢梨梭梯
械梱梲梳梵梃

欲欷殍殺毬毫
氫浙浚浣浥浦
浩浪浬浮浴海
浸浹涂消涉涏
涎涓涕浚流浞
烹焉為爽牽牾
猖狸狹狻狼斌
率珠珞珥珪班
瓠瓶瓷甜產略
畢畦畤痔痊痍
牽痕皎盒盔眷
眵眸眺眼眾眶
硅硃祥祧票祭
移窒窓窕竟章
笨笛笞笠笻笥
符第笳粒粕粗
粘紫紬紮累細
紱紳紹紺紼紿
絀終紘組絅絆
罛罟罡羝羞翎
翊翌習者耜聆
聊胃胄胆背胎
胖肺胚胝胞胡
胤胥脈舐舳舶
舷舸船苞苑苔
苗苛苜苟若苦
苧苫苒英苴苺
苻茀茁茂范茄
茅茉茌處蚯蚰
蚶蛙蛆蛇蛉蛋
衒術袖袈袋袍
袓袗袜袞袪被
規覓覘觖訟訛

訝訣訥訪設許
豉豚貧貨販貪
貫責赦趾趺跂
躭軛軟迎近迂
返邢那邦邪邨
酖酗野酌釦釧
釭釵閉阡雀雪
頂頃飢馗魚鳥
鹵鹿麥麻珧珩
珓珣珮珈邠邡
嬨強救烽訢釣

12畫字部

傢傀傅傍傑傖
傘備傚凱割剴
創勝勞勛博珺
厥啻啼啾喀喂
喃善喇喉喋喑
喜喝喟喧喨喻
喪喫喬單圍報
堠堡堤堪堯場
堵堦壺奠奢婷
婺婿媒媚媛嫂
媧孱孳富寐寒
寓寧尊尋就屠
嵇嵋嵌嵎嵐嵂
嵩巽幅帽幀幃
幾廁廂廋廈廉
廊強弼彭復徧
徨循悵悱悴悻
悼悾悽情惆惇
惋惓惕惘惚惛
惜惟惦悲悶惄
惑惠惡戢啤扉

捧捨捫捷掀掃
授掉掽掎排掘
掙掛掠探接推
措掌散敝敞敢
敦斐斑斯旐普
景晰晴晶晷智
晾曾替最期朝
棄棉棊棋棍棒
棖棗棘棚棟棠
棣棧棫森棲棵
棹棺棼椁椀椅
植椎椏椒棻棐
欽欺款殖殘殼
殽氮氬涯液涵
涸涼涿淀淄淅
淇洴淋淑淒淖
淘淙淚淞淡淤
淦淨淪淫淬淮
深淳淵混清淹
淺添淼焙焚焜
無焦煮焰然焯
牌犂犀犇猊猖
猗猙猜猝球現
琅理琉琇甥甦
畫番畯異疏痛
痘痤痢痣登發
皓皖皴盛盜睇
着矞短硜硝硫
硬硯祲稅稀稂
稃稈程稍窗窖
窘竣竦童等筌
徇筆筏筐筑筒
筋答策粟粢粵

粥粧粨結紲絕
絞絛絡給絢絨
絮絰統絲絳羢
翔翕耋聒胭脁
胼胴胸能脂脅
脈脊胳舒舜茶
茲茗荔茜茨茫
茯茱茴茵茸菇
荀荃荏荊草荐
莚荒虛虞虜蛙
蛔蛘蛛蛞蛟蛤
蛩蛭衖街袴袱
袷裀裁裂覃覘
視觚觜訴訶診
註証訾詁詈詠
詎詐詒詔評詛
詞象貂貯貫貰
貳貴貶買貸貺
費貼貽貿賀賁
赧趁趄超越跋
跌跎跑跖跚跛
距軫軸軹軻軼
辜迢迤迴迦迨
迪迫迭述邵邯
邱邸酢酡酣酥
釉量鈔鈉鈍鈕
鈞鈣鈎開間閎
閏閑閒閔阪阮
阯防雄雁雅集
屝雯雰雱雲靭
項順須飧馭馮
髡黃黍黑黹琄
琁琢厨紩媄媜

13畫字部 亂亶催傭傲傳 債傴僅僉働勢 募勤匯嗃嗄嗅 嗎嗚嗜嗣嗡園 圓塊塋塌塑塔 塗塘塞填塢奧 嫁媳媼媽媾嫌 孵寖寘幌幹彈 彙微徬惰惱惴 愎惶惺惻愀愉 愕想惹愁愈意 愚愛感揀揆提 插揖揚換握揭 揮援敬斟新旒 暈暄暇暉暌暑 暖暗暘會椰椶 椽椿楊楓楔楙 楚楞楠楡楢楣 楨楫業楮極楷 楸楹楯歃歆歲 殛殞殿毀毓渚 渙減渝渠渡渣 渤渥渦溫測渭 港渲渴游湃湣 渺渾湄湍湎湖 湛湜湧湫湮湯 湲湟渫湉煖煊 煆煇煉煌煎熙 煙煜煞煒煥煦 照煨煩煬爺牒 猶猫猥猩猷献 琛琚琢琥琦琨

琪琰琺琮琲琳 琴琵琶琬當痰 痱痲痼痿瘁盟 盞塩睞睚睛睜 睡睢督睦睨睪 睫矮硼碰碁碇 碌碎碑碓碗祺 禁禽稔稗稚稜 稟稠窟窠筠筥 筱筵筷筋筧粱 絹綉絺綁綌綏 經綑羣羨義群 翛勦聖聘肆肄 脫脣腳脩脯嵩 舅與辭艇荷荼 莆莉莊莎莒莓 莖莘莞莢莧莨 莪莫號虢蛺蛸 蛹蛻蛾蜀蜂蜃 蜊蜓蜒蜈蜉蜍 衙裙裊裏裕裘 補裝裟解觥詣 詡詢試詧詩詫 詬詭詮詰話該 詳詹詠誄誅誇 豢貅貉貊賂賅 資賈賊賍跨跟 跡跪路跳躲較 軾輅載辟農迴 迷迹迺追退送 逃逅逆郁郇郊 酪酩酬鈴鈸鈿 鉀鉅廈鉄鉋鉑

鉗鉛鉞鉢鉤鉦 鈺鈾鈷閘鬧阻 阽阿陀陂附雍 雉雋零雷雹靖 靳靶戠頌頎預 頑頓飩飪飭飲 飫飯馳馴鳧鳩 麂黽鼎鼓鼠戔 琈琬琡嫆 **14畫字部** 像僑僕僖僚偽 僥僧僨僭僮僱 兢劃匱厭嗽嘆 嘉嘏嘖嘗嘛圖 團墓塵塹墊墀 境墅塾夐壽夢 奩夥奪獎嫗嫡 嫣寞察寡寢寤 實寥對屢嶂嶄 幔幗廖彰慍愧 愴愷慎慨愿慇 慈態截損搆搏 搭搶幕搽敲斡 旗旖暢暝暨榔 榕榛榖榜榨榭 榮榻榴槁槃構 槌槍槐槓榷歉 歌殞氳源溜準 溘溝溟溢溥溪 溯溱溲溴溶溷 溺溽滂滄滅滇 滋滑滓滔滎滕 熄煽熊熏熔爾

犖猻猾猿獅獃 獄瑁瑋瑙瑚琿 瑛瑜瑞瑄瑟甄 疑疐瘋瘍瘓瘧 盡監睹睽罯睿 碧碣磁碩碱碳 碪禋禊禍禎福 祿禔種稱窩端 竭箋箇箍箏箔 箕算箝管粹精 粽綠綜綢綦綫 綬維綮綰綱網 綴綵綸綺綻綽 綾綿緇緊緋罪 罨罩罫置翟翠 翡聚聞肅肇脹 脾腊腋腎腑腔 腕腐臧臺舞艋 菅莽菁菇萸菊 菌菓菔菖菜菠 菡菩華菰菱菲 菴菽萁若著萃 萄萊萋萌萍萎 蜥蜘蜚蜜蜩蜴 蜷蜻蜿裸裨裱 裳裴裹裼製裾 褂褌覡觫認誌 誆誓誕誘誚語 誠誡誣誤誥誦 誨說豪貌貍賑 賒賓赫趙趕踊 踊踉輒輓輔輕 辣逍逋透逑途

逕逖逗這通逛 逝逞速造逡逢 連郛邕郝郎邵 郢郁郤酵酷酸 酹銀銃銅銑銓 銖銘銜鉻銕閣 閡閤閥閨閩陋 陌降限需鞅靼 鞄韶領頗颭颯 飼飴飽飾駁骰 骯髯髫髦魁魂 魄魅魃鳲鳳鳴 麼麾鼻齊嫦幛 溏瑑碬瑗溫 **15畫字部** 僵價僻儀儂億 儆儉儋凜劇劈 劉劊劍匳厲嘲 嘴嘹嘻噓墜增 墨墩墮墳嬉嫵 嫺嬈嬋嬌審寫 寬寮層履幟幢 幣廚廟廠廢廣 弊影德徵徹慘 慟慢慣慨慥慳 慷慕慙慧慮慰 慶慾憂戮摘摑 摔摟摧摭摶摸 摺摻摩敵敻敷 數毆暮暫暴概 槧械槭槳槽槿 樁樁樂樊槨樑 樓樗標槻樞樟

模樣歎歐殤毅 毆氂滌滬滲滴 滸滷滾滿漁漂 漆漉漏漑漓演 漕漚漠漢漣漩 漪漫漬漱漲漸 漾漿潔熟潁熨 熬熱牖犛瑩瑤 瑪瑰瑠瑳畿瘤 瘱瘩瘞瘟瘠瘡 瘢瘦皚皺盤瞎 瞋瞑瞇確碼碾 磁磅磊磋磐磔 磕稻稷稼稽稿 稾穀窮窯窳箭 箱箴箸節篁範 篆篇篋糊糎緒 線緝緞締緡緣 編緘緩緬緯緲 練罃罵羯翩翫 翦耦腥腮腦腫 腰腱腳腴瑣瑯 腸腹腺膃興舖 萬萱萼落葆葉 葛葡董葦葫葬 葭葯葱葳葵葷 葺葽蝙蝌蝓蝕 蝗蝘蝎蝟蝠蝣 蝦蝨蝮蝴蝶蝸 衝複褊褌褎褐 褓褘褚褒覘課 誰誹誼調諂諄 談諉請諍諏諑

諒論豌豎賚賙 賜賞賠賡賢賣 賤賦質賬賨趣 踐趟踏踝踞踟 踣踢踪踔踦輜 輛輝輞輟輦輩 輪迸逮週進逵 逶逸逭部郭郯 郰醃醇醉醋銳 銹銷銻鋁鋅鋏 鋒鋤鋩鋪鋮鋈 鋆閫閬閭閱陘 陛陝陞陟陡院 陣除震霄霆霉 霈靠鞍鞋鞏頡 餃餉養餅駐駑 駒駕駘駛駝駟 駔骷髭髮髯鬧 魯魴鴣鴇鴈鴉 麩黎鼐齒瑱瑲 瑎璅瑢嬅漳摹 携腰腦著 **16畫字部** 儒儐儕儘儔冀 凝劑勳叡器噪 噤噴噸噯圜壁 墾壅壇奮嬖嬗 嬙嬛學還廩彊 徼憑憎憐憤憔 憚憬憮憙憲戰 撥撐撒撓撕撙 撞撤撩撫播撮 撰整暹曆曇曈

曉曄橐樵樸樹 樺樽樾橄橇橈 橋橘橙機橡橢 橫歔歷殫殪氅 潛潑潔潘潞潟 潢澗潤潦潭潮 潯潰潺潼澂澄 澎澆澈澌澍燈 熹燃熾燄燎燐 燒燔燕燙燜燁 獗瑾璃璇璉璋 瓢甌甍甎瘴瘰 瘼瘻瘯盤盥盦 盧瞞瞠瞢磨磧 磚磬禦穆穌積 穎窶窺篝築篙 篠篡篤篩篦糕 糖縉緻縕縈縊 縋縑縐縝縛縞 縟縠縣縢罷罵 翮翰耨腿膀膂 膈膊膏臻舉舘 艘艙蒙蒐蒔蒜 蒟蒡蒲蒸蒹蒻 蒼蒿蓀蓁蓂蓄 蓆蓉蒞蓋蓏蓐 蓑蓓葩螂融螞 螟衛衡褥褫褪 褫褲豎豫覦親 諡諭諛諜諠諢 諤諦諧諫諮諱 諳諶諷諸諺諾 謀謁謂豬貓賭

賴赭趁趦踴踰
踱踵踶踽蹀蹁
蹂蹄輯輳輸輻
辦辨逾逼遁遂
遄遇遊運遍過
遏遑遐道達違
郵都鄂鄆醐醍
醒醎鋸鋼錄錐
錘錙錚錠錏錡
錢錦錫錮錯錳
錶閻闐閼閽閾
陪陬陰陲陳陴
陵陶陷陸雕霍
霎霏霑霓霖靜
靛靦鞘頤頭頰
頷頸頹餐餒餓
餘駭駢駱鬃鬨
鮎鮀鮑鮒鮓鴒
鴕鴛鴣鴦鴨麈
默龍龜珧璀璣
璆璈璁螢導覽

17畫字部

償優勵嚇壓壎
壕嬰嬪孺嶷嶸
嶺幫彌徽懆憶
懂懌懇應懋戲
撻撼擁擂擄擅
擇擋操擔據擊
擎擘撿斀斂檀
檄檗檉檎檐檔
檜檠檢歛澤澠
澡澣澧澺澱澳
澶澹澼激濁濂
濃濆燧營燥濚
燬燭燮牆獰獨
璐璂璞璠璣璘
甑療瘆瘸癌癈
盪盩瞬瞥瞧瞭
瞰瞳瞶矯磯磴
磷磺磻磼禪禧
穖穗竅篍篳篷
簀簃篡簇簍糙
糜糞糟糠糢縱
縫縶縮縲縷縹
縻總績繁繃繅
繆繇罄罅罹羲
翳聯聰聲聳聱
膛膚膜縛膝膠
膣臨艱蓮蓬蕁
蔻蔘蓿蔑蔔蔗
蔚蔓蔡蔣蔦蔬
蔭蔴蓷蔌虧螯
螫螳螺螻螽蹩
蟀蟄螟蟋褸襁
褻褻覬覲觳謎
謄謊謇謚謔謗
謙謐講謝謠豁
谿豳貌賺賻購
賽賸趨蹈蹇蹉
蹊蹌蹍輾輿轂
轄轅遘遜遙遛
邃遞遠遢遣鄉
鄒鄔醜醞醢鍊
錨鍋鍍鍔鍛鍤
鍰鍵鍼鍾鎂鍪
鍬闃闈闌闊闋
闌闔陽隱隄隆
隅隈隋隊隍階
隸雖霜鞠韓顆
颶餅餚餛餞館
鹹騁駿騃魈鮪
鮫鮭鮮鮨鴿鴻
駕鴰鵂麋麴黏
點黛黜黝黻鼾
齋龠璟霞鴿舉
璒瑪璔璜璿瑱

18畫字部

儲叢壙壘嬸懦
戴戳擯擠擡擢
擣擦擬擱斃斷
旛曜曙曛朦檬
檯檳檸檻櫃歟
歸殯氈濟澀濕
濘濛濠濡濤濫
濬濮濯濱濰濶
燼燹燻燿燾爵
獰獷獲璧璦璨
璫環甓甕癒癖
癘癗癜癙瞼瞻
瞽瞿瞼礎礌禮
穠穡穢竄竅簞
簟簡簣簦簧簪
糧繚繕織繙繞
繡罾翼翹翱翻
職聵聶膳膨膩
膵艟蔽蕃蕉蕊
蕆蕎蕓蕕蕞蕘
蕙蔿蕩蕪蕢蕨
蕖蟒蟠蟬蟯蟲
覆覲覬觴謾謨
謫謬謳謹豐贅
贅蹣蹕蹙蹤蹟
蹠軀轉轆轇遭
邀遭遯鄙鄢鄰
醫醪醬釐銷鎊
鎔鎗鎚鎧鎬鎮
鎰鎘鎳鎢闐闌
闔闓闐闕闖隔
隕隘隙隗雙雛
雜雞霤霣鞭鞦
鞠鞣韙額顒題
顎顏顛顓颸颺
餮餬餵馥騎騏
騌騐騋騅髀鬃
鬆闐魏鯁鯉鯊
鴿鵠鵑鵝鵜鵓
鸝黠罄馨颱颸
鼂齋齕璪蕭簫
璩璬璩瑲璸璲
嫽

19畫字部

嚮嚥嚨壚壞壤
壩嬾孽寵寶懷
廬擲擴擺擻擾
攀曠曝櫓櫛櫝
櫜機瀑濺濼濾
瀅瀉瀋瀏爆爇
爍牘犢獸獵璽
璵瓊璒璿瓏璱
禰禱穩穫艷籀
簷簽簿繪繩繫
繭繮繯繳繹膽
膺膾膿臂臆臊
臉臏艤薄蕾薇
薈薏薑薔薙薌
薀薦蕘薪蟹蟶
蟻蠅蠆蠋襟襖
襞襝覈覇譏譁
證譔識譙譚贈
贊贇蹲蹴轍轎
辭遶遲遴遵遹
遷選遺遼鄧鄭
鄰鄱鄲醯醱鏃
鏗鏐鏈鏑鏖鏘
鏝鏞鏟鏡鏤鏨
關際障離難霧
靡鞳韻願類顛
類餻餽饋餾餡
騖騙鬍鯤鯢鯨
鰡鵬鶉鵲鵰麒
麓麗麴黼龐

20畫字部

嫻嚴嚶孌孀孃
寶懷懸攏曦櫨
櫪櫱櫳瀝瀕瀘
瀦瀠瀧瀨爐獻
瓊癢癥矍礦礪
礫礬竇競孅籃
籌籍糯繽繼繻
罌羅羆耀臏臍
臑艦艨璦薩舊
薯薰薹藉藍藏
蠐蠑蠖襤襦覺
觸議譜譟警譫
譬譯贍贏躁躅
躇躉轗辦避遽
邀邁邂邃還鄴
醴醲釋鐘鐐鐓
闡隣露鞲鞺飄
饅饈饉馨騫騰
騶騷驁騮髓鬢
鬪鰈鰌鰒鰍鰓
鰆鰕鰐鯰鰛鶚
鶩鹹麵黥黧黨
齟齡齣瀟瓅璵
瓃

21畫字部

儷儺嚼囀變囁
屬巍攖攔攘爛
囊櫸欅櫻欄瀾
瀰爛獼瓏癧癩
礮礱穰竈續纈
纍纏罍臘艚藕
藜藝藤藥藩藪
蠟蠡蠣襪覽護
譴譽贓贐贔躊
躑躋躍躚轟辯
邈醺鐵鐸鐺闢
闥隨隧險霹霸
顧簸饋饌饐饑
饒驟驀驅髏魔
鰭鰲鰱鶴鶯鷄
麝黯齦齧瓖瓗
瓊瓂嫜嬞嬥

22畫字部

儻儼囉囊孿巒
巔巖懿懾攜攝
權歡灌瓔瓖癬
癭癮礡襯竊籙
攞籟籠羅纏罎
聽聾臚艫藺藷
藹藻藿蘆蘇蘊
蘋襯襲贖讀覿
躑躓轢轡邊鏞
鑊鑄鑑鑒隱鷺
隰霽霾韁韃響
顫饗饔饕饘驕
驊驍鬚鬻鰻鰷
鱅鱈鰶鰲鶘鷗
鷙齪齬龔龕龢
覽瑠嬻孋孌孎
孇

23畫字部

戀攢攤攣曬欒
灑灘癱罏籤纓
纔纖羈蘧蘇蘭
蠹蠱蠲襴霱觀
變讌讎讐轤鑠
鑛鑢靨顯饜驗
驚髒髓體髑鱗
鰹鷦鷯鷲鷸麟
黴鼇鬟瓘瓏孅

24畫字部

攬攖瓚癲癱矗
罐臟衢蠶蠹讒
讓讖贛釀鑫鑪
隴靂靄靆靈韆
顰驟鬢鱠鷺鹼
鹽齷齲孎艷

25畫字部

囑廳攬欖灝籬
纘羈蠻蘸蘼蘿
蠻躡酈釁鑰靉
釁鼈瓛

26畫字部

灣矚讚邏釃鑷
鑼驢鬮黶

27畫字部

纜讜鑽鑾顴顳
驤驥鱷

28畫字部

豔鑿驪鸚

29畫字部

驪鬱鸛

30畫字部

鱺鸝鸞

32畫字部

籲

33畫字部

麤

姓名天人地格三才配置吉凶便覽（鴻運閣藏本）

天格人格地格相配之吉凶表

天格為姓加一畫，人格為姓加名一，地格為名一加名二

1、2畫為木，3、4畫為火，5、6畫為土，7、8畫為金，9、0畫為水

○吉 △半吉 ╳凶

木木木○成功順調 家門隆昌
木木火○成功順調 終生享福
木木土○成功順調 幸福長壽
木木金╳難得平安 部下勞煩
木木水╳煩悶病弱 數吉平安
木火木○上下得助 境遇安泰
木火火△缺乏耐力 數吉平安
木火土○長壽提攜 幸福長壽
木火金╳基礎不穩 家庭不幸
木火水╳基礎不穩 意外災禍
木土木╳境遇不安 孤獨之命
木土火△不平不滿 數吉成功
木土土╳成功受制 家庭不和
木土金╳有志難伸 境遇不安
木土水╳成功受制 易遭急變
木金木╳勞心困苦 家庭不幸
木金火╳基礎不穩 易遭巨變
木金土╳努力可成 易遭病難
木金金╳頑迷過剛 家庭破亂
木金水╳煩惱不安 易患病難
木水木○成功運佳 喜助他人
木水火╳基礎不穩 易生病難
木水土╳短暫成功 易生病難
木水金╳基礎安定 易生不平
木水水△易生破亂 數吉平安
火木木○向上發展 長壽享福

火木火○成功運佳 長壽富榮
火木土○向上進取 成功富貴
火木金╳境遇不安 身心過勞
火木水╳家庭離亂 數吉則吉
火火木○盛運隆昌 身心健全
火火火○成功發展 提高戒心
火火土╳外表吉祥 缺乏耐力
火火金╳身心過勞 刑剋妻子
火火水╳命運不定 易生意外
火土木╳雖有餘蔭 變動頻繁
火土火○長上提拔 長壽享福
火土土○向上發展 境遇安泰
火土金╳雖可成功 過勞病難
火土水╳急變沒落 易遭病難
火金木╳命遭抑壓 不易成功
火金火╳運命受抑 基礎不穩
火金土╳有志難伸 身心過勞
火金金╳運命受抑 不平不和
火金水╳運命受抑 破亂凶禍
火水木╳亂離受苦 基礎不穩
火水火╳運勢不定 易生急變
火水土╳有志難伸 境遇沒落
火水金╳有志難伸 家庭不幸
火水水╳絕對難成 亂離困苦
土木木△苦悶煩惱 數吉平安
土木火△外華內虛 數吉平安

土木土╳困苦煩悶 神經衰弱
土木金╳成功無望 境遇不安
土木水╳流轉破亂 易招病難
土火木○成功發展 幸福長壽
土火火△雖易成功 基礎薄弱
土火土○飛黃騰達 長壽享福
土火金╳成功運佳 積勞成疾
土火水╳基礎不穩 易生事變
土土木╳基礎不穩 易生變化
土土火○名利雙收 幸福長壽
土土土○成功運佳 境遇平安
土土金○一帆風順 長壽幸福
土土水╳基礎不穩 因禍失財
土金木╳基礎不穩 刑剋妻子
土金火╳境遇不安 家庭破亂
土金土○平步青雲 長壽幸福
土金金○成功運佳 目的可成
土金水△有成功運 慎防意外
土水木╳徒勞無功 家庭不幸
土水火╳不幸頻仍 突發急變
土水土╳徒勞無功 境遇不安
土水金╳運勢不佳 生離死別
土水水╳有志難伸 破亂變動
金木木╳不平不滿 神經衰弱
金木火╳有志難伸 腦病肺疾
金木土╳身心過勞 神經衰弱

金木金╳常受迫害 境遇多變
金木水╳失敗流轉 易罹重症
金火木╳有志難伸 腦病肺疾
金火火╳不平不滿 發狂變死
金火土╳有志難伸 腦病肺疾
金火金╳身心過勞 發狂遭難
金火水╳運勢不佳 過勞病難
金土木╳基礎不穩 家庭失和
金土火○意外成功 名利雙收
金土土○境遇安泰 長壽幸福
金土金○順利成功 幸福隆昌
金土水╳雖有名利 易遭災殃
金金木╳個性過剛 易生爭論
金金火╳身心過勞 離亂災禍
金金土○成功不難 切忌過剛
金金金╳孤獨失和 禍亂殊多
金金水╳基礎不穩 急變沒落
金水木╳雖有祖蔭 疾病纏身
金水火╳基礎不穩 慎防急變
金水土╳先成後敗 急禍遭難
金水金○能得祖蔭 成功順遂
金水水╳雖有祖蔭 易釀不幸
水木木○長者牽成 長壽幸福
水木火○成功發達 家運欠順
水木土○長者提拔 長壽幸福
水木金╳成功運佳 易生變動

水木水╳先成後敗 境遇多變
水火木╳成功運差 易生災禍
水火火╳有志難伸 急變災禍
水火土╳有志難伸 突發急變
水火金╳基礎不穩 身心過勞
水火水╳諸事不順 極凶配置
水土木╳運勢受抑 破亂不遇
水土火╳運勢雖佳 身體病弱
水土土╳運窒苦悶 急變災禍
水土金╳運勢不佳 身心過勞
水土水╳基礎不穩 急變遭難
水金木╳基礎不穩 易剋妻子
水金火╳雖可成功 過勞急變
水金土○順利成功 健康長壽
水金金╳成功運佳 好爭招非
水金水╳基礎不穩 數吉則吉
水水木╳放蕩不羈 易生破亂
水水火╳放蕩成性 易生失敗
水水土╳境遇不穩 易生病難
水水金╳易陷病弱 數吉則吉
水水水╳流離失所 病弱孤獨

個人公司行號命名筆劃吉凶表

姓命學命名公私行號字劃吉凶數（數理以康熙字典為準）

劃數	說明	吉凶
一劃	繁榮發達，信用得固，萬人仰望，可獲成功。	吉
二劃	動搖不安，一榮一枯，一盛一衰，勞而無功。	凶
三劃	立身出世，有貴人助，天賜吉祥，四海揚名。	吉
四劃	日被雲遮，苦難折磨，非有毅力，難望成功。	凶
五劃	陰陽和合，精神愉悅，榮譽達利，一門興隆。	吉
六劃	萬寶集門，天降幸運，立志奮發，得成大功。	吉
七劃	精力旺盛，頭腦明敏，排除萬難，必獲成功。	吉
八劃	努力發達，貫徹志望，不忘進退，可期成功。	吉
九劃	雖抱奇才，有才無命，獨營無力，財利難望。	凶
十劃	烏雲遮月，暗淡無光，空費心力，徒勞無功。	凶
十一劃	草木逢春，枝葉沾露，穩健著實，必得人望。	吉
十二劃	薄弱無力，孤立無援，外祥內苦，謀事難成。	凶
十三劃	天賦吉運，能得人望，善用智慧，必獲成功。	吉
十四劃	忍得苦難，必有後福，是成是敗，唯靠堅毅。	凶
十五劃	謙恭做事，外得人和，大事成就，一門興隆。	吉
十六劃	能獲眾望，成就大業，名利雙收，盟主四方。	吉
十七劃	排除萬難，有貴人助，把握時機，可得成功。	吉
十八劃	經商做事，順利昌隆，如能慎始，百事亨通。	吉
十九劃	成功雖早，慎防虧空，內外不合，障礙重重。	凶
二十劃	智高志大，歷盡艱難，焦心憂勞，進退兩難。	凶
廿一劃	先歷困苦，後得幸福，霜雪梅花，春來怒放。	吉
廿二劃	秋草逢霜，懷才不遇，憂愁怨苦，事不如意。	凶
廿三劃	旭日昇天，名顯四方，漸次進展，終成大業。	吉
廿四劃	錦繡前程，須靠自力，多用智謀，能奏大功。	吉
廿五劃	天時地利，只欠人和，講信修睦，即可成功。	吉
廿六劃	波瀾起伏，千變萬化，凌駕萬難，必可成功。	凶帶吉
廿七劃	一成一敗，一盛一衰，唯靠謹慎，可守成功。	吉帶凶
廿八劃	魚臨旱地，難逃惡運，此數大凶，不如更名。	凶
廿九劃	如龍得雲，青雲直上，智謀奮進，才略奏功。	吉
三十劃	吉凶參半，得失相伴，投機取巧，如賭一般。	吉帶凶
三十一劃	此數大吉，名利雙收，漸進向上，大業成就。	吉
三十二劃	池中之龍，風雲際會，一躍上天，成功可望。	吉
三十三劃	意氣用事，人和必失，如能慎始，必可昌隆。	吉
三十四劃	災難不絕，難望成功，此數大凶，不如更名。	凶
三十五劃	處事嚴謹，進退保守，學智兼具，成就非凡。	吉
三十六劃	波瀾重疊，常陷窮困，動不如靜，有才無命。	凶
三十七劃	逢凶化吉，吉人天相，以德服眾，必成大功。	吉
三十八劃	名雖可得，利則難獲，藝界發展，可望成功。	凶帶吉
三十九劃	雲開見月，雖有勞碌，光明坦途，指日可期。	吉
四十劃	一盛一衰，浮沉不定，知難而退，自獲天佑。	吉帶凶
四十一劃	天賦吉運，德望兼備，繼續努力，前途無限。	吉
四十二劃	事業不專，十九不成，專心進取，可望成功。	帶凶
四十三劃	雨夜之花，外祥內苦，忍耐自重，轉凶為吉。	帶凶
四十四劃	雖用心計，事難遂願，貪功好進，必招失敗。	凶
四十五劃	楊柳遇春，綠葉發枝，沖破難關，一舉成名。	吉
四十六劃	坎坷不平，艱難重重，若無耐心，難望有成。	凶
四十七劃	有貴人助，可成大業，雖遇不幸，浮沉不大。	吉
四十八劃	美化豐實，鶴立雞群，名利俱全，繁榮富貴。	吉
四十九劃	遇吉則吉，遇凶則凶，唯靠謹慎，逢凶化吉。	凶
五十劃	吉凶互見，一成一敗，凶中有吉，吉中有凶。	帶凶
五十一劃	一盛一衰，浮沉不常，自重而處，可保平安。	帶凶
五十二劃	草木逢春，雨過天晴，渡過難關，即獲成功。	吉
五十三劃	盛衰參半，外祥內苦，先吉後凶，先凶後吉。	帶凶
五十四劃	雖傾全力，難望成功，此數大凶，最好改名。	凶
五十五劃	外觀隆昌，內隱禍患，克服難關，開出泰運。	帶凶
五十六劃	事與願違，終難成功，欲速不達，有始無終。	凶
五十七劃	雖有困難，時來運轉，曠野枯草，春來花開。	帶吉
五十八劃	半凶半吉，浮沉多端，始凶終吉，能保成功。	帶凶
五十九劃	遇事猶疑，難望成事，大刀闊斧，始可有成。	凶
六十劃	黑暗無光，心迷意亂，出爾反爾，難定方針。	凶
六十一劃	雲遮半月，內隱風波，應自謹慎，始保平安。	帶凶
六十二劃	煩悶懊惱，事業難成，自防災禍，始免困境。	凶
六十三劃	萬物化育，繁榮之象，專心一意，必能成功。	吉
六十四劃	見異思遷，十九不成，徒勞無功，不如更名。	凶
六十五劃	吉運自來，能享盛名，把握機會，必獲成功。	吉
六十六劃	黑夜漫長，進退維谷，內外不和，信用缺乏。	凶
六十七劃	時來運轉，事事如意，功成名就，富貴自來。	吉
六十八劃	思慮週詳，計劃力行，不失先機，可望成功。	吉
六十九劃	動搖不安，常陷逆境，不得時運，難得利潤。	凶
七十劃	慘淡經營，難免貧困，此數不吉，最好改名。	凶
七十一劃	吉凶參半，惟賴勇氣，貫徹力行，始可成功。	帶凶
七十二劃	利害混集，凶多吉少，得而復失，難以安順。	凶
七十三劃	安樂自來，自然吉祥，力行不懈，必能成功。	吉
七十四劃	利不及費，坐食山空，如無智謀，難望成功。	凶
七十五劃	吉中帶凶，欲速不達，進不如守，可保安祥。	帶凶
七十六劃	此數為凶，破產之象，宜速改名，以避厄運。	凶
七十七劃	先苦後甘，先甘後苦，如能守成，不致失敗。	帶凶
七十八劃	有得有失，華而不實，須防劫財，始保安順。	帶吉
七十九劃	如走夜路，前途無光，希望不大，勞而無功。	凶
八十劃	得而復失，枉費心機，守成無貪，可保安穩。	吉帶凶
八十一劃	最極之數，還本歸元，能得繁榮，發達成功。	吉

編號	命理叢書	作者	定價
1138	周易本義註解與應用,附米卦沖犯秘本	柯一男	400
1139	彩色圖解命理大全	廖尉掬	800
1140	大六壬占卜解碼	李長春	1000

編號	堪輿叢書	作者	定價
2001	陽宅改局實證增訂版	翁秀花	500
2002	陳怡魁風水改運成功學	陳怡魁	350
2003	陽宅學(上下冊)	陳怡魁	1200
2004	廿四山放水法、宅長煞與天賊煞	李建築	300
2005	地氣與採氣秘笈	韓雨墨	450
2006	陽宅生基512套範例	韓雨墨	300
2007	台灣風水集錦	韓雨墨	300
2010	增校羅經解	吳天洪	300
2011	地理末學	紀大奎	600
2012	陽宅地理訣學	周進諒	絕版
2013	陰宅風水訣學	周進諒	絕版
2014	萬年通用風水佈局	潘強華	800
2015	三合法地理秘旨全書	陳怡誠	1000
2016	三元六十四卦用爻法	陳怡誠	500
2017	三元地理六十四卦運用	陳怡誠	600
2018	三元地理連山歸藏	陳怡誠	600
2019	三元地理明師盤線秘旨	陳怡誠	500
2020	玄空九星地理學	陳怡誠	400
2021	九星法地理秘旨全書	陳怡誠	500
2022	無意心神觀龍法流	戴仁	300
2023	堪輿鐵盞燈	戴仁	300
2024	南洋尋龍(彩色)	林進興	800
2025	地理辨正秘傳補述	黃家騁	600
2026	風水正訣與斷驗	黃家騁	500
2027	正宗開運陽宅學	黃家騁	500
2028	永樂大典風水珍鈔補述	黃家騁	700
2029	三元玄空挨星破譯	許秉庸	500
2030	形巒龍穴大法	余勝唐	500
2031	玄空六法些子真訣	余勝唐	400
2032	玄空秘旨註解	梁正卿	300
2033	中國帝王風水學	黃家騁編著	800
2034	玄空大卦些子法真訣	余勝唐	400
2035	生存風水學	陳怡魁論著	500
2036	形家長眼法陰宅大全	劉威吾	500
2037	形家長眼法陽宅大全	劉威吾	500
2038	住宅生態環境精典	謝之迪	350
2039	象界風水與易經	白閎材·白昇永	600
2040	象界風水談理象數一體	白閎材·白昇永	600

編號	生活叢書	作者	定價
3001	Day Trader 匯市勝訣	賴峰亮	300
3002	匯市勝訣2	賴峰亮	350

編號	養生叢書	作者	定價
5001	仙家修養大法	韓雨墨	500
5002	醫海探賾總覽(上下冊)	吳慕亮	1800
5003	圖解經穴學	陳怡魁	600
5004	健康指壓與腳相	編輯部	400
5005	千古靜坐秘笈	韓雨墨	450
5006	傷寒明理論	成無己	400
5007	千金寶要	郭思	300
5008	脈經	王叔和	400
5009	人體生命節律	黃家騁編著	500
5010	達摩拳術服氣圖說	黃家騁編著	550
5011	十二星座養生學	黃家騁編著	600
5013	古今名醫臨證醫案	白漢忠編著	300
5014	華陀仙翁秘方	本社輯	100
5015	醫經秘錄	華陀	400

編號	宗教叢書	作者	定價
6001	宗教與民俗醫療	鄭志明	350
6002	宗教的醫療觀與生命教育	鄭志明	350
6003	宗教組織的發展趨勢	鄭志明	350
6004	台灣傳統信仰的鬼神崇拜	鄭志明	300
6005	台灣傳統信仰的宗教詮釋	鄭志明	350
6006	宗教神話與崇拜的起源	鄭志明	350
6007	宗教神話與巫術儀式	鄭志明	350
6008	宗教的生命關懷	鄭志明	350
6009	宗教思潮與對話	鄭志明	350
6010	傳統宗教的傳播	鄭志明	350
6011	宗教與生命教育	鄭志明等	300
6012	台灣靈乩的宗教型態	鄭志明	300
6013	從陽宅學說談婚配理論	鄭志明	300
6014	佛教臨終關懷社會功能性	鄭志明	300
6015	「雜阿含經」的瞻病關懷	鄭志明	300
6016	台灣宗教社會觀察	吳惠巧	250
6017	印度六派哲學	孫　晶	400

編號	大學用書	作者	定價
7001	人與宗教	吳惠巧	400
7002	政治學新論	吳惠巧	400
7003	公共行政學導論	吳惠巧	450
7004	社會問題分析	吳惠巧	450
7005	都市規劃與區域發展	吳惠巧	650
7006	政府與企業導論	吳惠巧	700

編號	文學叢書	作者	定價
8001	殺狗仙講古	殺狗仙	400
8002	讀寫說教半生情	李蓬齡	300
8003	暴怒中國	福來臨	300

編號	文創叢書	作者	定價
A001	給亞亞的信(小說)	馬彧彬	300
A002	棲鳥(小說)	吳威邑	300
A003	宰日(小說)	吳威邑	300
A004	石頭的詩(詩)	姚詩聰	300
A005	阿魚的鄉思組曲(散文)	顏國民	300
A006	黑爪(小說)	吳威邑	400
A007	紅皮(小說)	吳威邑	400
A008	通向火光的雪地(小說)	文西	350
A009	鐘聲再響——我在慕光的日子(散文)	曾慶昌	200
A010	呼日勒的自行車(小說)	何君華	300
A011	一生懸命(小說)	吳威邑	400
A012	我的臉書文章(散文)	王建裕	300
A013	阿魚隨想集(散文)	顏國民	380
A014	臺灣紀行:大陸女孩在臺灣	董玥	300
A015	九天講古與湘夫人文集	顏湘芬	300
A016	西窗抒懷(散文)	王建裕	350
A017	凡塵悲歌(小說)	陳長慶	250
A018	四季花海(詩)	黃其海	350
A019	筆虹吟曲(散文)	王建裕	300
A020	古厝聚攏的時光	顏湘芬	300
A021	寫給古厝的情書	顏湘芬	300
A022	金秋進行曲(散文)	蔡明裕	300
A023	筆下春秋(評論)	王建裕	300
A024	古厝與節氣之歌	顏湘芬	350

編號	學術論叢	作者	定價
J001	台灣臨濟宗派與法脈	薛華中	250

編號	命 理 叢 書	作者	定價
1001	術數文化與宗教	鄭志明等	300
1002	天星擇日會通	白漢忠	400
1003	七政四餘快易通	白漢忠	300
1004	八字占星與中醫	白漢忠	350
1007	祿命法論命術(B5 開本)	郭先機	2500
1008	考試文昌必勝大全	余雪鴻等	300
1009	易算與彩票選碼	郭俊義	380
1010	歷代帝王名臣命譜	韓雨墨	480
1011	八字經典命譜詩評	韓雨墨	480
1012	安神位安公媽開運大法	黃春霖等	400
1014	最新八字命譜總覽(上下冊)	韓雨墨	1200
1015	韓雨墨相典	韓雨墨	600
1016	命理傳燈錄	顏兆鴻	400
1017	現代名人面相八字	韓雨墨	600
1018	大衍索隱與易卦圖陣蠡窺	孟昭瑋	500
1019	鄭氏易譜	鄭時達	500
1020	男命女命前定數	顏兆鴻	400
1021	命理傳燈續錄	顏兆鴻	400
1022	曆書(上下冊)	陳怡魁	1500
1023	華山希夷飛星棋譜秘傳(上下冊)增訂版	吳慕亮	1500
1024	現代圖解易經講義(B5 開本)	紫陽居士	1200
1025	易學與醫學	黃家騁	600
1026	樂透開運必勝大全	顏兆鴻	300
1027	天機大要．董公選	申泰三	300
1028	姓氏探源	吳慕亮	500
1029	測字姓名學	吳慕亮	500
1030	六書姓名學	吳慕亮	800
1031	八字推論	林進興	400
1035	六十甲子論命術	陳宥潞	600
1036	天星斗數學	陳怡魁	400
1037	正宗最新小孔明姓名學	小孔明	400
1038	高級擇日全書	陳怡誠	600
1039	奇門遁甲擇日學	陳怡誠	600
1040	實用三合擇日學	陳怡誠	700
1041	三元日課格局詳解	陳怡誠	900
1042	實用三元擇日學(上中下)	陳怡誠	2500
1043	茶道與易道	黃來鎰	300
1044	十二生肖名人八字解碼	韓雨墨．羅德	300
1046	八字十二宮推論	翁秀花	500
1047	三世相法大全集	袁天罡	500
1048	小子說易	小子	300
1049	研究太陽星座的第一本書	黃家騁	400
1050	研究月亮星座的第一本書	黃家騁	400
1051	韓雨墨萬年曆	韓雨墨	400
1052	皇極經世．太乙神數圖解	黃家騁	700
1053	易學提要	黃家騁	600
1054	十八飛星策天紫微斗數全集精鈔本	陳希夷	600
1055	研究上升星座的第一本書	黃家騁	600
1056	占星運用要訣	白漢忠	300
1057	增補道藏紫微斗數	黃家騁	500
1058	增補中西星要	倪月培	800
1059	研究金星星座的第一本書	黃家騁	500
1060	面相男權寶鑑	林吉成	500
1061	面相女權寶鑑	林吉成	500
1062	相理觀商機合訂本	林吉成	500
1063	災凶厄難大圖鑑	林吉成	400
1064	男氣色大全	林吉成	500
1065	女氣色大全	林吉成	500
1066	婚姻與創業之成敗(上下冊)	林吉成	1000
1067	小子解易	小子	500

編號	命 理 叢 書	作者	定價
1068	十二星座人相學	黃家騁	500
1069	九宮數愛情學	謝宏茂	350
1070	東方人相與女相	黃家騁	500
1071	八字必讀 3000 句	潘強華	500
1072	九宮數財運學	謝宏茂	350
1073	增補洪範易知	黃家騁	700
1074	風鑑啟悟(上下)	吳慕亮	1500
1075	占卜求財靈動數	顏兆鴻	300
1076	盲派算命秘術	劉威吾	400
1077	研究占星學的第一本書	黃家騁	600
1078	皇極大數．易學集成	黃家騁	700
1079	易經管理學	丁潤生	600
1080	九宮數行銷管理學	謝宏茂	350
1081	盲派算命金鉗訣	劉威吾	400
1083	盲派算命深造	劉威吾	400
1084	盲派算命高段秘卷	劉威吾	400
1085	周易通鑑(4 巨冊)	吳慕亮	3200
1087	盲派算命藏經秘卷	劉威吾	400
1089	周易卦爻闡微	黃來鎰	800
1091	盲派算命母法秘傳	劉威吾	400
1092	命理入門與命譜詩評	韓雨墨	400
1093	五行精紀新編	廖中．郭先機	1200
1095	盲派算命獨門秘笈	劉威吾	400
1096	盲派算命流星奧語	劉威吾	400
1097	增廣切夢刀	丁成勳	700
1098	命理易知新編	黃家騁編	500
1099	增補用神精華	王心田	600
1102	天文干支萬年曆	黃家騁編	800
1103	盲派算命一言九鼎	劉威吾	400
1104	盲派算命實務集成	劉威吾	400
1108	奇門秘竅遁甲演義符應經	甘時望等	600
1109	六柱十二字推命法	文衡富	500
1110	周易演義	紀有奎	300
1111	民間算命實務精典	劉威吾	500
1112	神臺．孔廟之探索(4 巨冊)	吳慕亮	2800
1113	天文星曆表(上下冊)	黃家騁編著	2000
1114	民間算命實務寶典	劉威吾	500
1115	陳怡魁開運學	陳怡魁	800
1116	周易兩讀	李楷林	250
1117	增補周易兩讀	黃家騁編	600
1118	書經破譯	黃家騁編	700
1119	增補乙巳占	黃家騁增補	800
1120	增校周易本義	黃家騁增校	700
1121	命宮星座人相學	黃家騁編著	550
1122	命運的變奏曲	邱秋美	350
1123	六爻神卦推運法	文衡富	500
1124	星海詞林（六冊，平裝普及版）	黃家騁增校	6000
1125	占星初體驗	謝之迪	300
1126	博思心靈易經占卜	邱秋美	300
1127	周易演義續集	紀有奎	700
1128	予凡易經八字姓名學	林予凡	350
1129	六爻文字學開運法	文衡富	500
1130	來因宮與紫微斗數 144 訣	吳中誠．邱秋美	500
1131	予凡八字轉運站	林予凡	500
1132	節氣朔望弦及日月食表	潘強華	500
1133	紫微破迷	無塵居士	350
1134	陳怡魁食物改運	陳怡魁	300
1135	陳怡魁卜筮改運	陳怡魁	300
1136	八字宮星精論	林永裕	500
1137	易經星象學精要(上下冊)（A4）	黃家騁	4000

○○袁天罡先師秤骨算命不求人○○

算法：請從你生年月日時算合共幾兩，看屬幾兩數吉凶如何。評定一生之貴賤斷法於此。以供諸位參考也。

○算命不求人○

出生的年數

鼠	牛	虎	兔	龍	蛇	馬	羊	猴	雞	狗	豬
甲子年生 一兩二錢	乙丑年生 九錢	丙寅年生 六錢	丁卯年生 七錢	戊辰年生 一兩二錢	己巳年生 五錢	庚午年生 九錢	辛未年生 八錢	壬申年生 七錢	癸酉年生 八錢	甲戌年生 一兩五錢	乙亥年生 九錢
丙子年生 一兩六錢	丁丑年生 八錢	戊寅年生 八錢	己卯年生 一兩九錢	庚辰年生 一兩二錢	辛巳年生 六錢	壬午年生 八錢	癸未年生 七錢	甲申年生 五錢	乙酉年生 一兩五錢	丙戌年生 六錢	丁亥年生 一兩六錢
戊子年生 一兩五錢	己丑年生 七錢	庚寅年生 九錢	辛卯年生 一兩二錢	壬辰年生 一兩〇錢	癸巳年生 七錢	甲午年生 一兩五錢	乙未年生 六錢	丙申年生 五錢	丁酉年生 一兩四錢	戊戌年生 一兩四錢	己亥年生 九錢
庚子年生 七錢	辛丑年生 七錢	壬寅年生 九錢	癸卯年生 一兩二錢	甲辰年生 八錢	乙巳年生 七錢	丙午年生 一兩三錢	丁未年生 五錢	戊申年生 一兩四錢	己酉年生 五錢	庚戌年生 九錢	辛亥年生 一兩七錢
壬子年生 五錢	癸丑年生 七錢	甲寅年生 一兩二錢	乙卯年生 八錢	丙辰年生 八錢	丁巳年生 六錢	戊午年生 一兩九錢	己未年生 六錢	庚申年生 八錢	辛酉年生 一兩六錢	壬戌年生 一兩〇錢	癸亥年生 七錢

五數相加錢兩

出生的月數

一月	二月	三月	四月	五月	六月	七月	八月	九月	十月	十一月	十二月
六錢	七錢	一兩八錢	九錢	五錢	一兩六錢	九錢	一兩五錢	一兩八錢	八錢	九錢	五錢

重量	評命	詩云
二兩一	此乃衣食奔波出外之命也	短命非業謂大凶　平生災難事重重　凶禍頻臨陷逆境　終世困苦事不成
二兩二	此乃幼年勞碌中年清泰之命也	身寒骨冷苦伶仃　此命推來行乞人　勞勞碌碌無度日　終年打拱過平生
二兩三	此乃先難後易出外求人之命也	此命推來骨輕輕　求謀作事事難成　妻兒兄弟應難許　別處他鄉作散人
二兩四	此乃為人智巧多能出家求食之命也	此命推來福祿無　門庭困苦總難榮　六親骨肉皆無靠　流到他鄉作老人
二兩五	此乃身閑心不閑九流藝術之命也	此命事來祖業微　門庭營度似稀奇　六親骨肉如冰炭　一世勤勞自把持
二兩六	此乃先貧後富勞碌之命也	平生衣祿苦中求　獨自營謀事不休　離祖出門宜早計　晚來衣祿自無憂
二兩七	此乃聰明近貴衣祿之命也	一生作事少商量　難靠祖宗做主張　獨馬單鎗空做去　早年晚歲總無長
二兩八	此乃自負為人才能近貴之命也	一生做事似飄蓬　祖宗產業在夢中　若不過房併改姓　也當移徙二三通
二兩九	此乃才能客商達變智慧之命也	初年運限未曾亨　縱有功名在後成　須過四旬纔可上　移居改姓始為良
三兩	此乃衣食有餘為人近貴成家之命也	勞勞碌碌苦中求　東走西奔何日休　若能終身勤與儉　老來稍可免憂愁
三兩一	此乃先貧後富近貴衣食足用之命也	忙忙碌碌苦中求　何日雲開見日頭　難得祖基家可立　中年衣食漸無憂
三兩二	此乃性巧過人衣食到老近貴之命也	初年運蹇事難謀　漸有財源如水流　到得中年衣食旺　那時名利一齊來
三兩三	此乃衣食豐滿富貴根基之命也	早年做事事難成　百計徒勞枉費心　半世自如流水去　後來運到始得金
三兩四	此乃財穀有餘主得內助富貴之命也	此命福氣果如何　僧道門中衣祿多　離祖出家方得妙　終朝拜佛念彌陀
三兩五	此乃先難後易過房入贅近貴之命也	生平福量不周全　祖業根基覺少傳　營事生涯宜守舊　時來衣食勝從前
三兩六	此乃超群拔類衣祿厚重之命也	不須勞碌過平生　獨自成家福不輕　早有福星常照命　任君行去百般成
三兩七	此乃聰明富貴有福壽之命也	此命般般事不成　弟兄少力自孤成　雖然祖業須微有　來得明時去得成
三兩八	此乃財帛豐厚宜稱之命也	一生骨肉最清高　早入黌門姓名標　等看年將三十六　藍衣脫去換紅袍

出生的日數

初一	初二	初三	初四	初五	初六	初七	初八	初九	初十	十一	十二	十三	十四	十五
五錢	一兩〇錢	八錢	一兩五錢	一兩六錢	一兩五錢	八錢	一兩六錢	八錢	一兩六錢	九錢	一兩七錢	八錢	一兩七錢	一兩〇錢

三兩九	此乃利上近貴有福有祿之命也	此命少年運不通 勞勞作事盡皆空 苦心竭力成家計 到得那時到夢中
四兩	此乃富貴近益生匯鼎盛機關之命也	平生衣祿是綿長 件件心中自主張 前面風霜都受過 後來必定享安康
四兩一	此乃稅戶近貴專才衣祿之命也	此命推來事不同 為人能幹異凡庸 中年還有逍遙福 不比前年運未通
四兩二	此乃兵權有職富貴才能之命也	得寬懷處且寬懷 何用雙眉縐不開 若使中年命運濟 那時名利一齊來
四兩三	此乃財祿厚重白手成家之命也	為人心性最聰明 作事軒昂近貴人 衣祿一生天數定 不須勞碌是豐亨
四兩四	此乃才能好學近貴財祿之命也	來事由天莫苦求 須知福祿勝前途 當年財帛難如意 晚景欣然便不憂
四兩五	此乃福祿豐厚極富且貴之命也	名利推來竟若何 前途辛苦後奔波 命中難養男與女 骨肉扶持也不多
四兩六	此乃富貴有餘福壽雙全之命也	東西南北盡皆通 出姓移名更覺隆 衣祿無虧天數定 中年晚景一般同
四兩七	此乃高官厚祿學業飽滿之命也	此命推來旺末年 妻榮子貴自怡然 平生原有滔滔福 可有財源如水流
四兩八	此乃官員財祿厚重之命也	幼年運道未曾亨 苦是磋砣再不興 兄弟六親皆無靠 一身事業晚年成
四兩九	此乃性巧精神倉庫財祿之命也	此命推來福不輕 自立自成顯門庭 從來富貴人親近 使婢差奴過一生
五兩	此乃文武才能錢穀豐盛之命也	為利為名終日勞 中年福祿也多遭 老來是有財星照 不比前番目下高
五兩一	此乃官職財祿榮華富貴之命也	一世榮華世世通 不須勞祿自亨通 弟兄叔姪皆如意 家業成時福祿宏
五兩二	此乃掌握兵權富貴長壽之命也	一世亨通事事能 不須勞思自然成 宗族欣然心皆好 家業豐亨自稱心
五兩三	此乃僧道門中近貴之命也	此格推來氣象真 興家發達在其中 一生福祿安排定 卻是人間一富翁
五兩四	此乃有威權富貴財祿之命也	此命推來厚且清 詩書滿腹看功成 豐衣足食自然穩 正是人間有福人
五兩五	此乃官職財祿豐盛之命也	走馬揚鞭爭名利 少年做事運籌論 一朝福祿源源至 富貴榮華顯六親
五兩六	此乃官職長享榮華富貴之命也	此格推來禮義通 一年福祿用無窮 甜酸苦辣皆嘗過 財源滾滾穩且豐
五兩七	此乃官職文章壓眾精通之命也	福祿盈盈萬事全 一生榮耀顯雙親 名揚威振人欽敬 處世逍遙似遇春
五兩八	此乃官職旺相才能性質富貴之命也	平生福祿自然來 名利兼全福壽偕 雁塔題名為貴客 紫袍金帶走金堦
五兩九	此乃官職財祿厚重之命也	細推此格妙且清 必定財高禮義通 甲第之中應有分 揚鞭走馬顯威榮
六兩	此乃官職榮華福壽財祿之命也	一朝金榜快題名 顯祖榮宗立大勳 衣食定然富裕足 田園財帛更豐盈
六兩一	此乃法身官掌風雷權柄之命也	不作朝中金榜客 定為世上一財翁 聰明天賦經書熟 名顯高科自是榮
六兩二	此乃官職有權柄之命也	此命生來福不窮 讀書必定顯親榮 紫衣金帶為卿相 富貴榮華皆可同
六兩三	此乃指揮太守萬戶封侯之命也	命主為官福祿長 得來富貴定非常 名題金塔傳金榜 定中高科天下揚
六兩四	此乃官職尚書侍郎之命也	此格權威不可當 紫袍金帶坐高堂 榮華富貴誰能及 積玉堆金滿儲倉
六兩五	此乃威權發無邊財福祿之命也	細推此命福不輕 安國安邦極品人 文繡雕樑真富貴 威聲照耀四方聞
六兩六	此乃公侯駙馬丞相之命也	此格人間一福人 堆金積玉滿堂春 從來富貴由天定 正笏垂紳謁聖君
六兩七	此乃冠世萬國來朝上格之命也	此命生來福自宏 田園家業最高隆 平生衣祿豐盈足 一世榮華萬事通
六兩八	此乃溫和幸福富貴極吉之命也	富貴由天莫苦求 萬金家計不須謀 十年不比前番事 祖業根基水上舟
六兩九	此乃享受高位功名顯達之命也	君是人間衣祿星 一生富貴眾人欽 總然福祿由天定 安享榮華過一生
七兩	此乃權力俱備志望上流之命也	此命推來福不輕 不須愁慮苦勞心 一生天定衣與祿 富貴榮華過一生
七兩一	此乃大志大業勢如破竹之命也	此命生來大不同 公侯卿相在其中 一生自有逍遙福 富貴榮華極品隆
七兩二	此乃罕有生帝王之命也	此格世界罕有生 十代積善產此人 天上紫微來照命 統治萬民樂太平

出生的日數

十六	八錢
十七	九錢
十八	一兩八錢
十九	五錢
二十	一兩五錢
廿一	一兩〇錢
廿二	九錢
廿三	八錢
廿四	九錢
廿五	一兩五錢
廿六	一兩八錢
廿七	七錢
廿八	八錢
廿九	一兩六錢
三十	六錢

出生的時數

子時	一兩六錢
丑時	六錢
寅時	七錢
卯時	一兩〇錢
辰時	九錢
巳時	一兩六錢
午時	一兩〇錢
未時	八錢
申時	八錢
酉時	九錢
戌時	六錢
亥時	六錢

梅花易數預測樂透號碼

洪敏貫

在命理上財有兩種，一爲正財，一爲偏財，正財人人都有，只是多寡而已，但偏財卻只有少數人才有，而且偏財當中有一種爲「逸中得財」的方式，最爲人所熱衷，如股票、賭博、以及現在很流行的樂透彩券；綜觀人類千百年來處心積慮在算計錢財，試問有多少人唾手可得，又有多少人失之交臂，古人說：「大富由天，小富由儉」，誠然不假，一個人究竟能否致富，顯然必與宿命有關。

依照佛教三世因果的觀點，一個人中樂透頭彩而一夜致富，絕對不是偶然的，一定是前世所種的福田，延伸在今生收成的，換言之，前世若沒有累積資糧的人，今生想作發財夢，無疑是挾泰山以超此海，是不能，非不爲也。

易經八卦，每一個卦都有代表數目，而且會無限延伸，以梅花易數的體用推演，可以把大小樂透四十二組或四十九組號碼，縮小範圍算出或然率，增加中獎機會，但筆者能做的只是一塊敲門磚，這當中還要看各位的因緣與福報才行，況且至今尚無一種程式可以窺破樂透的奧秘，能夠作出百分之百的精準預測，否則這個世界恐將大亂，同時也必遭天譴。

首先準備紙筆及一元硬幣六枚，以國父人頭爲正面，壹圓字樣爲反面，最好在開獎當天進行，占卜之前，必須靜心片刻，再把六枚硬幣放入雙手，成爲蛋空狀，虔誠默禱這一期的樂透號碼爲那些數目?禱畢雙手搖動幾下，靜止後以左手握著錢幣，右手一枚一枚取出，由下往上排成一條直線，並紀錄正反兩面圖象，凡正面就劃▬（名叫陽爻），反面就劃╍（名叫陰爻），也是由下往上劃，完成之後就是易經所講的六爻卦，一個硬幣爲一爻，從最下面算起初爻，依序向上二爻、三爻、四爻、五爻、六爻爲止，凡初爻、二、三爻名爲下卦，四、五、六爻爲上卦，例如占出☱☳這一卦，見附表一，查出上卦爲兌卦屬金，代表數目是2，下卦震卦屬木，代表數目是4，上下卦數目總和是6，占卜時間如果是午時（見附表二時間代表數目）爲7，把上下卦數目加上時間數目合計爲13，因爲有六爻，所以13除以6，餘數1，得知動爻在初爻（如果整除，則爲第六爻），此時就把動爻的卦定位爲「用卦」，即下卦爲震，那麼「體卦」當然就是上卦爲兌，求出體卦以後，就以體卦爲主，凡求財卦配合五行生剋有下列五種組合（見附表三）：

一、用卦生體卦財旺
二、體卦剋用卦有財
三、體卦用卦比和小財（五行一樣叫比和）
四、體卦生用卦無財
五、用卦剋體卦亦是無財

由此得知取第一、二種是爲優先，第三種可取可捨，第四、五種捨棄不用，我們就以體用（☱☳）爲例，體卦爲兌五行屬金，土生金的有艮土、坤土，金剋木的有震木、巽木，換言之，共有艮、坤、震、巽四卦爲最有利體卦，見附表一這四卦的代表數目及延伸數目，就可以整理出24組號碼如下：

艮：7 15 23 31 39 47　　坤：8 16 24 32 40 48
震：4 12 20 28 36 44　　巽：5 13 21 29 37 45

另外參考附表一，找出這四個有利的卦象方位，艮爲東北方，坤爲西南方，震爲東方，巽爲東南方，可以往這四個方位樂透站簽牌，亦可提高中獎機會。

附表二

時　　間	數目
23 － 01	1
01 － 03	2
03 － 05	3
05 － 07	4
07 － 09	5
09 － 11	6
11 － 13	7
13 － 15	8
15 － 17	9
17 － 19	10
19 － 21	11
21 － 23	12

附表一

分類＼八卦	乾	兌	離	震	巽	坎	艮	坤
卦　象	☰	☱	☲	☳	☴	☵	☶	☷
五　行	金	金	火	木	木	水	土	土
方　位	西北	西	南	東	東南	北	東北	西南
代表數目	1	2	3	4	5	6	7	8
延伸數目	9 17 25 33 41 49	10 18 26 34 42	11 19 27 35 43	12 20 28 36 44	13 21 29 37 45	14 22 30 38 46	15 23 31 39 47	16 24 32 40 48

附表三

樂透進財開運大法之一

玄空卦運取數法

顏兆鴻／撰
林進來／提供

好運歹運各有其數，而所有的數冥冥中似乎有一個萬能的先知所主宰，能不能抓出一點蛛絲馬跡呢？

中國堪輿推展協會創會理事長林進來應本書之邀，特別洩露天機，透露一招「玄空卦運取數法」。

此法很好使用，可拿一本農民曆來參考，農民曆中每一天會有一個卦象，卦的上下各有一個數字，此即為玄空卦數，另有一欄則標出「乾、兌、離、震、巽、坎、艮、坤」八個先天卦序，我們可將它還原成先天卦數及後天卦數：

先天卦數：乾1、兌2、離3、震4、巽5、坎6、艮7、坤8。

後天卦數：坎1、坤2、震3、巽4、乾6、兌7、艮8、離9。

這此數就隱含了一些玄機。

以二〇〇二年1月22日為例，玄空卦運數為3、1；八卦坤卦先天數8後天數2，當天開出號碼為「10、32、13、4、9、33」特別號37、3數開的很多。

1月25日，玄空卦運數為4、6；八卦為離卦，離卦先天數為3，後天數為9，當天開出的號碼為「28、31、16、35、6、30」，特別號2，也是3、6的天下。

1月29日第3期開獎，玄空卦運數為4、9；八卦艮卦，艮先天數7，後天數8，開獎號碼「7、9、29、39、36」特別號16，9數特別耀眼。

2月1日第4期開獎，玄空卦運數2、9；八卦兌卦，先天數2，後天卦數7，開獎號碼「13、39、28、30、25、29」特別號21，9和2平分秋色。

但是林理事長特別提醒一點，凡所有數即有變數，說不定也會槓龜，眾人可由此為出發點，運用自己所學和智慧，再以引伸研發，靈不靈別太認真，他更奉勸全台灣民眾，別為樂透熱過頭，否則真要嚐盡苦頭。（**本文摘自長昇出版「樂透進財必勝大全」**）

樂透進財開運大法之二

奇門遁甲訣

文／王錫麟

奇門遁甲是一種趨吉避凶、增加成功率的學問，謹將一些可行的方法提供同好參考，但容筆者先表達一點心聲：

筆者從事五術命理研究逾20年，深信一個人一生的福報應該是固定的，即使能夠稍為改變也是努力修身養性而來。

當台灣大家樂盛行時，許多命理工作者研究明牌樂此不疲，曾有同行勸戒：「研究五術命理不玩六合彩，真是浪費所學！」筆者反問：「有多少人贏了錢？」

老天爺給我們數術是用來趨吉避凶、知命以達改造生活品質，使自己身體健康、生活及婚姻美滿、官運事業順利或許是有的，但若用來投機取巧、一夜致富，那是不可能的。

就以數術的角度來說，增加成功率的可能性是有的，甚至可以增加兩倍的中獎率，但是從五百萬分之一的中獎率變成二五0萬分之一，你認為高很多了嗎？

A.小賭怡情、大賭傾家蕩產，包括麻將也一樣，若只是小賭，當作生活中的情趣，筆者倒不反對，特在此提供三項趨吉避凶、增加成功率的奇門小偏方。

B.遁甲出行訣：

出門簽注電腦彩券之前，先至誠閉氣，吸東方生氣一口，吹在手心，右手劍指，在左手心上寫個「乾」字，隨即握拳而行，百步不可回頭。

C.觸機取數訣：

選擇奇門遁甲當日日盤吉方，或想要去買彩券當時的時盤，開休生三吉門會到天盤乙丙丁的方位即為吉方，依此吉方前行購買彩券，路途之中所見所聞都可用來作為參考數字，或激發數字靈感，選到中獎號碼，尤其是在路上遇到令自己欣喜的事件，所啟發出來的數字更為靈驗。

四縱五橫取數訣：

在家裡先做好42個或49個號碼的籤，先用奇門九字訣四縱五橫法加持於籤上，（即右手劍指，橫豎虛劃「臨兵鬥者皆陣列在前」（見附圖），再任意取出六張籤單，依此圈選號碼，也可增加中獎率。**（本文摘自大元出版，「樂透開運必勝大全」）**

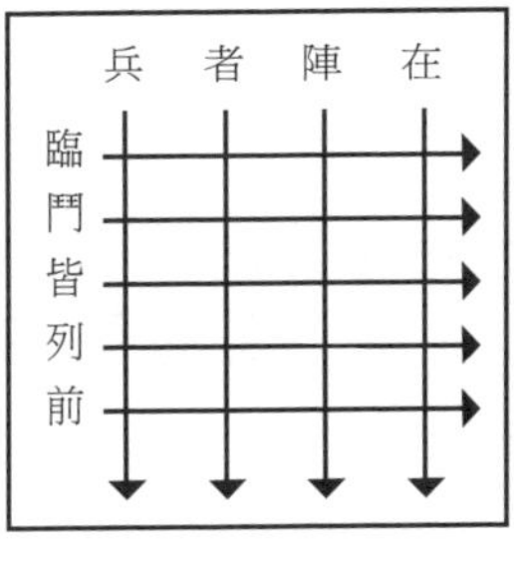

樂透進財開運大法之三

日期靈數抓牌法

顏兆鴻／撰
林樂卿／提供

最近彩券風行，大家莫不被這個話題吸引，更有許多人實際體驗下海去玩。對於如何窺探開獎數字的奧秘，也非常地讓人耐人尋味。而彩券就是依照號碼而開出獎的，剛好神祕學中的一支-靈數，跟號碼息息相關。多少人想要藉助各種神祕學的力量來獲知開獎結果，而與數字這麼相關的靈數學，究竟要如何幫助我們窺探彩券呢？

以靈數的觀點來說，開獎號碼的選擇，最好不要跟自己相關，與開獎日期有關的數字，中獎機率反而比較大。而其中奧秘是，不要直接用表的數字，都要經過計算，找出幾個「基數」來！

我們以2002/02/26這一個開獎日子為例子，來看看如何計算這些數字：

首先將整個日期所有數字加起來，會得到一個總基數，如：2002/02/26，總數字相加是：2+0+0+2+0+2+2+6=14，然後再加成一位數：1+4=5，也就是當天的總基數是5。

〔我剋〕，38〔我剋〕

※如何計算年命卦

4.選擇〔時干〕落宮

本範例為乙未時，取〔乙〕天干落宮〔艮宮〕

（1）地盤艮宮，紫白飛星，號碼03

（2）地盤有己，號碼06

（3）地盤自相加，艮（先天八卦數）+己符7+6＝13

（4）門盤落宮數，杜門4落艮宮，先天卦數7

（5）地盤總數+門盤，艮宮紫白飛星3+己6+杜門4＝13

（6）天盤+神盤，天蓬星1+九天8＝9

（7）天盤+神盤+門盤+地盤 ＝>天蓬星1+九天8+杜門4+地盤己6＝19

（8）歸納號碼：03，06，07，09，13，19

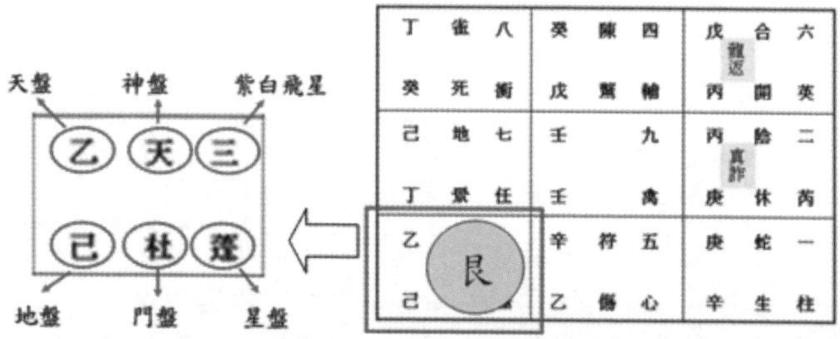

代表數字	1	2	3	4	5	6	7	8	9
先天八卦數	乾	兌	離	震	巽	坎	艮	坤	
八門	休門	死門	傷門	杜門	死門	開門	驚門	生門	景門
九星	天蓬	天芮	天沖	天輔	天禽	天心	天柱	天任	天英
八神(陽遁)	值符	朱雀	太陰	六合	朱雀	九天	九地	滕蛇	勾陳
八神(陰遁)	值符	六合	九地	朱雀	六合	滕蛇	太陰	九天	勾陳

六爻股票投資賺錢術

文／文衡富

任何的投資，獲利是唯一目的，如果手上有一筆資金，可以選擇開公司、店面經營、工廠生產等，但除非專業知識與經營能力相當優異，否則失敗的機率相當高，還有一些會誤信不法集團的暴利分紅，損失慘重。而股票投資是較輕鬆的理財法，不需要有企業經營的能力，有政府做莊，擇績優股票長期投資，讓大公司替我們賺錢，當股東等著分紅是很不錯的抉擇。

開店面做生意，不能說收就收，房地產投資，非想賣就能立刻成交，有的賣上幾月幾年都有，但股票買賣快捷，脫手簡易。當然，如何選股是第一要務，選對股票投資一定會有優厚的投資酬率，做點功課是必須的，市面上擇股教學課程相當豐富，譬如K線理論、扇形理論、波浪理論、趨勢理論、大碗公理論、價量關係等，為掌握漲跌，應用不簡單，光是繳費學習，所費不貲。

有更好的擇優學習法嗎？當然有，六爻占卜選股要訣是最簡明的方法，請先購「六爻神卦推運法」一書學習，書中有財運、婚姻、股票、事業、健康等338例，學會占卜，不僅在生活應用方面大有助益，其中股票漲跌56個卦例，是筆者20多年的股票占卜精華，長期追蹤心得，內容有買進賣出時機，如何低進高賣、長期持有獲利，是選股利器。

今日股市透明度高，財報獲利清楚，股利股息發配好壞是重要標的，但為了穩健，六爻占卜是重要參考依據，免得人云亦云，跟著消息面進出，多半是受害接著再計算月日合數，2月26日為：0+2+2+6=10，這個10還是要加成個位數：1+0=1。

最後再計算日期基數，26日為：2+6=8，這樣可以知道，跟2002/02/26這天有關的機個基數是：5、1、8。

所以，我們要選擇的數字，要加起來是5、1、8的幾組，如05、14、23、32、41加起來是5、01、10、19、28、37、46加起來是1、08、17、26、35、44加起來是8，也就是說，以上列舉的這些號碼都可以選哦！

另外，星期幾也要考慮進去，如開獎為星期一、二和星期四、五，星期代表數也可以應用。只是要注意～～星期二的數字絕對不是2，星期五也絕對不是5！我們要清楚的一點是，星期二的代表數字是：9，而星期五的代表數字是：6！

所以在星期二這天，開獎號碼中也會有加起來基數是9的一組，09、18、27、36這幾組數字，也都會有出現的機率！

而星期五則是加起來基數是6的數字組，有出現的機率：06、15、24、33。

不過還是以不斷變動的日期數，較星期數來得重要，像上面所舉的例子：2002/02/26，開出的六組數字中就出現好幾組，所以可由日期算出的基數：5、1、8變化出的數字群為主，以星期數作為參考或附加即可！

然而，影響開獎的因素頗大，而日期數的計算也還有更複雜的方式，再以星期數和日期各基數相加計算。也就是說星期二開獎的話，日期的三個數就要各自再加9，星期五開獎則是日期的三個數各自再加6，這樣得出的幾個數字拆成數字組，也是開獎會出現的數組！然而星期二和星期五兩個開獎日，是以星期五比較多靈動變化！因為星期二的代表數是9，而基數加上9還是維持原來數字，如：5+9=14，1+4=5。所以星期五的變動因子較大，算出的每個字都需要加上6，另增一組可能數字，這天狀況和變化會較為複雜！

另外，開獎六組數字全部加起來的總和，其實也有跡有循，不過要配合數陣的尋點，比較複雜。就是根據當天幾個基數形成連線或空缺，去尋析出一個會被這些數字影響而出現的數，這個數就是開獎全數的總和基數。不過這些算法比較困難，需要深入講解。大家不妨先就前述小試看看，應有一定的或然率。至於更深入而周全的計算，究竟要如何趨近大獎數字，就留待以後再一步探討囉！（**本文摘自大元出版，「樂透開運必勝大全」**）

【樂透進財大法之實務篇】

奇門遁甲擇吉時吉方，擇幸運號碼買樂透彩券

文／盎松居士

奇門遁甲在古代為帝王將相之術，從黃帝戰蚩尤，諸葛亮輔助劉備而三國鼎立，流傳至今，如何掌握最有利的位置，最好的方法。提升自己的運勢，增加成功的機率。

1 如何選擇吉時，吉方：以奇門局數起時盤（可查閱奇門遁甲時盤1080局，如「生活化奇門遁甲」，巫信輝／著，定價850元，大元書局有售），選擇時盤方位優先有以下至少任何一種

（1）真詐，重詐

（2）飛鳥跌穴（跌穴）

（3）青龍返首（龍返）

2 如何擇幸運號碼：配個人命卦及時干落宮，有號碼重複者為佳

範例：

1.擇吉時，吉方：

如2008年6月25（丙申）日，有龍返、真詐的時辰是在辰時、卯時、未時、申時、亥時，因辰時丙日不

陰九局丙辛日乙未時

南

丁 雀 八 癸 死 衝	癸 陳 四 戊 驚 輔	戊 合 六 龍返 丙 開 英
己 地 七 丁 景 任	壬 九 壬 禽	丙 陰 二 真詐 庚 休 芮
乙 天 三 己 杜 蓬	辛 符 五 乙 傷 心	庚 蛇 一 辛 生 柱

東　西

北

用；卯時、亥時樂透站沒開，所以只好用未時或申時，因申時只有龍返，未時兼有龍返、真詐，以多者更利，故選用未時，當日丙申日為丙辛局盤，陰九局（乙未）局盤，有龍返在西南方，真詐在西方。

未時（下午1～3時），從家中出發，一公里附近（距離太短，納氣不足，用走的，時間才夠）往西方（真詐）繞往西南方（龍返）附近彩券行，並停留20分鐘納氣，之後買彩券回家。

3.擇幸運號碼

查表得個人所屬生年命卦，取（我剋）及（同我）五行的數字

比如說

年命卦男命（一白星）的人，可擇1（同我），9（我剋），19（我剋）年命卦男命（三碧木）的人，可擇3（同我），4（同我），32（我剋），35（我剋），42（我剋），45

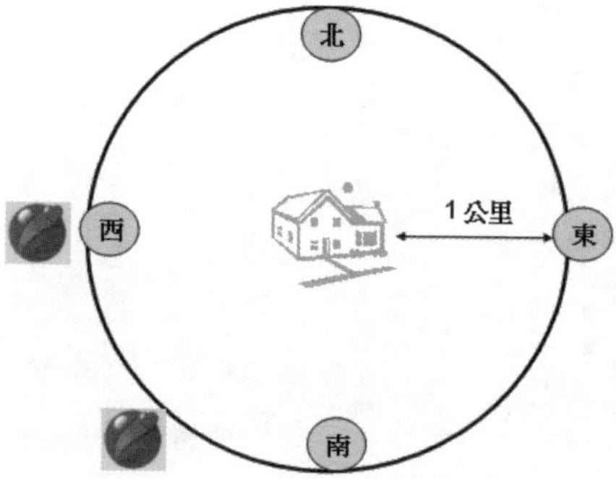

四巽木	九離火	二坤土
三震木		七兌金
八艮土	一坎水	六乾金

民國出生年VS年命卦換算表(男命)

九紫離	八白	七赤兌	六白	五黃中	四綠巽	三碧震	二黑坤	一白星
35	36	37	38	39	40	41	42	43
44	45	46	47	48	49	50	51	52
53	54	55	56	57	58	59	60	61
62	63	64	65	66	67	68	69	70
71	72	73	74	75	76	77	78	79
80	81	82	83	84	85	86	87	88
89	90	91	92	93	94	95	96	**97**
98	99	100						

民國出生年VS年命卦換算表(女命)

九紫離	八白	七赤兌	六白	五黃中	四綠巽	三碧震	二黑坤	一白星
38	37	36	35	34	33	32	31	30
47	46	45	44	43	42	41	40	39
56	55	54	53	52	51	50	49	48
65	64	63	62	61	60	59	58	57
74	73	72	71	70	69	68	67	66
83	82	81	80	79	78	77	76	75
92	91	90	89	88	87	86	85	84
	100	99	98	**97**	96	95	94	93

者。六爻測股著重買進時機，較不宜極短線買賣，因為人的情緒影響，或貪或疑，會使行動失誤。總之，學好占卦，切入點選擇正確，會更強於股票技術分析，股票卦例精彩，市面少有，值得賞析。

※選股步驟：

一、看個股日線走勢圖，為近期獲利法，MA5（五日線（和MA20）二十日線）的交會點，是漲跌關鍵點，近日股價不是向上挺升，就是向下走低。

二、此時就是占卜最佳時機，基本觀念是財旺勿進場，因為漲幅已無空間，兄旺財衰有根，即是進場訊號，至於何謂財旺或衰而有根，就請買書研究，只要掌握兩原則，日線交會點和財的旺衰，進退就有依據，比研究K線等理論清楚得多。

三、想再加強信心，可再參考股票基本面，若是業績穩健的好公司，非市場炒作，擇可安心進出。若想長期持有，亦須每年占卦，看今年漲跌，再好的績優股票，股價高低點，也會差蠻多的。

四、看個股週線走勢圖，可判斷中長期獲利，方法與步驟一致，MA5和MA20的兩線交會點，仍是漲跌關鍵點。

例、買進宏達電股票好嗎？

丙申年卯月戊子日　（午未空）

一、通信網路宏達電股票昔日股價1200多元，今天是99元，有多少人套在高點，高價股大都是大戶間的買賣，一般散戶哪有那麼多籌碼？追高價股或任何股票，不能追在高點，可是人心如此，價高一定有想追逐之人，如果學一點技術、懂一些卦理，是不是就能逃、能避災呢？那也未必，經常操作股票，必有失誤的時候，如果沒有閒錢，千萬別冒險借貸。

二、宏達電於台灣時間二〇一五年三月一日晚間11點，在西班牙巴塞隆納聖喬治宮體育館舉辦utopia in progress的新品發表會，除了HTC One M9 旗艦手機與 HTC Sense 7.0 使用者介面外，傳聞還有跟智慧手表 PETRA 等穿戴裝置，利多消息立刻激勵股價上漲，一星期股價上漲10元，今天戊子日（3月7日）是90元，但還會有高點嗎？

風澤中孚					水天需		
朱雀	官鬼	卯	○		妻財	子	X
青龍	父母	巳	—		兄弟	戌	—
玄武	兄弟	未	‥	世	子孫	申	‥
白虎	兄弟	丑	X		兄弟	辰	○
騰蛇	官鬼	卯	—		官鬼	寅	—
勾陳	父母	巳	—	應	妻財	子	—

三、如果聽股市報紙消息面，或是花錢參加投顧公司老師解盤，投資能心安嗎？畢竟不是自己能掌握，說進就進，說殺出就殺出，要不了多久，銀彈已空，沒有人會理，所以，不一定要學占卦，但一定要有自己的一套計畫、研究股票致勝方法，絕不能亂槍打鳥！

四、此卦世持申金子孫，可惜在卯月子日，福神乏力怎麼生財？臨玄武隱藏玄機，投機心理濃厚，辰土兄弟動化丑土退神，臨白虎有急漲急跌之勢，上爻子水妻財動入辰墓，又化卯木官鬼洩財，是無財可求之象。可是，這並非當日卦，是問買進結果？所以，須看是否有應期，月不變日變，先觀近日有獲利機會否？

五、下星期丙申日（3月15日），有申子辰三合局，世爻得辰土生，再生子水妻財，是最近的應期。結果隔兩天寅日（3月9日），就冲起申金世爻生子財，以104.5元收盤，盤中高點107.5元，果真到丙申日應期最具戲劇性變化，從昨日125.5元收盤價，申日巳時一路衝高到136.5元，才幾天90元進者大豐收，之後反轉向下，反而下挫，以114.5元收盤。

六、卯月己酉日回到90.5元，辰月更是80元上下震盪，所以，搶進高點的股民，會不會再套牢呢？答案是肯定的，不知轉折，可別隨意進出喔！測申金日為應期沒錯，但細微變化要到當日，才能更理解緣由，多驗證才能明白卦理，增強卦技！

※股票名字選股法：

筆者第三本書「六爻文字學開運法」，將文字以數字成卦，共計427例，無論是姓名、藝名、卡通人物、歷史名人、公司名、物品、動植物名稱，卦技好都能驗證事實、解析神秘，是文字學一大突破。姓名是人生縮影，是後天八字，準確度不亞於生辰八字，還有年月日可查，股票名稱亦不例外，書中有更多實例，茲舉一例說明。

例、國巨　戊戌年巳月辛酉日（子丑空）

一、文字取卦法，以第一字筆劃數除以8，餘數為上卦，第二字筆劃數除以8，餘數為下卦，兩字筆劃數總和除以6，餘數為動爻。此例，第一字「國」為11劃，除以8餘3，3為離卦，第二字「巨」為5劃，不足8以5劃計，5為巽卦，11加5為16，16除以6餘4為動爻。因此，國巨為火風鼎卦，動四爻。

二、二〇一八年五月十日經濟日報，今年來台灣被動元件龍頭國巨公司股價暴漲908%，漲幅全球第一。在MSCI公司全球指數所有股票中，漲幅最大，總市值逼近100億美元。在需求升溫與競爭對手削減產量的情勢下，上季國巨的獲利是一年前的五倍以上。

三、二〇一八年二月十二日（戊年寅月亥日）國巨股價312元低點起漲，一路衝高，至五月二十九日（巳月辛酉日），股價來到最高1090元。世持亥水官鬼，受四爻酉金妻財，動化戌土子孫回頭生，子孫生財再生世，今年戊戌年是應期，巳月兄弟生戌土上漲能量大，酉日臨財爻，與卦象一致。

四、其他股票成卦亦同，有興趣肯研究者，富貴可期，絕對是擇績優股票的好幫手，幸福需要知識，知識即力量。

一個好的投資者，善用資金，有多少錢做多少事，千萬不要借貸，加強投資知識和占卦技能，確立投資原則，就能穩健獲利累積財富。

作者在大元書局出版六柱十二字推命法、六爻神卦推運法、六爻文字學開運法等書。

文衡富老師電話（〇二）二四三一八九九〇

【國學小常識】

洪範五行：一曰水，二曰火，三曰木，四曰金，五曰土。水曰潤下，火曰炎上，木曰曲直，金曰從革，土爰稼穡。潤下作鹹，炎上作苦，曲直作酸，從革作辛，稼穡作甘。

洪範五事：一曰貌，二曰言，三曰視，四曰聽，五曰思。貌曰恭，言曰從，視曰明，聽曰聰，思曰睿。恭作肅，從作乂，明作哲，聰作謀，睿作聖。

洪範五紀：一曰歲，二曰月，三曰日，四曰星辰，五曰厤數。

洪範五福：一曰壽，二曰富，三曰康寧，四曰攸好德，五曰考終命。六極：一曰凶、短、折，二曰疾，三曰憂，四曰貧，五曰惡，六曰弱。

※六十四卦速見暨旬空表(文衡富設計)※

上卦 下卦	乾一戌 為一申 天一午	兌‥未 為一酉 澤一亥	離一巳 為‥未 火一酉	震‥戌 為‥申 雷一午	巽一卯 為一巳 風‥未	坎‥子 為一戌 水‥申	艮一寅 為‥子 山‥戌	坤‥酉 為‥亥 地‥丑
乾一辰 為一寅 天一子	乾 6 乾宮世 為屬 3 天金應	坤 5 澤宮世 天屬 2 夬土應	火乾 3 天宮世 大屬 6 有金應	雷坤 4 天宮世 大屬 1 壯土應	風巽 1 天宮世 小屬 4 畜木應	坤 4 水宮世 天屬 1 需土應	山艮 2 天宮世 大屬 5 畜土應	坤 3 地宮世 天屬 6 泰土應
兌‥丑 為一卯 澤一巳	艮 5 天宮世 澤屬 2 履土應	兌 6 兌宮世 為屬 3 澤金應	艮 4 火宮世 澤屬 1 睽土應	雷兌 3 澤宮世 歸屬 6 妹金應	風艮 4 澤宮世 中屬 1 孚土應	坎 1 水宮世 澤屬 4 節水應	艮 3 山宮世 澤屬 6 損土應	坤 2 地宮世 澤屬 5 臨土應
離一亥 為‥丑 火一卯	天離 3 火宮世 同屬 6 人火應	坎 4 澤宮世 火屬 1 革水應	離 6 離宮世 為屬 3 火火應	坎 5 雷宮世 火屬 2 豐水應	風巽 2 火宮世 家屬 5 人木應	水坎 3 火宮世 既屬 6 濟水應	艮 1 山宮世 火屬 4 賁土應	地坎 4 火宮世 明屬 1 夷水應
震‥辰 為‥寅 雷一子	天巽 4 雷宮世 無屬 1 妄木應	震 3 澤宮世 雷屬 6 隨木應	火巽 5 雷宮世 噬屬 2 嗑木應	震 6 震宮世 為屬 3 雷木應	巽 3 風宮世 雷屬 6 益木應	坎 2 水宮世 雷屬 5 屯水應	巽 4 山宮世 雷屬 1 頤木應	坤 1 地宮世 雷屬 4 復土應
巽一酉 為一亥 風‥丑	乾 1 天宮世 風屬 4 姤金應	澤震 4 風宮世 大屬 1 過木應	離 2 火宮世 風屬 5 鼎火應	震 3 雷宮世 風屬 6 恒木應	巽 6 巽宮世 為屬 3 風木應	震 5 水宮世 風屬 2 井木應	巽 3 山宮世 風屬 6 蠱木應	震 4 地宮世 風屬 1 升木應
坎‥午 為一辰 水‥寅	離 4 天宮世 水屬 1 訟火應	兌 1 澤宮世 水屬 4 困金應	火離 3 水宮世 未屬 6 濟火應	震 2 雷宮世 水屬 5 解木應	離 5 風宮世 水屬 2 渙火應	坎 6 坎宮世 為屬 3 水水應	離 4 山宮世 水屬 1 蒙火應	坎 3 地宮世 水屬 6 師水應
艮一申 為‥午 山‥辰	乾 2 天宮世 山屬 5 遯金應	兌 3 澤宮世 山屬 6 咸金應	離 1 火宮世 山屬 4 旅火應	雷兌 4 山宮世 小屬 1 過金應	艮 3 風宮世 山屬 6 漸土應	兌 4 水宮世 山屬 1 蹇金應	艮 6 艮宮世 為屬 3 山土應	兌 5 地宮世 山屬 2 謙金應
坤‥卯 為‥巳 地‥未	乾 3 天宮世 地屬 6 否金應	兌 2 澤宮世 地屬 5 萃金應	乾 4 火宮世 地屬 1 晉金應	震 1 雷宮世 地屬 4 豫木應	乾 4 風宮世 地屬 1 觀金應	坤 3 水宮世 地屬 6 比土應	乾 5 山宮世 地屬 2 剝金應	坤 6 坤宮世 為屬 3 地土應

旬空一覽表											
	甲子	乙丑	丙寅	丁卯	戊辰	己巳	庚午	辛未	壬申	癸酉	戌亥
	甲戌	乙亥	丙子	丁丑	戊寅	己卯	庚辰	辛巳	壬午	癸未	申酉
	甲申	乙酉	丙戌	丁亥	戊子	己丑	庚寅	辛卯	壬辰	癸巳	午未
	甲午	乙未	丙申	丁酉	戊戌	己亥	庚子	辛丑	壬寅	癸卯	辰巳
	甲辰	乙巳	丙午	丁未	戊申	己酉	庚戌	辛亥	壬子	癸丑	寅卯
	甲寅	乙卯	丙辰	丁巳	戊午	己未	庚申	辛酉	壬戌	癸亥	子丑

甲乙	青龍
丙丁	朱雀
戊	勾陳
己	騰蛇
庚辛	白虎
壬癸	玄武

支藏天干十神表

亥		戌			酉	申			未			午		巳			辰			卯	寅			丑			子	地支／日干
甲	壬	丁	戊	辛	辛	壬	癸	戊	丁	己	乙	己	丁	庚	丙	戊	癸	戊	乙	乙	戊	甲	丙	辛	己	癸	癸	
比肩	偏印	傷官	偏財	正官	正官	偏印	七殺	偏財	傷官	正財	劫財	正財	傷官	七殺	食神	偏財	正印	偏財	劫財	劫財	偏財	比肩	食神	正官	正財	正印	正印	甲
劫財	正印	食神	正財	七殺	七殺	正印	正官	正財	食神	偏財	比肩	偏財	食神	正官	傷官	正財	偏印	正財	比肩	比肩	正財	劫財	傷官	七殺	偏財	偏印	偏印	乙
偏印	七殺	劫財	食神	正財	正財	七殺	偏財	食神	劫財	傷官	正印	傷官	劫財	偏財	比肩	食神	正官	食神	正印	正印	食神	偏印	比肩	正財	傷官	正官	正官	丙
正印	正官	比肩	傷官	偏財	偏財	正官	正財	傷官	比肩	食神	偏印	食神	比肩	正財	劫財	傷官	七殺	傷官	偏印	偏印	傷官	正印	劫財	偏財	食神	七殺	七殺	丁
七殺	偏財	正印	比肩	傷官	傷官	偏財	食神	比肩	正印	劫財	正官	劫財	正印	食神	偏印	比肩	正財	比肩	正官	正官	比肩	七殺	偏印	傷官	劫財	正財	正財	戊
正官	正財	偏印	劫財	食神	食神	正財	傷官	劫財	偏印	比肩	七殺	比肩	偏印	傷官	正印	劫財	偏財	劫財	七殺	七殺	劫財	正官	正印	食神	比肩	偏財	偏財	己
偏財	食神	正官	偏印	劫財	劫財	食神	比肩	偏印	正官	正印	正財	正印	正官	比肩	七殺	偏印	傷官	偏印	正財	正財	偏印	偏財	七殺	劫財	正印	傷官	傷官	庚
正財	傷官	七殺	正印	比肩	比肩	傷官	劫財	正印	七殺	偏印	偏財	偏印	七殺	劫財	正官	正印	食神	正印	偏財	偏財	正印	正財	正官	比肩	偏印	食神	食神	辛
食神	比肩	正財	七殺	正印	正印	比肩	偏印	七殺	正財	正官	傷官	正官	正財	偏印	偏財	七殺	劫財	七殺	傷官	傷官	七殺	食神	偏財	正印	正官	劫財	劫財	壬
傷官	劫財	偏財	正官	偏印	偏印	劫財	正印	正官	偏財	七殺	食神	七殺	偏財	正印	正財	正官	比肩	正官	食神	食神	正官	傷官	正財	偏印	七殺	比肩	比肩	癸

神煞例表

紅艷煞	干祿	羊刃	文昌貴人	天乙貴人	日柱天干
午	寅	卯	巳	未丑	甲
午	卯		午	申子	乙
寅	巳	午	申	酉亥	丙
未	午		酉	酉亥	丁
辰	巳	午	申	未丑	戊
辰	午		酉	申子	己
戌	申	酉	亥	未丑	庚
酉	酉		子	寅午	辛
子	亥	子	寅	卯巳	壬
申	子		卯	卯巳	癸

神煞例表

大耗		寡宿	孤辰	年柱地支
巳	未	戌	寅	子
午	申	戌	寅	丑
未	酉	丑	巳	寅
申	戌	丑	巳	卯
酉	亥	丑	巳	辰
戌	子	辰	申	巳
亥	丑	辰	申	午
子	寅	辰	申	未
丑	卯	未	亥	申
寅	辰	未	亥	酉
卯	巳	未	亥	戌
辰	午	戌	寅	亥

日干見年、月、時干十神表

癸	壬	辛	庚	己	戊	丁	丙	乙	甲	年月時／日干
正印	偏印	正官	七殺	正財	偏財	傷官	食神	劫財	比肩	甲
偏印	正印	七殺	正官	偏財	正財	食神	傷官	比肩	劫財	乙
正官	七殺	正財	偏財	傷官	食神	劫財	比肩	正印	偏印	丙
七殺	正官	偏財	正財	食神	傷官	比肩	劫財	偏印	正印	丁
正財	偏財	傷官	食神	劫財	比肩	正印	偏印	正官	七殺	戊
偏財	正財	食神	傷官	比肩	劫財	偏印	正印	七殺	正官	己
傷官	食神	劫財	比肩	正印	偏印	正官	七殺	正財	偏財	庚
食神	傷官	比肩	劫財	偏印	正印	七殺	正官	偏財	正財	辛
劫財	比肩	正印	偏印	正官	七殺	正財	偏財	傷官	食神	壬
比肩	劫財	偏印	正印	七殺	正官	偏財	正財	食神	傷官	癸
						劫財癸卯	壬戌	偏財丙辰	七殺戊子	例

神煞例表

日柱地支	將星	華蓋	驛馬	劫煞	亡神	桃花
子	子	辰	寅	巳	亥	酉
丑	酉	丑	亥	寅	申	午
寅	午	戌	申	亥	巳	卯
卯	卯	未	巳	申	寅	子
辰	子	辰	寅	巳	亥	酉
巳	酉	丑	亥	寅	申	午
午	午	戌	申	亥	巳	卯
未	卯	未	巳	申	寅	子
申	子	辰	寅	巳	亥	酉
酉	酉	丑	亥	寅	申	午
戌	午	戌	申	亥	巳	卯
亥	卯	未	巳	申	寅	子

五虎遁月表

年／月	甲己	乙庚	丙辛	丁壬	戊癸
1 寅	丙寅	戊寅	庚寅	壬寅	甲寅
2 卯	丁卯	己卯	辛卯	癸卯	乙卯
3 辰	戊辰	庚辰	壬辰	甲辰	丙辰
4 巳	己巳	辛巳	癸巳	乙巳	丁巳
5 午	庚午	壬午	甲午	丙午	戊午
6 未	辛未	癸未	乙未	丁未	己未
7 申	壬申	甲申	丙申	戊申	庚申
8 酉	癸酉	乙酉	丁酉	己酉	辛酉
9 戌	甲戌	丙戌	戊戌	庚戌	壬戌
10 亥	乙亥	丁亥	己亥	辛亥	癸亥
11 子	丙子	戊子	庚子	壬子	甲子
12 丑	丁丑	己丑	辛丑	癸丑	乙丑

五鼠遁日表（時柱天干加配）

時	日干	甲己	乙庚	丙辛	丁壬	戊癸
23-01	子	甲子	丙子	戊子	庚子	壬子
01-03	丑	乙丑	丁丑	己丑	辛丑	癸丑
03-05	寅	丙寅	戊寅	庚寅	壬寅	甲寅
05-07	卯	丁卯	己卯	辛卯	癸卯	乙卯
07-09	辰	戊辰	庚辰	壬辰	甲辰	丙辰
09-11	巳	己巳	辛巳	癸巳	乙巳	丁巳
11-13	午	庚午	壬午	甲午	丙午	戊午
13-15	未	辛未	癸未	乙未	丁未	己未
15-17	申	壬申	甲申	丙申	戊申	庚申
17-19	酉	癸酉	乙酉	丁酉	己酉	辛酉
19-21	戌	甲戌	丙戌	戊戌	庚戌	壬戌
21-23	亥	乙亥	丁亥	己亥	辛亥	癸亥

六十甲子表

甲子	甲戌	甲申	甲午	甲辰	甲寅
乙丑	乙亥	乙酉	乙未	乙巳	乙卯
丙寅	丙子	丙戌	丙申	丙午	丙辰
丁卯	丁丑	丁亥	丁酉	丁未	丁巳
戊辰	戊寅	戊子	戊戌	戊申	戊午
己巳	己卯	己丑	己亥	己酉	己未
庚午	庚辰	庚寅	庚子	庚戌	庚申
辛未	辛巳	辛卯	辛丑	辛亥	辛酉
壬申	壬午	壬辰	壬寅	壬子	壬戌
癸酉	癸未	癸巳	癸卯	癸丑	癸亥

空亡表（日干支）

甲子	甲戌	甲申	甲午	甲辰	甲寅	
乙丑	乙亥	乙酉	乙未	乙巳	乙卯	
丙寅	丙子	丙戌	丙申	丙午	丙辰	
丁卯	丁丑	丁亥	丁酉	丁未	丁巳	
戊辰	戊寅	戊子	戊戌	戊申	戊午	
己巳	己卯	己丑	己亥	己酉	己未	
庚午	庚辰	庚寅	庚子	庚戌	庚申	
辛未	辛巳	辛卯	辛丑	辛亥	辛酉	
壬申	壬午	壬辰	壬寅	壬子	壬戌	
癸酉	癸未	癸巳	癸卯	癸丑	癸亥	
戌、亥	申、酉	午、未	辰、巳	寅、卯	子、丑	（空亡）

十二生旺庫

日干／支	長生	沐浴	冠帶	臨官	帝旺	衰	病	死	墓	絕	胎	養
甲	亥	子	丑	寅	卯	辰	巳	午	未	申	酉	戌
乙	午	巳	辰	卯	寅	丑	子	亥	戌	酉	申	未
丙	寅	卯	辰	巳	午	未	申	酉	戌	亥	子	丑
丁	酉	申	未	午	巳	辰	卯	寅	丑	子	亥	戌
戊	寅	卯	辰	巳	午	未	申	酉	戌	亥	子	丑
己	酉	申	未	午	巳	辰	卯	寅	丑	子	亥	戌
庚	巳	午	未	申	酉	戌	亥	子	丑	寅	卯	辰
辛	子	亥	戌	酉	申	未	午	巳	辰	卯	寅	丑
壬	申	酉	戌	亥	子	丑	寅	卯	辰	巳	午	未
癸	卯	寅	丑	子	亥	戌	酉	申	未	午	巳	辰

十天干合會沖剋

十天干陰陽

甲丙戊庚壬，屬陽；乙丁己辛癸，屬陰。

十天干五行方位

甲乙東方木，丙丁南方火，戊己中央土，庚辛西方金，壬癸北方水。

十天干合化

甲己合化土，乙庚合化金，丙辛合化水，丁壬合化木，戊癸合化火。

十天干相剋

甲乙木剋戊己土（甲戊相剋，乙己相剋）；丙丁火剋庚辛金（丙庚相剋，丁辛相剋）；戊己土剋壬癸水（戊壬相剋，己癸相剋）；庚辛金剋甲乙木（庚甲相剋，辛乙相剋）；壬癸水剋丙丁火（壬丙相剋，癸丁相剋）。

十二地支（十二生肖）合會沖刑

地支六合：

子丑合化土，寅亥合化木，卯戌合化火，辰酉合化金，巳申合化水，午未為陰陽中正合化土。

地支三合：

申子辰合成水局，巳酉丑合成金局，寅午戌合成火局，亥卯未合成木局。

地支三會：

亥子丑會北方水，寅卯辰會東方木，巳午未會南方火，申酉戌會西方金。

地支六沖：

子午沖，丑未沖，寅申沖，卯酉沖，辰戌沖，巳亥沖。

地支相破：

子酉相破，午卯相破，巳申相破，寅亥相破，辰丑相破，戌未相破。

地支六害（或六穿）：

子未相害，丑午相害，寅巳相害，卯辰相害，申亥相害，酉戌相害。

地支相刑：

寅刑巳，巳刑申，申刑寅，為恃勢之刑。

未刑丑，丑刑戌，戌刑未，為無恩之刑。

子刑卯，卯刑子，為無禮之刑。

辰刑辰，午刑午，酉刑酉，亥刑亥，為自刑之刑。

天乙貴人訣

甲戊庚（有謂兼者）牛羊，乙己鼠猴鄉，丙丁豬雞位，壬癸兔蛇藏，六（有謂庚者）辛逢馬虎，此是貴人方。

華蓋：華蓋以年支（或謂日支）為主，年支（或謂日支）三合局的最後一個字即為華蓋，如申子辰在辰，巳酉丑在丑，亥卯未在未。

二十四節氣口訣歌

春雨驚春清穀天，夏滿芒夏暑相連，秋處露秋寒霜降，冬雪雪冬小大寒。

您貴姓，我知道！

8 彭	9 王	10 施	11 顏	12 呂	13 黃	14 歐	15 李
24 高	25 楊	26 張	27 簡	28 石	29 郭	30 蘇	31 徐
40 孟	41 董	42 何	43 胡	44 趙	45 薛	46 鄭	47 葉
56 詹	57 游	58 陸	59 林	60 江	61 方	62 錢	63 盧

4 岳	5 沈	6 賴	7 宋	12 呂	13 黃	14 歐	15 李
20 范	21 謝	22 邱	23 曾	28 石	29 郭	30 蘇	31 徐
36 許	37 蕭	38 魏	39 朱	44 趙	45 薛	46 鄭	47 葉
52 鐘	53 劉	54 杜	55 馮	56 江	60 方	62 錢	63 盧

16 陳	17 翁	18 洪	19 周	20 范	21 謝	22 邱	23 曾
24 高	25 楊	26 張	27 簡	28 石	29 郭	30 蘇	31 徐
48 鄧	49 孫	50 蔣	51 梁	52 鐘	53 劉	54 杜	55 馮
56 詹	57 游	58 陸	59 林	60 江	61 方	62 錢	63 盧

1 吳	3 尤	5 沈	7 宋	9 王	11 顏	13 黃	15 李
17 翁	19 周	21 謝	23 曾	25 楊	27 簡	29 郭	31 徐
33 廖	35 莊	37 蕭	39 朱	41 董	43 胡	45 薛	47 葉
49 孫	51 梁	53 劉	55 馮	57 游	59 林	61 方	63 盧

2 羅	3 尤	6 賴	7 宋	10 施	11 顏	14 歐	15 李
18 洪	19 周	22 邱	23 曾	26 張	27 簡	30 蘇	31 徐
34 蔡	35 莊	38 魏	39 朱	42 何	43 胡	46 鄭	47 葉
50 蔣	51 梁	54 杜	55 馮	58 陸	59 林	62 錢	63 盧

32 潘	33 廖	34 蔡	35 莊	36 許	37 蕭	38 魏	39 朱
40 孟	41 董	42 何	43 胡	44 趙	45 薛	46 鄭	47 葉
48 鄧	49 孫	50 蔣	51 梁	52 鐘	53 劉	54 杜	55 馮
56 詹	57 游	58 陸	59 林	60 江	61 方	62 錢	63 盧

天相+2 巳	天梁+4 午	廉貞+1 七殺+4 未	申
巨門−2 辰	紫微在卯的廟旺利平陷表 (內為出生年及命宮) ●葉起田(戊子)(丙辰) ●周亞芳(庚子)(己卯) ●方方芳(辛丑)(癸巳) (生日命盤・僅供參考)		酉
紫微+3 貪狼+1 卯			天同0 戌
天機+2 太陰+3 寅	天府+4 丑	太陽−2 子	武曲0 破軍0 亥

廟+4 旺+3 得地+2 利+1 平0 不得地−1 陷−2

太陰−2 巳	貪狼+3 午	天同−1 巨門−1 未	武曲+2 天相−2 申
天府+4 廉貞+1 辰	紫微在子的廟旺利平陷表 (內為出生年及命宮) ●王永慶(丙辰)(辛卯) ●彭治治(丙申)(甲午) ●許存美(丁酉)(丁未) ●趙健名(壬子)(甲辰) (生日命盤・僅供參考)		太陽0 天梁+2 酉
卯			七殺+4 戌
破軍+2 寅	丑	紫微0 子	天機0 亥

廟+4 旺+3 得地+2 利益+1 平和0 不得地−1 陷−2

天梁−2 巳	七殺+3 午	未	廉貞+4 申
紫微+2 天相+2 辰	紫微在辰的廟旺利平陷表 (內為出生年及命宮) ●連戰(丙子)(己亥) ●林洋港(丁卯)(己酉) ●辰龍(甲午)(丙子) ●凌風(乙酉)(庚辰) ●馬士莉(己亥)(戊辰) (生日命盤・僅供參考)		酉
天機+3 巨門+4 卯			破軍+3 戌
貪狼0 寅	太陽−1 太陰+4 丑	天府+4 武曲+3 子	天同+4 亥

廟+4 旺+3 得地+2 利益+1 平和0 不得地−1 陷−2

廉貞−2 貪狼−2 巳	巨門+3 午	天相+2 未	天同+3 天梁−2 申
太陰−2 辰	紫微在丑的廟旺利平陷表 (內為出生年及命宮) ●陳水扁(庚寅)(壬午) ●鳳飛飛(癸巳)(戊午) ●王小嬋(壬寅)(癸丑) ●宋楚瑜(壬午)(壬寅) (生日命盤・僅供參考)		武曲+1 七殺+3 酉
天府+2 卯			太陽−1 戌
寅	紫微+4 破軍+3 丑	天機+4 子	亥

廟+4 旺+3 得地+2 利益+1 平和0 不得地−1 陷−2

紫微+3 七殺0 巳	午	未	申
天機+1 天梁+4 辰	紫微在巳的廟旺利平陷表 (內為出生年及命宮) ●楊利花(甲申)(甲戌) ●吳火獅(戊午)(丁巳) ●葉愛菱(戊申)(乙丑) ●李列(戊戌)(戊午) (生日命盤・僅供參考)		廉貞0 破軍−2 酉
天相−2 卯			戌
太陽+3 巨門+4 寅	武曲+4 貪狼+4 丑	天同+3 太陰+4 子	天府+2 亥

廟+4 旺+ 3 得地+2 利+1 平0 不得地−1 陷−2

巨門+3 巳	廉貞0 天相+4 午	天梁+3 未	七殺+4 申
貪狼+4 辰	紫微在寅的廟旺利平陷表 (內為出生年及命宮) ●王非(己酉)(丙子) ●章子怡(己未)(辛未) (生日命盤・僅供參考)		天同0 酉
太陰−2 卯			武曲+4 戌
紫微+3 天府+4 寅	天機−2 丑	破軍+4 子	太陽−2 亥

廟+4 旺+3 得地+2 利益+1 平和0 不得地−1 陷−2

武曲0 破軍0 巳	太陽+3 午	天府+4 未	天機+2 太陰+1 申
天同0 辰	紫微在酉的廟旺利平陷表 (內為出生年及命宮) ●洪敏太(丁亥)(乙巳) ●鍾楚虹(庚子)(戊子) ●蔡信娟(丙午)(庚寅) (生日命盤．僅供參考)		紫微+4 貪狼+1 酉
卯			巨門−2 戌
寅	廉貞+1 七殺+4 丑	天梁+4 子	天相+2 亥

廟+4 旺+3 得地+2 利+1 平0 不得地−1 陷−2

天機0 巳	紫微+4 午	未	破軍+2 申
七殺+4 辰	紫微在午的廟旺利平陷表 (內為出生年及命宮) ●馬英九(庚寅)(丁亥) ●柯進雄(甲申)(丙寅) ●林志鈴(甲寅)(癸酉) ●羅必玲(庚子)(庚辰) ●舒琪(丙辰)(己亥) (生日命盤．僅供參考)		酉
太陽+4 天梁+4 卯			廉貞+1 天府+4 戌
武曲+2 天相+4 寅	天同−1 巨門−1 丑	貪狼+3 子	太陰+4 亥

廟+4 旺+3 得地+2 利益+1 平和0 不得地−1 陷−2

天同+4 巳	天府+3 武曲+3 午	太陽+2 太陰−1 未	貪狼0 申
破軍+3 辰	紫微在戌的廟旺利平陷表 (內為出生年及命宮) ●李登輝(壬戌)(癸丑) ●吳伯雄(己卯)(己巳) ●豬歌亮(丙戌)(己亥) ●奇美鳳(丙午)(辛卯) ●李小龍(庚辰)(己丑) (生日命盤．僅供參考)		天機+3 巨門+4 酉
卯			紫微+2 天相+2 戌
廉貞+4 寅	丑	七殺+3 子	天梁−2 亥

廟+4 旺+3 得地+2 利益+1 平和0 不得地−1 陷−2

巳	天機+4 午	紫微+3 破軍+4 未	申
太陽+3 辰	紫微在未的廟旺利平陷表 (內為出生年及命宮) ●劉邦友(壬午)(丁未) ●林清霞(甲午)(丙寅) ●胡應夢(癸巳)(己未) ●于風(辛丑)(己亥) (生日命盤．僅供參考)		天府+3 酉
武曲+1 七殺+3 卯			太陰+3 戌
天同+1 天梁+4 寅	天相+4 丑	巨門+3 子	廉貞−2 貪狼−2 亥

廟+4 旺+ 3 得地+2 利+1 平0 不得地−1 陷−2

天府+2 巳	天同−2 太陰−1 午	武曲+4 貪狼+4 未	太陽+2 巨門+4 申
辰	紫微在亥的廟旺利平陷表 (內為出生年及命宮) ●辜振甫(丙辰)(丁酉) ●許信良(辛巳)(庚子) ●鄧麗均(癸巳)(癸亥) ●白斌斌(甲午)(戊辰) ●許偉倫(戊午)(己未) (生日命盤．僅供參考)		天相−2 酉
廉貞0 破軍−2 卯			天機+1 天梁+4 戌
寅	丑	子	紫微+3 七殺0 亥

廟+4 旺+3 得地+2 利+1 平0 不得地−1 陷−2

太陽+3 巳	破軍+4 午	天機−2 未	紫微+3 天府+2 申
武曲+4 辰	紫微在申的廟旺利平陷表 (內為出生年及命宮) ●謝長廷(丙戌)(乙未) ●蔣孝嚴(壬午)(壬子) ●陳鉄鳳(丙申)(庚子) ●陳油豪(庚辰)(庚辰) (生日命盤．僅供參考)		太陰+4 酉
天同+1 卯			貪狼+4 戌
七殺+4 寅	天梁+3 丑	廉貞0 天相+4 子	巨門+3 亥

廟+4 旺+3 得地+2 利益+1 平和0 不得地−1 陷−2

算命大街

依廣告單位大小排列

大元書局代理銷售・吉祥坊出版・全國免運費貨到付款◎搶購專線0934008755

地點：108台北市萬華區南寧路35號1樓 電話：(02)23087171 傳真：(02)23080055

吉祥坊易經開運中心 聯絡電話：(04)24521393 LINE ID：@A228

教學課程	作者	內容	價格
正統生肖姓名學	林定榮	12單元	3600元
塔羅占卜教學	伍海燕	12單元	5000元
天星占卜牌教學課程	陳文啟	8單元	6000元
盧辰遁甲五柱十字時空卦初階課程	蔡志祥	25單元	6500元
東方塔羅運勢解析初中高課程	邱秋美	14單元	6600元
象棋卜卦課程	郭彩蓮	30單元	6900元
手相論斷初中高課程	李淑貞	32單元	12000元
易經陽宅學暨後天派堪與實證	蔡宏駿	50單元	30000元
傳統民間信仰儀	丁法娟	24單元	16000元
八字神數與陽宅開運佈局	丁法娟	36單元	25000元
紫微閱讀命盤課程	許紫捷	28單元	6000元
紫微八字命盤詳細論斷	許紫捷	36單元	10000元
紫微斗數初中高課程	許紫捷	72單元	12000元
收驚、避煞及制煞妙法課程	黃連池	4單元	10000元
陰宅造葬(吉葬)理論與實務課程	黃連池	10單元	10000元
陰宅造葬[土葬(凶葬)]理論與實務課程	黃連池	6單元	10000元
火化晉塔、客籍骨灰罈晉宗祠及祖先靈位分靈晉塔實務課程	黃連池	7單元	10000元
陽宅(內外局規劃、動土新居落成、淨宅、安床、入宅安神位、安祖先靈位)課程	黃連池	11單元	20000元
形家陽宅專業講堂-非看不可	黃連池	30單元	32000元
奇門時空案例課程	劉芳利	16單元	10000元
奇門時空論斷課程	劉芳利	26單元	12000元
劉老師奇門時空斷	劉芳利	20單元	12000元
劉老師奇門時空斷之案例分析及化解方案	劉芳利	18單元	12000元
劉芳利老師陰盤奇門遁甲八宮診斷與佈局	劉芳利	68單元	35000元
劉芳利老師陽盤奇門遁甲各項占卜與佈局課程	劉芳利	26單元	12000元
生命易數數字論吉凶初階課程	李瑞華	27單元	9000元
生命易數數字論吉凶進階課程	李瑞華	12單元	5000元
李氏八字真傳教學初階課程	李瑞華	27單元	5000元
李氏八字真傳教學進階課程	李瑞華	30單元	8000元
李氏八字真傳教學高階課程	李瑞華	21單元	9000元
李氏八字真傳教學實戰(一)課程	李瑞華	24單元	11000元
李氏八字真傳教學實戰(二)課程	李瑞華	30單元	13000元
紫微斗數初級班教學課程	范振木	36單元	5000元
紫微斗數進階班教學課程	范振木	36單元	12000元
紫微斗數高級班(一)教學課程	范振木	36單元	12000元
紫微斗數高級班(二)教學課程	范振木	36單元	12000元
紫微斗數高級班(三)教學課程	范振木	36單元	12000元
紫微斗數高級班(四)教學課程	范振木	36單元	12000元
紫微斗數高級班(五)教學課程	范振木	36單元	12000元
紫微斗數高級班(六)教學課程	范振木	36單元	12000元

教學課程	作者	內容	價格
格局派姓名學實務班課程	謝志中	16單元	3200元
龍脈生基與風水開運	謝志中	4單元	5000元
形家陽宅理論與實務	孫立昇	4單元	2000元
形家姓名學	孫立昇	15單元	4000元
易經卜卦初中高課程(米卦)	孫立昇	72單元	21600元
開運名片創佳績	李羽宸	5單元	12000元
斷面相訣竅教學課程	李羽宸	12單元	4600元
農民曆與擇日系列	李羽宸	24單元	6200元
吉祥十九層羅盤教學(7單元)	李羽宸	7單元	12000元
李羽宸老師形家陽宅暨三元納氣與輔星水法	李羽宸	24單元	20000元
李羽宸老師陰盤奇門遁甲八宮論斷與佈局	李羽宸	48單元	30000元
奇門遁甲單宮多宮法術總合初中高課程	李羽宸 玄靈 劉芳利 蔡志祥	50單元	30000元
姻緣、桃花、婚禮、求職等各種習俗	陳宥名	4單元	4000元
入宅安香儀式總解	陳宥名	16單元	8500元
生基開運大法課程	陳宥名	18單元	20000元
婚課與一般擇日	陳宥名	27單元	8300元
婚課、葬課、擇日學	陳宥名	32單元	9500元
生肖姓名學教科書教學課程初中高	陳宥名	43單元	15000元
生肖姓名學吉凶論斷初中高課程	陳宥名	54單元	15000元
文王卦初中高課程	陳宥名	72單元	20000元
金錢卦・籤卦初中高課程	陳宥名	78單元	22700元
法奇門陰陽宅風水佈局	陳宥名	24單元	15000元
法奇門與山向奇門	陳宥名	36單元	25000元
各種有效符令製作	陳宥名	8單元	6000元
開運道法符咒初中高課程	陳宥名	48單元	13400元
紫陽門道法符籙初級班	陳宥名	20單元	18000元
紫陽門道法符籙中級班	陳宥名	20單元	18000元
紫陽門道法符籙進階高級班	陳宥名	27單元	22000元
八字中高階實際命盤論斷	陳宥名	16單元	5900元
八字專論疾病課程	陳宥名	23單元	6000元
八字命盤直斷課程	陳宥名	20單元	12000元
陳宥名老師八字精論上下集	陳宥名	89單元	30000元
陽宅鑑堪老師培訓班	陳宥名	10單元	2700元
形家與八宅佈局課程	陳宥名	24單元	6000元
吉祥十九層羅盤教學(25單元)	陳宥名	25單元	7000元
陽宅實務規劃(論斷與功夫)	陳宥名	24單元	7400元
乾坤國寶實務課程	陳宥名	20單元	9000元
紫白飛星實務課程	陳宥名	32單元	12000元
八宅明鏡斷略實務課程	陳宥名	32單元	12000元
八宅明鏡與山向奇門	陳宥名	30單元	13000元
形巒風水課程	陳宥名	26單元	16000元
形家陽宅長眼法課程	陳宥名	28單元	30000元

算命大街

依廣告單位大小排列

大元書局代理銷售・吉祥坊出版・全國免運費貨到付款◎搶購專線0934008755

地點：108台北市萬華區南寧路35號1樓 電話：(02)23087171 傳真：(02)23080055

吉祥坊易經開運中心　聯絡電話：(04)24521393　LINE ID：@A228

教學課程	作者	內容	價格	教學課程	作者	內容	價格
八字與紫微剖腹產條件設定	黃恆堉	3單元	200元	30分鐘學會八字改運	黃恆堉	3單元	600元
粗鹽開運佈局避煞法	黃恆堉	1單元	400元	如何運用十二生肖貴人助運法	黃恆堉	3單元	800元
學會快速記憶-掌握行銷話術	黃恆堉	1單元	400元	運用八字五行-每日穿出好運法	黃恆堉	3單元	1000元
真的十分鐘-背會一本萬年曆	黃恆堉	2單元	400元	八字論命初中高實戰學	黃恆堉	50單元	6800元
運用身體位置崁入圖像記憶法	黃恆堉	2單元	400元	八字穿衣風水五行轉運	黃恆堉	18單元	10000元
鐵口直斷秘法(含書一本)	黃恆堉	2單元	600元	八字改運改陽宅改穿衣轉運	黃恆堉	48單元	20000元
小六壬占卜預測法	黃恆堉	2單元	800元	30分鐘學會找到開門.安神位.辦公桌.財位	黃恆堉	2單元	600元
從面相判斷行銷話術	黃恆堉	3單元	800元	陽宅&奇門遁甲基礎課程	黃恆堉	15單元	600元
九宮助運名片診斷與設計	黃恆堉	2單元	1000元	乾坤國寶診斷與佈局	黃恆堉	3單元	1000元
八卦助運名片診斷與設計	黃恆堉	2單元	1000元	電子羅盤室內外設計與六大派陽宅佈局	黃恆堉	4單元	1000元
開運印鑑診斷設計學	黃恆堉	8單元	2300元	陽宅診斷步驟詳解	黃恆堉	5單元	1000元
助運名片教學	黃恆堉	9單元	2500元	由房屋缺角斷婚姻.身體.運程	黃恆堉	3單元	1200元
應用易經原理-精準抓出每波段的買賣點	黃恆堉	7單元	3600元	九宮飛星法診斷與佈局	黃恆堉	4單元	1200元
數字論吉凶(含書一本)	黃恆堉	4單元	700元	提供各派(八種)佈文昌方法	黃恆堉	2單元	1600元
數字能量DNA	黃恆堉	10單元	900元	山向奇門法診斷與佈局	黃恆堉	3單元	1600元
了解多種派別-數字開運貴人法	黃恆堉	3單元	1000元	每年九宮飛星開運避煞法	黃恆堉	3單元	1600元
生日秘數(生命靈動數)	黃恆堉	6單元	2000元	善用賣房子的七種方法	黃恆堉	4單元	1600元
學會生日秘數，掌握成交關鍵	黃恆堉	15單元	3600元	各種命卦-如何得貴人.財運.姻緣之法	黃恆堉	5單元	1800元
三才五格81數姓名學	黃恆堉	6單元	1000元	開運秘典奇門風水診斷與化解	黃恆堉	3單元	2500元
天運五行姓名學	黃恆堉	9單元	1700元	風水景物斷法診斷與佈局	黃恆堉	4單元	3000元
十二生肖姓名學	黃恆堉	7單元	1800元	金鎖玉關法診斷與佈局	黃恆堉	6單元	3000元
六書生肖姓名學	黃恆堉	22單元	3600元	八宅明鏡法診斷與佈局	黃恆堉	10單元	3600元
論名、命名用這四派就搞定	黃恆堉	18單元	5000元	一次學會十二種財位及催財方法	黃恆堉	8單元	4000元
奇門遁甲觸機斷	黃恆堉	3單元	1000元	輔星水法診斷與佈局	黃恆堉	10單元	4000元
奇門遁甲出行訣-走吉方	黃恆堉	3單元	1000元	形家長眼法診斷與佈局	黃恆堉	10單元	5000元
奇門遁甲每日人事溝通順暢法	黃恆堉	3單元	1000元	運用奇門遁甲診斷陽宅吉凶與佈局	黃恆堉	12單元	5000元
陰盤奇門遁甲基礎六十四用神	黃恆堉	14單元	1600元	形家內外陽宅論吉凶	黃恆堉	16單元	5100元
陽盤九宮奇門紅線占吉凶	黃恆堉	12單元	9600元	山向奇門與六派陽宅開運佈局	黃恆堉	18單元	10000元
陰盤奇門遁甲數字時空斷	黃恆堉	18單元	14000元	陽宅總合派風水羅盤使用法	黃恆堉	20單元	16800元
陰盤奇門遁甲八宮診斷佈局	黃恆堉	20單元	18000元	一次學會六大派系陽宅學教學課程	黃恆堉	36單元	18000元
奇門遁甲單宮多宮診斷佈局	黃恆堉	36單元	30000元	七合一教學課程(數字DNA、生日秘數、紫白飛星、姓名學、陽宅、鐵口直斷)	黃恆堉	51單元	19800元
十二長生與二十四節氣	黃恆堉	2單元	400元				

中華星相易理交流協會理事長 林大松 率第6屆全體會員

祝您2026年大吉大利

理事長林大松	220新北市板橋區莊敬路220巷7弄1號3樓	電話0920-037990
副理事長張慧麗	202基隆市中正區正義路94-3號4樓	電話0937775461
副理事長黃莉方	238新北市樹林區佳園路3段590號	電話0979808847
副理事長黃克亮	220新北市板橋區文化路一段32巷21弄10號5樓	電話0936163419
常務理事鐘瑛瑜	235新北市中和區南山路182號3樓之5	電話0928552948
理事葉坤元	236新北市土城區立德路135巷5弄2號5樓	電話0958795328
理事賴瑞珠	108台北市萬華區昆明街46號5樓之34	電話0932262197
理事鄭家宏	108北市萬華區萬大路493巷48弄1號4樓	電話0931509345
理事許澄宇	112台北市北投區尊賢街239巷26弄1號	電話0938079878
理事林峯緯	221新北市汐止區茄苳路85號10樓	電話0933201689
理事李柏達	320桃園市中壢區光輝三街36巷7號1樓	電話0939019915
理事施翔竣	220新北市板橋區中山路二段288巷9號1樓1-2室	電話0976478070
理事陳維邦	100台北市中正區中華路二段305巷15號3樓	電話0953439581
理事陳佑瑜	202基隆市中正區正義路2巷46-2號4樓	電話0916770556
理事李振岳	241新北市三重區五谷王北街2巷5號2樓	電話0953634369
候補理事林曾玉津	220新北市板橋區莊敬路220巷7弄1號3樓	電話0915992635
常務監事蔡春枝	242新北市新莊區新泰路413巷12號	電話0939308641
監事林資成	103北市大同區迪化街二段191巷11號5樓	電話0932888427
監事柯麗淑	220新北市板橋區篤行路二段151巷12號1樓	電話0930148493
監事陳東課	330桃園市桃園區大興西路二段20之2號14樓	電話0912511900
監事鄭宛宓	112台北市北投區中央南路一段102巷16弄2號2樓	電話0935231056
候補監事王合碧	241新北市三重區重陽路三段7號12樓之2	電話0937948338

中華民國宗教弘法協會理事長 陳松燦 率第8屆全體會員

祝您2026年大吉大利

理事長陳松燦	302新竹縣竹北市中華路312號	電話0922868588
常務理事游本遠	202基隆市中正區正義路94-3號4樓	電話0937775461
常務理事林冠宇	326桃園市楊梅區秀才路845巷201弄35號	電話0910312531
常務理事張佑甄	202基隆市中正區正義路2巷46-2號4樓	電話0952424277
常務理事黃克亮	220新北市板橋區文化路一段32巷21弄10號5樓	電話0936163419
理事葉坤元	236新北市土城區立德路135巷5弄2號5樓	電話0958795328
理事鄭宛宓	112台北市北投區中央南路一段102巷16弄2號2樓	電話0935231056
理事陳佑瑜	202基隆市中正區正義路2巷46-2號4樓	電話0916770556
理事鄭家宏	108台北市萬華區萬大路493巷48弄1號4樓	電話0931509345
理事林資成	103北市大同區迪化街二段191巷11號5樓	電話0932888427
理事李振岳	241新北市三重區五谷王北街2巷5號2樓	電話0953634369
理事李柏達	320桃園市中壢區光輝三街36巷7號1樓	電話0939019915
理事施翔竣	220新北市板橋區中山路二段288巷9號1樓1-2室	電話0976478070
理事柯麗淑	220新北市板橋區篤行路二段151巷12號1樓	電話0930148493
理事陳維邦	100台北市中正區中華路二段305巷15號3樓	電話0953439581
候補理事王德福	242新北市新莊區龍安路1號16樓	電話0928843516
候補理事郭祈明	220新北市板橋區莊敬路241號1樓	電話0982220220
常務監事蔡春枝	242新北市新莊區新泰路413巷12號	電話0939308641
監事陳東課	330桃園市桃園區大興西路二段20之2號14樓	電話0912511900
監事許澄宇	112台北市北投區尊賢街239巷26弄1號	電話0938079878
監事鐘瑛瑜	235新北市中和區南山路182號3樓之5	0928552948
監事林峯緯	221新北市汐止區茄苳路85號10樓	電話0933201689
候補監事王合碧	241新北市三重區重陽路三段7號12樓之2	電話0937948338

中華民國宗教弘法協會　中華星相易理交流協會　會址：108台北市萬華區南寧路35號1樓 電話：(02)23087171　手機 0934008755

占星工作室 白 漢 忠
E-Mail : ha1811nk @ yahoo.com.tw

占星、擇日、命理解析、
諮詢顧問、奇門遁甲、三元地理、
陽宅鑑定、設計佈局 、陰宅進金、
尋龍點穴、傳授有緣。

地址：231新北市新店區安祥路110巷
55號5樓
電話：(02)2200-5434 0925-316583

文曲堂哲學館 • 文曲堂命理研究中心

文曲居士
周進諒老師

營業項目：鐵板神數．陰宅風水．
陽宅地理．公司撰名．紫微斗數．
擇日合婚．姓名論斷．八字論命．
一般擇日．嬰兒命名．卜卦．安神位....

聯絡電話：(02)2981-8427、(02)2981-6507
手機：0932909379 (02)2976-3532
電子信箱：mayin926@yahoo．com．tw
新北市三重區三和路二段224號（捷運三重國小站斜對面）
新北市三重區三和路四段3號

廖德融
（廖尉掬）
上海復旦大學
哲學系博士

八字· 測字．命名．擇日
易經科學．心理諮商

服務電話 0930351287
（Line搜尋電話號碼）

Line 微信 WeChat ID:
alice20229114

五行堂擇日館
負責人 楊保定

學經歷
東海大學哲學系碩士班
建國科技大學畢業
台中縣道教會教士
八字、陽宅、地理、三代百年家傳

服務項目：
採蓍、收驚、命名、改名、命理、
公司行號命名、嫁娶擇日、各項吉課、
安香、安神位、公司陽宅規劃、
地理塔位服務

地址：433台中市沙鹿區居仁里新生街30號(郵局對面)
電話：(04)2662-2600 傳真：(04)2662-2500

算命大街

依廣告單位大小排列

林品成命學研究室

中華星相易理交流協會理事長

命名改名・八字論命・陽宅開運・命理教學

地址：220新北市板橋區實踐路30號4樓A室

服務電話：0920-037990　E-mail:lpc201105@yahoo.com.tw

於光泰

籍貫：中國，江蘇省，常州。

- 輔仁大學中文(易經)博士
- 中央大學哲學(陰陽五行)博士
- 指南宮中華道教學院講師三年半
- 臺北萬華大元講堂四年半講師
- 中華易學會「兩岸視訊課程」講師三年
- 臺灣道教學院籌備處講師一年
- 中華易學會一、二屆理事長
- 桃園市易經研究學會第十屆副理事長
- 中國五術風水命理學會第八屆名譽會長

相關著作與教學片

- 八字基礎會通（絕版）
- 周易與六爻預測（六爻預測三十天快譯通）
- 易經三十天快譯通
- 擇日學三十天快譯通
- 陽宅奧秘三十天快譯通
- 八字奧秘三十天快譯通
- 子平真詮三十天快譯通
- 滴天髓三十天快譯通
- 玄空飛星三十天快譯通
- 子平百章三十天快譯通
- 格局用神三十天快譯通
- 堪輿漫談三十天快譯通
- 「八字基礎二十四堂」教學影片
- 「金錢卦二十四堂」教學影片
- 「陽宅奧秘二十六堂」教學影片
- 「大流年判例」教學影片
- 「九星水法八堂」教學影片
- 「細批終身詳解」教學影片
- 「子平真詮」教學影片
- 「滴天髓」教學片全集

課程及購書專線

LINE：guangtaiyu

電話：0910-229-885

We chat id：s91923010

於光泰

林予凡

LineID:0936240318

- ◆ 予凡命理學苑理事長*中華關懷身心靈協會理事長
- ◆ 中華易學教育研究協會桃園分院院長
- ◆ 中華道統星相名俗發展協會副理事長
- ◆ 中華易學命理學會副理事長
- ◆ 中國五術教育協會桃園分院副理事長
- ◆ 中華世界道教五術大法師協會全國總會榮譽理事長
- ◆ 中國五術教育協會榮譽理事長
- ◆ 中華民國星相學會姓名學講師
- ◆ 中華民國星相學會八字講師
- ◆ 中華傳統文化環境科學高峰論壇金牌風水環境堪輿師
- ◆ 中華傳統文環境科學高峰論壇易學精英獎
- ◆ 中華易經研究學院世界傑出百大傑出貢獻獎
- ◆ 泛亞人力資源集團特約講師*南山人壽企業組講師

節目受邀

- ◆ 1111人力銀行節目直播組命理老師
- ◆ 中天新聞特約命理老師*凱亞電視台節目命理老師
- ◆ 馬來西亞電視台節目特約命理老師

服務項目

●專業授課，易經，職業姓名學，職業八字學，職業面相學，師資培訓班

●新生兒命 名●生命密碼數字車牌號碼電話號碼選取 ●剖腹擇日 ●陽宅風水鑑定 ●安神位開光祖先合爐

●公司行號命名●婚嫁擇日●占卜塔羅*生基開運 ●生涯規劃*感情桃花諮詢佈局 ●工作財運諮詢佈局

個人著作 ★予凡易經八字姓名學（350元） ★予凡八字轉運站（500元） ★靈占乾坤（600元）

林予凡老師諮詢專線0936240318 電子郵箱a0936240318@gmail.com

LIFE CODE CAFÉ

歐風咖啡廳裡的東方命理

陳宥潞一分鐘免費姓名八字鑑定

專線：0933-912-752

三合一命理解析(八字/姓名/紫微斗數)

形家長眼看風水(七分巒頭/三分理氣)

生命密碼解密/太極石能量手環量身訂製

實用姓名實務班 專業命名/剖腹生產擇吉

【學歷】：台灣華梵大學哲學碩士

【現職】：www.fate-8word.com版主

江湖敘述人生路主播

中國北京大學台灣校友會第12期

中國文化大學推廣部命學講師

中國五術風水命理學會副理事長

龍の羽日本館命理駐站師

雲端影音講師tw.3study.com

抖音帳號：陳宥潞命理智庫@linliqvnf7w

中華易經天書三式協會

創會會長　邱金漢

服務項目

公司、工廠佈局，奇門遁甲開運，周易預測，企業取名，小兒取名，開運印鑑，紫微斗數，姓名學，大六壬占卜，住家陽宅風水，手面相。

命理傳授

太乙神數、奇門遁甲、大六壬、擇日學、紫微斗數、陽宅風水、民俗造命開運。

諮詢地址：110台北市信義區基隆路二段77號2樓之5
預約電話：0932-031389
協會網址：http://www.ichingtrilogy.com/
E-mail:jinhan710@yahoo.com.tw

東霖易經命相精舍

指導老師暨生活顧問師　沈咏雪

專長：八字、紫微斗數、陽宅、擇日、手面相、命名、食物改運

服務項目：依專業知識處理：戀愛配對、夫妻情感、事業工作、求學考運、陽宅鑑定、嫁娶擇日、剖腹擇日、一般擇日、安置神位、心靈解惑、食物改運

經歷

1. 元智大學講師 2. 易經研修學院講師 3. 加拿大易經學院講師
4. 中華電信訓練所講師 5. 司法院司法人員訓練所講師
6.新北市河左岸文化社區大學講師 7. 中華國際風水師協會常務理事
8. 加拿大易經學院八字研究所主任委員 9. 台灣省易經研究會常務理事
10. 中國擇日研究會講師　11. 中國河洛理數學會講師
12. 桃園郵局講師 13. 桃園市松柏長青大學講師
14. 桃園區長青學苑講師 15. 國泰人壽講師

- 2006年3月13日台灣年代新聞〈年代生活家〉食物改運
- 2007年4月20日大陸新浪星座視頻：沈咏雪聊結婚擇日的方法及戀愛配對
- 2008年2月7日〈大年初一〉台灣TVBS〈國民大會〉節目開講
- 2009年1月24日台灣年代新聞〈達樂年代〉節目開講

著作：八字與食物改運

服務處：桃園市桃園區復興路159號（國光號總站隔壁）預約電話：03-3337668　0937111568

林金章 0928-291978

守德堂命理地理擇日館

- 守德堂命理地理擇日舘負責人
- 中華星相易理交流協會第四屆理事長
- 中國五術風水命理學會第2屆理事長
- 中國天津南開大學經濟研究所碩士
- 北京人文大學〈武學院〉副教授
- 2010年榮獲中國無錫第13回世界易經大會
- 《世界著名易經》導師榮譽獎
- 桃園市長青學苑堪輿學講師

服務：真誠・專業・細心

命名改名・命理解析・合婚擇日
安神化煞・陽宅鑑定・陰宅造葬
陽宅、工廠、公司旺宅設計、
規劃動土、上樑、開幕一貫作業

※命名改名・八字命理可用傳真辦理

電話：03-3253767　傳真：03-3587357
服務處：33074桃園市桃園區五福11街15號

吳秋蓉

華山欽天四化紫微斗數
易經命理哲學氣功禪坐研究中心

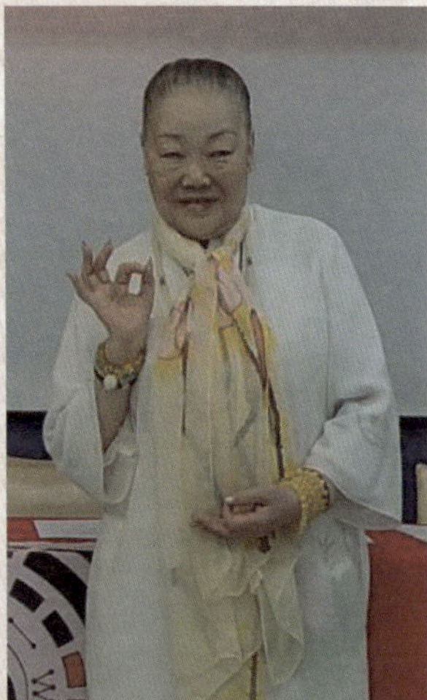

吳秋蓉 修能老師

將開放教授紫微斗數命盤解說 講解來因宮
何處起根源 流到何方住 機括此中來 知來亦知去
144訣專論 奇門遁甲八門套紫微斗數解說

每一門有十八張命盤解說講義、行業專論、偏財專論疾病專論、三世因果專論、吉祥方位專論、紫微斗數專論陰陽宅、紫微斗數專論風水、姓名學專論、邵康節四字斷終身、達摩一掌金、卜卦專論、附送氣功養身、教您如何招吉避凶、開創人生更光明的新旅程

現場還有開放視訊教學、視訊批紫微斗數命盤、卜卦擇良辰吉日結婚、嬰兒擇良辰吉日開刀、姓名取名改名選公司行號、看陽宅吉祥方位、詳批終身簡批流年、三世因果、疾病專論、心靈諮詢服務等等等

住址：248新北市五股區成洲七路 六十號十樓
電話：0229828351 0229881687
行動電話：0935066152 0935660318
網址：https://e-168telbook.com.tw/0229881687
https://www.168net.com.tw/0229881687
加威信賴：wok0529 大寫 修能16888
銀行帳號：永豐銀行正義分行 12800400632856

宥勝企劃起名有限公司
中華民國星相學會第八屆理事
中華民國地理師協會第13屆常務理事
中華民國地理師協會第十三、十四屆理事

明生居士 王騰億老師

中華楊救貧堪輿學術協會第五屆理事

海峽兩岸明師

微信：wty18221949237

Line：王騰億 明生居士0928688724

紫微斗數・風水地理・子平八字・卜卦測字・嬰兒命名
公司起名・姓名鑑定・陽宅鑑定・陰宅鑑定・流年詳批
終身命譜・安奉神位・名片設計・命理培訓・公司個人顧問
擇日・合婚・開運吉祥物開光

從事命理、地理等易術教學三十幾年

廈門市同安區國貿金沙灣

- 海峽兩岸五術論壇講師
- 中華民國地理師協會常務理事
- 台北五術教育學會榮譽理事長
- 台南市堪輿文化學會學術顧問
- 中華星相易理交流協會總顧問
- 中華楊公救貧堪輿研究協會理事

服務處：710台南市永康區中正路256巷9-23號7樓（歐洲世界）
手機：0928-688724　0975-457848　大陸：18221949237

楊皓然 奇門易經命理

◎現任：禪易道書苑執行長

◎資歷：★淡江大學：企業管理學系研究所(EMBA研究生)

★玄奘大學：宗教學研究所(易學碩士)

★中國河洛理數易經學會：第七、八屆理事長

★中國周易學會：海外榮譽理事 (會址：中國山東大學周易研究中心)

★1999年入選中國當代易學文化大辭典 (人物卷－山東大學周易研究中心編輯)

◎資歷：彰化銀行、中國信託銀行、安泰銀行

【服務項目】金錢卦、奇門遁甲開運、八字、擇日、占卜、命名、陽宅風水、九宮生命靈數、公司顧問

【服務項目】易經占卜、梅花易數、單宮時空奇門遁甲、八字學、擇日學、陽宅學、九宮生命靈數

著作

1.易經占卜(六爻金錢卦) 300元
2.三合水法與三元玄空300元
3.陽宅學精微(東西四命) 300元
4.單宮-時空奇門遁甲450元
5.易經推命學闡微(河洛理數) 500元
6.九宮成功基因密碼(生命靈數) 300元
7.奇門遁甲探源450元
8.八字透解闡微480元
9.梅花易數占卜(梅花心易) 300元
10.姓名易經推命學450元

諮詢專線：**0921-809731**

地址：台北市大安區安東街45之10號一樓 捷運：忠孝復興站（1號出口）右轉200公尺

楊皓然(隨身碟、雲端)上課內容)

編號	書　名	【教學軟件價格】
001	易經占卜（六爻金錢卦）	24000元（初階）、（進階）
002	三合水法與三元玄空	30000元
003	陽宅學精微（東四宅、西四命）	20000元
004	單宮｜時空奇門遁甲	20000元
005	易經推命學闡微（河洛理數）	30000元
006	九宮成功基因密碼（生命靈數）	32000元
007	奇門遁甲探源	25000元
008	八字透解闡微	30000元
009	野鶴老人占卜	24000元（卷一卷二卷三）
010	梅花易數占卜（梅花心易）	9000元
011	擇日學精微	15000元
012	姓名易經推命學	36000元

◎雲端上課教學影片—請掃瞄二維碼 免費賞閱區

◎本叢書有教學影片——請另購隨身碟USB軟件

自學自用
～幫您開運開智慧～

傳道
授業
解惑
陳椽霖
法名 陳羅元
• 生肖姓名學
• 紫微陽宅
• 法師符咒傳授
• 五術傳授
• 八字紫微
• 命名改名
• 流年分析
• 補運收驚
• 安神開光
• 合婚擇日
• 看陰陽宅
三風姓名學風水命理學苑
中國文化
淵源流長
張天師府奏職受籙
上清三洞五雷大法師
陳椽霖 (陳羅元)
經歷
高師文學院東南亞所碩士
高雄市世華五術研究協會 創會理事長
高雄市救國團教育中心 五術講師
高雄市命理研究學會 常務理事
高雄市星相卜卦與堪輿業職業工會 監事
鎮山大自然五術研究院 生肖姓名學講師
三立、年代、TVBS新聞台專訪
寰連、港都有線電視台姓名學 CALL IN
南部人、在地人電台姓名學CALL IN
著作：精華開運生肖姓名學
新富路
國隆路
國泰路二段
國興街
國隆路23巷
7號
凱旋路
南京路
ID:077639138
電 話：(07)763-9138
行 動：0937-383-538
e-mail：a0915659258@gmail.com
地 址：高雄市鳳山區國隆路23巷7號

鮮于文柱博士　易學著作簡介。

複姓鮮于　　別號：鳴鶴軒之諸葛草廬　　祖籍：湖北 宜昌
北京大學　易學應用研究所　　客座教授　哲學博士
中國五術教育協會 星元五術大學　易經學院　院長
中華易學教育研究院　　易學院士　易學講座教授　榮譽院長
易學從業人員〈易經信息諮商師〉國家認證專業證照
基本、高級訓練教材與題庫　　　編輯委員

《孔明大易神數·基礎篇》初級 550 頁 47 萬字。
《孔明大易神數·易經篇》高級 574 頁 53 萬字。
〈以上兩本盒裝，定價 1300 元。〉
《孔明大易神數·解籤斷卦篇》中級 640 頁 50 萬字。定價 670 元。
《周易白話精解》18 開上中下三冊 96 萬字 1560 頁定價 2000 元。
《周易聖斷》單行本 18 開　608 頁　46 萬餘字。定價 700 元。
《孔明大易神數·普及版》18 開　592 頁 58 萬字。定價 700 元。
《周易聖斷·繫辭篇》18 開　496 頁　40 餘萬字。定價 670 元。
《量子世界的奧秘》　18 開　520 頁　　44 萬字。定價 670 元。
《道德經白話精解》　18 開　608 餘頁　53 萬字。定價 700 元。
有意洽購各項書籍者，請與作者鮮于文柱本人聯絡。
LINE：sheanyu1003　　電話：0939036456

信發堂五術網路書局

週一至週五　早上8:30—下午5:30

地址:雲林縣斗六市成功里田單街31號　電話:05-5320851

五術專業書局館內藏書

各種通書、風水命理、羅盤、擇日、紫微斗數、八字命理、奇門遁甲、羅經儀腳架、大六壬、姓名學、陽宅風水、堪輿風水、籤詩解、五術軟體DVD、道教指印、易經占卜、解夢、農民曆、萬年曆、道教疏文、符咒、三元地理、陽宅風水、手相面相、陰宅風水、星相、星象命盤、西洋占星道藏、中醫、宗教神明.....各式五術書籍應有盡有。

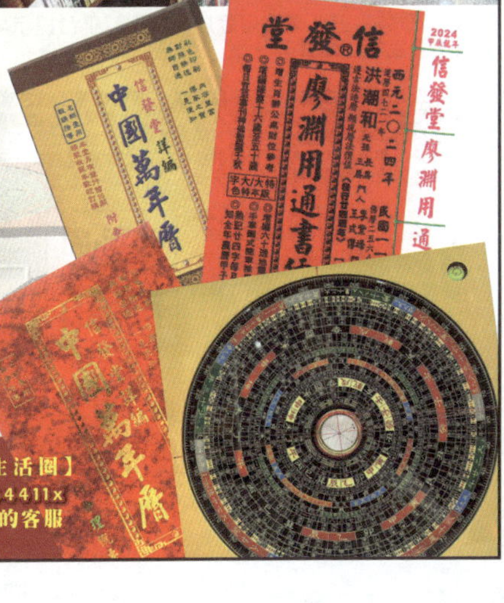

【信發堂五術網路書局】
歡迎線上視訊選購
手機掃描即可加入

【LINE@生活圈】
ID:@eco4411x
提供專業的客服

臺灣地區《各鄉鎮市區》郵遞區號一覽表

2018年9月製

臺北市
中正區 100
大同區 103
中山區 104
松山區 105
大安區 106
萬華區 108
信義區 110
士林區 111
北投區 112
內湖區 114
南港區 115
文山區 116

基隆市
仁愛區 200
信義區 201
中正區 202
中山區 203
安樂區 204
暖暖區 205
七堵區 206

新北市
萬里區 207
金山區 208
板橋區 220
汐止區 221
深坑區 222
石碇區 223
瑞芳區 224
平溪區 226
雙溪區 227
貢寮區 228
新店區 231
坪林區 232
烏來區 233
永和區 234
中和區 235
土城區 236
三峽區 237
樹林區 238
鶯歌區 239
三重區 241
新莊區 242
泰山區 243
林口區 244
蘆洲區 247
五股區 248
八里區 249
淡水區 251
三芝區 252
石門區 253

宜蘭縣
宜蘭市 260
頭城鎮 261
礁溪鄉 262
壯圍鄉 263
員山鄉 264
羅東鎮 265
三星鄉 266
大同鄉 267
五結鄉 268
冬山鄉 269
蘇澳鎮 270
南澳鄉 272
釣魚台列嶼 290

新竹市 300

新竹縣
竹北市 302
湖口鄉 303
新豐鄉 304
新埔鎮 305
關西鎮 306
芎林鄉 307
寶山鄉 308
竹東鎮 310
五峰鄉 311
橫山鄉 312
尖石鄉 313
北埔鄉 314
峨眉鄉 315

桃園市
中壢區 320
平鎮區 324
龍潭區 325
楊梅區 326
新屋區 327
觀音區 328
桃園區 330
龜山區 333
八德區 334
大溪區 335
復興區 336
大園區 337
蘆竹區 338

苗栗縣
竹南鎮 350
頭份鎮 351
三灣鄉 352
南庄鄉 353
獅潭鄉 354
後龍鎮 356
通霄鎮 357
苑裡鎮 358
苗栗市 360
造橋鄉 361
頭屋鄉 362
公館鄉 363
大湖鄉 364
泰安鄉 365
銅鑼鄉 366
三義鄉 367
西湖鄉 368
卓蘭鎮 369

臺中市
中　區 400
東　區 401
南　區 402
西　區 403
北　區 404
北屯區 406
西屯區 407
南屯區 408
太平區 411
大里區 412
霧峰區 413
烏日區 414
豐原區 420
后里區 421
石岡區 422
東勢區 423
和平區 424
新社區 426
潭子區 427
大雅區 428
神岡區 429
大肚區 432
沙鹿區 433
龍井區 434
梧棲區 435
清水區 436
大甲區 437
外埔區 438
大安區 439

彰化縣
彰化市 500
芬園鄉 502
花壇鄉 503
秀水鄉 504
鹿港鎮 505
福興鄉 506
線西鄉 507
和美鎮 508
伸港鄉 509
員林鎮 510
社頭鄉 511
永靖鄉 512
埔心鄉 513
溪湖鎮 514
大村鄉 515
埔鹽鄉 516
田中鎮 520
北斗鎮 521
田尾鄉 522
埤頭鄉 523
溪州鄉 524
竹塘鄉 525
二林鎮 526
大城鄉 527
芳苑鄉 528
二水鄉 530

南投縣
南投市 540
中寮鄉 541
草屯鎮 542
國姓鄉 544
埔里鎮 545
仁愛鄉 546
名間鄉 551
集集鎮 552
水里鄉 553
魚池鄉 555
信義鄉 556
竹山鎮 557
鹿谷鄉 558

嘉義市 600

嘉義縣
番路鄉 602
梅山鄉 603
竹崎鄉 604
阿里山鄉 605
中埔鄉 606
大埔鄉 607
水上鄉 608
鹿草鄉 611
太保市 612
朴子市 613
東石鄉 614
六腳鄉 615
新港鄉 616
民雄鄉 621
大林鎮 622
溪口鄉 623
義竹鄉 624
布袋鎮 625

雲林縣
斗南鎮 630
大埤鄉 631
虎尾鎮 632
土庫鎮 633
褒忠鄉 634
東勢鄉 635
臺西鄉 636
崙背鄉 637
麥寮鄉 638
斗六市 640
林內鄉 643
古坑鄉 646
莿桐鄉 647
西螺鎮 648
二崙鄉 649
北港鎮 651
水林鄉 652
口湖鄉 653
四湖鄉 654
元長鄉 655

臺南市
中西區 700
東　區 701
南　區 702
北　區 704
安平區 708
安南區 709
永康區 710
歸仁區 711
新化區 712
左鎮區 713
玉井區 714
楠西區 715
南化區 716
仁德區 717
關廟區 718
龍崎區 719
官田區 720
麻豆區 721
佳里區 722
西港區 723
七股區 724
將軍區 725
學甲區 726
北門區 727
新營區 730
後壁區 731
白河區 732
東山區 733
六甲區 734
下營區 735
柳營區 736
鹽水區 737
善化區 741
大內區 742
山上區 743
新市區 744
安定區 745

高雄市
新興區 800
前金區 801
苓雅區 802
鹽埕區 803
鼓山區 804
旗津區 805
前鎮區 806
三民區 807
楠梓區 811
小港區 812
左營區 813
仁武區 814
大社區 815
岡山區 820
路竹區 821
阿蓮區 822
田寮區 823
燕巢區 824
橋頭區 825
梓官區 826
彌陀區 827
永安區 828
湖內區 829
鳳山區 830
大寮區 831
林園區 832
鳥松區 833
大樹區 840
旗山區 842
美濃區 843
六龜區 844
內門區 845
杉林區 846
甲仙區 847
桃源區 848
那瑪夏區 849
茂林區 851
茄萣區 852

南海諸島
東　沙 817
南　沙 819

澎湖縣
馬公市 880
西嶼鄉 881
望安鄉 882
七美鄉 883
白沙鄉 884
湖西鄉 885

屏東縣
屏東市 900
三地門鄉 901
霧臺鄉 902
瑪家鄉 903
九如鄉 904
里港鄉 905
高樹鄉 906
鹽埔鄉 907
長治鄉 908
麟洛鄉 909
竹田鄉 911
內埔鄉 912
萬丹鄉 913
潮州鎮 920
泰武鄉 921
來義鄉 922
萬巒鄉 923
崁頂鄉 924
新埤鄉 925
南州鄉 926
林邊鄉 927
東港鎮 928
琉球鄉 929
佳冬鄉 931
新園鄉 932
枋寮鄉 940
枋山鄉 941
春日鄉 942
獅子鄉 943
車城鄉 944
牡丹鄉 945
恆春鎮 946
滿州鄉 947

臺東縣
臺東市 950
綠島鄉 951
蘭嶼鄉 952
延平鄉 953
卑南鄉 954
鹿野鄉 955
關山鎮 956
海端鄉 957
池上鄉 958
東河鄉 959
成功鎮 961
長濱鄉 962
太麻里鄉 963
金峰鄉 964
大武鄉 965
達仁鄉 966

花蓮縣
花蓮市 970
新城鄉 971
秀林鄉 972
吉安鄉 973
壽豐鄉 974
鳳林鎮 975
光復鄉 976
豐濱鄉 977
瑞穗鄉 978
萬榮鄉 979
玉里鎮 981
卓溪鄉 982
富里鄉 983

金門縣
金沙鎮 890
金湖鎮 891
金寧鄉 892
金城鎮 893
烈嶼鄉 894
烏坵鄉 896

連江縣
南竿鄉 209
北竿鄉 210
莒光鄉 211
東引鄉 212

2026丙午馬年 每日干支曆

郵政劃撥19634769大元書局帳戶 網址：www.life16888.com.tw
10851台北市萬華區南寧路35號1樓 02-23087171 0934008755

1 小寒至立春為十二月己丑

日	一	二	三	四	五	六
				1 十三 乙亥	2 十四 丙子	3 十五 丁丑
4 十六 戊寅	5 小寒 己卯	6 十八 庚辰	7 十九 辛巳	8 二十 壬午	9 廿一 癸未	10 廿二 甲申
11 廿三 乙酉	12 廿四 丙戌	13 廿五 丁亥	14 廿六 戊子	15 廿七 己丑	16 廿八 庚寅	17 廿九 辛卯
18 三十 壬辰	19 【十二】 癸巳	20 大寒 甲午	21 初三 乙未	22 初四 丙申	23 初五 丁酉	24 初六 戊戌
25 初七 己亥	26 初八 庚子	27 初九 辛丑	28 初十 壬寅	29 十一 癸卯	30 十二 甲辰	31 十三 乙巳

◆01/05 小寒 16:25 01/20 大寒 09:47

2 立春至驚蟄為正月庚寅

日	一	二	三	四	五	六
1 十四 丙午	2 十五 丁未	3 十六 戊申	4 立春 己酉	5 十八 庚戌	6 十九 辛亥	7 二十 壬子
8 廿一 癸丑	9 廿二 甲寅	10 廿三 乙卯	11 廿四 丙辰	12 廿五 丁巳	13 廿六 戊午	14 廿七 己未
15 廿八 庚申	16 除夕 辛酉	17 【正月】 壬戌	18 雨水 癸亥	19 初三 甲子	20 初四 乙丑	21 初五 丙寅
22 初六 丁卯	23 初七 戊辰	24 初八 己巳	25 初九 庚午	26 初十 辛未	27 十一 壬申	28 十二 癸酉

◆02/04 立春 04:04 02/18 雨水 23:54

3 驚蟄至清明為二月辛卯

日	一	二	三	四	五	六
1 十三 甲戌	2 十四 乙亥	3 元宵 丙子	4 十六 丁丑	5 十七 戊寅	6 驚蟄 己卯	7 十九 庚辰
8 二十 辛巳	9 廿一 壬午	10 廿二 癸未	11 廿三 甲申	12 廿四 乙酉	13 廿五 丙戌	14 廿六 丁亥
15 廿七 戊子	16 廿八 己丑	17 廿九 庚寅	18 三十 辛卯	19 【二月】 壬辰	20 春分 癸巳	21 初三 甲午
22 初四 乙未	23 初五 丙申	24 初六 丁酉	25 初七 戊戌	26 初八 己亥	27 初九 庚子	28 初十 辛丑
29 十一 壬寅	30 十二 癸卯	31 十三 甲辰				

◆03/06 驚蟄 22:00 03/19 春分 22:47

4 清明至立夏為三月壬辰

日	一	二	三	四	五	六
			1 十四 乙巳	2 十五 丙午	3 十六 丁未	4 十七 戊申
5 清明 己酉	6 觀音生 庚戌	7 二十 辛亥	8 廿一 壬子	9 廿二 癸丑	10 廿三 甲寅	11 廿四 乙卯
12 廿五 丙辰	13 廿六 丁巳	14 廿七 戊午	15 廿八 己未	16 廿九 庚申	17 【三月】 辛酉	18 初二 壬戌
19 初三 癸亥	20 穀雨 甲子	21 初五 乙丑	22 初六 丙寅	23 初七 丁卯	24 初八 戊辰	25 初九 己巳
26 初十 庚午	27 十一 辛未	28 十二 壬申	29 十三 癸酉	30 十四 甲戌		

◆04/05 清明 02:42 04/20 穀雨 09:41

5 立夏至芒種為四月癸巳

日	一	二	三	四	五	六
					1 十五 乙亥	2 十六 丙子
3 十七 丁丑	4 十八 戊寅	5 立夏 己卯	6 二十 庚辰	7 廿一 辛巳	8 廿二 壬午	9 媽祖生 癸未
10 廿四 甲申	11 廿五 乙酉	12 廿六 丙戌	13 廿七 丁亥	14 廿八 戊子	15 廿九 己丑	16 三十 庚寅
17 【四月】 辛卯	18 初二 壬辰	19 初三 癸巳	20 初四 甲午	21 小滿 乙未	22 初六 丙申	23 初七 丁酉
24 佛誕 戊戌 / 31 十五 乙巳	25 初九 己亥	26 初十 庚子	27 十一 辛丑	28 十二 壬寅	29 十三 癸卯	30 十四 甲辰

◆05/05 立夏 19:50 05/21 小滿 08:38

6 芒種至小暑為五月甲午

日	一	二	三	四	五	六
	1 十六 丙午	2 十七 丁未	3 十八 戊申	4 十九 己酉	5 芒種 庚戌	6 廿一 辛亥
7 廿二 壬子	8 廿三 癸丑	9 廿四 甲寅	10 廿五 乙卯	11 廿六 丙辰	12 廿七 丁巳	13 廿八 戊午
14 廿九 己未	15 【五月】 庚申	16 初二 辛酉	17 初三 壬戌	18 初四 癸亥	19 端午 甲子	20 初六 乙丑
21 夏至 丙寅	22 初八 丁卯	23 初九 戊辰	24 初十 己巳	25 十一 庚午	26 十二 辛未	27 十三 壬申
28 十四 癸酉	29 十五 甲戌	30 十六 乙亥				

◆06/05 芒種 23:50 06/21 夏至 16:26

7 小暑至立秋為六月乙未

日	一	二	三	四	五	六
			1 十七 丙子	2 十八 丁丑	3 十九 戊寅	4 二十 己卯
5 廿一 庚辰	6 廿二 辛巳	7 小暑 壬午	8 廿四 癸未	9 廿五 甲申	10 廿六 乙酉	11 廿七 丙戌
12 廿八 丁亥	13 廿九 戊子	14 【六月】 己丑	15 初二 庚寅	16 初三 辛卯	17 初四 壬辰	18 初五 癸巳
19 初六 甲午	20 初七 乙未	21 初八 丙申	22 初九 丁酉	23 大暑 戊戌	24 十一 己亥	25 十二 庚子
26 十三 辛丑	27 十四 壬寅	28 十五 癸卯	29 十六 甲辰	30 十七 乙巳	31 十八 丙午	

◆07/07 小暑 09:58 07/23 大暑 03:15

8 立秋至白露為七月丙申

日	一	二	三	四	五	六
						1 十九 丁未
2 二十 戊申	3 廿一 己酉	4 廿二 庚戌	5 廿三 辛亥	6 廿四 壬子	7 立秋 癸丑	8 廿六 甲寅
9 廿七 乙卯	10 廿八 丙辰	11 廿九 丁巳	12 三十 戊午	13 【七月】 己未	14 初二 庚申	15 初三 辛酉
16 初四 壬戌	17 初五 癸亥	18 初六 甲子	19 七夕 乙丑	20 初八 丙寅	21 初九 丁卯	22 初十 戊辰
23 處暑 己巳 / 30 十八 丙子	24 十二 庚午 / 31 十九 丁丑	25 十三 辛未	26 十四 壬申	27 中元 癸酉	28 十六 甲戌	29 十七 乙亥

◆08/07 立秋 19:44 08/23 處暑 10:20

9 白露至寒露為八月丁酉

日	一	二	三	四	五	六
		1 二十 戊寅	2 廿一 己卯	3 廿二 庚辰	4 廿三 辛巳	5 廿四 壬午
6 廿五 癸未	7 白露 甲申	8 廿七 乙酉	9 廿八 丙戌	10 廿九 丁亥	11 【八月】 戊子	12 初二 己丑
13 初三 庚寅	14 初四 辛卯	15 初五 壬辰	16 初六 癸巳	17 初七 甲午	18 初八 乙未	19 初九 丙申
20 初十 丁酉	21 十一 戊戌	22 十二 己亥	23 秋分 庚子	24 十四 辛丑	25 中秋 壬寅	26 十六 癸卯
27 十七 甲辰	28 十八 乙巳	29 十九 丙午	30 二十 丁未			

◆09/07 白露 22:43 09/23 秋分 10:07

10 寒露至立冬為九月戊戌

日	一	二	三	四	五	六
				1 廿一 戊申	2 廿二 己酉	3 廿三 庚戌
4 廿四 辛亥	5 廿五 壬子	6 廿六 癸丑	7 廿七 甲寅	8 寒露 乙卯	9 廿九 丙辰	10 【九月】 丁巳
11 初二 戊午	12 初三 己未	13 初四 庚申	14 初五 辛酉	15 初六 壬戌	16 初七 癸亥	17 初八 甲子
18 重陽 乙丑	19 初十 丙寅	20 十一 丁卯	21 十二 戊辰	22 十三 己巳	23 霜降 庚午	24 十五 辛未
25 十六 壬申	26 十七 癸酉	27 十八 甲戌	28 十九 乙亥	29 二十 丙子	30 廿一 丁丑	31 廿二 戊寅

◆10/08 寒露 14:31 10/23 霜降 17:40

11 立冬至大雪為十月己亥

日	一	二	三	四	五	六
1 廿三 己卯	2 廿四 庚辰	3 廿五 辛巳	4 廿六 壬午	5 廿七 癸未	6 廿八 甲申	7 立冬 乙酉
8 三十 丙戌	9 【十月】 丁亥	10 初二 戊子	11 初三 己丑	12 初四 庚寅	13 初五 辛卯	14 初六 壬辰
15 初七 癸巳	16 初八 甲午	17 初九 乙未	18 初十 丙申	19 十一 丁酉	20 十二 戊戌	21 十三 己亥
22 小雪 庚子	23 下元 辛丑	24 十六 壬寅	25 十七 癸卯	26 十八 甲辰	27 十九 乙巳	28 二十 丙午
29 廿一 丁未	30 廿二 戊申					

◆11/07 立冬 17:54 11/22 小雪 15:25

12 大雪至小寒為十一月庚子

日	一	二	三	四	五	六
		1 廿三 己酉	2 廿四 庚戌	3 廿五 辛亥	4 廿六 壬子	5 廿七 癸丑
6 廿八 甲寅	7 大雪 乙卯	8 三十 丙辰	9 【十一】 丁巳	10 初二 戊午	11 初三 己未	12 初四 庚申
13 初五 辛酉	14 初六 壬戌	15 初七 癸亥	16 初八 甲子	17 初九 乙丑	18 初十 丙寅	19 十一 丁卯
20 十二 戊辰	21 十三 己巳	22 冬至 庚午	23 十五 辛未	24 十六 壬申	25 十七 癸酉	26 十八 甲戌
27 十九 乙亥	28 二十 丙子	29 廿一 丁丑	30 廿二 戊寅	31 廿三 己卯		

◆12/07 大雪 10:54 12/22 冬至 04:52

黃家騁／提供 張涵婷／製表